U0006407

最新

國際關係地圖

視覺化國際關係的100幅關鍵地圖

Atlas des relations internationales

100 cartes pour comprendre le monde de 1945 à nos jours

Pascal Boniface

法國國際戰略專家、知名地緣政治學者

帕斯卡·博尼法斯——著　李靜宜——譯

目次

第1部　世界

第2部 各個地區

歐洲

南北美洲

阿拉伯世界

非洲

亞洲

何謂全球化？

「全球化」一詞，最早在1980年代初期從美國開始使用。一開始指的是世界市場趨於單一化，資金循環變活絡的傾向。但這個詞的語義很快擴大，用來指稱由於資訊科技進步，致使世界各地的所有面向互相交流，且交流的速度愈來愈快。

北美
280
美國
(75.6)
135
舊金山
洛杉磯
洛杉磯-長灘
9
32
加拿大
丹佛
377
達拉斯
芝加哥
墨西哥
(35)
太平洋
亞特蘭大
甘迺迪
（紐約）
大西洋
北非與中東
102
拉丁美洲及
加勒比海地區
59

出處：世界銀行（2016年）；國際機場協會；法國海運諮詢機構「Alphaliner」（2017年）；世界旅遊組織（UNWTO）；英國顧問公司「Henley and Partners」（2018年）

歷史現象

從地球上各種團體互有交流的這點來看，全球化並不是一個新現象。15 世紀末到 16 世紀初的大航海時代，符合這種定義的全球化就已經華麗揭開序幕。費爾南 ‧ 布勞岱爾（Fernand Braudel, 1902-85，法國歷史學家）在定義西班牙與英國帝國時代的國際經濟結構時，已經提到「世界經濟」一詞。

早在 16、17 世紀，商業與金融的交易網已經擴大為世界規模，大都市如熱那亞（Genova）、阿姆斯特丹、倫敦等就是這些交易網的中心。這個最初的全球化現象，實際上是起因於歐洲人征服世界。之後 19 世紀的工業革命（蒸汽船、鐵路、電報），則在世界的開放及歐洲列強的掌控下快速發展。

馬克思與恩格斯斷言「工人沒有祖國」，也是由於眼見資本主義在國際間變得普遍。

1935年，保羅・瓦勒里（Paul Valery）在著作《*Le temps du monde fini commence*》中提到：「有限世界的時代已經開始。」他認為，隨著殖民化告一段落，幾乎地球上每個角落都有國家占地為王，人們也發現了所有資源，也因此世界上的所有部分都是互相連結的。

也就是說，等待發現、尚未有人們足跡之地或處女地，早已不存在。

1929 年的經濟大恐慌及兩次世界大戰，都以悲慘的形式呈現出某種事件與現象對整個世界的影響。二次大戰結束後美國與蘇聯的競爭，也同樣跟全世界都有關。美蘇兩國分別聯合世界各洲的盟國，互相對立。

今日的全球化

1960 年代初期，加拿大文化評論家馬素 ‧ 麥克魯漢（Marshall McLuhan）提到「地球村」的概念。之所以說是地球村，是因為透過電視、廣播等大眾媒體，同樣資訊能在全世界傳播開來，以至於整個地球就猶如一個村落。不過，21 世紀初的全球化，與過去以來的現象完全不同。新的資訊通訊技術沖淡了地理上的距離感，世界各地區的關係出現劇烈改變。在種種移動手段與通訊方式（飛機、電話、傳真，以及網際網路）下，一切都變得更近、更快，壓縮了時間與空間，距離與國境似乎都已消失。今日，不論人或商品，都與資金流動、技術以及資訊一樣，能以前所未有的速度輕易跨越國境，致使國境彷彿變得無用。

在經濟上，因為企業的運作是全球性的，國家這個框架的存在感變得愈益薄弱。一旦國家之間的界線不存在，貿易、投資、資本的流動就更自由。

根據國際貨幣基金組織（IMF）的定義，全球化是

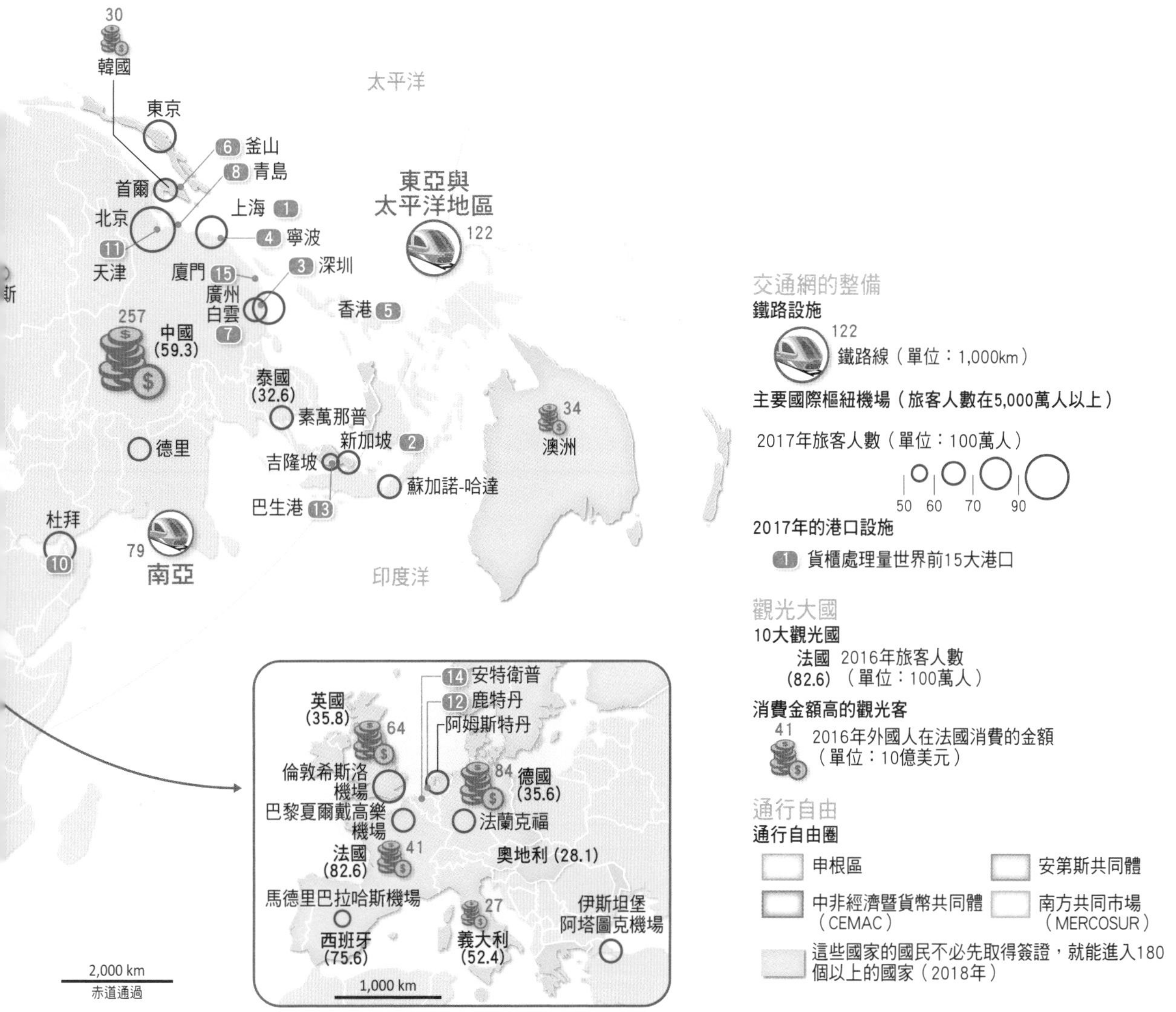
30
韓國
太平洋
東京
6 釜山
8 青島
首爾
上海 1
東亞與
太平洋地區
122
北京
4 寧波
11
天津
廈門 15
3 深圳
廣州
白雲
7
香港 5
257
中國
(59.3)
泰國
(32.6)
素萬那普
34
澳洲
德里
新加坡 2
吉隆坡
蘇加諾-哈達
巴生港 13
杜拜
10
79
南亞
印度洋
交通網的整備
鐵路設施
122
鐵路線（單位：1,000km）
主要國際樞紐機場（旅客人數在5,000萬人以上）
2017年旅客人數（單位：100萬人）
50 60 70 90
2017年的港口設施
1 貨櫃處理量世界前15大港口
觀光大國
10大觀光國
法國 2016年旅客人數
(82.6)（單位：100萬人）
消費金額高的觀光客
41
2016年外國人在法國消費的金額
（單位：10億美元）
通行自由
通行自由圈
申根區
安第斯共同體
中非經濟暨貨幣共同體
（CEMAC）
南方共同市場
（MERCOSUR）
這些國家的國民不必先取得簽證，就能進入180
個以上的國家（2018年）
14 安特衛普
12 鹿特丹
阿姆斯特丹
英國
(35.8)
64
倫敦希斯洛
機場
84
德國
(35.6)
巴黎夏爾戴高樂
機場
法蘭克福
法國
(82.6)
41
奧地利 (28.1)
馬德里巴拉哈斯機場
27
伊斯坦堡
阿塔圖克機場
西班牙
(75.6)
義大利
(52.4)
2,000 km
赤道通過
1,000 km

指世界各國在經濟上互相依賴的程度變高。形成全球化的因素，包括金錢與服務的跨國交易愈來愈多、資本的流動，以及技術的普及更快速、更廣泛。

另一方面，國際勞工組織（ILO）認為，全球化是貿易、投資以及資本流動自由化的產物，是這些流動與世界市場上的國際競爭愈益激烈的結果。

總的來說，全球化之所以揭開序幕，是由於各國經濟的鬆綁，以及技術的不斷革新（尤其是資訊領域）。再者，隨著共產主義垮台，東西對立結束，也是原因。

複雜的現象

事實上，對於全球化現象有各種不同反應。對有些人來說，全球化是一種手段，它將重視民主與繁榮的價值觀散播至全世界；但另一方面，有些人認為，全球化現象只是讓整個世界變得「美國化」、各國失去個體性，也造成貧富差距擴大。如果從世界財富增長至前所未有的程度這點來看，或許可以說，全球化確實推動了經濟成長。

不過，從社會的角度來看，它造成的結果是不平等。而且，不平等的狀況持續惡化，已到了極嚴重的程度。或許要消除這種不平等，不是停止全球化，而是要加以調整。

時至今日，通用世界的標準愈來愈多，各種事情牽動國際的程度也愈來愈顯著。全球化現象早就不限經濟層面，包括人際關係、文化交流、體育界的動向、休閒、政治等層面都有影響。由此誕生的新的世界價值標準，雖然帶來認同危機，造成地域間差異擴大，但也不是跟維持民族國家的價值標準不相容。因為，這個時代的認同與價值標準也非常多樣。

國際秩序

1989 年柏林圍牆倒塌，兩年後蘇聯瓦解，這讓形塑二次大戰後國際關係的東西對立與兩極世界不復存在。

一極世界還是多極世界？

有些人認為，冷戰落幕後的世界呈現多極化。因為隨著蘇聯瓦解，美國在 1990 年代初期也顯現出衰退跡象。1987 年出版《霸權興衰史》（*The Rise and Fall of the Great Powers*）的歷史學家保羅 ・ 甘迺迪（Paul Kennedy）認為，當時美國是陷於「戰略布局過大」的窘境。美國在政治、經濟、軍事等層面的影響力無可動搖的時代，做了太多不必要的軍事行動。如同過去西班牙與大英帝國凋零的原因一樣，美國也不斷做出不自量力的軍事行動，結果是不可避免地迎來衰退期。的確如此，1980 年代末期，美國經濟停滯，讓日本與歐洲各國迎頭趕上。

正因美國相對衰退，多極世界的概念於焉登場。除了在 1980 年代末期氣勢銳不可當的日本興起外，歐

非洲的紛爭

大西洋
突尼西亞
地中海
摩洛哥
阿爾及利亞
利比亞
埃及
西撒哈拉非自治區
紅海
維德角
茅利塔尼亞
馬利
尼日
查德
蘇丹
厄利垂亞
塞內加爾
布吉納法索
吉布地
甘比亞
幾內亞
象牙海岸
迦納
奈及利亞
中非共和國
南蘇丹
衣索比亞
幾內亞比索
獅子山
賴比瑞亞
多哥
貝南
喀麥隆
烏干達
索馬利亞
盧安達
剛果共和國
肯亞
加彭
剛果民主共和國
聖多美普林西比
赤道幾內亞
蒲隆地
印度洋
坦尚尼亞
葛摩
安哥拉
馬拉威
大西洋
尚比亞
辛巴威
馬達加斯加
納米比亞
波札那
莫三比克
史瓦帝尼王國（以前的史瓦濟蘭）
南非
賴索托
紛爭程度
激烈
有些激烈
不太激烈
1,000 km
赤道通過

中南美的紛爭

多明尼加共和國
蒙哲臘
安地卡及巴布達
多米尼克
聖露西亞
聖文森特島
巴貝多
格瑞那達
千里達及托巴哥
蓋亞那
蘇利南
法屬圭亞那
墨西哥灣
巴哈馬
墨西哥
古巴
牙買加
海地
貝里斯
宏都拉斯
瓜地馬拉
薩爾瓦多
尼加拉瓜
加勒比海
大西洋
哥斯大黎加
巴拿馬
委內瑞拉
哥倫比亞
厄瓜多
秘魯
巴西
太平洋
玻利維亞
巴拉圭
智利
烏拉圭
阿根廷
大西洋
紛爭程度
激烈
不太激烈
排解中
1,000 km
赤道通過

洲各國有望整合、中國的發展，以及俄羅斯擺脫共產主義體制後的成長，都是形成這個概念的原因。

但另一方面，也有人主張，既然蘇聯已經瓦解，世界理當會形成由美國主導的一極體制。他們認為，美國在沒有主要競爭對手後，應當是獨占世界大國寶座的國家。事實上，美國在 1990 年代成功擴大了戰略布局及經濟規模。在同一時期，日本停滯不前，歐洲國家則花費很多心力接受再度統一的德國，以及各國外交政策的統一。俄羅斯也在處理體制的解體，以及面臨國有企業快速但劣質的私有化。像美國一樣具有各種能力，尤其是與戰略有關的擘畫，完全沒有國家能與其競爭。

美國獨大形成的爭論

美國的獨大又產生新爭論。美國在國際舞台上的行動是採取單邊主義，也就是不管各國間或國際組織訂下的規則，一意孤行。美國在 1990 年代之後，不顧國際法與國際組織的約束力而行使權力的態度，愈來愈明顯。結果是，在縮減軍備、國際仲裁、環保等議題上，美國不依循國際規則的情況愈來愈多。

對美國來說，其他各國間的約束力不但沒用，而且反民主。美國認為自己提倡的是普世價值，而且比其他國家更有能力推廣此價值觀。美國人有表現的自由，外在規則只是妨礙他們選擇的自由罷了。在美國看來，所謂相互依賴，只是單純依賴對方，盡量減少依賴至最低程度才是上策。

1945 年，美國的國內生產毛額（GDP）占全世界 50%。儘管如此，美國還是決定幫助戰後積弱不振的國家重建。特別值得一提的，美國協助建立基於多邊主義與國際性組織的國際體制，包括聯合國、國際貨幣基金組織、世界銀行、關稅暨貿易總協定（GATT）、馬歇爾計畫（The Marshall Plan），以及之後的北大西洋公約組織（NATO，簡稱「北約組織」或「北約」），不久後也支持歐洲統合。

中東與高加索地區的紛爭

俄羅斯
哈薩克
鹹海
阿布哈茲
車臣
黑海
喬治亞
烏茲別克
亞美尼亞
亞塞拜然
土耳其
庫德斯坦
裏海
土庫曼
地中海
敘利亞
黎巴嫩
伊拉克
阿富汗
以色列
伊朗
約旦
巴勒斯坦
科威特
巴林
巴基斯坦
卡達
沙烏地阿拉伯
阿拉伯聯合大公國
阿曼
紅海
紛爭程度
激烈
有些激烈
葉門
阿曼灣
500 km
赤道通過

中亞的紛爭

俄羅斯
哈薩克
鹹海
巴爾喀什湖
裏海
烏茲別克
吉爾吉斯
土庫曼
塔吉克
中國
瓦濟里斯坦
伊拉克
伊朗
阿富汗
喀什米爾地區
巴基斯坦
尼泊爾
巴魯支斯坦省
沙烏地阿拉伯
印度
阿曼灣
500 km
赤道通過
紛爭程度
不太激烈
有些激烈
激烈

在 2001 年小布希總統上任，同年 9 月 11 日美國遭受多起恐攻，以及 2003 年發動伊拉克戰爭之後，美國的單邊主義再度引起爭論。小布希總統無所顧忌地展現出，美國完全不顧多數國家以及聯合國安理會反對的態度。根據聯合國憲章，不屬於正當防衛，或是未經過聯合國安理會決定的戰爭都是違法的。

結果是，美國發動的伊拉克戰爭以失敗告終，也暴露出單邊主義的限制。即使如此，美國政府還是不改其態度，但也不得不稍微收斂一下。歐巴馬總統上台後，改變了這樣的政治態度。他在 2008 年當選不久後如此宣言：「美國無法單獨解決世界各種問題，不過，沒有美國，任何大問題也無法解決。」歐巴馬雖然沒有終結美國的單邊主義，但態度趨緩。然而 2016 年當選的川普，則是將美國的單邊主義推向過去未曾有過的極端態勢。

事實上，世界既非一極體制也非多極體制。之所以

印度次大陸與東南亞的紛爭

北韓
日本
中國
南韓
阿富汗
巴基斯坦
尼泊爾
不丹
太平洋
荷莫茲海峽
孟加拉
台灣
印度
寮國
緬甸
阿曼灣
泰國
越南
菲律賓
柬埔寨
保克海峽
菲律賓海
斯里蘭卡
汶萊
馬爾地夫
麻六甲海峽
馬來西亞
巴布亞紐幾內亞
新加坡
婆羅州
蘇門答臘
紛爭
激烈
巽他海峽
印尼
爪哇
有些激烈
龍目海峽
東帝汶
不太激烈
印度洋
托列斯海峽
處於凍結狀態的紛爭
（雖然目前無紛爭，但問題還未解決）
1,000 km
赤道通過
澳洲
戰略要點

不是多極體制，是因為目前還是沒有其他國家的力量能與美國匹敵。不過，也非一極體制。這是因為在全球化世界裡，任何大國，即使是超大國，也無法自行制定規則及適用國際的目標。再者，世界還是繼續朝多極化前進。西方以外的許多國家崛起，西方早已無法獨占權力。

第1部

世界

1945 年的世界秩序

1945 年，世界局勢迎來全新變局。歐洲各國得為自己造成的二次大戰付出代價。跟之前的 500 年完全不同，歐洲不再是世界中心。君臨天下的是美國，而蘇聯也擴大其領土與勢力範圍。歐洲已經無法掌控自己的命運，在蘇聯與美國的爭奪下，很長一段時間可悲地處於分裂局面。

了無生氣的歐洲

二次大戰後，歐洲不論戰勝國或戰敗國，都一樣面臨嚴重的經濟問題。市區、道路、鐵路及產業設施受害嚴重，生活物資的供給也很困窘。德國的國民生產毛額（GNP）大約只剩 1938 年的 3 分之 1，義大利則少了 40%，法國少了 50%。

德國幾乎是一片殘破，由同盟國占領軍統治，沒有政府，連國家能否存續都是問題。有同盟國提出將德國轉型為農業國家的想法，甚至也有分割德國為幾個國家的提案。義大利曾經想爭奪世界主要大國的寶座，如今卻成了弱小國家。法國儘管是戰勝國，但也明顯失去活力。英國是唯一一個從開戰之初到戰爭結束，都是以一貫立場與希特勒作戰的國家，雖然有這樣的光榮，但作戰結束後還是筋疲力竭。

在此情況下，歐洲這些殖民帝國開始搖搖欲墜，殖民地的人們眼看著歐洲列強快速崩垮。雖然只有英國例外，但它也在戰爭中元氣大傷。打著反希特勒旗幟的同盟國主張的民族自決權，如今也反撲回到了它們自己身上。

歐洲已不再是左右國際關係與世界貿易的中樞。

包圍蘇聯的防衛圈

蘇聯在這次戰爭中損失了 2,600 萬人民，深受重創（損失金額是 1945 年國民生產毛額的 6 倍）。但另一方面，則保有 1939-1945 年間獲得的領土，包括芬蘭的卡累利阿地區，波羅的海三小國，由波蘭統治的白俄羅斯，羅馬尼亞的比薩拉比亞與布科維納、柯尼斯堡（即之後的加里寧格勒），捷克斯洛伐克位於喀爾巴仟山脈以南的魯塞尼亞地區（Carpathian Ruthenia）等。

蘇聯也將脫離納粹統治的國家領土，作為自己戰略上的「防衛圈」，如捷克斯洛伐克、波蘭、匈牙利、保加利亞、羅馬尼亞、德國的一部分、阿爾巴尼亞、南斯拉夫等。

成為自由世界領袖的美國

美國以二次大戰為契機，成為世界霸主。這對美國的國力，以及對想利用國力引領自由世界的意志來說，都是天賜良機，也成為歷史上一大轉捩點。

羅斯福新政，只是讓美國擺脫自 1929 年以來的經濟危機，但戰爭卻為美國帶來經濟發展。美國在戰爭中損失的人命有限（30 萬人，是蘇聯戰爭犧牲者的

雅爾達會議

雅爾達會議於 1945 年 2 月 4-11 日，在克里米亞半島的黑海沿岸召開，與會者有羅斯福、史達林與邱吉爾。

在法國人的集體記憶中，雅爾達會議是美蘇兩國共同支配世界的象徵。兩大國在此會議中劃分彼此的勢力範圍，分割世界與歐洲。法國人會這麼想，恐怕是由於戴高樂將軍未受邀請，與法國有關的決定，是在法國不在場的情況下所做的。歐洲很多國家也有同樣想法。儘管如此，會議中與法國有關的決定，對法國而言並不差。根據雅爾達協定，德國部分的占領地歸法國所有，此外，法國也成為聯合國安理會 5 個常任理事國之一。

事實上，關於勢力範圍的部分，1944 年 10 月，英蘇兩國已經根據邱吉爾對史達林的提案，針對巴爾幹問題討論過。三位國家領袖在雅爾達會議決定的事項，包括蘇聯對日本宣戰，以及在波蘭舉行民主選舉等。此外，會議中宣言解放歐洲，希望能透過民主主義與民族自決權，解決自納粹解放的各國政治問題。也就是希望能「確立各國國內的和平」，透過民主選舉，盡可能快速成立能反映民意的政府。

雅爾達協定表明了對自由和平世界的希望，但事實很快證明這只是幻想。

1945年歐洲各國領土的變化

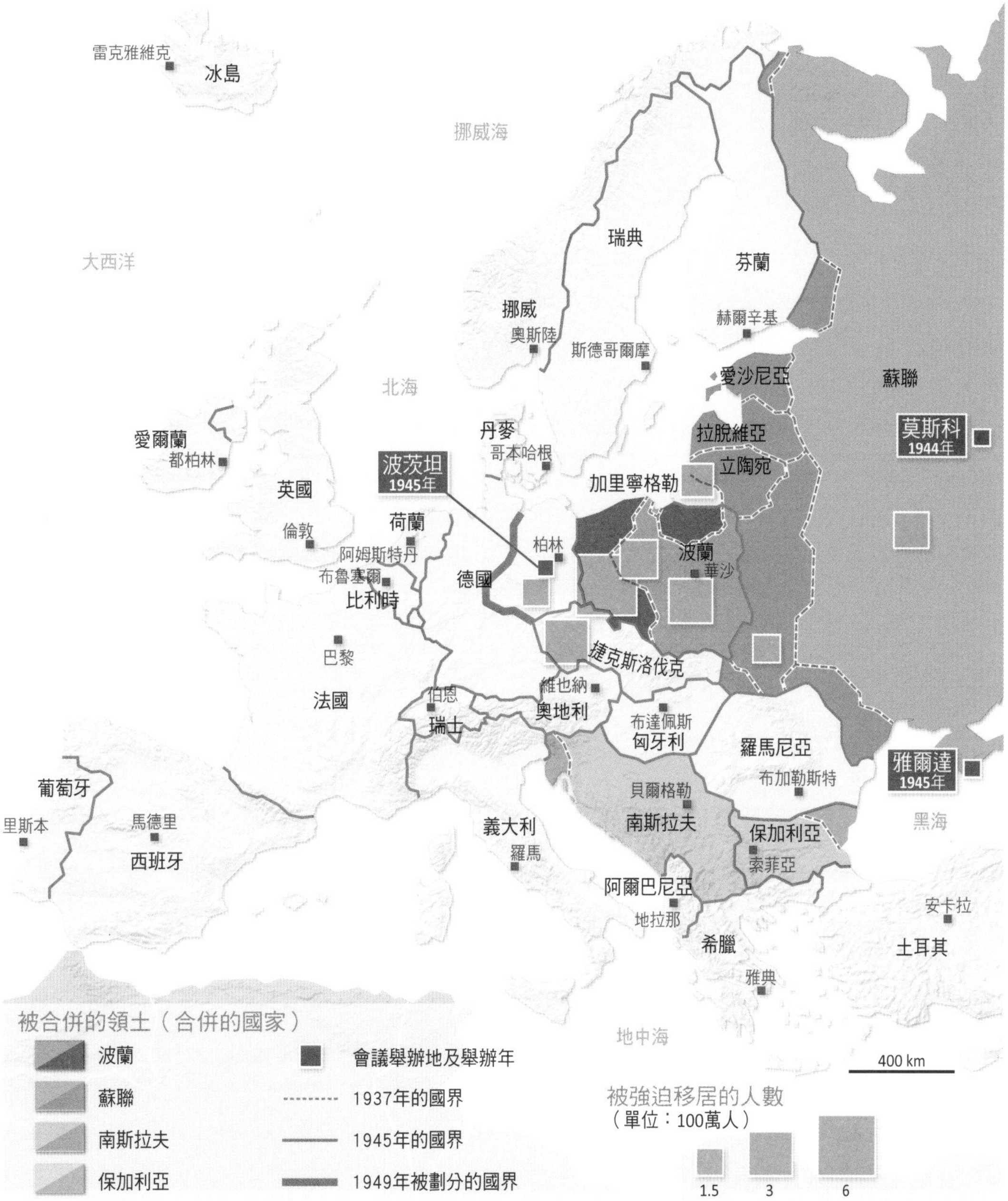
雷克雅維克
冰島
挪威海
大西洋
瑞典
芬蘭
挪威
奧斯陸
赫爾辛基
斯德哥爾摩
愛沙尼亞
蘇聯
北海
丹麥
哥本哈根
拉脫維亞
莫斯科
1944年
愛爾蘭
都柏林
波茨坦
1945年
立陶宛
加里寧格勒
英國
荷蘭
倫敦
柏林
阿姆斯特丹
波蘭
華沙
布魯塞爾
德國
比利時
巴黎
捷克斯洛伐克
維也納
法國
伯恩
奧地利
瑞士
布達佩斯
匈牙利
羅馬尼亞
雅爾達
1945年
葡萄牙
貝爾格勒
布加勒斯特
里斯本
馬德里
義大利
南斯拉夫
黑海
保加利亞
西班牙
羅馬
索菲亞
阿爾巴尼亞
安卡拉
地拉那
希臘
土耳其
雅典
被合併的領土（合併的國家）
波蘭
會議舉辦地及舉辦年
地中海
400 km
蘇聯
1937年的國界
被強迫移居的人數
（單位：100萬人）
南斯拉夫
1945年的國界
保加利亞
1949年被劃分的國界
1.5
3
6

80 分之 1），而且戰爭並未發生於美國本土，人民未直接受戰火波及。

美國守住國土的安全，不但讓產業競爭力未受影響，反而由於戰爭時的增加生產而更具活力。於是，美國成為戰後唯一一個比參戰時更富裕的國家。國家的收入成長為兩倍，美國政府的黃金儲備量則高達世界的 3 分之 2。

不久後，美金取代英鎊成為國際主要貨幣。在所有經濟領域中，美國都成為世界首位。煤的生產量占全世界一半，石油產量則為全世界的 3 分之 2，國民生產毛額高達全世界 40%。

美國也是世界第一的軍事大國。它開發了新型的恐怖武器，也就是核武，並且打算一直獨占。

而且，美國在二次大戰還未結束前，很早就意識到孤立主義政策的錯誤。1941 年 12 月 7 日的珍珠港事件，讓美國了解到，想單憑自己意志與世界局勢保持距離，以及只依靠經濟行動確保安全，都已經是不可能的事。美國體認到，必須保護歐洲免於受到蘇聯明確的威脅。因此，美國遵循杜魯門總統的話，成為「自由世界的領袖」。

歐洲的分裂

二次大戰的同盟國，之後分裂為東西兩陣營。蘇聯主張，美國想奪走社會主義祖國勝利而取得的成果。西方各國則認為，冷戰起因於蘇聯的擴張主義。

鐵幕

蘇聯為保護自己，避免再有西方國家入侵，因此以紅軍（蘇聯陸軍）干涉駐留國的內政。從 1944 到 1948 年，共產主義接連掌控基礎脆弱的幾個國家中樞。不過，捷克斯洛伐克是例外。與南斯拉夫、阿爾巴尼亞相同，蘇聯紅軍於 1945 年撤出捷克斯洛伐克。

1946 年 3 月，邱吉爾譴責蘇聯的政策，表示有一片「鐵幕」已在歐洲降下。當時已從英國首相卸任的邱吉爾做出結論：為防止蘇聯擴張，各國必須建立同盟。

馬歇爾計畫與日丹諾夫主義

1947 年 3 月 12 日，美國杜魯門總統在國情咨文中提到，美國已做好準備，「支持自由人民對抗少數武裝分子的征服與外來勢力」。就這樣，杜魯門總統自此揮別美國傳統的孤立主義。

1947 年 6 月 5 日，美國國務卿馬歇爾提出全力支援歐洲的想法。美國清楚知道經濟問題的嚴重性，擔憂歐洲的經濟問題會演變成社會問題，而讓與美國敵對的政治勢力掌控政權。就結果來說，重建歐洲，也開拓了美國的市場。

東西陣營與「鐵幕」

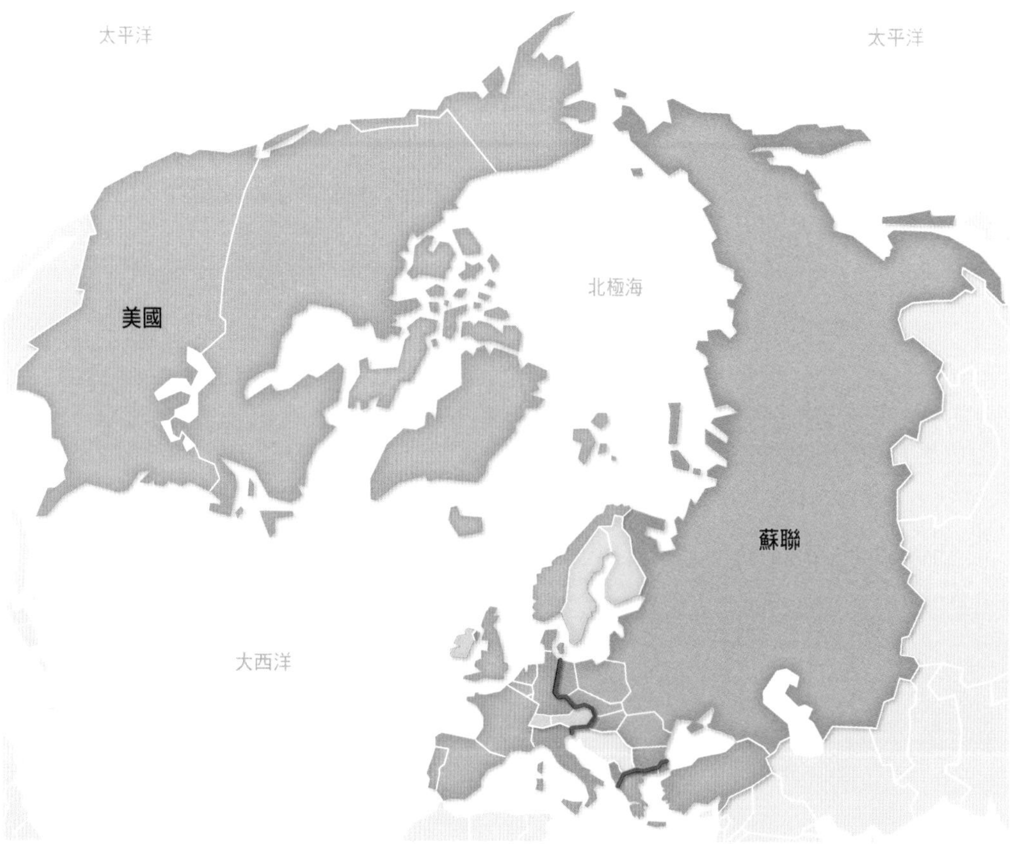
太平洋
太平洋
北極海
美國
蘇聯
大西洋

北大西洋公約組織成員國	加入年
比利時	1949
加拿大	1949
丹麥	1949
美國	1949
法國	1949
英國	1949
冰島	1949
義大利	1949
盧森堡	1949
挪威	1949
荷蘭	1949
葡萄牙	1949
希臘	1952
土耳其	1952
西德	1955
西班牙	1982

華沙公約組織成員國	加入年
蘇聯	1955
阿爾巴尼亞	1955
保加利亞	1955
匈牙利	1955
波蘭	1955
東德	1955
羅馬尼亞	1955
捷克斯洛伐克	1955

＊波蘭、匈牙利、捷克於1999年加入NATO。
＊保加利亞、愛沙尼亞、拉脫維亞、立陶宛、羅馬尼亞、斯洛伐克、斯洛維尼亞於2004年加入NATO。
＊阿爾巴尼亞、克羅埃西亞於2009年加入NATO。
＊蒙特內哥羅於2017年加入NATO。

鐵幕
NATO
華沙公約組織
中立國

1949年歐洲分裂的狀況

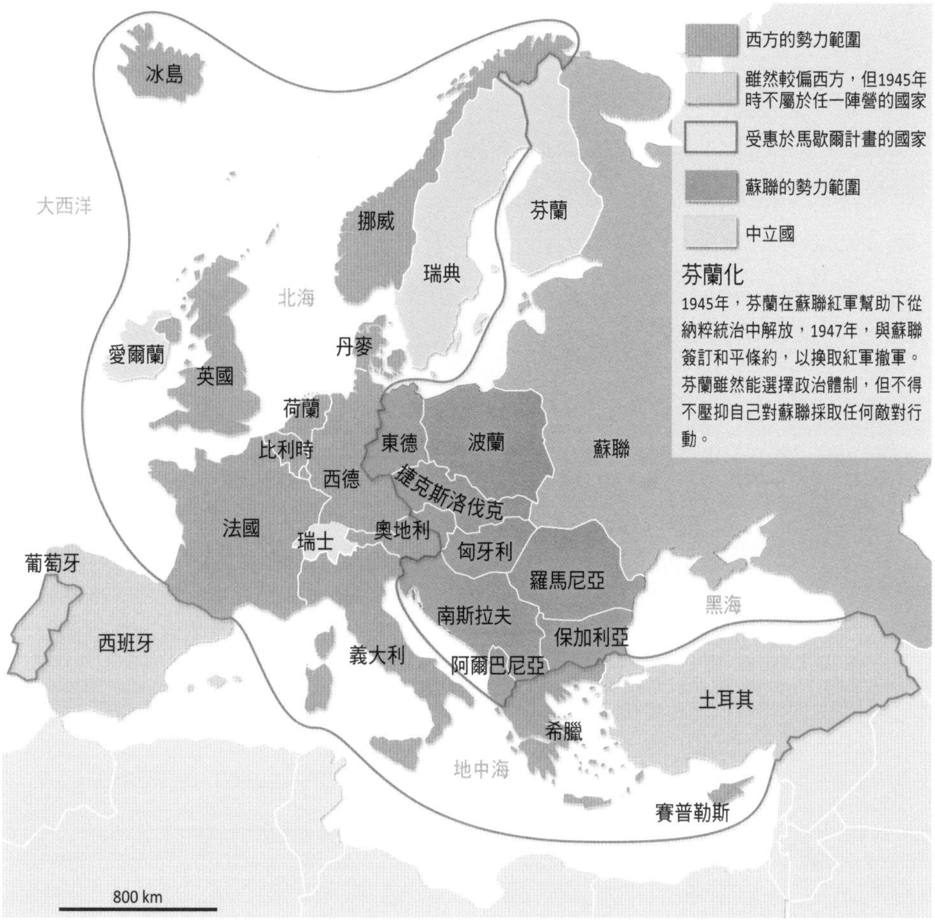
西方的勢力範圍
雖然較偏西方，但1945年時不屬於任一陣營的國家
受惠於馬歇爾計畫的國家
蘇聯的勢力範圍
中立國
芬蘭化
1945年，芬蘭在蘇聯紅軍幫助下從納粹統治中解放，1947年，與蘇聯簽訂和平條約，以換取紅軍撤軍。芬蘭雖然能選擇政治體制，但不得不壓抑自己對蘇聯採取任何敵對行動。
冰島
大西洋
挪威
瑞典
芬蘭
北海
丹麥
愛爾蘭
英國
荷蘭
比利時
東德
波蘭
蘇聯
西德
捷克斯洛伐克
法國
瑞士
奧地利
匈牙利
葡萄牙
羅馬尼亞
黑海
南斯拉夫
西班牙
保加利亞
義大利
阿爾巴尼亞
土耳其
希臘
地中海
賽普勒斯
800 km

相對的，蘇聯則拒絕了馬歇爾計畫，也要求東歐各國拒絕。蘇聯擔心，美國對各國經濟發揮影響力後，接下來也會插手政治。

結果，美國從 1948 到 1951 年期間，在西歐投入了 130 億美元。此舉在歐洲劃出一道真的鴻溝——將享受美國援助的國家與拒絕美援的國家一分為二。

蘇聯於 1947 年 10 月揭示的日丹諾夫主義（Zhdanov Doctrine），可視為意識型態戰爭的宣戰布告：「世界是由兩個陣營組成。其一是帝國主義、反民主主義陣營，它真正的目標是要征服世界、建立美國式的帝國主義，抹煞民主主義。另一方是反帝國主義、民主主義陣營，它真正的目標是要打倒帝國主義、推動民主主義，一掃殘存的法西斯主義。」

在東歐各國，共產黨吸收了各社會民主主義政黨，強迫其他政黨保持沉默。1948 年捷克斯洛伐克發生政變，共產黨強力奪取政權。在南斯拉夫，帶領國家擺脫納粹統治的狄托（Josip Broz Tito）與共產黨，則與史達林分道揚鑣。這是共產主義集團的首次分裂。在芬蘭，共產黨想掌控政權的企圖失敗，蘇聯在 1947 年撤軍，並與芬蘭政府締結和平條約。不過，芬蘭雖然有自己的民主政權，但外交政策上卻不得不與蘇聯妥協，這也就是後來「芬蘭化（Finlandization）」一詞的由來。

兩個軍事同盟

西歐各國知道自己力量不如蘇聯，而向美國尋求安全保障。1948 年 6 月，美國參議院通過范登堡決議案（Vandenberg Resolution），同意政府與他國締結和平時期的軍事與地區同盟。1949 年 4 月 4 日，透過各國簽署的北大西洋公約，誕生了北大西洋公約組織。

在鐵幕另一側的各國，則等到 1955 年才締結華沙公約。雖說如此，結盟國之間已經長年持續各別的軍事合作關係。

鐵幕已在歐洲大陸降下

「近來，同盟軍勝利所照耀之處已蒙上陰影。誰也不知道，蘇聯及其支配下的共產主義國際組織現在想做什麼。就算它們的擴張計畫與政治宣傳有個極限，也無人知道那個界線在何處……從波羅的海旁的斯塞新，到亞得里亞海旁的第里雅斯特，一片鐵幕已在歐洲大陸降下。在這鐵幕的另一邊，座落著中歐與東歐古國的首都……它們不只以某種形式受到蘇聯影響，也受到蘇聯政府的嚴格管控，並且根據不同情況，管控也變得更加嚴重……不論我們從這些事實中得出什麼結論，這個歐洲不是我們為取得勝利而戰的那個自由歐洲」——邱吉爾，1946 年 3 月 5 日，於美國富爾頓威斯敏斯特學院的演講。

冷戰與關係趨緩

從二次大戰結束到1980年代末，東西陣營的對立左右了國際關係。兩大陣營之首都是超大國——美國與蘇聯。以兩國為中心，兩大陣營分別建立了軍事同盟。

「戰爭不可能發生，和平無法實現」

東西兩大陣營的關係就像零和遊戲，也就是一場賭注從頭到尾都不會改變的比賽，其中一方得利多少，另一方就損失多少，沒有雙贏的可能。但彼此的衝突也不會演變至最極端。就算有恫嚇的行動，或嘴上罵得很兇，也沒有能發展到直接對立的餘地（那可能會造成第三次世界大戰），只「單純」停留在介於兩大國之間盟國的武力衝突。就這樣，多虧核震懾力，兩大陣營不可能發生戰爭，但由於東西陣營壁壘分明，也無法有真正的和平。

即便如此，兩大強國漸漸超越敵對關係，開始關心同一件事，那就是避免核武戰爭。兩國的關係開始趨緩，是起源於幾乎要引爆第三次世界大戰的古巴危機。

是「關係緩和」，還是「和平共存」？

之後，對於美蘇關係，美國使用的是表示緊張情勢趨緩的「關係緩和」，蘇聯則是使用「和平共存」一詞。當時，西方陣營並不在意兩個用詞的差異，但實際上，這個差異正表現出雙方期待的不一致。

蘇聯早就不認為，社會主義陣營能避免與其他陣營的戰爭。蘇聯的實力已經比1945年時強大，也已經不再糾結於自己是「被包圍的要塞」，也覺得自己的經濟實力有望追上美國。為了達成目標，需要和平時期。蘇聯認為，要擴張勢力，關鍵不在蠻力，而是有無魅力成為第三世界嚮往的楷模。

諷刺的是，美國之所以認同緩和雙方關係有其必要，是覺察到自己的國力從1945年後相對變得衰弱。尼克森總統和國務卿季辛吉，雖然都是反共產主義的忠誠信徒，但也都看見越戰的膠著就是美國衰退的證明。美國從1960代初期開始相信核戰帶來的威脅，也擔心美國國土無法承受蘇聯的武力，在此前提下，美國踏出與蘇聯對話的第一步。季辛吉是「現實政治」的信徒，他認為，在當時情勢下，蘇聯體制本質上是否有害已經不是問題，如果蘇聯政府在外交上能採取理性態度，雙方展開對話對美國才有利。

季辛吉曾提到：「大國期待的絕對安全，就結果來說，是讓其他國家絕對的不安全」，大國能做的事就是維持一個平衡，「讓所有相關國家都處於相對的安全與不安全」。也就是說，必須要維持力量的均衡（力量本身經常處於流動狀況），以及為了維持這個均衡，彼此要有談判交涉的可能性。

季辛吉還提到：「成為美國總統的人都必須盡早了解，他並沒有那麼多自由行動的空間。美蘇是意識型態上的敵人，這個事實在雙方關係緩和後也不會改變。我們要在核武時代生存下去，只能共存。這個事實也不會因為打著漂亮口號的政治活動而改變。」（出自季辛吉著作《*Years of upheaval*》）

綜上所述，關係緩和或許不是解決一切的萬靈藥，卻有其必要。靠著關係緩和，能在「圍堵政策」與「共存」這兩個主軸間達成力量均衡的局面。

太平洋

是平衡，還是兩國獨大？

在關係緩和下，美蘇兩大國都希望能有持續、定期、有建設性的對話。在此背景下，國際關係不再被視為零和遊戲，美國與蘇聯有可能成為同一比賽中的勝利者。

兩大國希望能藉由對話穩定關係，以合作為優先，而非對立。此外，也希望能讓國際情勢穩定，以避免兩國捲入地域紛爭（越南、中東）。結果是，關係緩和並不是競爭的結束，而是在依循美蘇「共同統治」的規則下的競爭準備。

美蘇關係緩和的象徵包括軍備控制、東方政策，以及1975年的赫爾辛基協議。在此協議中，根據二次大戰結果所劃分的國界得到承認（蘇聯的要求），並確立歐洲大陸上通行與宗教信仰的自由（美國的要求）。反對關係緩和政策的人認為，西方陣營為了理想而放棄實際利益。但事實正好相反，因為沒有西方國家的人想再以 1945 年的國界為準。不過，於此同時，反政府運動開始在波蘭與捷克斯洛伐克發生，東歐陣營中比較自由的東德人民拿自己與西德比較後，也對自由以及讓人很難抗拒的消費社會心生嚮往。

之後，由於蘇聯插手非洲事務（1975 年於安哥拉、莫三比克及衣索比亞）、裝備 SS-20 中程彈道飛彈，以及入侵阿富汗，粉碎了關係緩和的情勢。蘇聯在國外的舉動，已經不再維持一定的節制。蘇聯再次有所節制是在 1985 年。首先，美蘇兩國重啟談判，同年 3 月，戈巴契夫上台。由他推動的經濟改革雖然重新緩和了兩國關係，最後也為東西壁壘分明的局面畫下句點。

圍堵政策

1947 年 7 月，美國《外交雜誌》（*Foreign Affairs*）刊登了一篇署名為 X 先生所寫的論文，揭示了美國之後長期的政策，亦即「圍堵政策」。

此論文的作者，前莫斯科大使館顧問喬治・凱南（George Kennan）寫道：「美國對蘇聯所有政策的主要原則，應該是長期的圍堵，是有耐心且堅定地戒備蘇聯擴張趨勢的政策……一旦發現它有侵害和平世界利益的徵兆，不論任何狀況，都必須作為不可動搖的對抗勢力與之對峙。」

凱南預言，如果西方諸國能遏止蘇聯的勢力 10 到 13 年，克里姆林宮領導者的外交政策或許就會軟化。

1962年美軍與蘇聯軍的勢力範圍

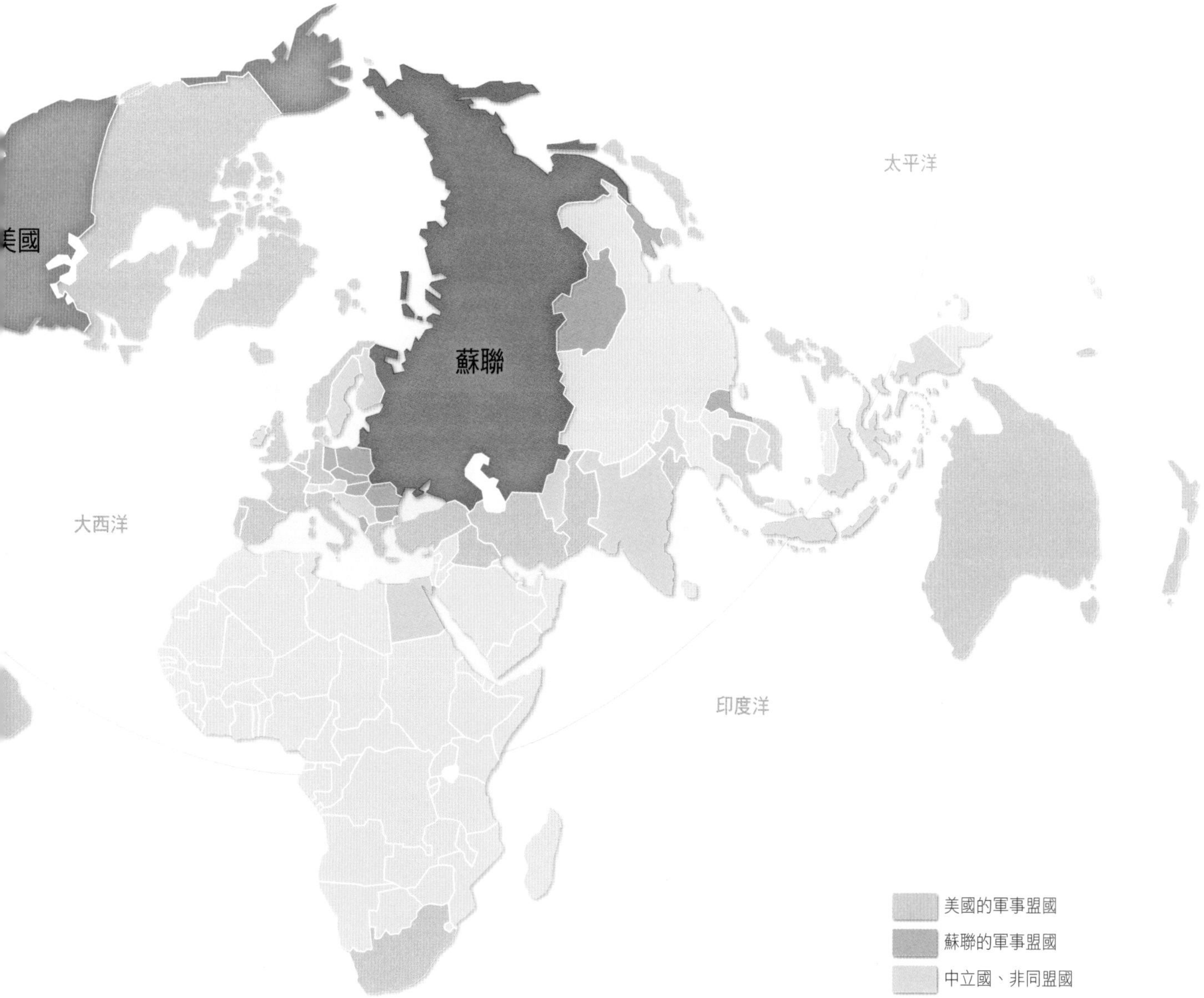

太平洋
美國
蘇聯
大西洋
印度洋
美國的軍事盟國
蘇聯的軍事盟國
中立國、非同盟國

去殖民化與第三世界的出現

西方諸國以民族自決權之名，與納粹作戰。歐洲各國的殖民地則以獨立為目標，希望能重新取得民族自決權。

冷戰時期誕生的新國家

二次大戰後，擁有殖民地的諸國威望大減。在戰爭中，比利時與荷蘭沒幾天就戰敗，法國撐了兩個月，英國則一直處於守勢。被迫作戰的殖民地國家人民，開始強烈希望獨立。統治這些殖民地的帝國，除了訴諸身為帝國子民的潛在優勢外，也承諾會補償他們的犧牲。

相反的，在 1945 年之後勢力抬頭的美蘇兩國，並不是殖民主義國家。不只如此，兩國不論是從根本原則，或是從利害關係的角度出發，都反對殖民主義。蘇聯與各國共產黨，都是反殖民主義的擁護者，而美國本身就是去殖民化下誕生的國家，當然支持反殖民主義。再者，美國政府想扮演輔佐歐洲各國的角色，在政治與經濟上發揮更多影響力。

1945-1953 年的第一波去殖民化，主要發生在亞洲與中東國家。

在印度，大批菁英在甘地影響下要求自治。但現實並不符合他們的期望，從英屬印度帝國誕生的國家不只一個。根據 1947 年 7 月 18 日通過的「印度獨立法」，兩個國家於焉成立：印度，以及以伊斯蘭教徒為主的巴基斯坦。在這分離獨立的過程中伴隨了衝突與殺戮。

在東南亞，美國政府在 1946 年掌控菲律賓的情況下承認其獨立，1949 年印尼戰勝荷蘭軍。在中南半島上，胡志明則於 1945 年宣告越南獨立。

「第三世界」

這個名詞，是由法國經濟人口學家阿爾弗雷德 · 索維（Alfred Sauvy）於 1952 年提出。他是從法國大革命前所謂的「第三等級」聯想而來。不論西方陣營或共產主義陣營，都是位於世界北邊的工業國，第三世界的國家則多位於南方，而且並未工業化。於是，除了東西方的對立外，又產生了南北差距的概念。

表明政治與外交立場

1955 年，有 29 個亞洲與非洲國家在印尼萬隆召開會議，表明同意以下原則：尊重一切國家的領土完整與主權、不侵略他國、不干涉他國內政、促進平等與相互利益、各國和平共存。萬隆會議，是第一次沒有歐美及蘇聯等大國參加，只有南方各國齊聚一堂的大規模會議。

太平洋

參加萬隆會議的 29 國，雖然人口占世界半數之多，但國民生產毛額卻只占全世界的 8%。1961 年，不隸屬東西陣營任一方的各國成立了「不結盟運動」組織。

不過，不結盟國很快分成三派：真正的不結盟派、親西方派，以及親蘇聯派。1950 年代末期，在去殖民化下誕生的國家占聯合國大會的多數。這些國家是想在聯合國大會扮演監督者的角色，以支持主要在非洲發生的第二波去殖民化。

1960 年聯合國大會第 1541 號（XV）決議，宣示要迅速且無條件地去殖民化，認為殖民化不只違反聯合國憲章，也會威脅世界和平。

第三世界：發展不一的集團

去殖民化，應該可說是 20 世紀後半影響世界的重要因素。全球的國家數量增加了 3 倍，而不過 30 多年時間，歐洲帝國全部消滅，也大大改寫了世界地圖。

不過，儘管南方諸國很努力，還是無法敉平南北貧富差距，創造世界經濟的新秩序。1964 年，「77 國集團」在聯合國大會上成立，宣示「擁有天然資源永遠的主權」。它們希望各國能重新檢視開發中國家的

1945年之後的去殖民化

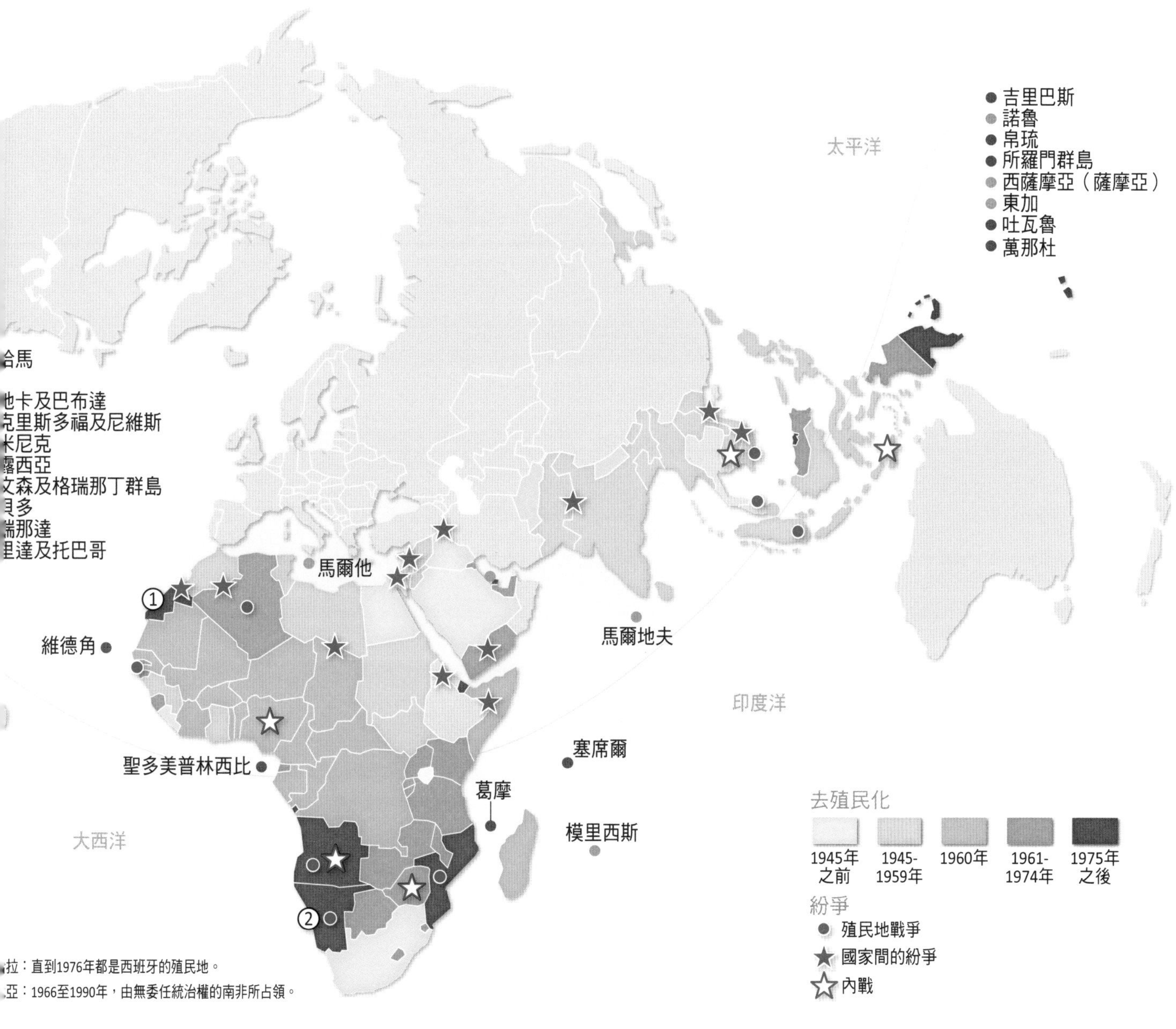

吉里巴斯
諾魯
帛琉
所羅門群島
西薩摩亞（薩摩亞）
東加
吐瓦魯
萬那杜
太平洋
馬爾他
維德角
馬爾地夫
印度洋
塞席爾
聖多美普林西比
葛摩
模里西斯
大西洋
去殖民化
1945年之前
1945-1959年
1960年
1961-1974年
1975年之後
紛爭
殖民地戰爭
國家間的紛爭
內戰
拉：直到1976年都是西班牙的殖民地。
亞：1966至1990年，由無委任統治權的南非所占領。

主要資源，即原料的價格，改善不公平貿易。因為工業國家取得開發中國家原料的成本很低，但做好的產品卻能以高價出售。

原油價格在 1974 年時成長了 4 倍，但其他原料的生產國就沒有那麼幸運了。雖然有國家為發展工業仰賴出口，並利用廉價勞力帶來經濟成長，但相反的，也有國家因為原料價格下滑及財政決策失誤，而變得更貧窮。有國家受惠於天然資源，也有國家因天然資源帶來災難，如受到他國壓榨，或引發內戰。

亞洲新興國家、國土面積上的超大國（印度、巴西、中國）、產油國、最低度開發國家，這些第三世界國家之間，很快就失去了共同點。

蘇聯帝國的瓦解

戈巴契夫在 1985 年 3 月當選蘇聯共產黨中央委員會總書記時，蘇聯還是一個超級大國。它嚴格控管華沙公約組織成員國（基於布里茲涅夫主義，限制其他國家的主權），與美國持續無止境的軍備競賽，還在第三世界展開擴張政策，入侵阿富汗。

蘇聯在國際舞台態度軟化

不過，戈巴契夫清楚知道，蘇聯已追不上美國了。在雷根總統領導下的美國，不論是經濟、技術或軍事等各方面都明顯強過蘇聯。戈巴契夫致力於重建蘇聯的經濟，避免與西方國家關係惡化，並決定不再遵循布里茲涅夫（Brezhnev）的外交政策。除了刪減軍事預算外，他也有所節制，不去干涉國際問題，放棄一部分蘇聯建立起來的地位。

蘇聯在簽署「中程飛彈條約」（美蘇在 1987 年 12 月簽署，但美國於 2019 年 8 月退出）後，撤去 SS-20 中程彈道飛彈，接受美蘇在歐洲維持均衡軍力的結果。戈巴契夫因國內情勢而不得不接受這個政策，他的目的是想改善國家形象、讓共產主義獲得重生且維持下去。

東歐的解放

從 1940 年代末期就受制於蘇聯的華沙公約組織成員國，一直以來都不斷表明拒絕蘇聯的高壓控制（1953 年的東柏林暴動，1956 年的匈牙利事件，1968 年蘇聯介入捷克斯洛伐克，1981 年波蘭實施戒嚴）。

1987 年，戈巴契夫在訪問捷克斯洛伐克後，發表了「歐洲共同家園」的構想。「歐洲人民藉由互相合作……守護這個家園……就能過得更好、更安全。」他提出這樣的願景，並認同各國國民「活得像自己、依循自己國家的傳統。」

1988 年，他又在聯合國上提到，各民族應該有選擇的自由。雖然東歐各國及西方國家，對蘇聯這個跟過去完全不同的方針抱持懷疑，但不久後，他的態度就導致東歐各國的解放。

1989 年，情勢急速演變。6 月，戈巴契夫表明採取不干涉主義政策，強調各國的社會改革由各國決定。實際上，同年 8 月，波蘭總統賈魯塞斯基（Wojciech Jaruzelski）不得不採行民主選舉，而由「團結工會」取得勝利，建立非共產黨政權時，蘇聯政府也並未干涉。於是，東歐國家再也不擔憂蘇聯會干涉其內政。

由於不用再恐懼蘇聯，東歐所有大都市都有民眾舉行和平示威，在此壓力下，親蘇聯的政權紛紛垮台。

同年 9 月，匈牙利掀起了鐵幕下襬（指匈牙利開放與奧地利的邊境，造成鐵幕產生「缺口」，使東德人能藉由匈牙利而前往西德）。數千名東德人，把自己國家的「民主」（東德的正式國名為「德意志民主共和國」）拋諸腦後，經由匈牙利等「兄弟國」奔向另一個德國。在東德建國 40 周年的紀念日上，戈巴契夫提到，改革不受期待，就會為歷史所埋葬，這無疑是給東德的何內克（Erich Honecker）政權致命一擊。

在 1989 年 11 月 9 日這天，已經沒有任何東西能阻擋柏林圍牆倒塌。

繼波蘭之後，東德、捷克斯洛伐克、匈牙利也誕生了經由民主選舉產生的議會。保加利亞和羅馬尼亞則是面對各種難題，不過，雖然想背離時代的前共產黨員還是殘存了好幾年，但最後還是抵擋不住趨勢。

蘇聯打造自己勢力範圍的這個時代體制，很快消失。在 1991 年 6 月召開經濟互助委員會（COMECON）後，華沙公約組織宣告解散（7 月），蘇聯軍隊則階段性地從東歐各國撤退。

蘇聯從亞洲到中南美的撤退

蘇聯侵略阿富汗的失敗結果，成為它調整第三世界政策的最大契機。對蘇聯來說，第三世界已不再是用來跟美國鬥爭或炫耀國力的道具，而是沉重的負擔。

第三世界追求發展，而蘇聯已經顯露出它沒有因應此期待的能力。再者，蘇聯原本的形象是南方各國的夥伴，保護它們避免西方帝國主義的侵害，但在它入侵阿富汗後，這形象已徹底毀滅，所以，蘇聯決定選擇卸下第三世界這個重擔。

蘇聯在 1979 年軍事入侵阿富汗以來就深陷泥淖，

1986 年 2 月，戈巴契夫表明要自阿富汗撤軍。1988 年 4 月，蘇聯與阿富汗政府、巴基斯坦、美國簽署協定。

撤軍阿富汗自同年 5 月開始，直至 1989 年 2 月結束。再者，蘇聯政府的對外政策也徹底改變。蘇聯不再支援「民族解放運動」，也不再煽動地區的紛爭，並重新檢視、大量刪減對第三世界在政治、軍事、經濟、財政上的支援。

在中東，蘇聯為了讓敘利亞能在軍事上與以色列相抗衡而提供支援的行動也在當時喊停。蘇聯也同意國內的猶太人出國，並且不回應巴勒斯坦解放組織（PLO）所要求的補償。

再者，在波斯灣戰爭中，俄羅斯（蘇聯已解體）背棄了蘇聯與伊拉克在 1972 年簽訂的友好合作條約，在聯合國安理會的所有決議中，包含行使軍事力在內，都對伊拉克投了反對票。

在非洲，蘇聯之前雖然為了推動葡萄牙殖民地的獨立而保有勢力，但戈巴契夫卻大幅刪減援助，並且不太涉入。

在蘇聯改變方針的影響下，1991 年 5 月，衣索比亞的門格斯圖（Mengistu Haile Mariam）政權垮台。衣索比亞一直以來都因為厄利垂利（1991 年發表獨立宣言）與提格雷地區的叛亂而動盪不安。莫三比克與安哥拉，也因蘇聯轉變政策，而跟西方重啟關係，開始摸索如何跳脫製造紛爭的惡性循環。

在拉丁美洲，蘇聯政府刪減對古巴的援助，於 1993 年全面撤軍。而在尼加拉瓜，在蘇聯減少援助下，則導致左翼政黨「桑定民族解放陣線」政權的失敗。

整個拉丁美洲更由於東西陣營結束對立，地區間和國家間的緊張情勢大幅緩和，在此情況下，協定得以簽署、游擊隊解除動員、正規軍規模縮減，也達成真正的多黨制選舉。

蘇聯帝國的解體

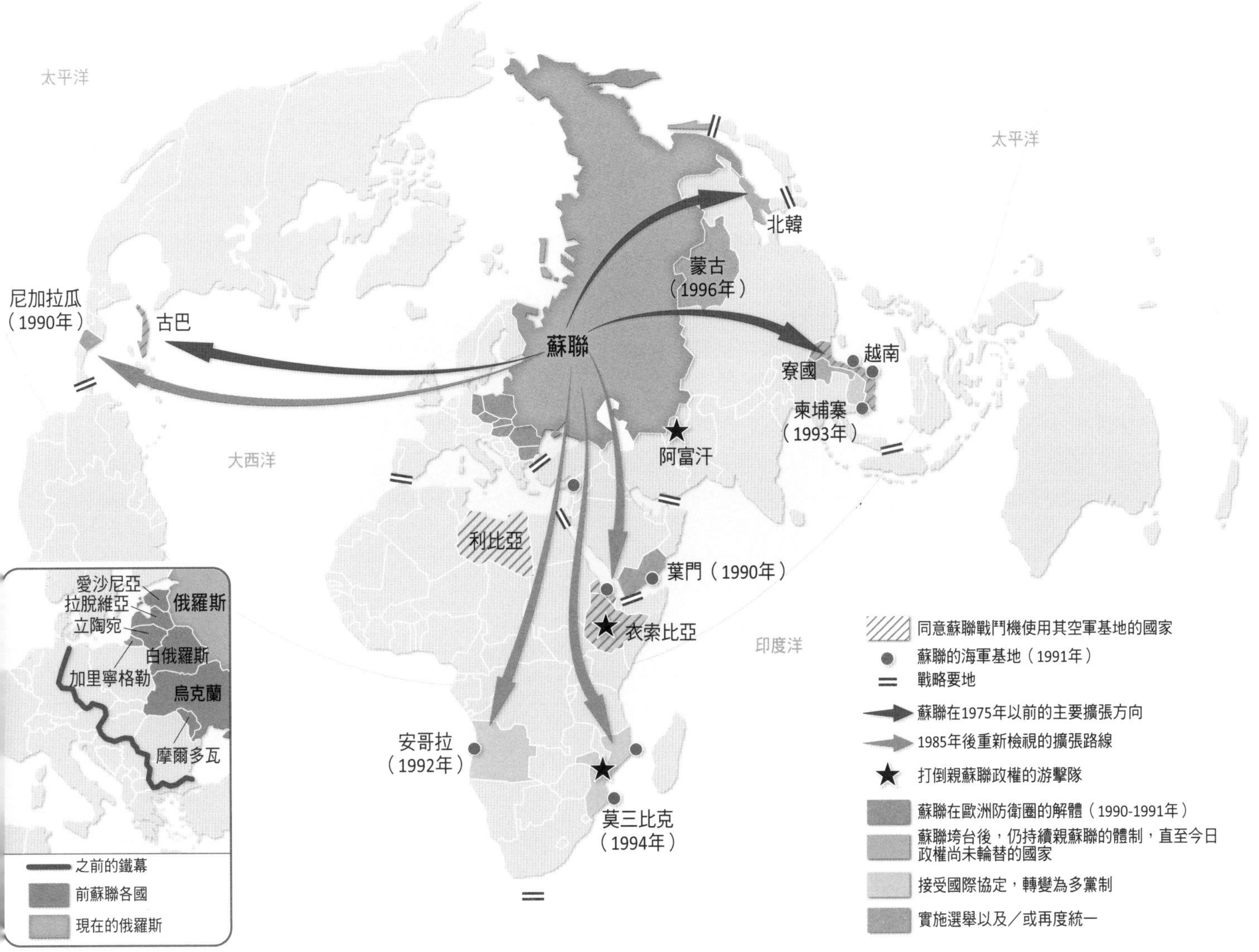
太平洋
太平洋
大西洋
印度洋
蘇聯
北韓
蒙古（1996年）
越南
寮國
柬埔寨（1993年）
阿富汗
尼加拉瓜（1990年）
古巴
利比亞
葉門（1990年）
衣索比亞
安哥拉（1992年）
莫三比克（1994年）
愛沙尼亞
拉脫維亞
立陶宛
俄羅斯
白俄羅斯
加里寧格勒
烏克蘭
摩爾多瓦
之前的鐵幕
前蘇聯各國
現在的俄羅斯
同意蘇聯戰鬥機使用其空軍基地的國家
蘇聯的海軍基地（1991年）
戰略要地
蘇聯在1975年以前的主要擴張方向
1985年後重新檢視的擴張路線
打倒親蘇聯政權的游擊隊
蘇聯在歐洲防衛圈的解體（1990-1991年）
蘇聯垮台後，仍持續親蘇聯的體制，直至今日政權尚未輪替的國家
接受國際協定，轉變為多黨制
實施選舉以及／或再度統一

1989 年的戰略情勢

1945 到 1989 年之間東西方關係的歷史，一言以蔽之，就是美蘇為爭奪世界霸權的戰鬥，但兩方雖然無所顧忌地競爭，卻也沒有真的直接衝突。蘇聯的目標，是要追上並超越美國，美國的目的，則是要阻止蘇聯前進。兩邊都希望建立無敵的軍事強國，盡可能張起最大的盟友網。結果，軍備競賽卻成了消耗戰。

軍備競賽與拉攏盟友的競爭

蘇聯是二次大戰後，唯一在歐洲擴大領土的國家。1949 年共產黨在中國取得勝利，更明顯壯大蘇聯陣營的勢力。不論從面積或人口來看，它都跟「資本主義」陣營勢均力敵。

與之對抗的美國則可以說是「協約愛好者」，它採取的是圍堵政策，在蘇聯周圍拉起一道由其盟友組成的防護網，足以反制克里姆林宮造成的新壓力。這道防護網也就是北大西洋公約組織。

此外，美國認為，在歐洲應該也要跟佛朗哥統治下的西班牙建立軍事協定。1955 年 2 月 24 日，土耳其、巴基斯坦、伊朗、伊拉克、義大利共同簽訂巴格達公約，美國也在 1957 年加入。這個公約後來改名為「中部公約組織（CENTO）」，但很快於 1979 年解散。1954 年 9 月 8 日，「東南亞條約組織（SEATO）」根據馬尼拉條約成立，成員國包括美國、法國、英國、澳洲、紐西蘭、巴基斯坦、菲律賓、泰國等（該組織在 1973 年停止活動）。1957 年，澳洲、紐西蘭與美國簽訂「太平洋安全保障條約（ANZUS）」。此外，美國在亞洲也分別與日、韓兩國簽署協定。

新的競爭場域

歐洲國家在中東地區沒什麼影響力、非洲各國正在去殖民化、法國從中南半島撤離……以上這些情況，讓美蘇兩國開闢了新的競爭場域。美蘇兩國的競爭，為許多第三世界國家帶來利益。這些國家即使不是真的想跟美國或蘇聯建立同盟關係，還是能選邊站。因此，美蘇也就不那麼執著於自己的思想信念了。

也就是說，蘇聯會支持徒有其名的社會主義政權，美國在反共產主義之名下，則經常與血腥獨裁者結盟。為拉攏盟國以及在軍備上競爭，讓美蘇兩國的經濟疲軟不振。

1989年時的戰略情勢

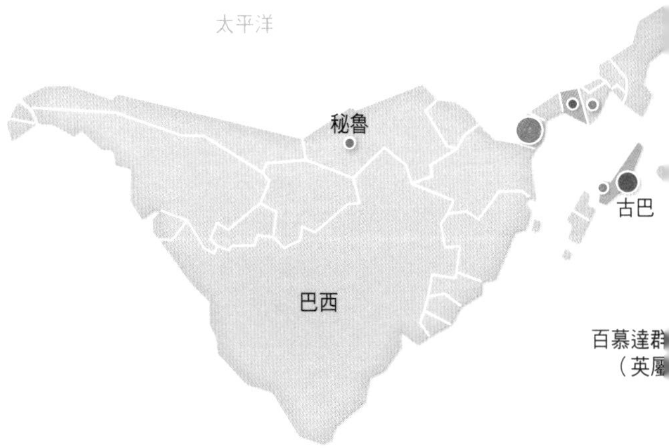
太平洋
秘魯
古巴
巴西
百慕達群
（英屬

保羅 · 甘迺迪的《霸權興衰史》將這種狀況稱為戰略上的「多餘參與」。他認為，美國持續了過去經濟較好的時代經營的各種關係：「講得比較粗略一點，就是像帝國一般過度擴張……美國的利益得失與關係在今日已經是太沉重的負擔，不可能同時保有全部。」

東西壁壘分明的告終

實際上，最先崩壞的是蘇聯。蘇聯的經濟狀況已經是帝國不堪負荷的重擔。超大國蘇聯，只是基礎不穩固的巨大雕像，為了使其他國家畏懼，因而隱藏自己在政治、社會、經濟上的問題。

經濟出狀況的主因（非唯一因素），是把軍事擺在絕對優先。戈巴契夫在 1993 年出版的回憶錄中提到，為了讓經濟改革成功，他很快相信必須去除兩個元素，一是「已經無法維持的極端破壞性的軍事化」，一是「軍工複合體的統治，以及為了在盟友及第三世界前維持超大國地位，付出的龐大支出」。蘇聯陷入「像帝國一般過度擴張」的窘境，已經沒能力再操作龐大的戰略關係。

蘇聯的崩壞規模之大、速度之快震撼了全世界，畢竟過去所有人都認為，「蘇聯的威脅」，以及它對東歐的影響力應該會永遠持續下去。1989 年，對美國而言，自 1947 年以來一直與之爭鬥的威脅突然消失。東西陣營的關係跟從前再也不一樣，造成兩方對峙的鐵幕消失，對立的情勢也不存在。

西方陣營的許多組織雖然仍持續運作（像是接受多數華沙公約組織成員國加入，反而更擴大的 NATO，以及歐洲共同體〔EC〕等），但由於蘇聯及華沙公約組織已不存在，對西歐來說，最主要的威脅已經消失。西歐周圍已經沒有敵人。不過，歐洲也沒有就此變得和平，很快又捲入巴爾幹半島的紛爭中。

從整個世界的角度來看，紛爭的樣貌已經改變，或者說已經不同了。隨著蘇聯解體，美國已經沒有與之匹敵的對手。不過，即使沒有能跟美國相比的「超大國」，世界依舊不會是一極體制。在全球化的世界裡，任何國家都無法只靠自己發揮力量。

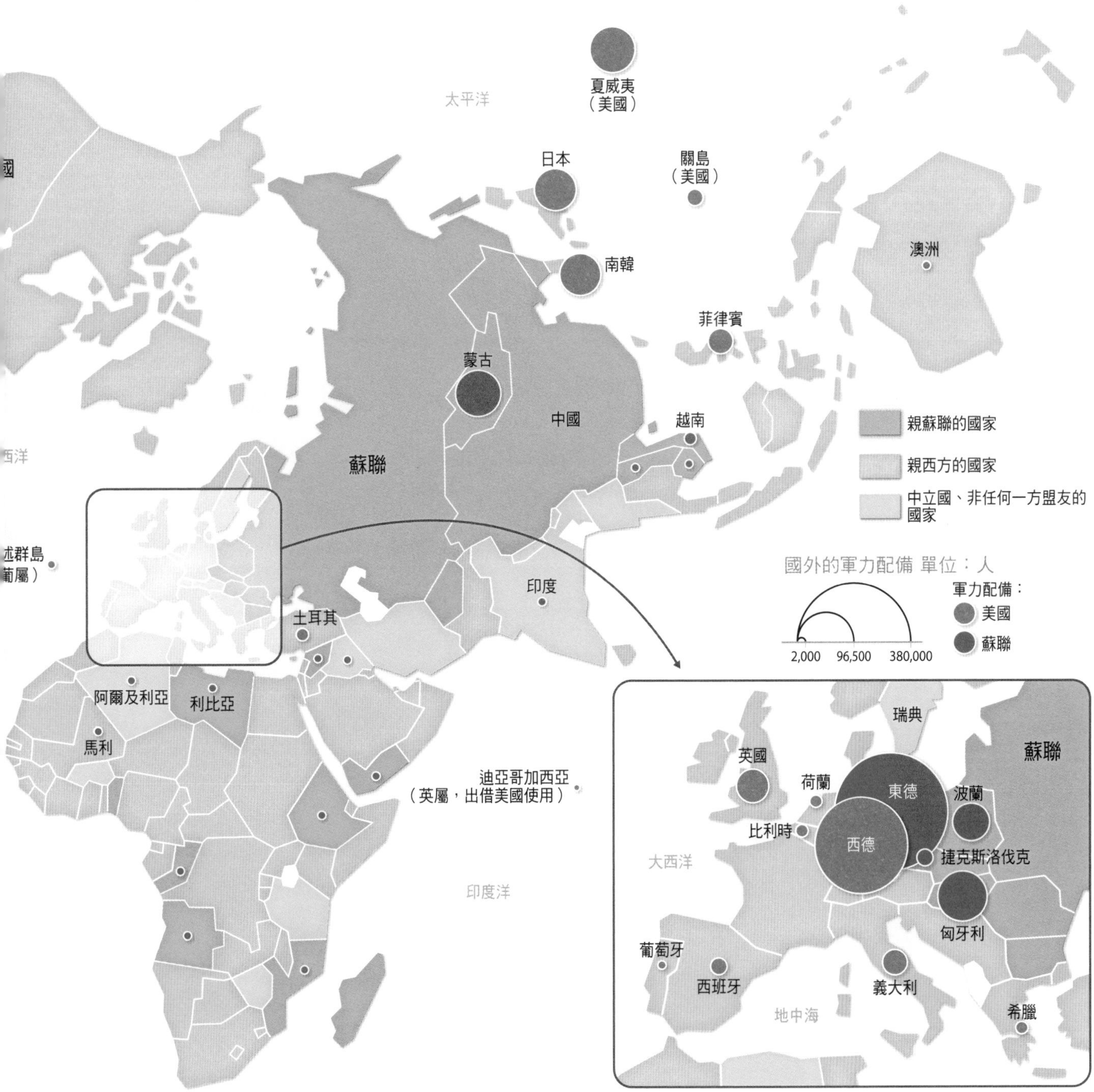
太平洋
夏威夷（美國）
日本
關島（美國）
澳洲
南韓
菲律賓
蒙古
中國
越南
蘇聯
印度
土耳其
阿爾及利亞
利比亞
馬利
迪亞哥加西亞（英屬，出借美國使用）
印度洋
親蘇聯的國家
親西方的國家
中立國、非任何一方盟友的國家
國外的軍力配備 單位：人
2,000
96,500
380,000
軍力配備：
美國
蘇聯
瑞典
蘇聯
英國
荷蘭
東德
波蘭
比利時
西德
大西洋
捷克斯洛伐克
匈牙利
葡萄牙
西班牙
義大利
地中海
希臘

第三世界的結束，與西方勢力獨霸的告終

「第三世界」一詞，是 1952 年法國經濟人口學家阿爾弗雷德 · 索維用以指稱開發中國家所造的新詞。這些國家成為美蘇爭戰中的焦點，索維認為，它們與法國大革命之前的「第三等級」有相似性。

「第三世界」

冷戰時期，除了因為美蘇競爭，導致東西方之間出現鴻溝，還有由於經濟和政治造成的南北間鴻溝。東西方陣營雖然意識型態不同，但都是工業化的已開發國家。南邊各國受北方壓榨，貧窮匱乏，還未工業化，而且是不公平貿易的犧牲者，以低價賣出作為原料的主要資源，卻得用高價購買北邊國家的工業產品。

阿爾弗雷德 · 索維的新觀點，為地緣政治學帶來很大的變化。第一波去殖民化在二次大戰後出現，於 1950 年代末期至 1960 年代初期蔓延開來。每個剛獨立的年輕國家，都宣告自己政治和經濟上的要求。它們希望自己國家的主權獲得認同，期待付出極大代價爭取來的獨立，能不受歐洲大國（新殖民主義者）及超大國（新帝國主義者）的企圖所威脅。此外，它們也希望能改變不公平的貿易，提高原料售價，以促成國家的經濟發展。

第三世界各國

不過，第三世界的團結在各種情勢下開始鬆動。由於東西陣營的鴻溝，南北之間也出現鴻溝。原因就是未結盟國家能自己選擇要成為蘇聯或美國的盟友。

1964 年，在聯合國貿易和發展會議（UNCTAD）上，集結 77 個南邊國家的「77 國集團」成立。這個組織的目標，是希望以集團的力量給北邊各國造成壓力，時至今日，組織雖然已有 133 個成員國，但彼此早已沒有共同點。當初有關新的國際經濟秩序、永續主權、天然資源等各種宣言，在各國實踐下有不同的發展。在 1960 年代，各國間還有些共同點，但在進入 1970 年代後，各國開始走向不一樣的路。開發中國家為對抗北邊大國而團結一致的第三世界，已不存在。

所謂第三世界的國家，可分為新興工業國、足以與龍虎比擬的亞洲新興國、人口較少的產油國、經濟巨人印度，以及中國、巴西等新興大國。而現在已經無法像 1960 年代一樣，將卡達、巴西、南韓、塞內加爾、海地、辛巴威、阿根廷這些國家，全放在同一個團體裡。

雖說如此，粉碎第三世界團結的主因，還是跟經濟發展有關。

正如聯合國開發計畫署（UNDP）也提到的，第三世界各國應該能在 30 年內，達成已開發國家花費一世紀達成的人類進步。但實際上，即使通稱為第三世界，但在工業化國家、失敗國家（Failed State）、開發遲緩而無法脫離貧困與不安定的國家，以及能與西方諸國匹敵、持續成長的新興國家之間，狀況都有很大的不同。

金磚 5 國與新興國家

2001 年，高盛銀行提出金磚 4 國（BRIC）的概念，用來指稱人口眾多、具有高經濟成長性的 4 個國家（巴西、俄羅斯、印度、中國），後來又加上南非，成為金磚 5 國（BRICS）。

提出這概念的目的，是為了穩定 2001 年 9 月 11 日悲劇恐攻事件後的金融市場。

雖然這個團體是人為操作下所提出的，但這幾個國家實際上每年都會舉行領袖會議，希望能與西方大國間有所區隔。不過，新興國家除了金磚 5 國外還有很多。有 60 個以上的國家持續成長，拉大了中間層，也以經濟自立的國家之姿在國際舞台上有更大的聲量。

西方勢力的獨霸畫下句點

以地緣政治學來說，比冷戰結束（兩極世界只持續大約 40 年）影響更大的是西方勢力獨霸的結束。從 15 世紀末大航海時代及發現新大陸以來，西方就在世界上獨享權力。最初的全球化，其實是歐洲各國征服其他大陸的世界「歐洲化」。20 世紀初，在政治、戰略、知識、經濟等各個領域中，世界都是由歐洲人所支配。雖然之後由於歐洲將全世界捲入戰火中的兩

1986年與2016年的人均國內生產毛額（GDP）

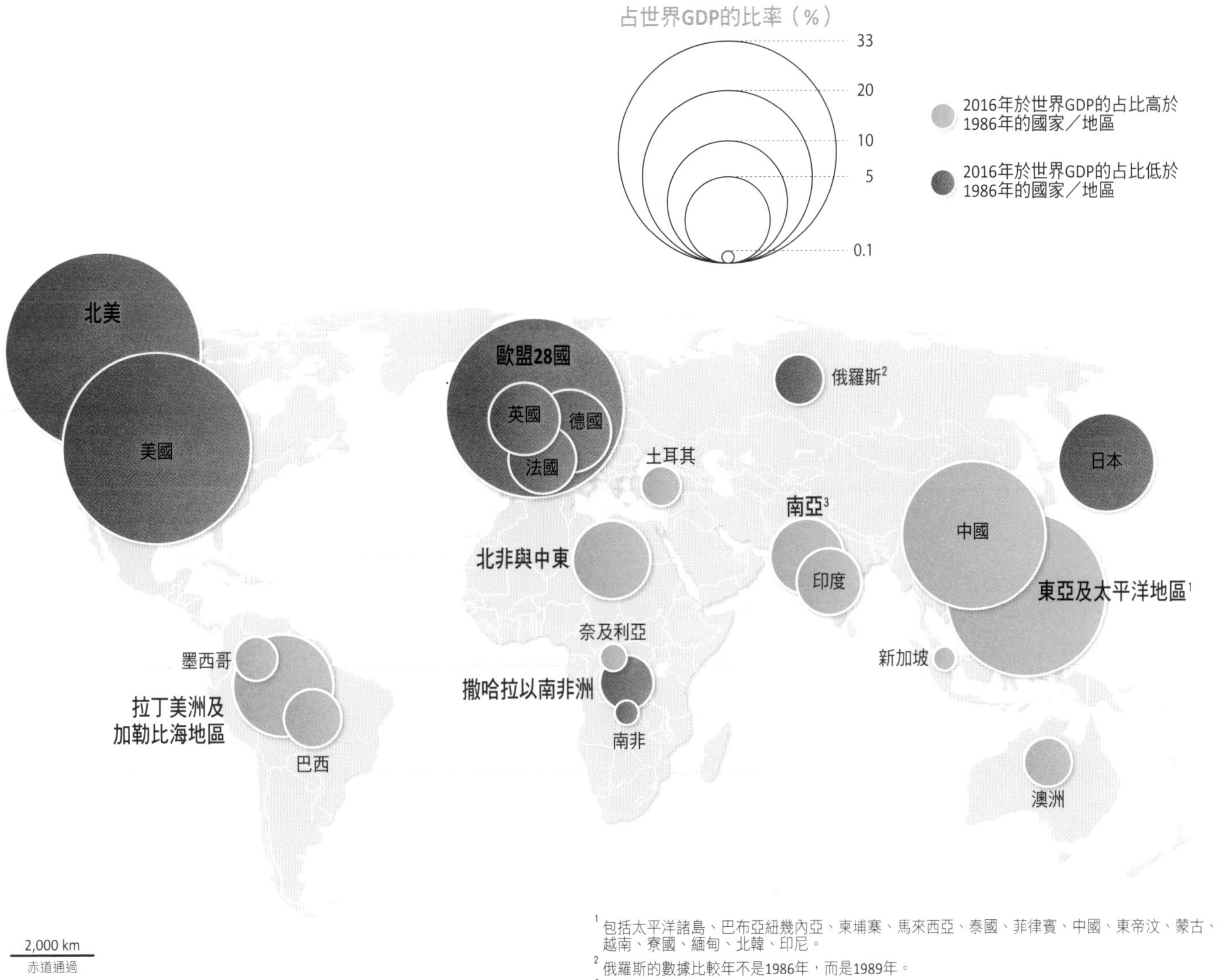
占世界GDP的比率（%）
33
20
10
5
0.1
2016年於世界GDP的占比高於1986年的國家／地區
2016年於世界GDP的占比低於1986年的國家／地區
北美
美國
歐盟28國
英國
德國
法國
俄羅斯[2]
土耳其
日本
南亞[3]
中國
北非與中東
印度
東亞及太平洋地區[1]
奈及利亞
墨西哥
新加坡
撒哈拉以南非洲
拉丁美洲及加勒比海地區
南非
巴西
澳洲
2,000 km
赤道通過

出處：世界銀行

1 包括太平洋諸島、巴布亞紐幾內亞、柬埔寨、馬來西亞、泰國、菲律賓、中國、東帝汶、蒙古、越南、寮國、緬甸、北韓、印尼。
2 俄羅斯的數據比較年不是1986年，而是1989年。
3 包含阿富汗、孟加拉、不丹、印度、馬爾地夫、尼泊爾、巴基斯坦、斯里蘭卡。

次世界大戰，造成舊大陸有所衰退，但 1945 年後，美國卻以「自由世界的領袖」（語出杜魯門）之姿接棒，讓西方的霸權繼續下去。

來到今日，西方的優勢，卻因其他國家勢力的抬頭及全球化而有所改變。西方世界雖然還未失去力量，但早已不是獨霸狀態。雖說如此，西方並不貧窮，因為過去它比其他國家更快變得富裕。雖然西方還是擁有最多財富與力量，但在經濟、戰略與政治等各層面，卻得面對從未有過的競爭。在這種劇烈變化下，已確立 5 世紀之久的全球政治架構，以及人們對世界的認知受到質疑，以至於可能發生危險的混亂狀態。

即使西方世界感受到新興世界帶來的威脅，但如果不願承認現實，還想著能抑制新興國家的崛起，還想著以現在還保有的戰略、軍事上的優勢，讓新興國家順從自己，還以為自己可以制定全世界的目標或規則，那麼，或許只會感到失望。沒有任何國家需要西方的允許才能成長，也沒有任何國家必須仰賴西方給予行動的指示。不論任何國家，都能主張權利與行動的獨立性。世界已經變成多極體制。

最低度開發國家（LDC）

「最低度開發國家」的概念，由聯合國於 1971 年提出，用以指稱由於經濟和社會發展最緩慢，導致人類發展指數極低，有必要接受國際社會其他國家特別援助的國家。目前聯合國列為最低度開發國家者有 48 國，主要分布於撒哈拉以南非洲（34 國）、南亞（9 國）、太平洋地區（4 國），以及加勒比海地區（1 國）。國家狀況變好後得以摘掉此頭銜的國家有波札那（1994 年）、維德角（2007 年）、馬爾地夫（2011 年），以及薩摩亞（2014 年）。

主要參與者：國家

國家已經不再是唯一有資格左右國際關係的參與者，但仍然是影響國際關係不可或缺的要素。

西發里亞主權體系下的世界

1648 年由幾個國家簽署的「西發里亞和約（Peace of Westphalia）」，奠定了所謂「西發里亞主權體系（Westphalian sovereignty）」的國際秩序，承認國家對其國內事務擁有主權。在主權上，沒有事物能超越國家（即使是教宗或神聖羅馬帝國皇帝，也不能以一己意志干涉），所有國家都處於對等關係。自此之後，國家就一直是掌握國際關係的參與者。

組成國家的元素有三個：政府、領土、人民。政府是什麼體制（君主制、共和制、民主制等）完全不重要，有無實權才是決定標準。也就是說，重點是政府能否在擁有的領土上實際統治人民。無法做到這點的國家，在國家的角色上就是失敗。

國家的國界存在於陸上、海上（12 海里）、空中（國土上空）。領土的規模，不可作為否定國家資格的標準。有所謂的「微型國家（Microstate）」，也有規模不大，但在地緣政治上有重要地位的國家。

國家的人民，由生活於同一塊領土的人們組成，不論這些人是否擁有該國國籍。各國可自由決定人民取得國籍的方法。國家的人口多寡不重要，也可能有人口極少的國家。

至於國家之間要維持平等關係，當然只是理論而已，畢竟國力就是會有大有小。在無法以法律作為一切準則的世界裡，實力還是最重要。如果得不到其他國家承認，國家就無法發揮力量。

國家仍然是國際局勢的關鍵

全球化之下，國家的地位已經跟過去不同，這是因為有許多國際參與者登場。資訊網擴大、人與物的流動快速頻繁，使得國界的概念變得淡薄。甚至有人說，國家在小事上顯得太大，在大事上又顯得太小。

不過，到頭來，簽署條約、在國際舞台上站在前頭行動的還是國家。其他國際參與者主要是跟國家對話。話說回來，所謂的「其他參與者」，也是在相對於所有國家之下才能定義的「非國家的主體」。

跟其他參與者的競爭，使得國家無法獨占國際舞台主角的寶座，但即使如此，國家仍然是國際社會的關鍵。其他參與者要有所行動、要訴求利害關係，以及提出要求時，對象都是國家，多數時候也是由國家做判斷。國家依然是要調整各種行動時的唯一場域。關於權限與合作（或不合作）的爭執，現在也還是在國與國之間的框架中進行，做出關乎國際社會的決定。

即使各種參與者之間的力量關係出現變化，但還是少不了國家。

國家的數量快速增加（聯合國會員國的數目）

1945年＝51國

1960年＝99國

1980年＝154國

1995年＝185國

2018年＝193國

現狀的極大差異

國土面積（km^2）

大			小		
俄羅斯	加拿大	美國	梵蒂岡	摩納哥	諾魯
17,098,242	9,984,670	9,826,675	0.44	2	21

人口（前3名的單位為100萬人）

多			少		
中國	印度	美國	梵蒂岡	吐瓦魯	諾魯
1,371	1,311	321.4	1,000	9,916	10,222

國內生產毛額（GDP）（購買力平價人均／美元）

多			少		
卡達	盧森堡	新加坡	中非共和國	蒲隆地	剛果民主共和國
141,542.66	103,837.57	85,382.30	618.75	727.15	784.37

人類發展指數（不均修正後）

高			低		
挪威	冰島	澳洲／荷蘭	中非共和國	查德	尼日
0.898	0.868	0.861	0.199	0.238	0.253

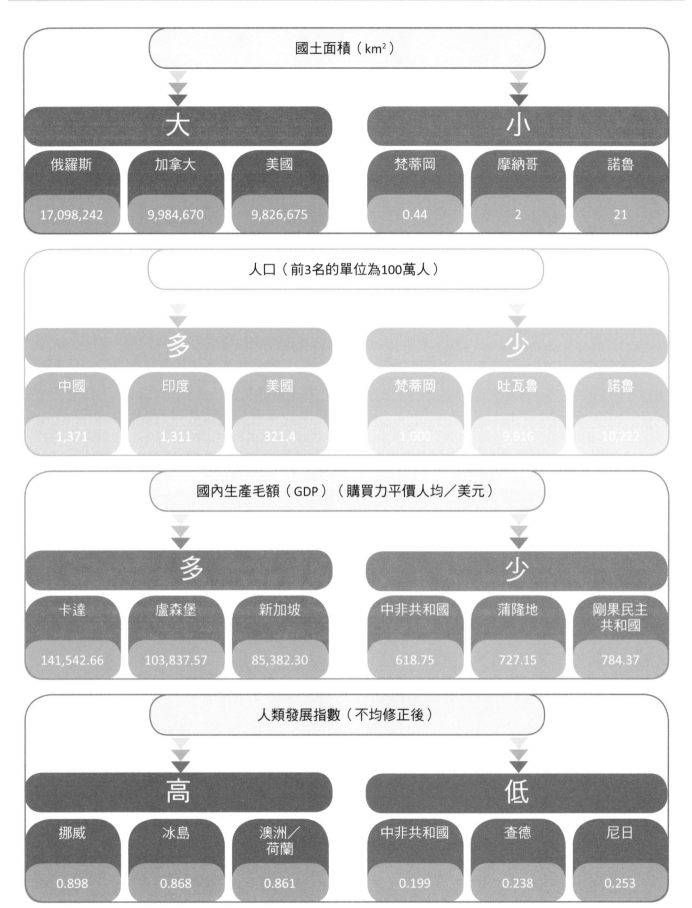

出處：帕斯卡・博尼法斯（Pascal Boniface）《2018年的戰略》（*L'année stratégique 2018*）；聯合國開發計畫署《2016年人類發展報告》。

聯合國能統治世界嗎？

聯合國是1945年在舊金山召開的會議上，由51國簽署，依據聯合國憲章所成立的組織。直至2017年末，帶有普遍使命的這個綜合性組織，共有193個會員國。

聯合國的大志

各國成立聯合國，是希望它成為維持和平及保障國際安全的綜合機構。為了達成使命，聯合國揭示的兩大目標，是保護「經濟」及「人權」這兩個維持和平的主要因素。

聯合國保障安全的機制要運作，前提是需要5個有否決權的常任理事國一致認可。但是在冷戰下，意見一致變得不可能，兩個超強國只保護自己的盟友國。但否決權雖然可能妨礙體系的運作，卻是聯合國得以存在的條件。任何一個常任理事國，尤其是蘇聯和美

聯合國的會員國及維和活動（2018年）

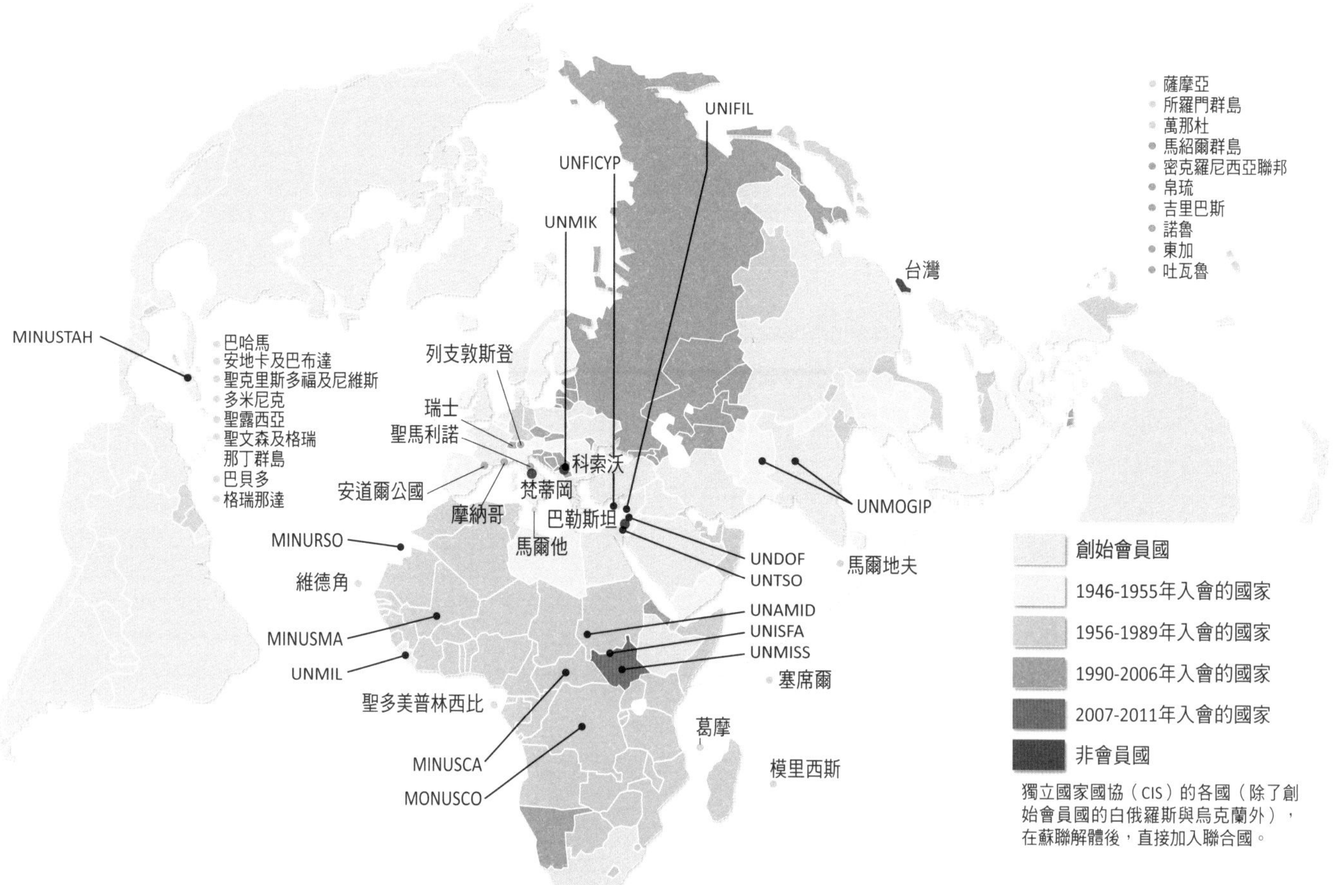

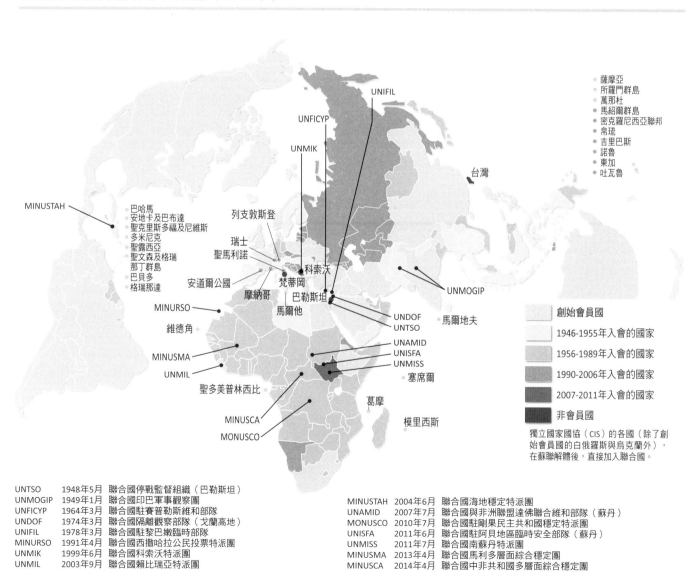

薩摩亞
所羅門群島
萬那杜
馬紹爾群島
密克羅尼西亞聯邦
帛琉
吉里巴斯
諾魯
東加
吐瓦魯
UNIFIL
UNFICYP
UNMIK
台灣
MINUSTAH
巴哈馬
安地卡及巴布達
聖克里斯多福及尼維斯
多米尼克
聖露西亞
聖文森及格瑞那丁群島
巴貝多
格瑞那達
列支敦斯登
瑞士
聖馬利諾
科索沃
安道爾公國
梵蒂岡
摩納哥
巴勒斯坦
馬爾他
UNMOGIP
MINURSO
UNDOF
UNTSO
馬爾地夫
維德角
UNAMID
UNISFA
UNMISS
MINUSMA
UNMIL
塞席爾
聖多美普林西比
葛摩
MINUSCA
模里西斯
MONUSCO
創始會員國
1946-1955年入會的國家
1956-1989年入會的國家
1990-2006年入會的國家
2007-2011年入會的國家
非會員國
獨立國家國協（CIS）的各國（除了創始會員國的白俄羅斯與烏克蘭外），在蘇聯解體後，直接加入聯合國。

UNTSO	1948年5月	聯合國停戰監督組織（巴勒斯坦）
UNMOGIP	1949年1月	聯合國印巴軍事觀察團
UNFICYP	1964年3月	聯合國駐賽普勒斯維和部隊
UNDOF	1974年3月	聯合國隔離觀察部隊（戈蘭高地）
UNIFIL	1978年3月	聯合國駐黎巴嫩臨時部隊
MINURSO	1991年4月	聯合國西撒哈拉公民投票特派團
UNMIK	1999年6月	聯合國科索沃特派團
UNMIL	2003年9月	聯合國賴比瑞亞特派團
MINUSTAH	2004年6月	聯合國海地穩定特派團
UNAMID	2007年7月	聯合國與非洲聯盟達佛聯合維和部隊（蘇丹）
MONUSCO	2010年7月	聯合國駐剛果民主共和國穩定特派團
UNISFA	2011年6月	聯合國駐阿貝地區臨時安全部隊（蘇丹）
UNMISS	2011年7月	聯合國南蘇丹特派團
MINUSMA	2013年4月	聯合國馬利多層面綜合穩定團
MINUSCA	2014年4月	聯合國中非共和國多層面綜合穩定團

國，如果無法確保否決權，應該不可能同意加入聯合國。

根據聯合國憲章規定，會員國希望和平解決紛爭時，可向聯合國請求支援，有會員國受到侵略，聯合國也會提供支持。但冷戰時期由於美蘇對立，不斷有大規模的紛爭在聯合國能處理的範圍外發生。聯合國第一次真正發揮處理紛爭的功能，是在 1990 年伊拉克侵略科威特之際。儘管伊拉克是蘇聯的盟友，但戈巴契夫還是同意對伊克拉嚴重違反國際法的行為給予制裁。聯合國安理會第 678 號決議同意，若伊拉克不在 1991 年 1 月 15 日前自科威特撤退，就得以對其行使武力。

也就是說，波斯灣戰爭是合法的國際制裁行動。可惜的是，當時獲得國際間讚美的新世界秩序，在戈巴契夫下台及蘇聯解體後，也無法持續。現在雖然已經沒有冷戰時期的意識型態對立，但取而代之的國家間競爭，還是妨礙了聯合國的運作，無法真正以團體力量保障國際安全。

要批評聯合國不夠有力很容易，但我們應該看的是聯合國過去，以及現在仍持續達成的有益國際的成果。比如去殖民化的進展、南非廢除種族隔離政策，以及柬埔寨內戰後的重建等，聯合國都扮演了決定性角色。在日常國際事務上，聯合國會促進國家間聯絡，並採取預防措施以避免紛爭。雖然預防措施也可能不那麼明顯，但實際上有其效果。聯合國的專門機構在國際社會上，也有其不可或缺的功能。

聯合國的機構

聯合國有 5 個主要機構：大會（各國都有發言權）；安全理事會；秘書處；經濟及社會理事會；國際法院。

安全理事會由 15 國組成，其中 5 國（中國、美國、法國、英國、俄羅斯）是握有否決權的常任理事國；非常任理事國的 10 國，則按地區分配，每年改選半數，每一任任期為 2 年。

聯合國有輔助機構與專門機構，如聯合國難民署（UNHCR）、聯合國兒童基金會（UNICEF）、聯合國開發計畫署（UNDP）、世界衛生組織（WHO）等，都是聯合國之下的機構。

對於所有國家都關心的事務，聯合國也有相關的活動與組織，以促進經濟與社會的發展，這也是聯合國的責任與義務。也因此誕生了國際貨幣基金組織、聯合國糧食及農業組織（FAO）、國際勞工組織。聯合國大會只有諮詢機構的功能，安理會則有真正的決定權。安理會要通過決議，必須要有 3 分之 2 的安理會成員同意，且沒有任何一個常任理事國反對才成立。

很多人認為，安理會反映的是 1945 年之際的世界局勢，現在應當擴大其規模。2006 年，當時的聯合國秘書長科菲 ・ 安南（Kofi Atta Annan）曾提議，常任理事國可再加入 5 國（印度、日本、德國、巴西、南非）。不過，這個改革自然需要目前的 5 個常任理事國同意，而美國和中國因為擔心這會讓聯合國的權限過大，並不支持此提案。

國際機構是配角？

一般認為，國際機構的角色，是建立國家間合作的機制，以緩和國際關係。國際機構確實是國際關係的參與者，但能建立國際機構的只有國家，也只有國家是其成員。不過，國際機構一旦成立，即使對於其成員國而言，還是有一定程度的自主性。

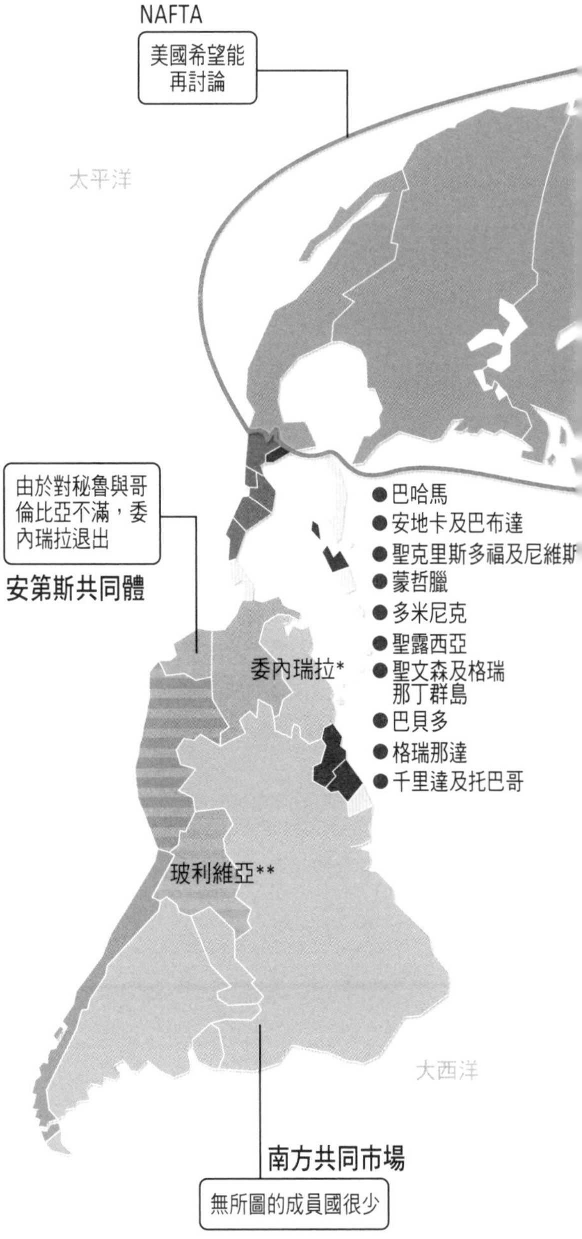

NAFTA
美國希望能再討論
太平洋
由於對秘魯與哥倫比亞不滿，委內瑞拉退出
安第斯共同體
●巴哈馬
●安地卡及巴布達
●聖克里斯多福及尼維斯
●蒙哲臘
●多米尼克
●聖露西亞
●聖文森及格瑞那丁群島
●巴貝多
●格瑞那達
●千里達及托巴哥
委內瑞拉*
玻利維亞**
大西洋
南方共同市場
無所圖的成員國很少

由國家設立的國際機構

國際機構，是在國家締結的國際協定下所誕生的。國際機構成立後，即具有自己的法人人格，是獨立的個體。目前國際機構總數約有 300 個之多。

世界上最早的國際機構，純粹是因功能上的目的而成立——由於同一條河川流經幾個國家，這些國家於是制定通行河川的規則，讓運作順利。1815 年，萊茵河航運中央委員會成立，1856 年也有規範多瑙河航行規則的機構成立。

之後，隨著科學與通訊技術進步，有些會牽涉到不只一個國家的問題應運而生。為超越國別管理這些問題，成立了相關機構，如 1865 年的國際電信聯盟、1874 年的萬國郵政聯盟、1883 年的國際工業所有權保護同盟、1922 年的國際鐵路聯盟等。

也就是說，最早期的國際機構是技術進步下的產物，目的是為了對跨越多國領土的活動有個國際規範。

此外，也還是有實用的理由，1944 年國際民航組織成立，就是作為調整國際航空交通的唯一手段。

政治上的角色

經過第一次世界大戰的洗禮，各國都體認到，為了不再發生同樣悲劇，有必要調整國家間的政治關係。

1919 年，國際聯盟（League of Nations）誕生，目的是要確保會員國之間的和平，建立一個以集團力量保障國際安全的體制。

不過，由於缺乏普遍適用性，也不具真正的制裁力量，最後這個聯盟以失敗告終。

二次大戰後，聯合國成立，以不重蹈國際聯盟的覆轍為目標。

不過，立基於二戰戰勝國意志的這個組織，卻由於冷戰及東西陣營對立的論述登場，而未能團結一致，也因此無法好好履行世界警察的角色。不過，聯合國達成的成果，也沒有反對者批評的那麼少。

此外，技術發達、國家之間相互依賴，以及去殖民化，也讓國際機構更多樣化。多數國際機構都是地區性的組織，成員希望能藉此建立更實際的互助體制，而且，由於地理位置相近，要取得共識時會更方便。

地區性的國際經濟組織

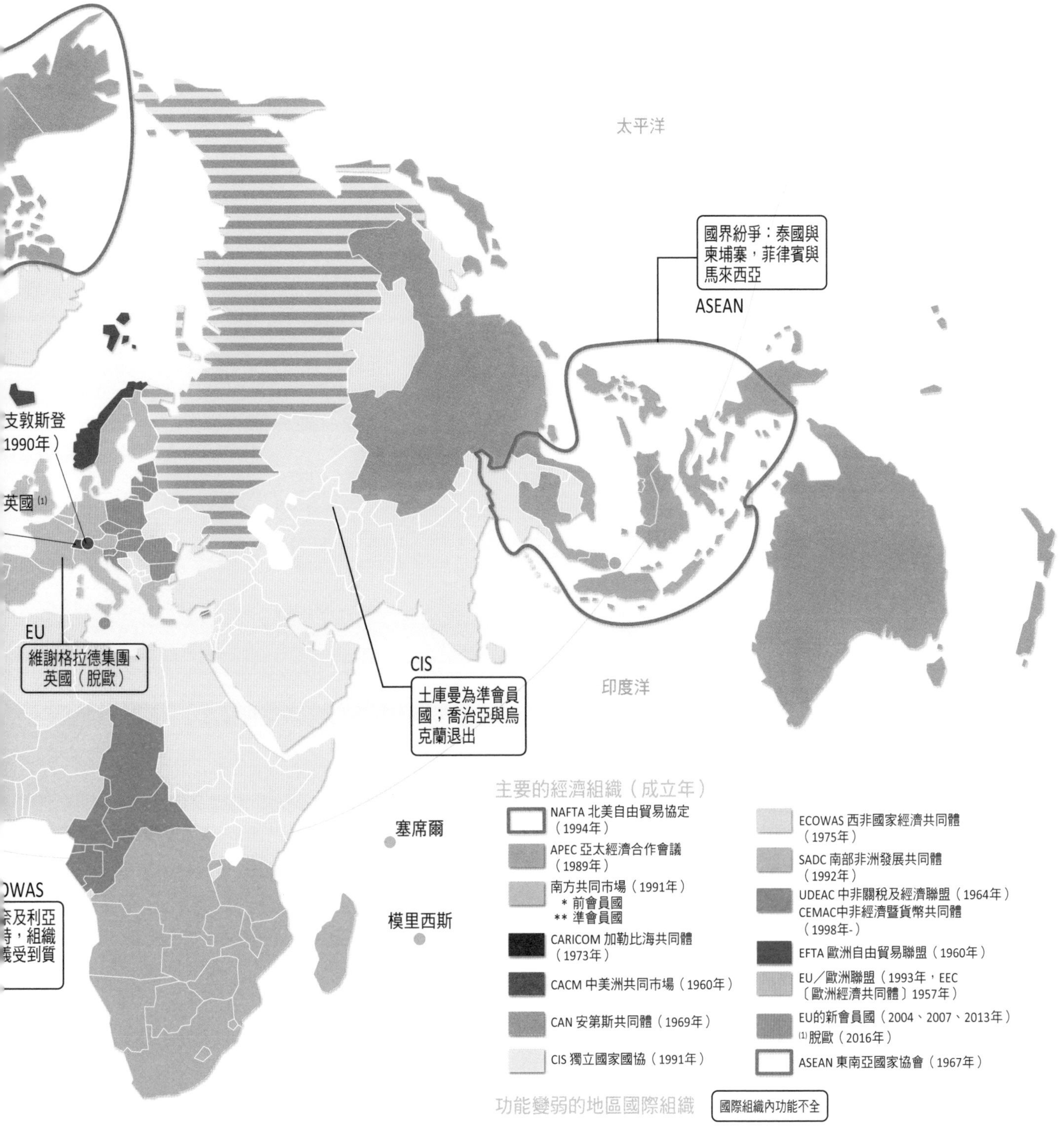
太平洋
國界紛爭：泰國與柬埔寨，菲律賓與馬來西亞
ASEAN
英國 (1)
EU
維謝格拉德集團、英國（脫歐）
CIS
土庫曼為準會員國；喬治亞與烏克蘭退出
印度洋
塞席爾
模里西斯
主要的經濟組織（成立年）
NAFTA 北美自由貿易協定（1994年）
APEC 亞太經濟合作會議（1989年）
南方共同市場（1991年）
* 前會員國
** 準會員國
CARICOM 加勒比海共同體（1973年）
CACM 中美洲共同市場（1960年）
CAN 安第斯共同體（1969年）
CIS 獨立國家國協（1991年）
ECOWAS 西非國家經濟共同體（1975年）
SADC 南部非洲發展共同體（1992年）
UDEAC 中非關稅及經濟聯盟（1964年）
CEMAC中非經濟暨貨幣共同體（1998年-）
EFTA 歐洲自由貿易聯盟（1960年）
EU／歐洲聯盟（1993年，EEC〔歐洲經濟共同體〕1957年）
EU的新會員國（2004、2007、2013年）
(1) 脫歐（2016年）
ASEAN 東南亞國家協會（1967年）
功能變弱的地區國際組織
國際組織內功能不全

出處：各國際組織官網

似乎很難給予國際機構明確的評價。但國際性的專門機構有其必要，是它們讓國際社會得以存在。若沒有這些國際專門機構，實際上不可能做到這一點。

政治性的國際機構沒什麼具體成果，而這只是反映出成員國的分裂與對立。

非政府組織是新的參與者？

非政府組織（NGO）跟跨國企業不同，不以營利為目的，與國際機構不同，不是由國家，而是由個人所設立。不過，和跨國企業一樣都是在國際舞台上活動（更精確來說是跨越國界）。由於全球化之故，有國際視野的人變多，在時間變短、距離拉近下，整合、傳達、了解、動員都變得容易，NGO 的數量也變多。現在，國際社會各領域都有它們的深入參與。

各種實際狀況

「NGO」一詞背後，有各種實際狀況。NGO 的數量非常多，恐怕有數萬個以上，很難說它們多屬於哪個範疇。

知名度最高的 NGO，是為了促進人類全體福祉的組織，活動目的包括擁護人類自由（國際特赦組織、人權觀察）、救援陷入紛爭等受苦的百姓（無國界醫生、反飢餓行動、世界醫師聯盟、國際助殘組織）、環保（綠色和平、世界觀察研究所）等。

這些團體獲得輿論高度支持，因為它們體現了人類寬大的胸懷、對他人的關懷，以及為全體利益奮戰等。

不過，這種奮戰之姿，要有確實的專業意識作為後盾。它們要有健全的組織、能管理好幾億元預算、清楚知道如何藉助媒體與輿論的力量，並影響政府的決策。它們既是推動大義的專家，同時也是辯論家。

也有一些 NGO 不必奮戰，但也集結眾多具有相同使命的人，熱絡展開國際交流，例如國際集郵聯合會、扶輪社、世界退伍軍人會、國際學生聯盟、國際奧委會（IOC）、國際足球總會（FIFA）等，這種組織不勝枚舉。

由於 NGO 能獲得眾多支持，所以也有國家為了宣傳而成立看似 NGO 的組織。這種團體稱為「GONGO」（由政府運作的非政府組織）。

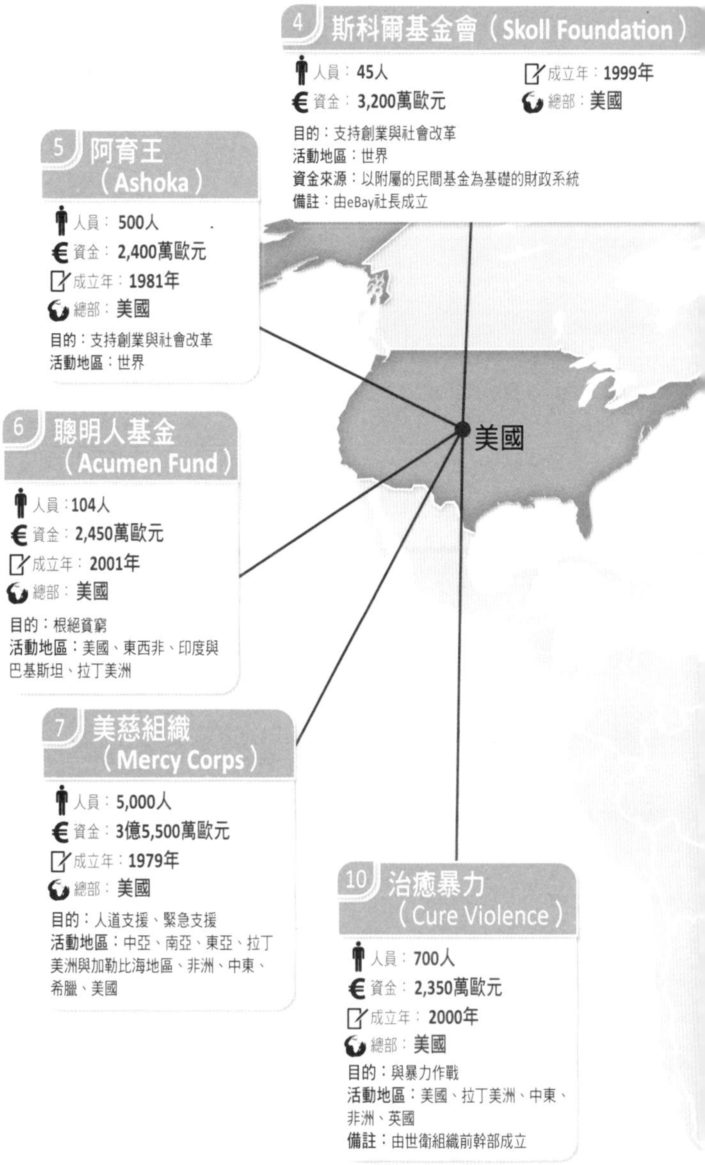
4 斯科爾基金會（Skoll Foundation）
人員：45人
成立年：1999年
資金：3,200萬歐元
總部：美國
目的：支持創業與社會改革
活動地區：世界
資金來源：以附屬的民間基金為基礎的財政系統
備註：由eBay社長成立
5 阿育王（Ashoka）
人員：500人
資金：2,400萬歐元
成立年：1981年
總部：美國
目的：支持創業與社會改革
活動地區：世界
6 聰明人基金（Acumen Fund）
人員：104人
資金：2,450萬歐元
成立年：2001年
總部：美國
目的：根絕貧窮
活動地區：美國、東西非、印度與巴基斯坦、拉丁美洲
7 美慈組織（Mercy Corps）
人員：5,000人
資金：3億5,500萬歐元
成立年：1979年
總部：美國
目的：人道支援、緊急支援
活動地區：中亞、南亞、東亞、拉丁美洲與加勒比海地區、非洲、中東、希臘、美國
10 治癒暴力（Cure Violence）
人員：700人
資金：2,350萬歐元
成立年：2000年
總部：美國
目的：與暴力作戰
活動地區：美國、拉丁美洲、中東、非洲、英國
備註：由世衛組織前幹部成立
美國

反映出公民社會的狀況

NGO 的發展，反映出公民社會在國際上的發展。儘管 NGO 在國際舞台上扮演重要角色，但並不能取得國際地位。因此，同一個 NGO 在不同國家都是由各國法規管轄。

與促進人類全體福祉有關的 NGO，不一定會跟國家呈敵對關係，反之，有時候還能與國家合作。有些國家在人道支援的很大一部分，尤其是緊急狀況時，會由 NGO 來運作。因為 NGO 比較有彈性，可臨機應變。

某些實力堅強的 NGO，既能發揮實際作用，也具有高知名度，在國際關係上是不可或缺的參與者，重要程度足以與國家組織匹敵。它們不但能提升人民的意識、對某些狀況提出警告，也是了解如何發聲的行動者。

全球主要的10個NGO（根據2018年NGO ADVISOR）

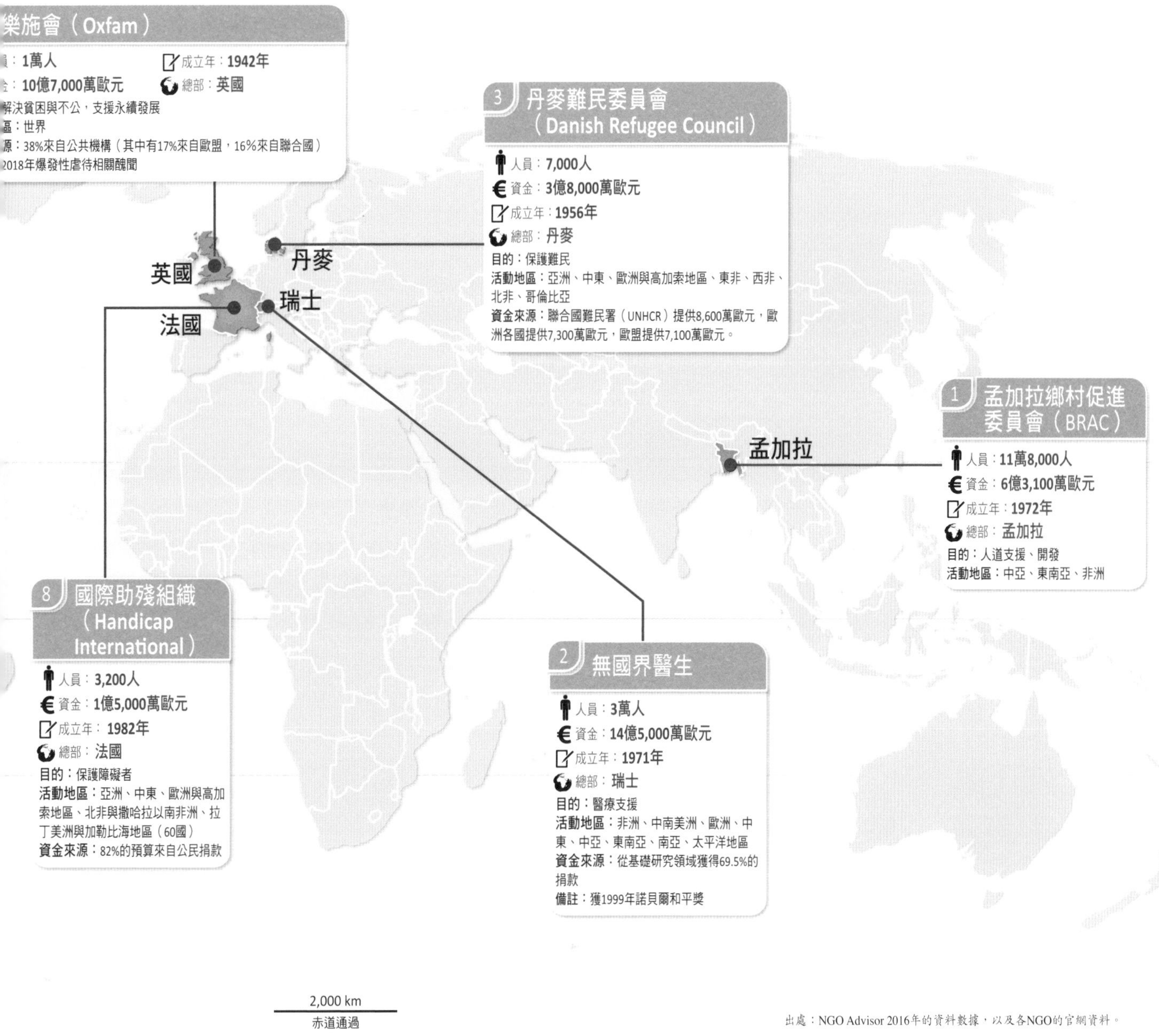

樂施會（Oxfam）
：1萬人
成立年：1942年
：10億7,000萬歐元
總部：英國
解決貧困與不公，支援永續發展
區：世界
源：38%來自公共機構（其中有17%來自歐盟，16%來自聯合國）
2018年爆發性虐待相關醜聞
3 丹麥難民委員會（Danish Refugee Council）
人員：7,000人
資金：3億8,000萬歐元
成立年：1956年
總部：丹麥
目的：保護難民
活動地區：亞洲、中東、歐洲與高加索地區、東非、西非、北非、哥倫比亞
資金來源：聯合國難民署（UNHCR）提供8,600萬歐元，歐洲各國提供7,300萬歐元，歐盟提供7,100萬歐元。
英國
丹麥
瑞士
法國
孟加拉
1 孟加拉鄉村促進委員會（BRAC）
人員：11萬8,000人
資金：6億3,100萬歐元
成立年：1972年
總部：孟加拉
目的：人道支援、開發
活動地區：中亞、東南亞、非洲
8 國際助殘組織（Handicap International）
人員：3,200人
資金：1億5,000萬歐元
成立年：1982年
總部：法國
目的：保護障礙者
活動地區：亞洲、中東、歐洲與高加索地區、北非與撒哈拉以南非洲、拉丁美洲與加勒比海地區（60國）
資金來源：82%的預算來自公民捐款
2 無國界醫生
人員：3萬人
資金：14億5,000萬歐元
成立年：1971年
總部：瑞士
目的：醫療支援
活動地區：非洲、中南美洲、歐洲、中東、中亞、東南亞、南亞、太平洋地區
資金來源：從基礎研究領域獲得69.5%的捐款
備註：獲1999年諾貝爾和平獎
2,000 km
赤道通過

出處：NGO Advisor 2016年的資料數據，以及各NGO的官網資料。

跨國企業是新的世界統治者？

跨國企業是以營利為目的，在一個以上的國家有商業活動的私人企業。理論上規模不一定要大，但實際上都是極龐大的事業體，事實上，一提到跨國企業，大家立刻想到的就是巨大的企業。它們的確是國際關係的參與者，營業額甚至比部分國家的國內生產毛額還高。此外，它也是全球化的關鍵之一，也是國外直接投資的主要供給者。

主流參與者

跨國企業不論在自己國內或國外，都可能在政治上扮演重要角色。不過，雖然活動範圍跨越國界，但跨國企業還是有其國籍。即使企業獲利不必然反映出國家的獲利，但企業的活動還是對總部所在的國家有利。

如果有國家意圖制裁另一個國家，可能會阻礙總部設於那個國家的跨國企業。而企業會為了避稅，或避免受制裁，也可能提出有違國家利益的主張，但即使如此，國家還是可能會協助企業擁有市場。

就像這樣，跨國企業對發源國的國力與財富有間接貢獻。在全球化之下，跨國企業的重要性和扮演的角色愈益重要，也會因政策鬆綁和國界消失有更多的可能性。

雖然在全球化之前就有跨國企業，但它是全球化下最大的贏家。

形成對比的角色

對跨國企業的批判則包括：會破壞多樣的主體性、只追求眼前利益、不在意自己的商業行為會否影響活動國家的利益。

此外，也有人批評跨國企業不尊重人權，只會討好當權者。畢竟它們如果不為了公司利益去幫助獨裁者掌權，也許獨裁者就不會同意它們做生意。

事實上，跨國企業為追求最大的收益性與投資的回報，或是希望稅制對自己最有利，會使國家之間成為競爭者。

不過，企業不會只看哪個國家提出的條件最好就選它，而是經常以國家的基礎建設（交通、通訊、學校制度等）品質來決定。

跨國企業的擁護者則會強調企業創造工作機會，並促進活動國家的現代化。以前說到跨國企業，幾乎都是源自美國，但不久後，歐洲與日本也出現跨國企業，現在也會誕生自新興國家。這反映出世界經濟的多極化。以新興國家來說，跨國企業 10 年內就增加了 3 倍。

對跨國企業來說，知名度是優點，同時也是缺點。企業必須留意不讓形象受損，要是成為負面輿論的對象，損失可是難以計算。所以，大部分企業都會成立財團法人，推動企業社會責任領域的活動。

不過，企業的目標是希望能以最佳方式獲利，及減少稅賦。有企業擁有的人才幫助，並不欠缺達成目標的手段。

企業對國外的投資

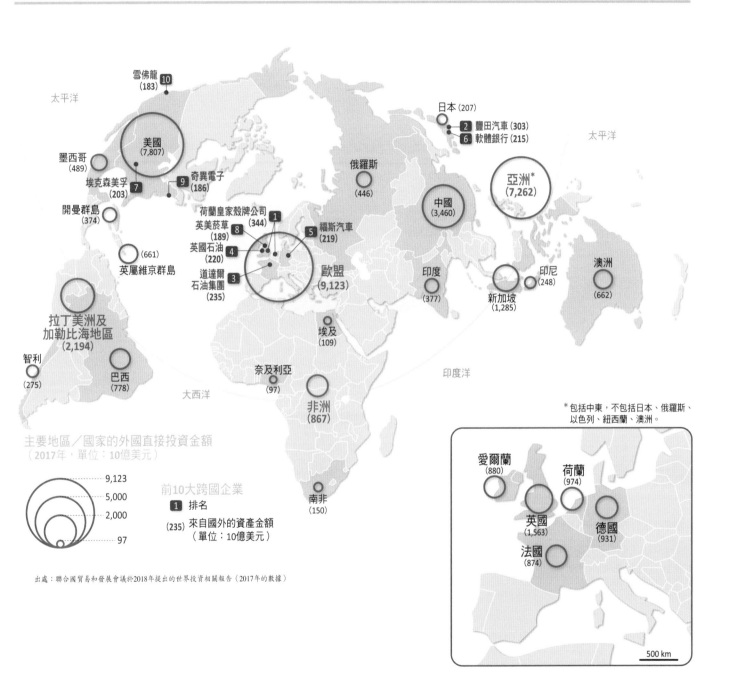

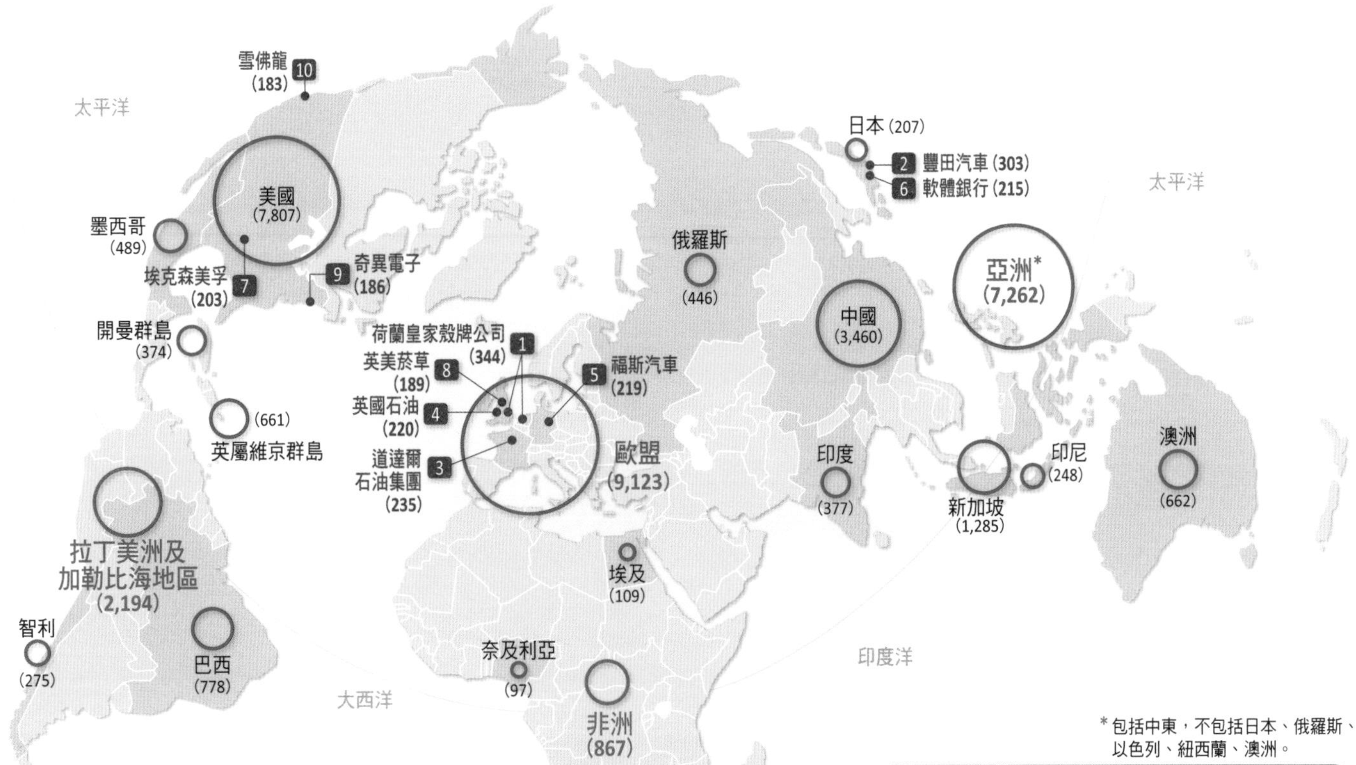
太平洋
雪佛龍 10 (183)
美國 (7,807)
墨西哥 (489)
埃克森美孚 7 (203)
9 奇異電子 (186)
開曼群島 (374)
(661) 英屬維京群島
拉丁美洲及加勒比海地區 (2,194)
智利 (275)
巴西 (778)
大西洋
荷蘭皇家殼牌公司 1 (344)
英美菸草 8 (189)
英國石油 4 (220)
道達爾石油集團 3 (235)
5 福斯汽車 (219)
歐盟 (9,123)
俄羅斯 (446)
埃及 (109)
奈及利亞 (97)
非洲 (867)
南非 (150)
日本 (207)
2 豐田汽車 (303)
6 軟體銀行 (215)
太平洋
中國 (3,460)
亞洲* (7,262)
印度 (377)
新加坡 (1,285)
印尼 (248)
澳洲 (662)
印度洋
主要地區／國家的外國直接投資金額
（2017年，單位：10億美元）
9,123
5,000
2,000
97
前10大跨國企業
1 排名
(235) 來自國外的資產金額（單位：10億美元）

*包括中東，不包括日本、俄羅斯、以色列、紐西蘭、澳洲。

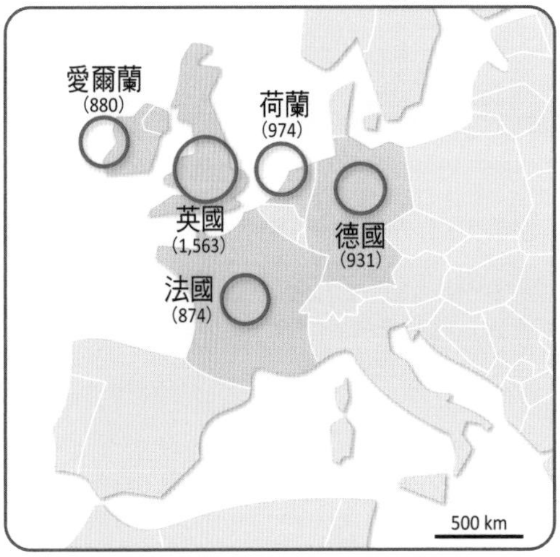
愛爾蘭 (880)
荷蘭 (974)
英國 (1,563)
德國 (931)
法國 (874)
500 km

出處：聯合國貿易和發展會議於2018年提出的世界投資相關報告（2017年的數據）

擁有力量的公共意見

託社群網路之福，雖然有程度之別，但如今任何人都是資訊的接收者，也是發送者。幾乎已經沒有國家政府能獨占資訊。

公共意見的登場

「公共意見」一詞，首次出現是在18世紀法國哲學家盧梭（Jean-Jacques Rousseau）寫給達朗貝爾（Jean le Rond d'Alembert）的信中，意指社會具有的重要力量。當然，當時關心公共意見的人，只有特權階級的下層菁英，而且也是因為公共意見會影響中產階級知識分子的政治活動。那時一般認為，中產階級知識分子與不識字的庶民不同，較有見識。

之後，識字教育、印刷術的改良、知識普及，以及19世紀報紙的普及，使得公共意見獲得重視，或者說，人們開始覺得應當重視。20世紀大眾傳媒發達、民意調查登場，以及社群網路普及（如臉書、推特等），讓每個人都能參與決定，資訊得以傳播，動員變得容易。長年以來由政府獨占資訊的情況，現在除了北韓以外，在世界各地都已不存在。

19世紀末期，由於歐洲人擔憂黎巴嫩國內基督徒的處境，或是為了支持希臘與塞爾維亞從鄂圖曼帝國獨立，因此發起運動。在美國，由於報社重點報導古巴人民的遭遇，促成美國介入，使得西班牙終結對古巴的殖民。

由於第一次世界大戰大範圍動員了大量士兵，讓希特勒與墨索里尼政權的政治宣傳達到頂點。

冷戰時期，美蘇雙方雖然不至於直接武力衝突，但競相操作政治宣傳及對公共意見的影響力，以訴求自己政治體制的優勢。

政府與公共意見

美國地緣政治學家茲比格涅夫・布里辛斯基（Zbigniew Brzezinski）早在2008年就說過：「這是世界史上第一次，全體人類在政治上都如此活躍。」

政府的外交政策，除了得讓國內輿論認同其有效性外，也必須讓其他國家的人認同。所以，儘管美國是超級大國，但2003年發動伊拉克戰爭，還是影響國家聲譽，受到孤立。美國飽受各國批評，在外交與經濟上付出龐大代價，國家形象及軟實力也遭到扣分。

2016年11月的美國總統大選
2,000 km
赤道通過

社群網路上的公共意見

戈巴契夫1985年上台當時，蘇聯要培養共產黨中央政治局的成員，是由幾個從外交部挑選出來的專家來進行。今日的政治家不可能像這樣，只有指導者作為單一資訊來源，他們會利用來自多個電視頻道及網路的無限資訊。

社群網路對公共意見的影響（2018年）

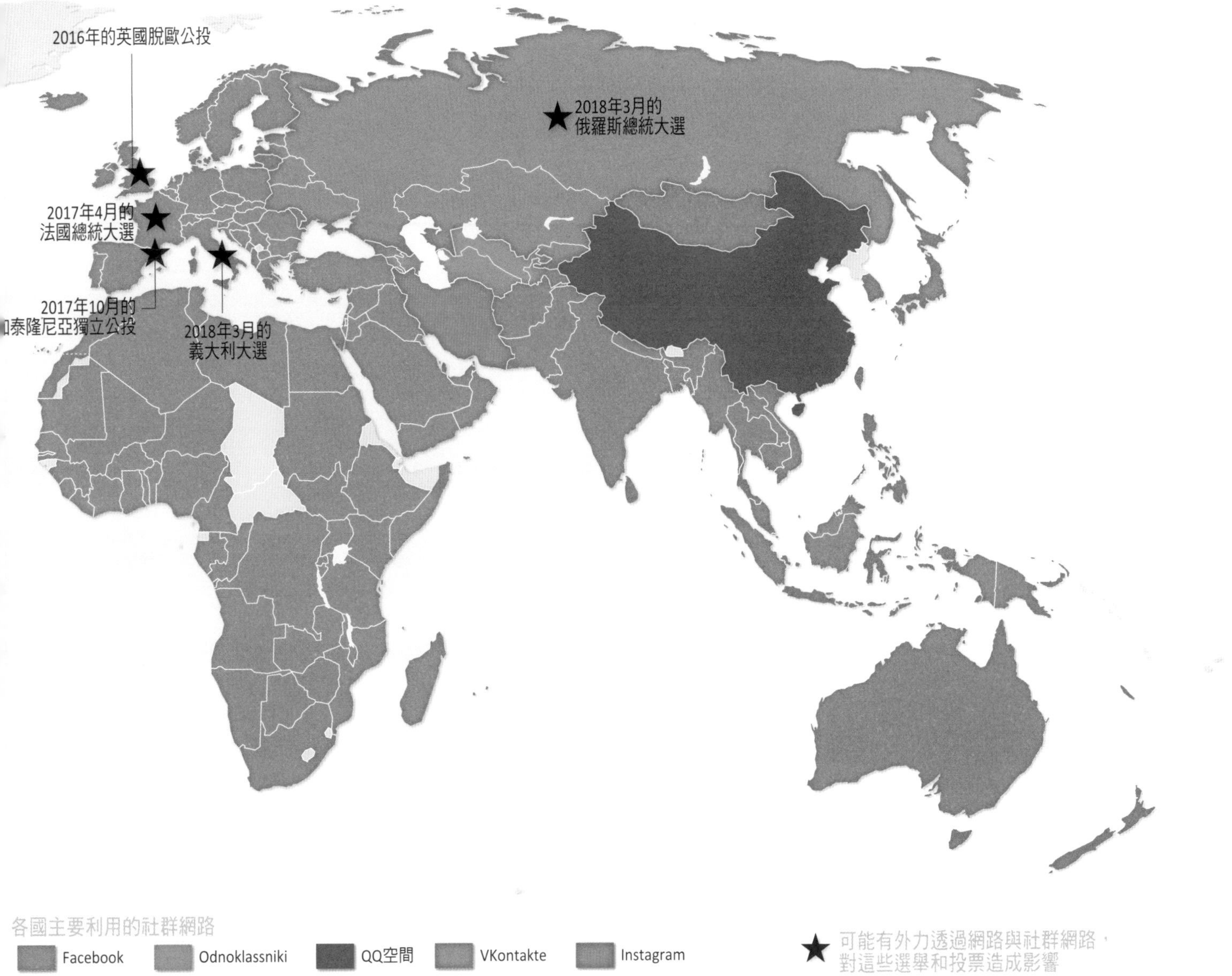

2016年的英國脫歐公投
2018年3月的
俄羅斯總統大選
2017年4月的
法國總統大選
2017年10月的
加泰隆尼亞獨立公投
2018年3月的
義大利大選
各國主要利用的社群網路
Facebook
Odnoklassniki
QQ空間
VKontakte
Instagram
可能有外力透過網路與社群網路，
對這些選舉和投票造成影響

出處：Alexa.com; similarweb.com

國民也一樣。即使中國並非民主國家，但由於網路使用者有 7 億人，所以還是存在著公共意見，並以其特有的方式表現出來，所以共產黨已經不能像過去那樣連市民的日常生活都控管。

全世界都已經了解公共意見的重要性，雖然認識程度不同——影響因素包括經濟發展水準（一天只能靠 1-2 塊美金生存的人，光是要生存下去就已經很吃力了，對政治自然沒什麼太大要求，或是根本沒有要求）、識字水準（文盲不太會有政治文化），以及各國的歷史。即使如此，公民社會幾乎存在於所有國家，隨著它愈來愈有力量，公共意見的重要性也只會愈來愈高。

何謂國際統治？

許多國家和民族構成「國際社會」，並由國際社會來負責運作世界的公眾事務，這個想法是比較新穎的。但在今日這樣的全球化時代，光是所有事物實際上都相互依賴的狀態，就讓這個想法獲得愈來愈多支持。

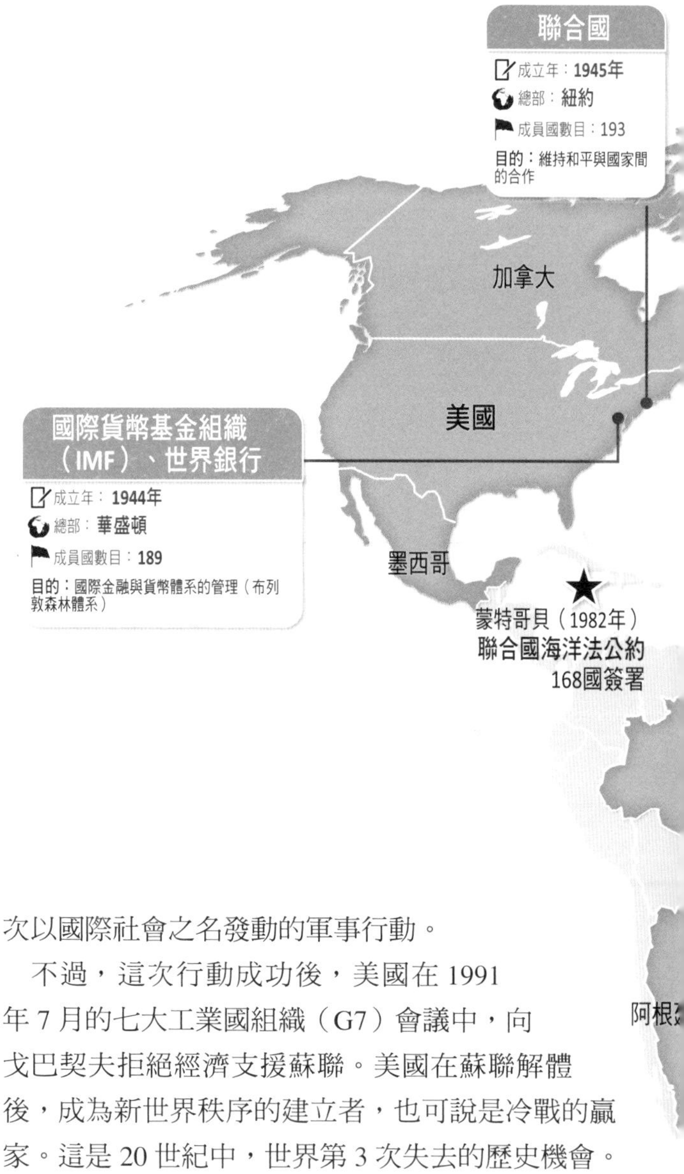

聯合國
成立年：1945年
總部：紐約
成員國數目：193
目的：維持和平與國家間的合作
加拿大
美國
國際貨幣基金組織（IMF）、世界銀行
成立年：1944年
總部：華盛頓
成員國數目：189
目的：國際金融與貨幣體系的管理（布列敦森林體系）
墨西哥
蒙特哥貝（1982年）
聯合國海洋法公約
168國簽署

相對的存在

由於各國互相競爭、不想放掉主權，要實現所謂的國際統治很困難。至於設置世界政府，更是不值一談。談國際事務時，經常有人會提出的「國際社會」，實際上幾乎無法實現。話說回來，人們提到國際社會時，原本就是感嘆嘗試後的不斷失敗，而不是讚美難得的成功。

第一次世界大戰後，全世界都體認到，為了不再發生全球性的戰爭，讓人類做出那麼大的犧牲，有必要共同以集團的力量保障安全。國際聯盟就是在這種目的下成立的。

不過，意識型態的對立造成國際聯盟分裂，無法推行理念，以致完全失能。這是由於它缺乏真正的權限，所以無法達成基本使命。

1945 年之後，二次大戰的戰勝國希望從國際聯盟的失敗中學習，因而成立了聯合國。聯合國安理會的權限甚至包含武力制裁，擔負起以集團保障國際安全的主要職責。

可惜的是，這個以二次大戰戰勝國為基礎建立的架構，因冷戰時期的東西對立，一分為二。由於 5 個安理會常任理事國（俄羅斯、中國、美國、法國、英國）會行使否決權這個特權，使情勢常陷入膠著狀態。

但否決權是這個國際組織得以存在，也是讓美國和俄國兩大國加入的必要條件。

絕對的必要性

1990 年伊拉克侵略科威特後，出現了新的希望。戈巴契夫所領導的蘇聯儘管是伊拉克的盟國，但還是同意尊重帶有戰略性的法律規範。

戈巴契夫希望聯合國能發揮聯合國憲章所制定的力量，建構新的世界秩序，所以對聯合國的決議投下同意票——若伊拉克不在 1991 年 1 月 15 日前撤出科威特，聯合國就要行使武力制裁。波斯灣戰爭，是第一次以國際社會之名發動的軍事行動。

不過，這次行動成功後，美國在 1991 年 7 月的七大工業國組織（G7）會議中，向戈巴契夫拒絕經濟支援蘇聯。美國在蘇聯解體後，成為新世界秩序的建立者，也可說是冷戰的贏家。這是 20 世紀中，世界第 3 次失去的歷史機會。

於是，因為國家間的競爭，以及美國建立一極世界的信念，阻礙了以集團力量保障國際安全的實現。

人類現在面對的課題是全球性的，各國不合作就無法解決。但是多邊主義之所以瀕臨危機，就是因為各國對彼此懷有戒心，並缺乏共同的意志。

2015 年 12 月的「巴黎協議」是極為罕見的例外，幾乎全世界所有國家，都暫時放下彼此在經濟、能源上的極大差異，將對抗全球暖化視為最優先課題，齊集一堂討論。

何謂國際社會？

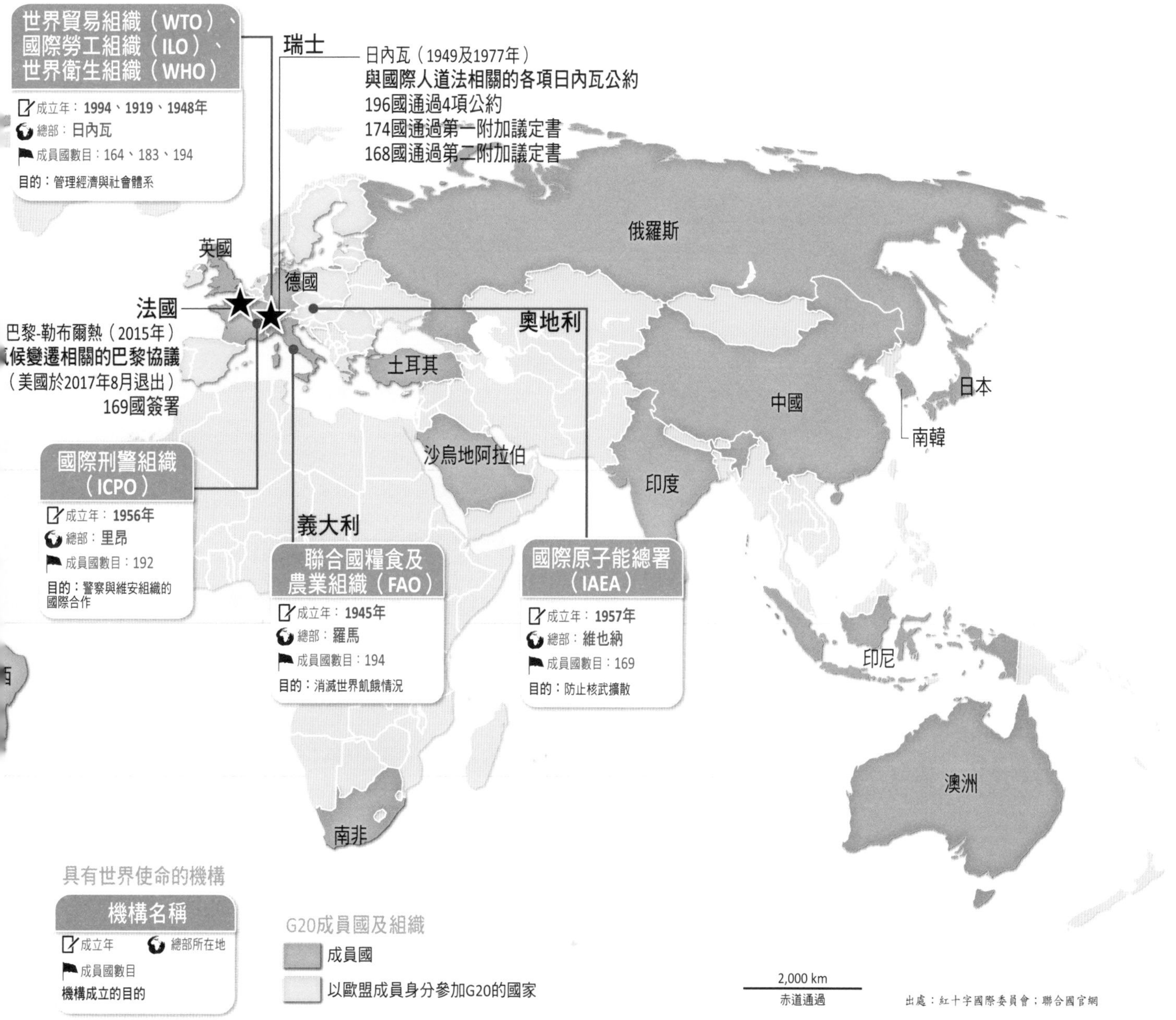
世界貿易組織（WTO）、
國際勞工組織（ILO）、
世界衛生組織（WHO）
成立年：1994、1919、1948年
總部：日內瓦
成員國數目：164、183、194
目的：管理經濟與社會體系
瑞士
日內瓦（1949及1977年）
與國際人道法相關的各項日內瓦公約
196國通過4項公約
174國通過第一附加議定書
168國通過第二附加議定書
俄羅斯
英國
德國
法國
巴黎-勒布爾熱（2015年）
氣候變遷相關的巴黎協議
（美國於2017年8月退出）
169國簽署
奧地利
土耳其
中國
日本
南韓
沙烏地阿拉伯
印度
國際刑警組織
（ICPO）
成立年：1956年
總部：里昂
成員國數目：192
目的：警察與維安組織的國際合作
義大利
聯合國糧食及
農業組織（FAO）
成立年：1945年
總部：羅馬
成員國數目：194
目的：消滅世界飢餓情況
國際原子能總署
（IAEA）
成立年：1957年
總部：維也納
成員國數目：169
目的：防止核武擴散
印尼
澳洲
南非
具有世界使命的機構
機構名稱
成立年
總部所在地
成員國數目
機構成立的目的
G20成員國及組織
成員國
以歐盟成員身分參加G20的國家
2,000 km
赤道通過

出處：紅十字國際委員會；聯合國官網

經濟發展

世界財富達到空前的規模，雖然極端的貧困大幅減少，但不平等的情況卻增加，也還存在著讓窮人無法翻身的結構。

經濟成長與不平等

全球化帶來全球財富的增加，特別是讓世界的貧窮率顯著下滑。1980 年，全世界生活在低於貧窮線以下的人口有 20 億，今日世界人口雖然增加，但貧窮線以下的人「僅有」8 億人。雖說如此，令人非常遺憾的是，經濟不平等的情況很明顯，有些地方連要使用基本服務（水、健康相關、教育）都很困難，或甚至沒有。

全球經濟成長不一定是公平的。根據非政府組織「樂施會」的試算，全球 83% 的經濟成長成果，是由 1% 的人口享有。

南北差距

在 1960 年代的去殖民化浪潮後，「已開發國家」與「開發中國家」明顯形成對比。大部分開發中國家剛全面掌握主權，在世界上的地位，好比是法國大革命前社會裡的第三等級，所以有「第三世界」（這是法國經濟人口學家阿爾弗雷德 ・ 索維創造的新詞）之稱。這樣的區分方式是從全球的南北差距而來，與東西方（不論何者都是「北邊」國家）的差異不同。而對於縮小富裕國家與「開發中國家」差距的最佳方法，經濟學家則有不同看法。

已開發國家要對開發中國家展開政府開發協助（ODA），有各種倫理考量，同時，也有反映美蘇競爭情勢的「戰略考量」。此外，也有人認為，開放國界與自由貿易，是讓貧窮國家迎頭趕上的唯一方法。

今日，第三世界已不是發展平均的國家集合體。有的國家已進入工業國之列，有的國家由於善加管理原物料而變得富裕，但另一方面，也有還停留在開發程度的國家。有開發遲緩的未開發國家，也有在腐敗無能政權下，國家體制崩壞、爆發內戰，陷入極度慘況的國家。

如何測量經濟成長？

國內生產毛額（GDP）的概念，是 1934 年由賽門 ・ 庫茲涅茨（Simon Kuznets）所提出的，用以表示一個國家一年內的生產總值。這個數字可以用來除以國民人數，考量到各國物價的差異，也可以用購買力平價（PPP）來計算。人類發展指數（HDI）則是以生活品質的角度來測量。作為計算標準的有預期壽命、教育程度、人均國內生產毛額三者。

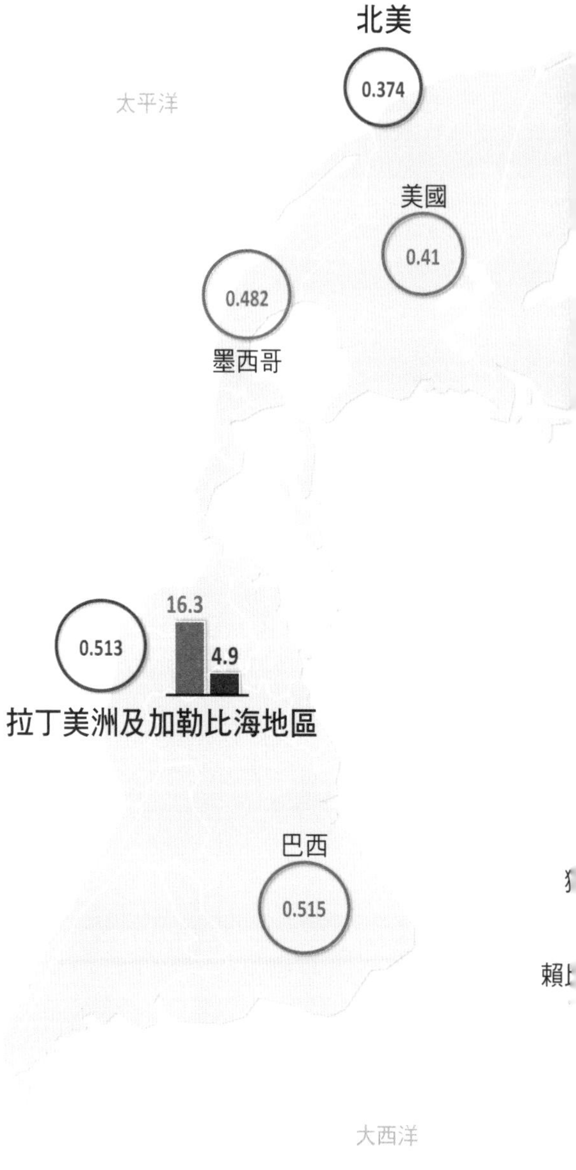
北美
0.374
太平洋
美國
0.41
0.482
墨西哥
16.3
0.513
4.9
拉丁美洲及加勒比海地區
巴西
0.515
大西洋

2017 年，全球的政府開發協助金額高達 1,470 億美元。不過，達成聯合國對已開發國家定出的目標，撥出 GDP 的 0.7% 作為援助金額的，只有 5 個歐洲國家（瑞典、盧森堡、挪威、英國、丹麥）。

世界的經濟發展：貧窮減少，不平等擴大

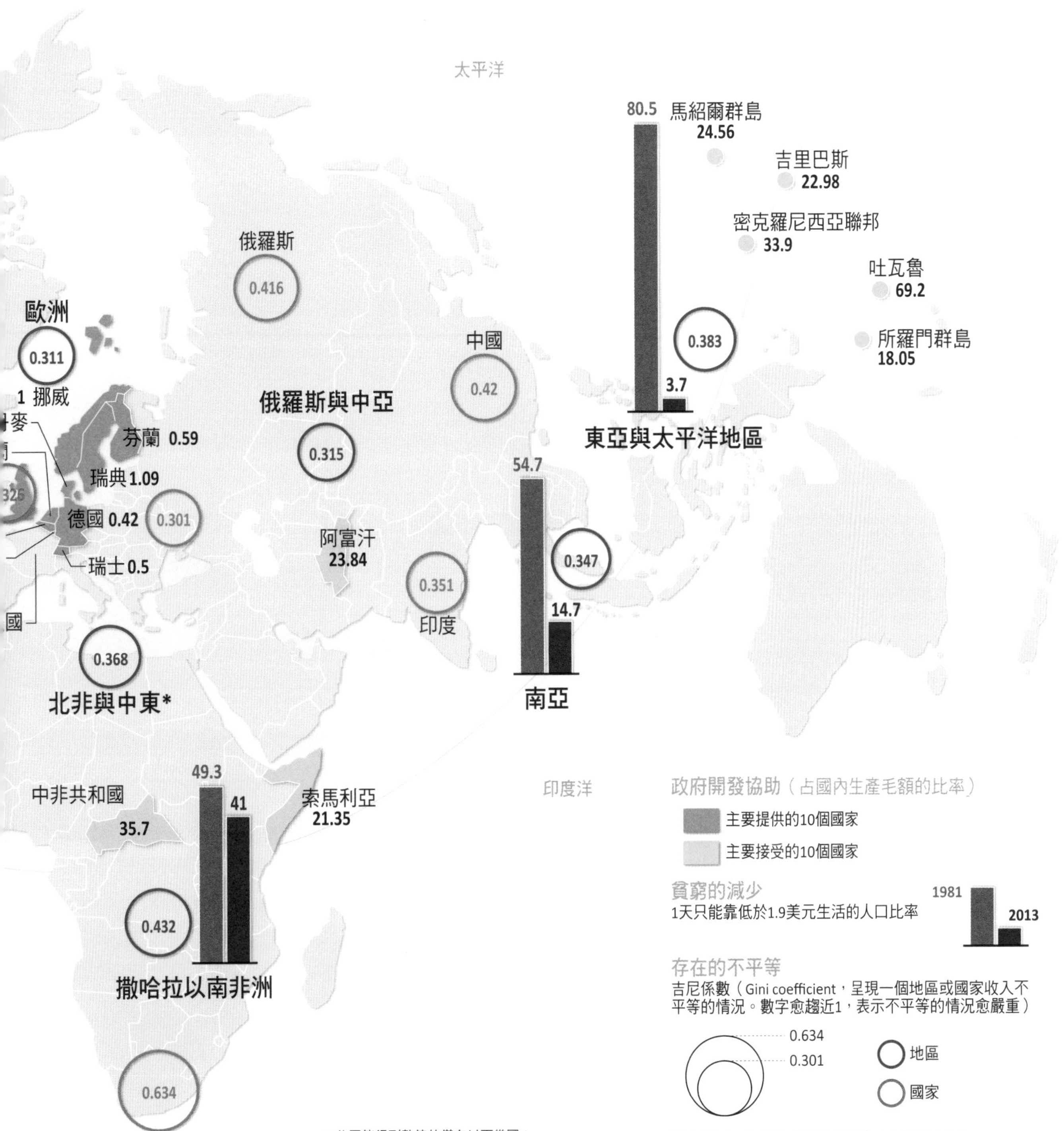
太平洋
80.5
3.7
東亞與太平洋地區
0.383
馬紹爾群島
24.56
吉里巴斯
22.98
密克羅尼西亞聯邦
33.9
吐瓦魯
69.2
所羅門群島
18.05
俄羅斯
0.416
中國
0.42
俄羅斯與中亞
0.315
歐洲
0.311
1 挪威
芬蘭 0.59
瑞典 1.09
德國 0.42
0.301
瑞士 0.5
阿富汗
23.84
印度
0.351
54.7
14.7
0.347
南亞
0.368
北非與中東*
中非共和國
35.7
49.3
41
索馬利亞
21.35
0.432
撒哈拉以南非洲
0.634
南非
印度洋
政府開發協助（占國內生產毛額的比率）
主要提供的10個國家
主要接受的10個國家
貧窮的減少
1天只能靠低於1.9美元生活的人口比率
1981
2013
存在的不平等
吉尼係數（Gini coefficient，呈現一個地區或國家收入不平等的情況。數字愈趨近1，表示不平等的情況愈嚴重）
0.634
0.301
地區
國家

* 此區能得到數值的僅有以下幾國：
伊朗、以色列、茅利塔尼亞、突尼西亞、葉門

出處：帕斯卡・博尼法斯《2018年的戰略》；世界銀行；法國「不平等問題研究所」（Observatoire des inégalités）（2016）

聯合國在 2000 年發表千禧年發展目標（MDGs），2015 年選出永續發展目標（SDGs），希望到 2030 年時能消滅極端貧窮、減少不平等，以及控制全球暖化。

全球暖化：戰略上的重大威脅

第一次工業革命發生之際，沒有人想到，它不久後就會對環境造成傷害。當時人們視為第一優先的是，為了遠離飢餓的威脅，要讓更多人有消費的機會。到了 1970 年代，工業國家多數人的需求得到滿足後，人們才開始注意到環境問題，才開始發現，我們能免費取得的空氣、水、土地，並非取之不盡，用之不竭。

戰略上的威脅

人類已經清楚了解，非再生能源變得稀少、生物多樣性面臨危機，以及全球暖化都是重大的威脅。生態系統面臨的嚴重危機，也讓人類意識到前述議題的重要性。安東尼 · 聖修伯里（Antoine de Saint-Exupery）的名言「地球不是祖先留給我們，而是後代子孫借給我們的。」也再次成為話題。

聯合國在 1987 年提出永續發展的概念：「既能滿足我們現今的需求，又不損害能滿足後代子孫需求的發展模式。」

不過，南邊各國認為，擔憂生態系統受破壞是富裕國家才有的奢侈。對環境的破壞是已開發國家經濟成長的結果，但現在已開發國家卻以環保為藉口，束縛它們的發展。

1992 年之後，聯合國召開的地球高峰會，某種程度確實提高了全世界對相關議題的關心，但由於各國對具體職責分配並無一致共識，所以最後並沒有實踐任何具約束力的行動。

1988 年，聯合國跨政府氣候變遷小組（IPCC）成立，在提升全球注意氣候變遷的問題上扮演重要角色。該組織與前美國副總統高爾，共同獲頒 2007 年諾貝爾和平獎，證明全球暖化在戰略上的重要性。

我們現在面臨的問題是：為了繼續在地球上生存，人類可以做些什麼？

國際社會有行動嗎？

一旦冰河融解，海平面上升，一些陸地就會遭淹沒，這導致各國激烈爭奪目前還能取得的資源。

1997 年，雖然多國簽署國際間第一次就相關議題訂定的條約「京都議定書」，但最主要的汙染排放國美國未簽署，中國不受限制，嚴重影響它的實效性。

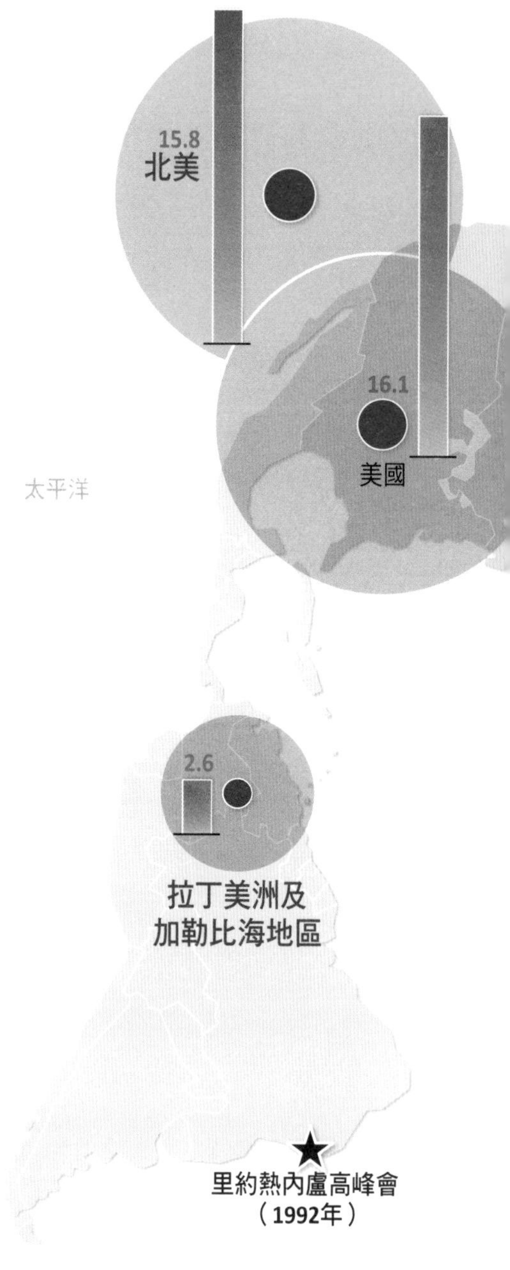
15.8
北美
16.1
美國
太平洋
2.6
拉丁美洲及
加勒比海地區
里約熱內盧高峰會
（1992年）

出處：全球大氣研究排放資料庫（EDGAR；歐盟執行委員會相關研究所）

2015 年 12 月 12 日，各國則是在巴黎簽署有關氣候的歷史協定。雖然還是有人覺得協定的內容不是很周全，但這是構成「國際社會」的所有國家，第一次腳步一致想解決重大課題，超越彼此差異，達成了共識。

巴黎協議的主要目的，是要在 2100 年之前，控制全球氣溫上升的幅度在 1.5℃以內，並成立綠能基金，直到 2020 年為止，每年提供開發中國家上限 1,000 億美元的補助，幫助它們達成目標。這一次，中美兩國也對此達成共識。不過，川普上任後不久即表明要退出此協議。

人們長年將環保視為經濟成長的枷鎖，但今日人們不但覺得它是必要的，甚至還認同它可能會帶來經濟成長。

各國能一直高度關注環保問題嗎？

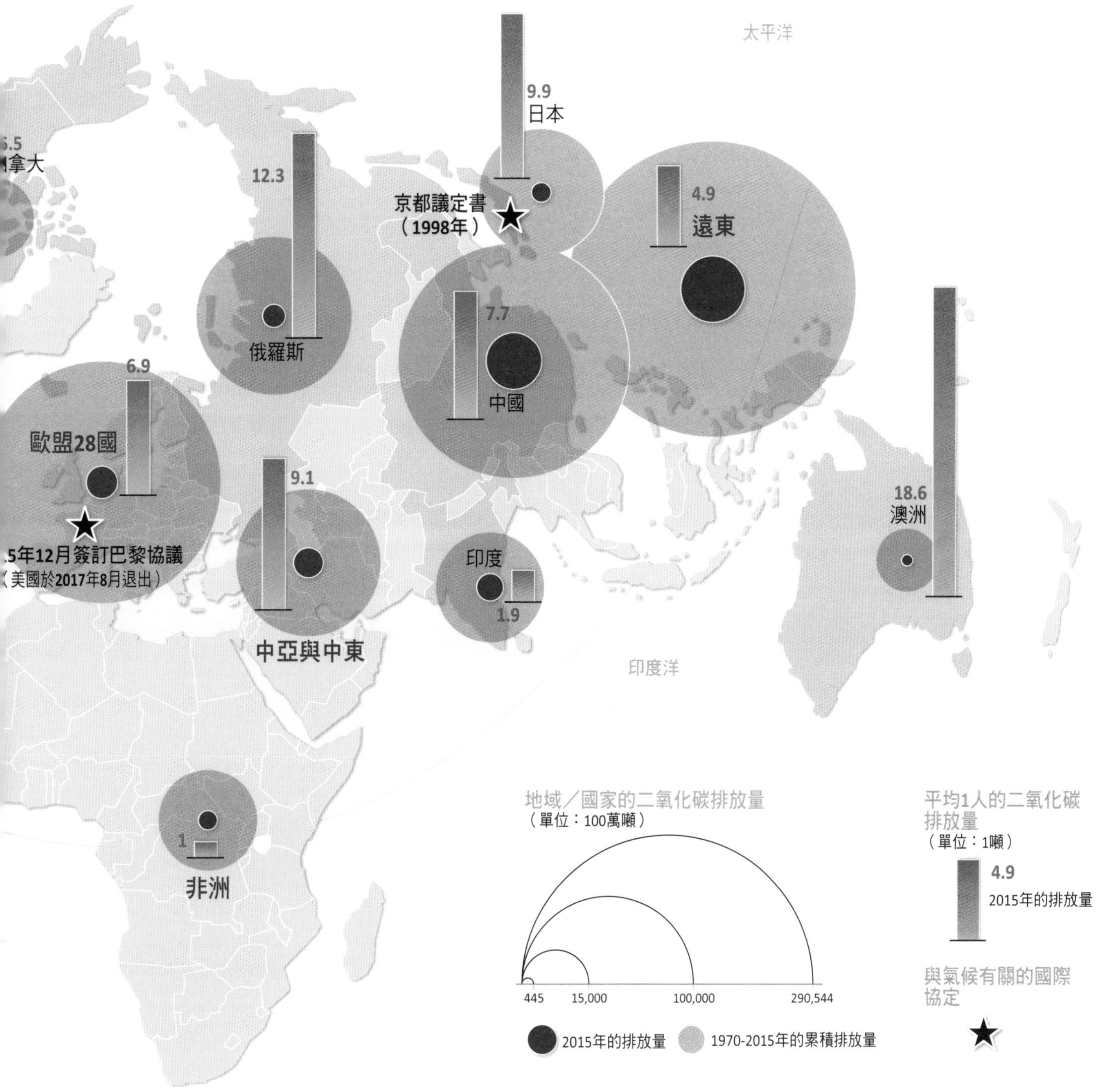

太平洋
9.9
日本
.5
拿大
12.3
京都議定書
（1998年）
4.9
遠東
俄羅斯
7.7
中國
6.9
歐盟28國
9.1
18.6
澳洲
.5年12月簽訂巴黎協議
（美國於2017年8月退出）
印度
1.9
中亞與中東
印度洋
1
非洲
地域／國家的二氧化碳排放量
（單位：100萬噸）
445
15,000
100,000
290,544
2015年的排放量
1970-2015年的累積排放量
平均1人的二氧化碳排放量
（單位：1噸）
4.9
2015年的排放量
與氣候有關的國際協定

人口增加能控制嗎？

對國家來說，人口狀態經常是有力的致勝牌，但也可能是負擔。之所以是致勝牌，是因為人口能產生國力；之所以成為負擔，是因為若無法抑制人口，會妨礙經濟成長，造成發展遲緩。

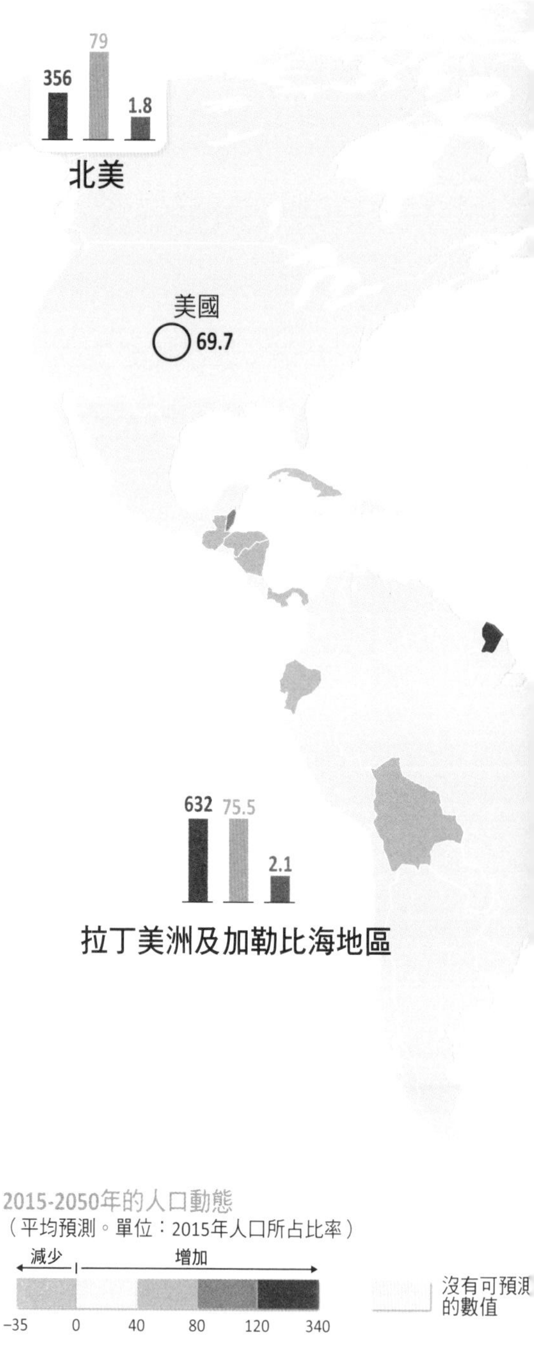
356
79
1.8
北美
美國
69.7
632
75.5
2.1
拉丁美洲及加勒比海地區
2015-2050年的人口動態
（平均預測。單位：2015年人口所占比率）
減少
增加
-35
0
40
80
120
340
沒有可預
的數值

是優勢或弱勢？

托馬斯・馬爾薩斯（Thomas Malthus）1798 年發表《人口論》（*An Essay on the Principle of Population*）時，世界人口不過 10 億。

他當時預測，人口增加的速度太快（呈等比級數增加），與糧食增加的速度（呈等差級數增加）不同步，飢餓問題遲早會發生。

與之相對的是尚・布丹（Jean Bodin, 1530-1596，法國經濟學與法學家）的說法：「人正是財富」。

托技術進步、衛生狀態改善之福，地球能養活的人數持續增加。世界目前有 76 億人口，在本世紀中葉預計會達到 100 億。

雖說如此，人口的變化其實有地域差異。已開發國家，尤其是歐洲、日本、俄羅斯，現已進入人口減少期，亞洲的人口則持續增加。另外，非洲則是面臨人口大爆炸。

富裕國家雖然有人口高齡化現象，但或許能藉由機器人等解決人手不足的問題。

在非洲，受教育的機會與工作機會的不足，和水與土地的缺乏一樣，問題恐怕只會愈來愈嚴重。

在同一個地球上增加人口，減少貧窮

人口愈多，國力愈強，這種思維最初是跟可動員的兵力與軍力有直接相關。再者，在農業傳統中，生產值也會受人力數量所左右。

此外，由於以前嬰幼兒死亡率很高，所以必然的，出生率也會比較高。但如今在科學與醫學的進步下，嬰幼兒死亡率已降低。

不過，國家無法提供教育、保健、工作機會時，出生率就會成為國家的負擔。人口眾多的中國，過去為了促進經濟發展，刻意控制出生人數（1980 年代起實施一胎化政策）。然而，在經濟發展至一定程度、面臨人口高齡化的現在，政府又開始同意一個家庭可以生養兩個子女。

正如前述，經濟成長與人口增加的連動產生了大問題。在人口減少、能源消耗增加的世界，地球要如何持續滿足人類的基本需求？現在消耗能源的方式，勢必得調整。因為，在全世界排放的溫室氣體中，最貧窮的 30 億人只產出 7%，相對之下，世界最富裕的 7% 人口，卻產出了 50%。

2015-2050年的世界人口動態

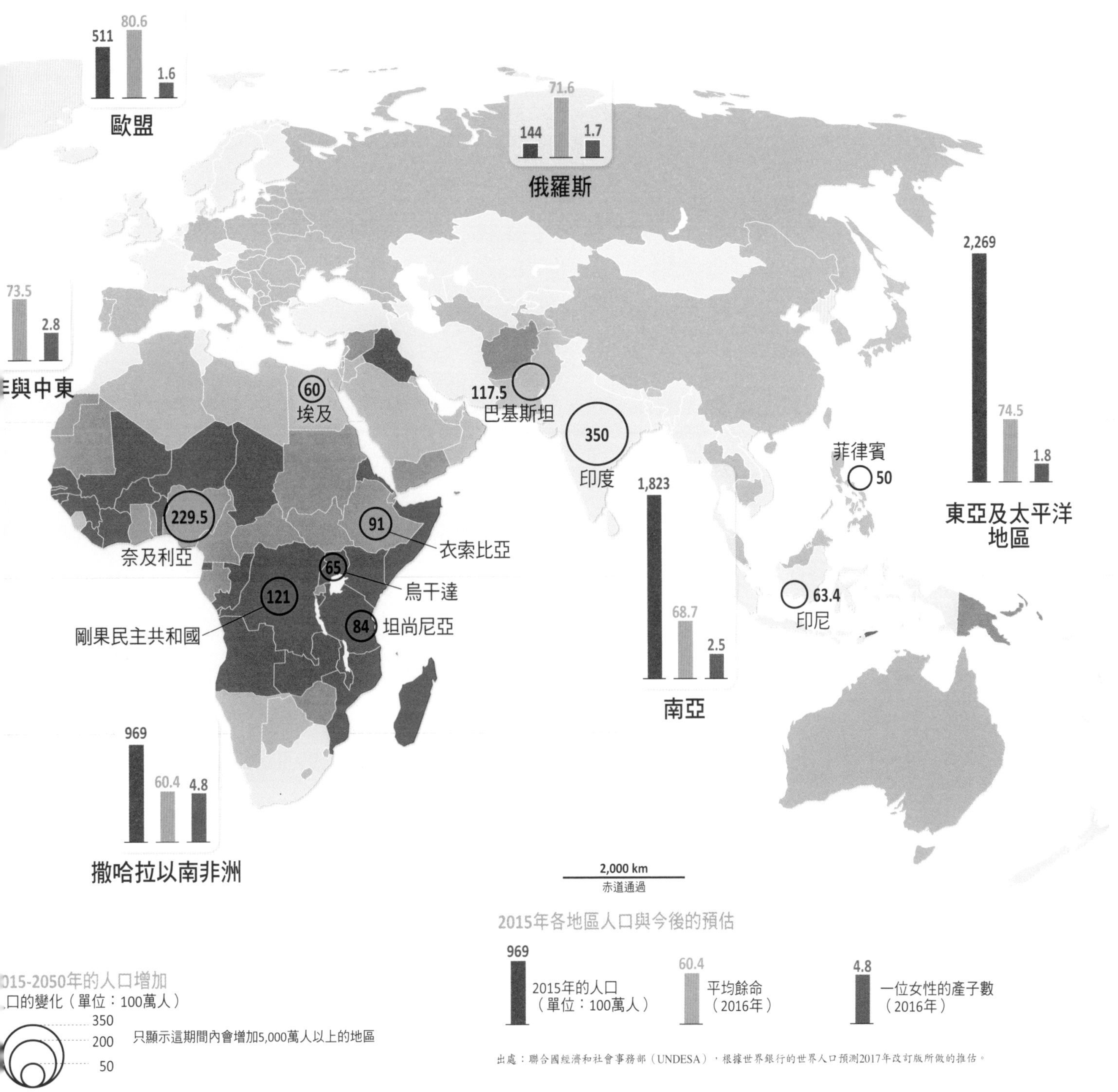

511
80.6
1.6
歐盟
144
71.6
1.7
俄羅斯
73.5
2.8
非與中東
60
埃及
117.5
巴基斯坦
350
印度
2,269
74.5
1.8
東亞及太平洋地區
菲律賓
50
1,823
68.7
2.5
南亞
229.5
奈及利亞
91
衣索比亞
65
烏干達
121
剛果民主共和國
84
坦尚尼亞
63.4
印尼
969
60.4
4.8
撒哈拉以南非洲
2,000 km
赤道通過
2015年各地區人口與今後的預估
969
2015年的人口（單位：100萬人）
60.4
平均餘命（2016年）
4.8
一位女性的產子數（2016年）
015-2050年的人口增加
口的變化（單位：100萬人）
350
200
50
只顯示這期間內會增加5,000萬人以上的地區

出處：聯合國經濟和社會事務部（UNDESA），根據世界銀行的世界人口預測2017年改訂版所做的推估。

世界各地區的人口動態（單位：100 萬人）

地區	1900		1950		2014		2050	
	人口	世界人口的占比	人口	世界人口的占比	人口	世界人口的占比	人口	世界人口的占比
非洲	130	8%	230	8.90%	1138	15.71%	2431	24.99%
拉丁美洲	75	4.50%	168	6.60%	623	8.7%	779	8.02%
北美	80	5%	170	6.60%	358	4.94%	448	4.62%
亞洲	950	57.50%	1400	60%	4342	59.95%	5284	54.32%
歐洲	400	25%	549	22%	742	10.26%	726	7.46%
大洋洲	6	0.40%	13	0.50%	37	0.53%	57	0.59%

出處：人口資料局（Population Reference Bureau）《2015 年世界人口資料》，引用自帕斯卡 · 博尼法斯《理解世界》（*Comprendre le monde*）（Armand Colin, 2017 年）。

移民問題無法控制嗎？

離開居住地到新地方持續居住的人，即是移民。移民包括國內移民（還是留在同一個國家裡），以及國際移民（離開原來的國家）。

舊牆與新牆

以前，立下國界最主要是避免國民出國，在共產體制和獨裁體制國家，這種情況尤其明顯，「鐵幕」與柏林圍牆即是最嚴肅的國界象徵。

之後在全球化下，國界的概念漸漸變得模糊，但今日的狀況又相反，預防或阻止他國人民輕易進入自己國家的國界再度復活。

在諸多例子中，最受矚目的是美國總統川普要在美墨邊界興築的圍牆，以及在西班牙海外領土休達及梅利利亞與摩洛哥接壤處的巨大柵欄。

國際移民的人數在 1975 年為 7,700 萬人，1995 年增加為 1 億 2,000 萬人，現在則為 2 億 6,000 萬人，占世界人口的 3.4% 之多。

跟一般認知相反，其實，現在大部分移民，都不是由世界北邊的國家所吸收。根據國際移民組織（IOM）統計，比起從南邊國家移居北邊國家的情況，從南邊國家移居到南邊國家的情況反倒持續增加。2015 年，移民至南邊國家的人口有 9,020 萬人，反之，移民至北邊國家的人口為 8,530 萬人。

移民人口增加有幾個主要因素。

- 全球化，以及即使有嚴密的國界管理，移動還是變得容易。而且，在多元的資訊管道下，人們有更多機會了解外國的生活型態。
- 富裕國和貧窮國的差距沒有縮小。富裕國的人口持續高齡化，在不少狀況下，需要便宜勞力來承接人民不想做的工作。反之，開發中國家的許多年輕人想尋求未來的可能性。
- 敘利亞、伊拉克、利比亞等國爆發內戰，撒哈拉以南非洲持續極度高壓的政治體制（人民沒能力改變政府，於是想移住他國）。

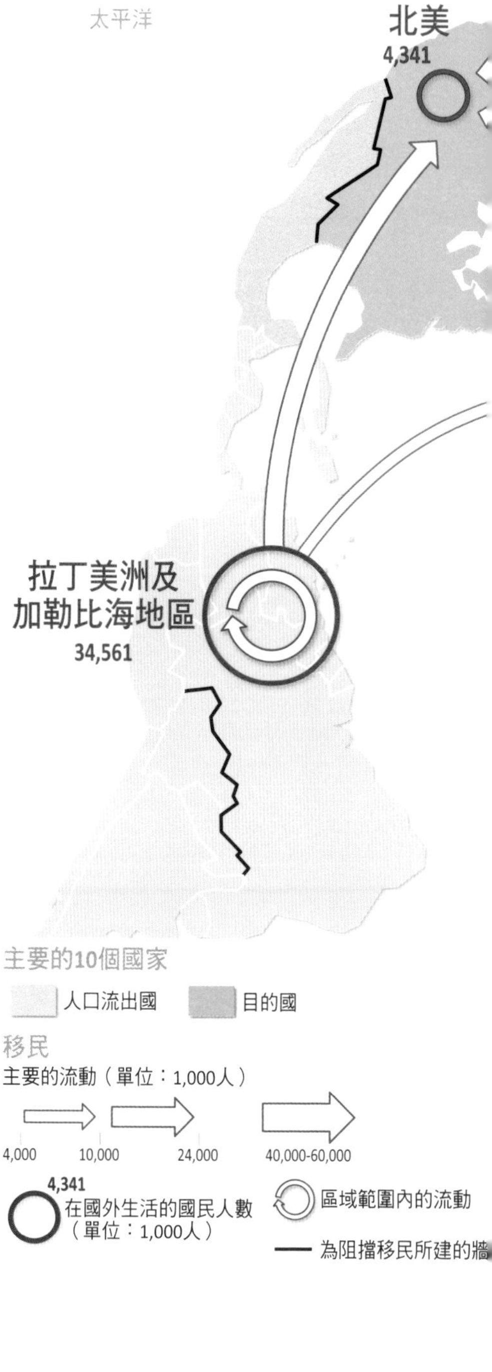

太平洋
北美
4,341
拉丁美洲及
加勒比海地區
34,561
主要的10個國家
人口流出國
目的國
移民
主要的流動（單位：1,000人）
4,000
10,000
24,000
40,000-60,000
4,341
在國外生活的國民人數
（單位：1,000人）
區域範圍內的流動
為阻擋移民所建的牆

移民與難民

所謂難民，是害怕因種族、宗教、所屬社會團體、政治意見等原因受迫害，而離開國家的人。

難民又包括「政治」難民與「經濟」難民。根據聯合國難民署的統計，2016 年末全世界的難民有 2,250 萬人，約占全體移民的 8%，世界人口的 3%。現在，每 10 個難民中，就有大約 8 人定居於開發中國家。

有部分國家對於外來移民抱持封閉或拒絕的態度，

世界人口的移動

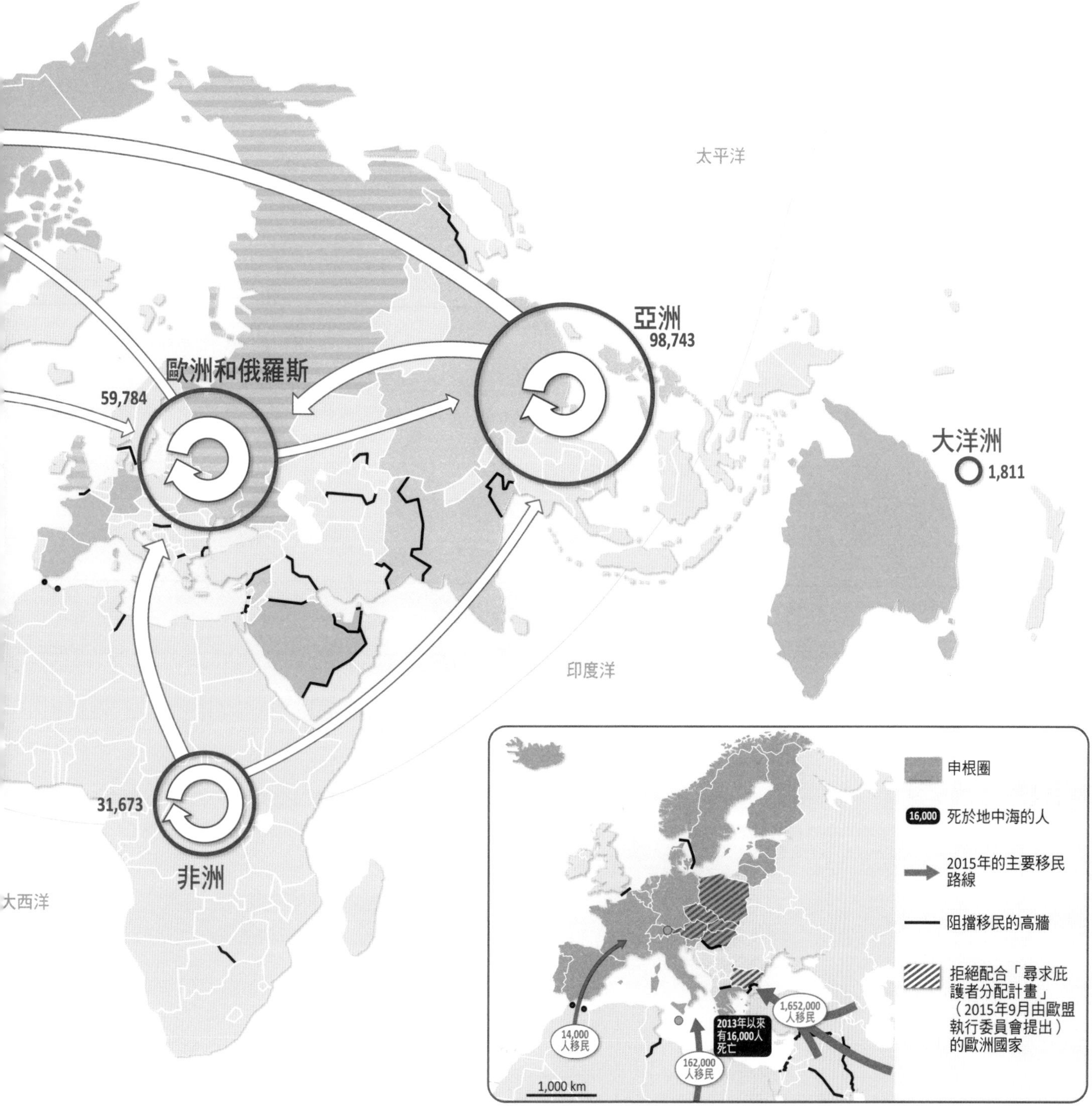
太平洋
亞洲
98,743
歐洲和俄羅斯
59,784
大洋洲
1,811
印度洋
31,673
非洲
大西洋
申根圈
16,000 死於地中海的人
2015年的主要移民路線
阻擋移民的高牆
拒絕配合「尋求庇護者分配計畫」（2015年9月由歐盟執行委員會提出）的歐洲國家
1,652,000 人移民
2013年以來有16,000人死亡
14,000 人移民
162,000 人移民
1,000 km

出處：《世界移民報告書》（國際移民組織〔IOM〕，2018年）；聯合國經濟和社會事務部（UNDESA）2015年的報告；伊麗莎白・瓦里（Elisabeth Vallet）（魁北克大學蒙特婁分校勞爾丹杜朗中心）

甚至導致極右政治團體及無黨派的激進愛國主義運動的抬頭。

即使如此，已開發國家一直對部分移民門戶大開，也就是有專業技術的移民。對這些移民的出身國而言，這是令人遺憾的人才外流。

此外，如果跨越國境有難度，就會產生與犯罪組織掛鉤的偷渡仲介業者。

恐怖主義會威脅人類的生存嗎？

自 2001 年 9 月 11 日的連續恐攻以來，恐怖主義就經常被視為對世界安全的最大威脅。比起恐攻的犧牲人數與實質損害（因恐攻死亡的人數，比起現在持續中的戰爭與內戰死亡人數來得少），人們心理承受的陰影其實比較嚴重，媒體、輿論、政治領導者也會受到影響。

恐怖主義的定義為何？

恐怖主義攻擊的是歐美國家的脆弱之處。事實上，歐美各國在軍事上處於優勢，不覺得自己國家的獨立和主權會受威脅。所以，恐攻主謀者就在人們認為安全的日常環境裡（交通機構、公共道路、大型商店、政府機關、學校、露天咖啡座、演唱會會場等），無差別地攻擊一般百姓，以引發恐懼，對歐美國家形成持續的壓力。這麼一來，尤其是媒體、政治領袖及專家就會天天談到恐攻，視其為對國內外安全的極大威脅。

恐怖主義目前很難有一個毫無異議的定義，但能舉出幾個明確特徵。它是政治行為（與犯罪或出於經濟動機不同）；它使用武力、訴諸暴力（與宣傳行為不同）；它以一般百姓為攻擊目標（抗爭運動則是只攻擊安全部隊或占領軍）。

不過，此處有一個很大的爭論點：它是單指民間團體的行為，或是也指國家的行為（攻擊一般百姓）？

近年來，策動恐攻的主要（但非唯一）團體，雖然是打著伊斯蘭之名的組織，但歷史上有各種集團使用過這種手法，比如信奉虛無主義的無政府主義者、巴爾幹半島的民族主義者、錫安主義運動的鬥士、錫克教徒、愛爾蘭人、巴斯克地區居民等。而且，恐攻犧牲者最多的國家，是主要信仰伊斯蘭的伊拉克、巴基斯坦、敘利亞、阿富汗、奈及利亞。也有極右派人士的攻擊造成死傷的事件（如 2011 年挪威的布雷維克〔Anders Behring Breivik〕殺害了 77 人）。在美國，極右派人士的屠殺事件（如亂槍掃射團體），都沒有像伊斯蘭教徒恐攻一樣引起那麼大的反應。

哨兵（Al-Mourabitoun
（MUJAO與血盟團的統合
阿爾及利亞、尼
伊斯蘭馬格里布蓋達組織（AQIM
阿爾及利亞、利比亞、馬利、茅利塔尼亞
尼日、西撒哈拉、查德、突尼西
北美
中美洲及
加勒比海地區
南美
恐攻的集中程度與激烈程度
高
衡量激烈程度的標準，是根據造成死傷的事件總數
低

出處：《法國世界外交論衡月刊》（2015年）；全球恐怖主義資料庫（2016年）

為緩和影響而處理原因

利用恐攻行為，並無法在政治和外交上達到什麼具體成果，畢竟，攻擊無辜百姓的恐攻要得到國際輿論接受，比登天還難。雖說如此，恐攻還是會讓訴求以政治解決問題的陣營力量減弱。

危險的是，恐攻和抑制恐攻的這兩股力量，恐怕會陷入對方增強力道，自己也隨之增強的惡性循環中。

從1970年代到今日的恐怖主義

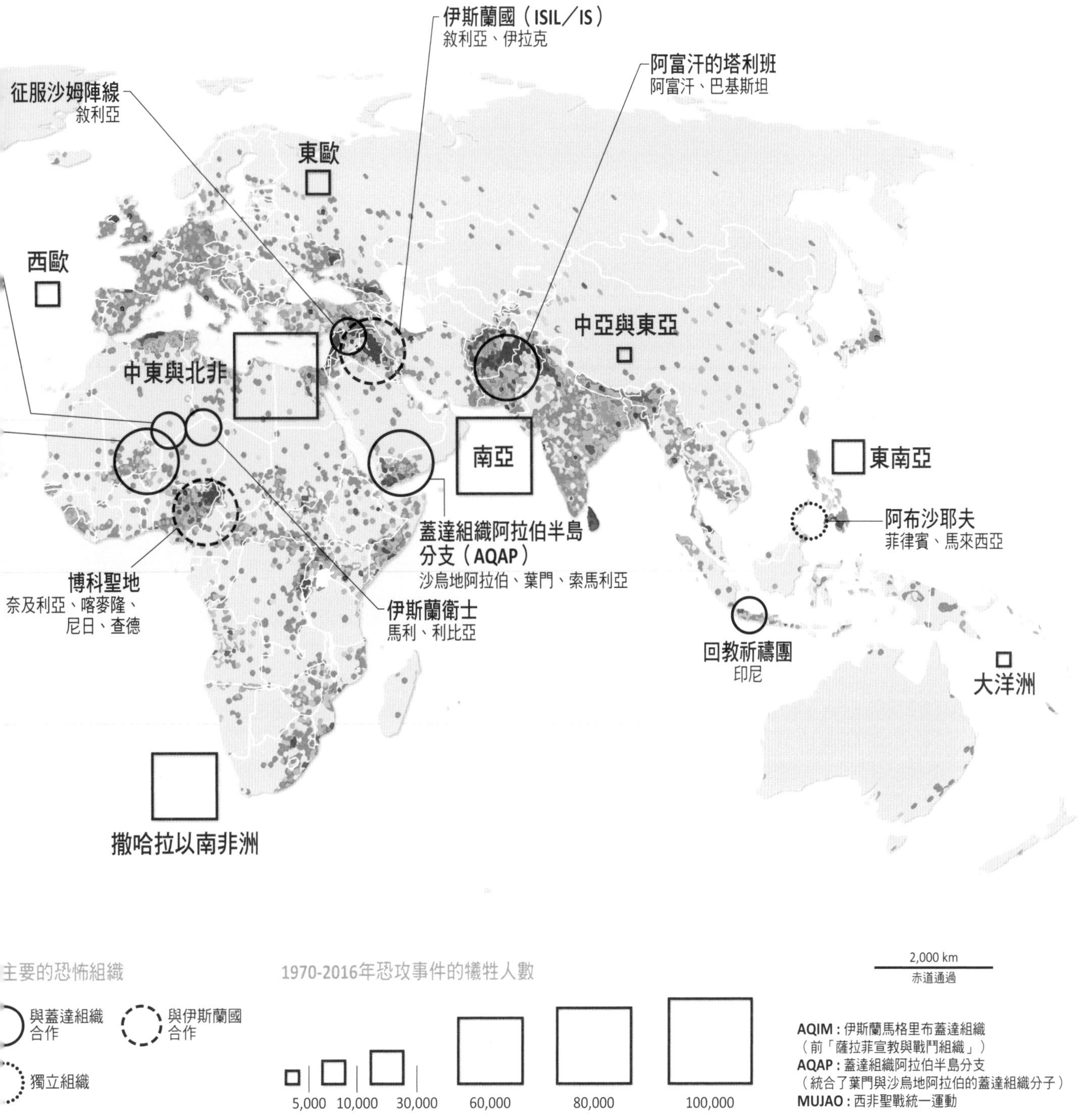

伊斯蘭國（ISIL／IS）
敘利亞、伊拉克
阿富汗的塔利班
阿富汗、巴基斯坦
征服沙姆陣線
敘利亞
東歐
西歐
中亞與東亞
中東與北非
南亞
東南亞
阿布沙耶夫
菲律賓、馬來西亞
蓋達組織阿拉伯半島分支（AQAP）
沙烏地阿拉伯、葉門、索馬利亞
博科聖地
奈及利亞、喀麥隆、尼日、查德
伊斯蘭衛士
馬利、利比亞
回教祈禱團
印尼
大洋洲
撒哈拉以南非洲
主要的恐怖組織
與蓋達組織合作
與伊斯蘭國合作
獨立組織
1970-2016年恐攻事件的犧牲人數
5,000
10,000
30,000
60,000
80,000
100,000
2,000 km
赤道通過
AQIM：伊斯蘭馬格里布蓋達組織
（前「薩拉菲宣教與戰鬥組織」）
AQAP：蓋達組織阿拉伯半島分支
（統合了葉門與沙烏地阿拉伯的蓋達組織分子）
MUJAO：西非聖戰統一運動

不想認同恐攻的正當性、不去思考背後原因，只是一心一意想用武力與之對抗，這樣的做法並沒有效果。因為，待解決的紛爭如果沒有政治上可接受的決定，還是無法根絕紛爭的源頭。

2011 年賓拉登死亡後，恐攻還是沒有消失；2018 年，伊斯蘭國（IS）失去根據地，但恐攻當然還是無法斷絕。再者，要以武力報復恐怖組織，應當慎重處理。比如發動伊拉克戰爭原本是為了消滅恐攻，卻反而助長其勢力。

想根絕危險，恐怕只是增加危險。要對抗恐攻，短期要靠軍、警、司法、資訊，長期則必須使用政治手段處理紛爭的主因。兩個方法都不可少，而且密不可分。

核武擴散無可避免嗎？

1945 年 8 月 6 日，艾諾拉 · 蓋（Enola Gay）號轟炸機在日本廣島上空投下名為「小男孩」的原子彈，到同年底為止，共造成 14 萬人死亡。8 月 9 日，第二顆名為「胖子」的原子彈在長崎上空投下，奪走 73,884 條人命。昭和天皇於是在 8 月 14 日宣布日本投降。

無與倫比的力量

就這樣，核武證明了它無與倫比的力量。1950 年代後，核震懾力的觀念成形。雖然很弔詭，但就是由於核武具有的破壞力，而確保了和平。核武造成的損傷太大，反而能抑制不假思索就發動攻擊的意志。如果對方是擁有核武的國家，在與之產生紛爭前，則連計算利益得失都不用了。邱吉爾曾說過：「在核子時代，安全是恐怖所生的強壯孩子，生存與毀滅則是雙胞胎。」

蘇聯在 1949 年進行首次核試驗，之後，美蘇兩國開始在核武軍備上競爭，很快地，雙方軍力已經遠超過戰略上必要的規模。

為停止這種競爭，兩大國開始控制軍備，希望抑制無法預知的風險，於是開啟戰略武器限制談判（SALT），並在 1972 年達成共識，以此管理雙方所擁有的武器上限。

阻止擴散

不過，擁有核武的國家並不只有兩個超大國。1952 年英國也加入核武國行列，之後法國在 1960 年加入，中國也在 1964 年加入。

為阻止核武擴散，兩個超大國向國際社會提出核武禁擴條約（NPT），多國並於 1968 年在聯合國簽署條約。

核武禁擴條約的架構乍看單純，看起來只是形式上界定義務，維持一個平衡而已。根據條約第一條，擁有核武的國家（在 1967 年前進行過核試驗的國家），不能將核武移轉至沒有核武的國家。這個條約事實上是依循核武擁有國的意志所訂定，不具約束力。第二條則是無核武國不能取得或製造核武。

之後，有 3 個未簽署核武禁擴條約的國家也擁有了核武：以色列、印度、巴基斯坦。南非雖然曾有過小型核武，但在廢除種族隔離政策後即放棄。伊拉克雖然簽署此條約，但卻私底下開發核武，在 1990 年波斯灣戰爭後曝光，只得放棄計畫。

2003 年北韓退出核武禁擴條約，之後，不斷重複先以核試驗挑釁，再與國際交涉的過程。對無計可施的政權而言，核武是它能存活下來的一種保障。

此外，國際社會一直懷疑伊朗有開發核武的計畫，伊朗也一直否認，但在 2015 年 7 月，多國與伊朗還是在維也納達成協議。根據協議，伊朗必須接受檢查，以防擁有核武。2018 年 5 月，美國總統川普宣布退出此協定。

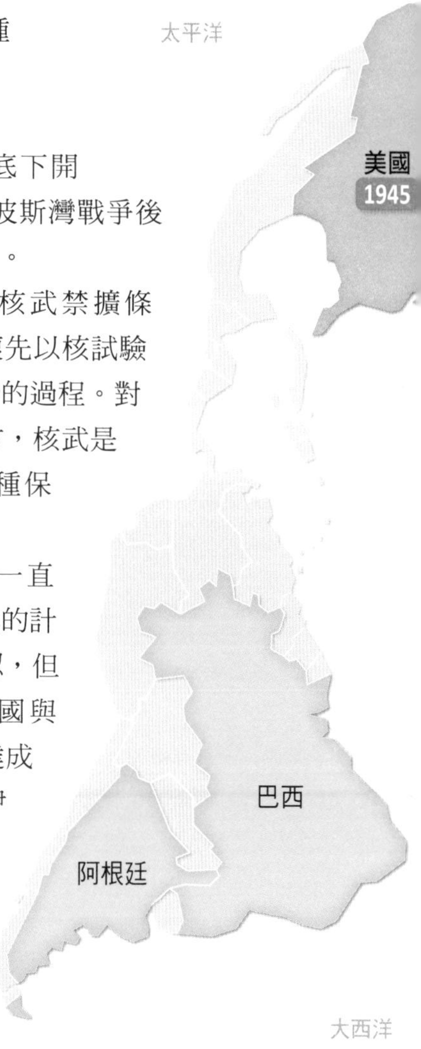
太平洋
美國
1945
巴西
阿根廷
大西洋

另外，1995 年 5 月 12 日，有 178 國決定無限期延長核武禁擴條約（原本的期限是 25 年），其中也包含 5 個合法核武國。這個條約是現存最普遍的條約之一。

有部分專家指出，今後必須擔心恐怖組織或許會取得核武。反之，也有專家認為，恐怖組織還有其他攻擊手段，並不會對核武下手。

核武擴散

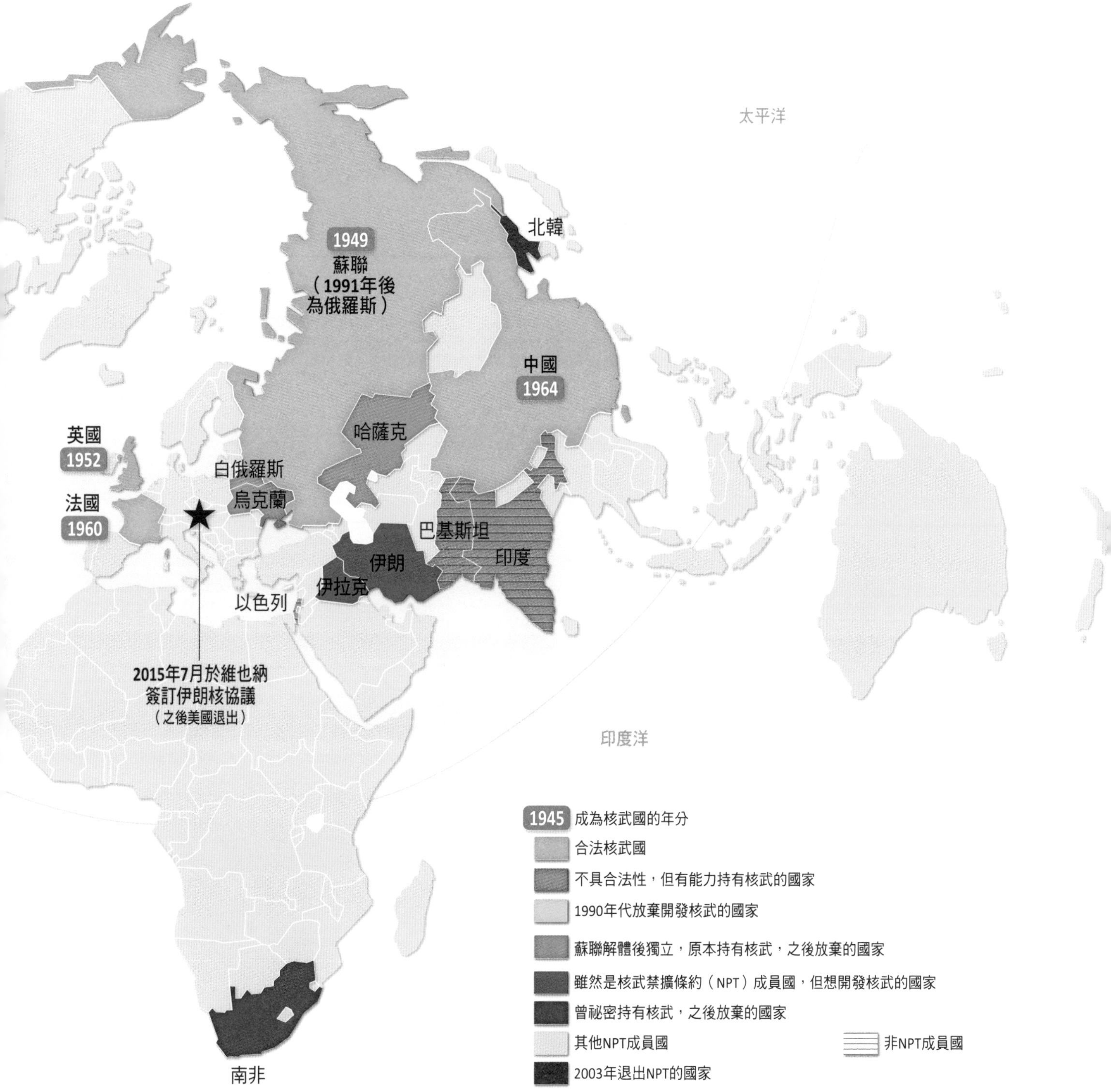

太平洋
1949
蘇聯
（1991年後
為俄羅斯）
北韓
中國
1964
哈薩克
英國
1952
白俄羅斯
法國
1960
烏克蘭
巴基斯坦
伊朗
印度
伊拉克
以色列
2015年7月於維也納
簽訂伊朗核協議
（之後美國退出）
印度洋
南非
1945 成為核武國的年分
合法核武國
不具合法性，但有能力持有核武的國家
1990年代放棄開發核武的國家
蘇聯解體後獨立，原本持有核武，之後放棄的國家
雖然是核武禁擴條約（NPT）成員國，但想開發核武的國家
曾祕密持有核武，之後放棄的國家
其他NPT成員國
非NPT成員國
2003年退出NPT的國家

組織犯罪與黑手黨

組織犯罪也適應了全球化。由於全球化之故，犯罪組織的活動範圍和市場，都擴大到能挑戰國家權力的規模。各國必須通力合作以面對。

組織犯罪的改變

犯罪組織的活動基礎是法律禁止的行為，也就是各種不法交易（如毒品、人、鑽石等的販賣）、恐嚇、仿冒品及偽幣偽鈔的製造、買賣瀕危物種或嚴格受規範的生物種、香菸、賭博、運動賭博等。這些交易的金額雖然很難估算，但大概占世界生產總值的1.5-5%。

根據有192國加入的國際刑警組織（ICPO）的定義，組織犯罪、犯罪組織是「以營利為首要目的，不受國界限制，持續從事違法行為的事業或集團」。也就是說，行使組織犯罪的主體，是國家以外的非法行為者，也包含恐怖組織。

儘管組織犯罪是以金錢為目的，恐攻是以政治為目的，但兩者都會強化彼此的作用。

有個用來表示這種現象的新詞：「犯罪混合化」。

事實上，游擊隊、民兵、壟斷利益的大型集團、黑手黨之間的區別已變得模糊曖昧。此外，也有恐怖組織轉變為犯罪組織的情況（如秘魯的「光明之路」、哥倫比亞革命軍、阿富汗的塔利班、斯里蘭卡的「泰米爾之虎」、伊斯蘭馬格里布蓋達組織）。在阿富汗、非洲薩赫爾地區（撒哈拉沙漠南緣的地區）、拉丁美洲等的毒品交易，都是結合恐怖組織與組織犯罪的犯罪活動。因此，產生了「涉毒恐怖主義（Narcoterrorism）」、「涉毒游擊隊（narcoguerrilla）」等詞彙。

戰略上的難題

除了違法外，組織犯罪也為國際社會帶來多個難題。比如說，原本狀況已經不佳的國家會被奪取資源，受到更嚴重的傷害。組織犯罪行為一般都是政府腐敗下的產物，有時候甚至跟政治領導者有關。政府腐敗所造成的犯罪集團愈是有利可圖，國家就變得愈弱。

2016年，全世界總計發生了56萬起殺人事件，其中68%與犯罪的暴力有關，18%與戰爭有關（出自2018年4月6日的《經濟學人》〔*The Economist*〕）。

由此數字可知，組織犯罪的受害者之多，是恐攻難以匹敵的。儘管如此，媒體的反應卻很遲鈍。

全球犯罪率最高的50個城市中，有43個位於拉丁美洲。卡拉卡斯（Caracas，委內瑞拉首都）、汕埠（San Pedro Sula，位於宏都拉斯）、聖薩爾瓦多（薩爾瓦多首都）的殺人案件，平均分別是每10萬人120件、112件和108件，約是歐洲平均值的100倍以上。

北美、
中美、
加勒比海地區
加勒比海地區
❶
❷
❸
安第斯地區
古柯
來自南美的受害者
古柯鹼製造
主要產地
古柯鹼的流通路線
海洛因製造
主要產地
海洛因的流通路線

在歐洲，除了傳統的義大利黑手黨外，犯罪組織主要孳生於巴爾幹半島與高加索地區的國家。前南斯拉夫與蘇聯解體後的混亂，成了犯罪組織的溫床。

西非主要是作為運送毒品的中繼站，尤其是南美洲生產的古柯鹼，會經過西非再運送至歐洲。

此外，逃離獨裁統治、貧困、內戰，希望能前往歐洲的難民，也是造成大規模人口販賣集團產生的主因。

犯罪種類	預估 1 年交易金額（單位：美元）
仿冒品製造	9,230 億 -1 兆 1,300 億
毒品交易	4,260 億 -6,520 億
人口買賣	1,502 億
違法砍伐森林	520 億 -1,570 億
非法捕魚	155 億 -364 億
違法採礦	120 億 -480 億
違法開採石油	52 億 -119 億
違法交易野生動物	50 億 -230 億
小型軍火交易	17 億 -35 億
文化財產的違法交易	12 億 -16 億
違法器官買賣	8 億 4,000 萬 -17 億

出處：馬特麗（Sylvie Matelly）& 戈梅斯（Carole Gomez）《臭錢》（*Argent sale*）（Eyrolles, 2018年）中引用全球金融誠信組織（Global Financial Integrity）2017年報告書。

跨國界的組織犯罪

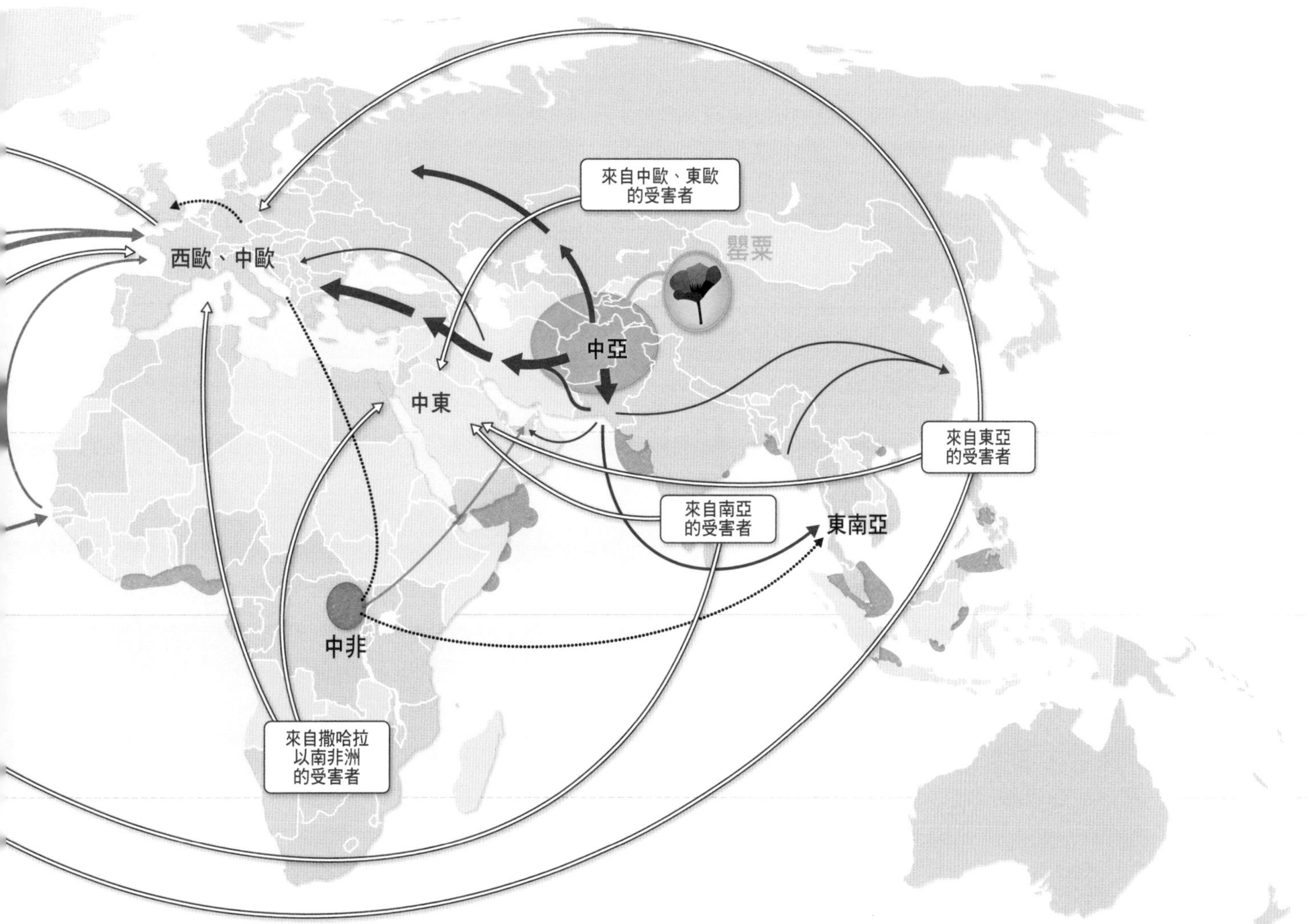
來自中歐、東歐
的受害者
罌粟
西歐、中歐
中亞
中東
來自東亞
的受害者
來自南亞
的受害者
東南亞
中非
來自撒哈拉
以南非洲
的受害者

出處：聯合國毒品和犯罪問題辦公室（UNODC）2014年報告書；墨西哥智庫「治安、司法及和平」（Seguridad Justicia y Paz）（2016年1月，墨西哥Consejo Ciudadano para la Seguridad Pública y Justicia Penal）；國際商會（ICC）商業犯罪資訊服務（CCS）

2,000 km
赤道通過

行為
2017年的件數

從剛果民主共和國東部走私出口
黃金
錫石

人口販賣
在銷售目的地發現的被害者中，有超過5%的人由此路線流動
關係國

犯罪率最高的3個城市
❶ 卡拉卡斯（委內瑞拉）
❷ 汕埠（宏都拉斯）
❸ 聖薩爾瓦多（薩爾瓦多）

體育外交

體育活動不單純是娛樂、表演或競爭。由於運動賽事會受到媒體和社會的矚目，所以也具有戰略性質。如果在賽事中獲勝，就能在「世界村」裡提高國家的名聲。

成為戰略爭議點的體育活動

體育活動，是國家之間以有規律且和平的形式對峙的新場域。

國際間對國際奧委會和國際足總有非常大的向心力，應該沒有國家想疏遠這兩個組織。儘管在聯合國，中國和台灣無法共存，以色列和巴勒斯坦也是如此，但在國際奧委會和國際足總中卻能達成這種狀況。事實上，國際足總有 211 個會員國，比聯合國（193 國）還多。

體育賽事爭的不只是勝負，連主辦地的競爭都很激烈。一開始，奧運舉辦地幾乎都是在歐洲與北美，世足賽舉辦地則由歐洲和南美獨占。

今日，這兩大比賽已經在多個地區舉辦過，但奧運至今尚未在非洲大陸登場。

足球與全球化

足球是世界性的運動，或許也能說是全球化的象徵之一。足球之普遍，不只連市場經濟和民主主義都望塵莫及，連沒有網際網路的地方也有足球。足球帝國堪稱為「日不落帝國」，其版圖也超越了查理五世（Charles V）時的神聖羅馬帝國。

這個帝國在一世紀之間以完全和平的方式開疆拓土，人們在狂熱參與的同時，也愉快接受它的征服。

在足球賽事中，勝者只會受到尊敬與憧憬，完全不會招致反抗。這在地緣政治學上是罕見的現象。

從英國誕生的足球，一開始是經由海路擴散開來（早期的足球俱樂部，都是從港口都市誕生，如勒哈費爾、漢堡、熱那亞、巴塞隆納、畢爾包），1930 年代起則經由鐵路普及開來，不久後，再透過收音機，並從 1960 年代起藉由電視達到全面普及。

運動與身分認同

所有運動，尤其是足球，能明顯提升人們對所屬團體的認同感。在全球化之下，人們對國家的認同感變得薄弱，但全球性的運動賽事，則會強化這種身分認同。足球國家代表隊以及奧運選手，能喚起人民和平的愛國心，讓人們對自己的國民身分有所自覺，或是再次有自覺。

今日，國家形象是構成國際實力的要素，在體育賽事中奪冠的隊伍就能以此提升國家的名聲。對小國來說，這是宣示國家存在於國際舞台，或者只是單純被世界所看見的最佳方法；對缺乏凝聚力的國家來說，很多時候，為足球國家代表隊加油，能讓國民跨越民族、宗教或社會的鴻溝。

世界盃足球賽

國際足總是 1904 年時，由比利時、丹麥、西班牙、法國、荷蘭、瑞典、瑞士等國的代表所設立。當時英國則覺得此舉很無趣。

第 1 屆世界盃於 1930 年在烏拉圭舉辦。很多隊伍無法旅行兩週，所以只有 4 個歐洲隊伍及 9 個美洲隊伍參加。時至今日，每次比賽都有 211 隊參加外圍賽，激烈爭取 32 張參加大會比賽的門票（2026 年會增加至 48 隊）。

在歐洲及拉丁美洲以外地區第一次舉辦的世足賽，是 1994 年在美國所舉辦的，目的是要振興美國的足球。

2002 年第一次在亞洲舉辦的世足賽，由日韓兩國共同主辦。一直是競爭對手的兩國在沒得選擇的情況下，只好通力合作。2010 年在南非舉行的世足賽，則是第一次在非洲大陸舉辦。2018 年的世足賽則是第一次在俄羅斯舉辦。此外，接下來的 2022 年會在卡達舉辦，2026 年則預計在北美（加拿大、美國、墨西哥）舉行。

相對於比賽舉辦地的多樣性，目前歷屆冠軍不是歐洲國家，就是南美國家（巴西 5 次，義大利與德國 4 次，阿根廷、法國、烏拉圭都是 2 次，英格蘭和西班牙則各拿 1 次）。

奧運反映出世界的變化

奧運讓所有運動競技及所有國家，有機會齊聚一堂。每位參加者都期待在這個舞台上有出色表現。

夏季奧運的主辦城市

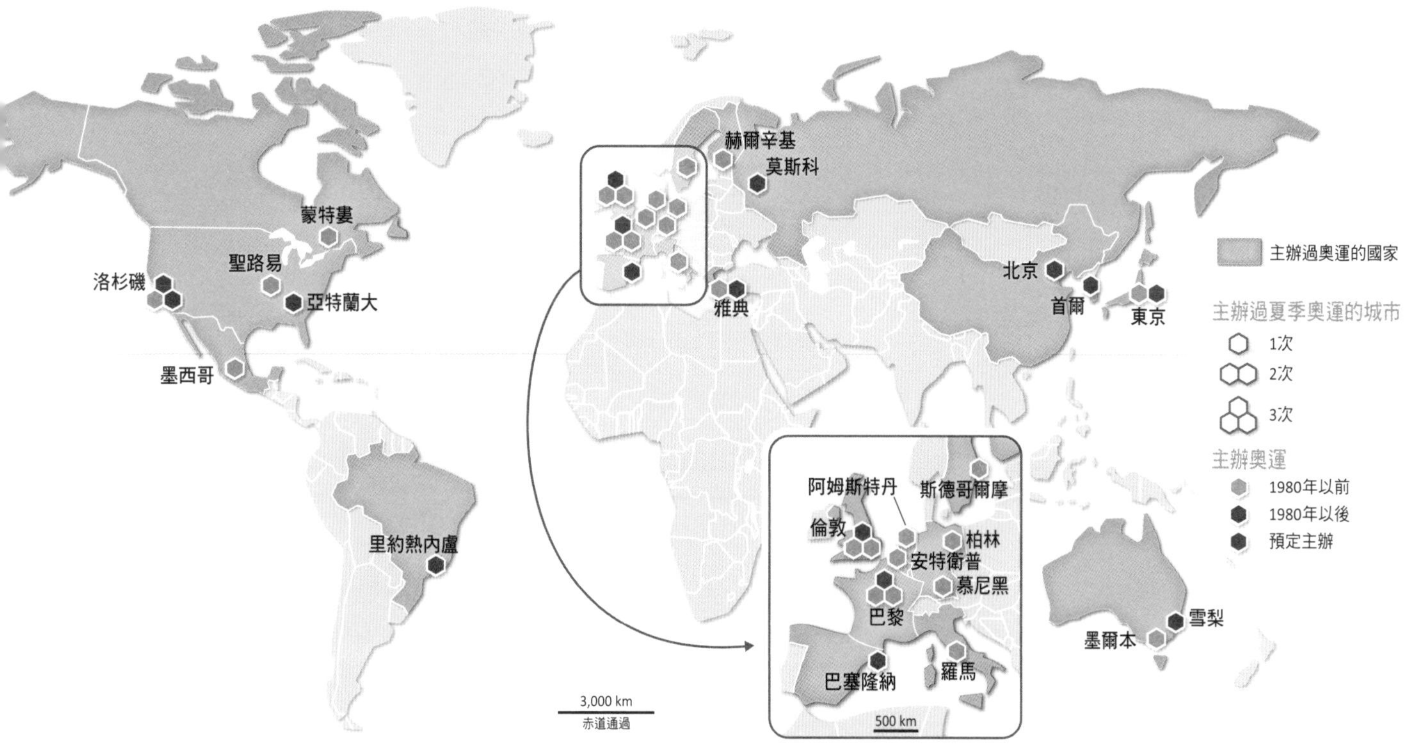

赫爾辛基
莫斯科
蒙特婁
聖路易
洛杉磯
亞特蘭大
墨西哥
雅典
北京
首爾
東京
里約熱內盧
阿姆斯特丹
斯德哥爾摩
倫敦
柏林
安特衛普
慕尼黑
巴黎
巴塞隆納
羅馬
雪梨
墨爾本
3,000 km
赤道通過
500 km
主辦過奧運的國家
主辦過夏季奧運的城市
1次
2次
3次
主辦奧運
1980年以前
1980年以後
預定主辦

奧運一開始的參加國雖然有限（1896 年有 14 國、241 位選手參加），但今日它已是國際社會的主要例行活動。在奧運開幕典禮時，代表團（在國旗打頭陣下）會逐一入場；比賽結果出爐後，會演奏贏得金牌選手國家的國歌。

此外，在決定舉辦奧運的城市時，經常如下述例子般反映出政治情勢。

- 二次大戰前，奧運只在歐洲和美國舉辦過。
- 1964 年於東京舉辦，是二次大戰後復興的日本邁向現代化的象徵。
- 1968 年在墨西哥舉辦，藉此讓人們認識第三世界。
- 1972 年於慕尼黑舉行，宣告德國重返大國行列。
- 1980 年在莫斯科舉辦（這是之前冷戰趨緩之際決定的），但美國和部分同陣營國家抗議蘇聯入侵阿富汗而未參加。
- 東西方兩大陣營在戰略與意識型態上的競爭，也衍伸至奧運奪牌。美蘇兩國都想藉由勝利來展現政治體制的優勢。

世界盃足球賽

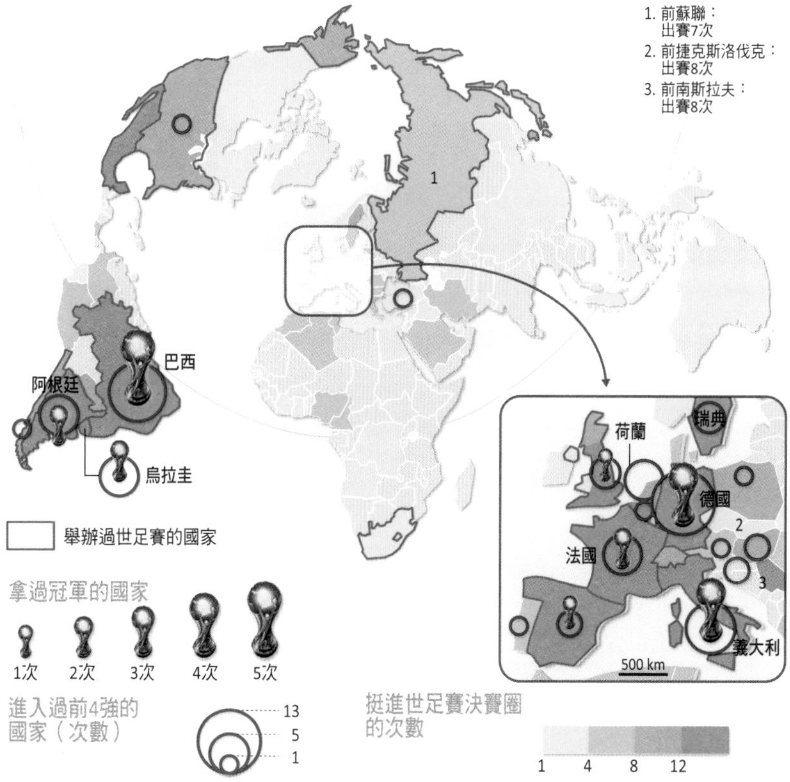

1. 前蘇聯：
出賽7次
2. 前捷克斯洛伐克：
出賽8次
3. 前南斯拉夫：
出賽8次
1
2
3
巴西
阿根廷
烏拉圭
荷蘭
瑞典
德國
法國
義大利
500 km
舉辦過世足賽的國家
拿過冠軍的國家
1次
2次
3次
4次
5次
進入過前4強的國家（次數）
13
5
1
挺進世足賽決賽圈的次數
1
4
8
12

- 21世紀初，在北京（2008年）及里約熱內盧（2016年）舉辦的奧運，讓世界認識新興國家的崛起。

國際司法機構只是空談？

真正能以集團力量保障國際安全的事並不存在，同樣的，不論是世界政府或真的世界警察，真正的國際司法機構也不存在。因為，國家主權的原則，與國家受他國制裁這兩件事互相牴觸。不過，就算國際社會目前建立的司法架構並不周全，它的存在與持續演變，還是有其優點。

何謂具普遍性的刑事法院？

太平洋
大西洋
黎巴嫩問題特別法庭
根據黎巴嫩政府與聯合國的協定
2009年後
荷蘭
海牙
萊岑丹
前南斯拉夫問題國際刑事法庭
根據聯合國安理會決議成立
1993-2017年
獅子山
自由城
阿魯沙
坦尚尼亞
獅子山特別法庭
根據聯合國安理會決議，以及獅子山政府與聯合國的協定
2002-2013年
盧安達問題國際刑事法庭
根據聯合國安理會決議成立
1994-2015年

出處：本頁所提到的法庭之官網

國際法院——有所限制的司法

1945 年，聯合國成立由 15 位法官組成的國際法院（ICJ）。不過，國際法院對於與非會員國有關的紛爭無法提起訴訟，也無法解決。儘管國際法院權責有限，但還是能透過司法，以和平手段避免一些紛爭加劇。

此外，為裁決冷戰後各種衝突，像是戰爭罪、危害人類罪、種族滅絕等重大罪行，陸續成立了特別法庭。盧安達發生種族屠殺，歐洲（前南斯拉夫）也發生內戰，但即使如此，往整合邁進的歐洲還是對世界和平抱持著希望。

太平洋
柬埔寨法院特別法庭
根據柬埔寨政府與聯合國的同意
2007年後
埔寨
印度洋
2018年1月1日之際簽署羅馬規約的國家
臨時法庭
法庭名稱
設置的由來
設置期間
海牙
國際刑事法院：常設法院
• 1998年根據「羅馬規約」設立，2002年生效
• 總部：海牙
• 有罪判決：3件，23件審理中
• 蒲隆地在2017年退出，是成員國中第一個退出的國家

很快的，由於國際法院光是在紛爭結束後設置臨時法庭的做法並不足夠，而且恐怕有傾向「勝者的正義」的趨勢，在非政府組織壓力下，於 1998 年成立了常設的國際刑事法院（ICC）。這個同時擔負懲處與預防之責的法院，設於荷蘭海牙，在 2018 年時有 123 個成員國。

國際刑事法院——缺乏普遍性

國際刑事法院能裁決的事件與對象，包括在成員國內發生的犯罪、成員國國民的罪行，以及聯合國安理會提起訴訟的案件（能行使否決權的 5 個常任理事國中，只有法國和英國是國際刑事法院的成員國）。再者，不能溯及既往，只能裁決重大犯罪——戰爭罪、危害人類罪、種族滅絕，以及侵略罪。此外，國際刑事法院除了接受安理會提起的訴訟外，也接受成員國或檢察官自己提起的訴訟。不過，美國、中國、俄羅斯、印度、阿拉伯國家的多數國家，以及以色列則未加入這個組織。

2009 年，國際刑事法院根據安理會提起的訴訟，針對發生於達佛的危害人類罪，對蘇丹總統巴席爾（Omar al-Bashir）發布逮捕令。國際刑事法院第一次對國家元首提起公訴，雖然被視為一大進步，但很快就有人質疑，法院只傳喚非洲的政治元首。再者，巴席爾還是照樣出訪非洲各國，並前往北京與莫斯科進行正式拜訪。

也有人不滿地認為，即使美國前總統小布希和英國前首相布萊爾發動伊拉克戰爭，帶來毀滅的結果，卻沒有受到國際刑事法院的傳喚。不過，英國現在已是國際刑事法院預備調查的對象。

2016 年，包括南非在內的幾個非洲國家暗示要退出，也開啟了如下討論——如果國際刑事法院不能公平對待所有成員國（大國會利用國際刑事法院的這種立場，明明最常觸法，卻能免除責任），與其有這種功能不夠周全的法院，倒不如沒有比較好。

國際刑事法院成立以來，起訴過 9 個非洲國家（烏干達、剛果民主共和國、蘇丹、中非共和國、肯亞、利比亞、象牙海岸、馬利、蒲隆地）。非洲之外的國家，則只起訴過喬治亞。

民主主義和人權普及了嗎？

對西方國家而言，冷戰是對抗共產國家極權主義的民主主義戰爭。確實如此，在西方國家，自由是理所當然，相較之下，共產主義國家則沒有自由可言。不過，西方各國也會毫無羞愧地支持殘暴血腥的獨裁體制，支持獨裁者取得政權。由於將對抗蘇聯及其盟國視為最優先考量，所以不去看第三世界，甚至還認同歐洲大陸上葡萄牙和西班牙的獨裁者。同樣的，在反蘇聯的框架下，西方世界也長期支持南非的種族隔離政策。

民主主義的擴張

民主主義在 1980 年代開始擴大勢力範圍。首先是拉丁美洲的獨裁政權一個個垮台，然後，亞洲的南韓與台灣隨著經濟成長，民主主義體制也取代了高壓獨裁政權。托蘇聯瓦解之福，民主主義也在整個東歐普及開來。在 1990 年代，國際間也對非洲大陸會否搭上這波熱潮抱持希望。

結果，期待中的骨牌效應並未蔓延整個非洲，不過，現在非洲已經有國家不是靠武器，而是經由選舉確立政權，並能實現政權輪替。

在阿拉伯世界，人們本來以為在「阿拉伯之春」（推翻突尼西亞與埃及獨裁政權的運動）後，能邁向民主化，但希望很快破滅。葉門與敘利亞的內戰愈演愈烈，埃及也以軍事鎮壓了民主運動。

民主主義與法治國家

民主主義即使沒有成為世界的普遍規範，也有很大進展，如今已存在於每塊大陸上。不過，當然並不是有選舉就是民主國家，在獨裁體制中，徒有形式的選舉也是慣例。真正的民主主義，應當有以下條件作為基礎：有真正競爭的選舉，有在野黨、少數派，尊重人民表現、宗教、思想及往來的自由，且是法治國家。所謂的民主國家裡，也有「不自由」的民主國家，只有徒具形式的選舉，政權還是威權主義。

2003 年的伊拉克戰爭，表面上是為了確立民主主義而發動，當然背後自是隱藏著戰略上的野心。民主主義不是輸出品，更不是戰爭的產物。許多打著民主主義旗幟的軍事介入行動都以失敗收場（利比亞等國）就是證明。

太平洋
美國
牙買加 6
9 古巴
哥斯大黎加 10
大西洋

此外，民主主義與公民社會的形成有關。民主主義不是靠外部干涉所形成，而是靠本身的發展。它的發展需要長久的時間，也經常會有倒退的情況，而最主要的關鍵有三點。

首先是歷史、戰略上的基因。每個民族都有其歷史，也因此會有不同的反應。

第二是生活水準。中產階級人數的多寡是關鍵（如果一天的平均收入不到 1.9 美元，則政治上的要求就變成次要）。

第三是一定的識字率，因為文盲的國民比較容易受到控制。

人權受到的威脅

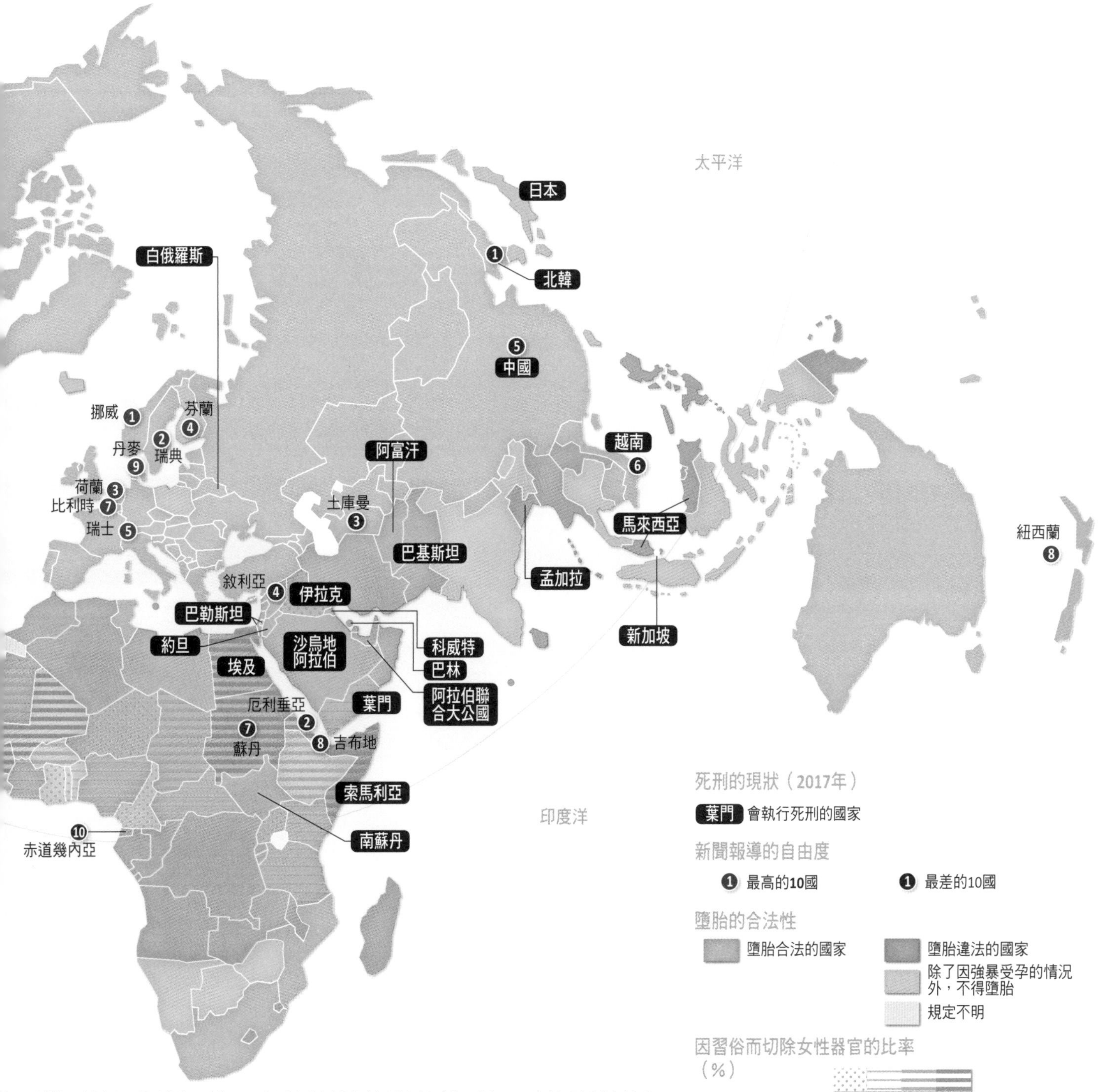
太平洋
日本
白俄羅斯
1
北韓
5
中國
挪威 1
芬蘭 4
2 瑞典
丹麥 9
荷蘭 3
比利時 7
瑞士 5
阿富汗
越南
6
土庫曼 3
馬來西亞
紐西蘭
8
巴基斯坦
孟加拉
敘利亞 4
伊拉克
巴勒斯坦
約旦
沙烏地阿拉伯
科威特
巴林
新加坡
埃及
阿拉伯聯合大公國
葉門
厄利垂亞 2
7 蘇丹
8 吉布地
索馬利亞
印度洋
10 赤道幾內亞
南蘇丹
死刑的現狀（2017年）
葉門 會執行死刑的國家
新聞報導的自由度
1 最高的10國
1 最差的10國
墮胎的合法性
墮胎合法的國家
墮胎違法的國家
除了因強暴受孕的情況外，不得墮胎
規定不明
因習俗而切除女性器官的比率（%）
10 40 80

處：國際特赦組織發布的死刑報告書（2017年）；2018年世界新聞自由指數（無國界記者組織〔RSF〕）；2013年聯合國兒童基金會報告；生育權中心（Center for Reproductive Rights）《墮胎相關的世界法律2013年版》；聯合國《世界的墮胎政策2013年版》、《墮胎政策、界現狀2012年版》

發展為文明的衝突？

冷戰結束後，隨著戰略改變，產生兩個完全不同的思考方式，但都是產自美國。

兩個相反的預測

第一個預測是樂觀的，是由法蘭西斯・福山（Francis Fukuyama）所提倡的「歷史的終結」之說。這個理論認為，黑格爾哲學式的「歷史」，也就是對立和從對立衍生出的衝突所形成的歷史已經結束，現在任何國家理論上或多或少都受到民主主義和市場經濟的影響。

第二種是警告性的預測，是 1993 年山繆・杭亭頓（Samuel Huntington）所提出的「文明衝突論」。杭亭頓認為，紛爭過去是起於王族之間，在法國大革命後是起於人民之間，死亡人數因而爆增。而最後，則演變成「意識型態」間的對立：先是納粹、法西斯主義 vs. 民主主義，之後則是共產主義 vs. 西方世界的民主主義。杭亭頓認為，冷戰結束，意味的不是戰爭的結束，而是變形。今後，會形成對立的是文明。文明是由客觀元素（共同的歷史、宗教、語言）與主觀元素（對同一個集團的歸屬意識）所形成。意識型態可以改變，但文明不能。而且，文明間的對立會愈來愈嚴重。他定義的文明有八種：西方文明、東正教文明、伊斯蘭文明、印度文明、非洲文明、日本文明、拉丁美洲文明，以及中華文明。

杭亭頓認為，文明的衝突無法避免。目前具主導性但減速中的西方文明，與受主導但持續擴大力量的伊斯蘭文明，以及中華文明，也就是中國之間的衝突就是會發生。

不同文明間的戰爭，還是同一個文明的內戰？

成為杭亭頓理論根據的事件，是冷戰結束，眼看世界和平有望時，卻發生了 1991 年的波斯灣戰爭，以及巴爾幹半島上的紛爭。在討論國際問題時，他的學說成為理論根據，2001 年 9 月 11 日發生多起恐攻後，更再次受到強調。

雖說如此，但波斯灣戰爭一開始，是同為阿拉伯國家的伊拉克和科威特的紛爭。說起來，嚴重的紛爭比較常發生於同一個文明內部，而非不同文明之間。像非洲這些年來發生多起血腥內戰，其中還包括盧安達屠殺（1994 年）。國家間的嚴重對立一直在同一個文明內發生（如中國與台灣、南北韓）。

歷史無法預先寫下

杭亭頓的理論，與美國冷戰後的戰略目標一致：讓西方世界領袖跟自己站在同一邊；繼續保持對伊斯蘭世界的支配力；也接受中國的挑戰。杭亭頓學說的優點，是可作為解讀紛爭的萬能鑰匙，但這個學說不一定適用於任何情況。他的學說是決定論的，是以文明必然對立為前提。

不過，對立確實經常發生，但卻不是無法避免。歷史不是能預先寫下的。杭亭頓雖然預言了文明的衝突，但並不是鼓勵。事實上，他也反對 2003 年的伊拉克戰爭，因為他知道，這場戰爭恐怕會導致文明間的衝突。新保守主義者與伊斯蘭激進派認為衝突不可避免，但事實上，衝突並非不可避免，而是與採取什麼政策有關。

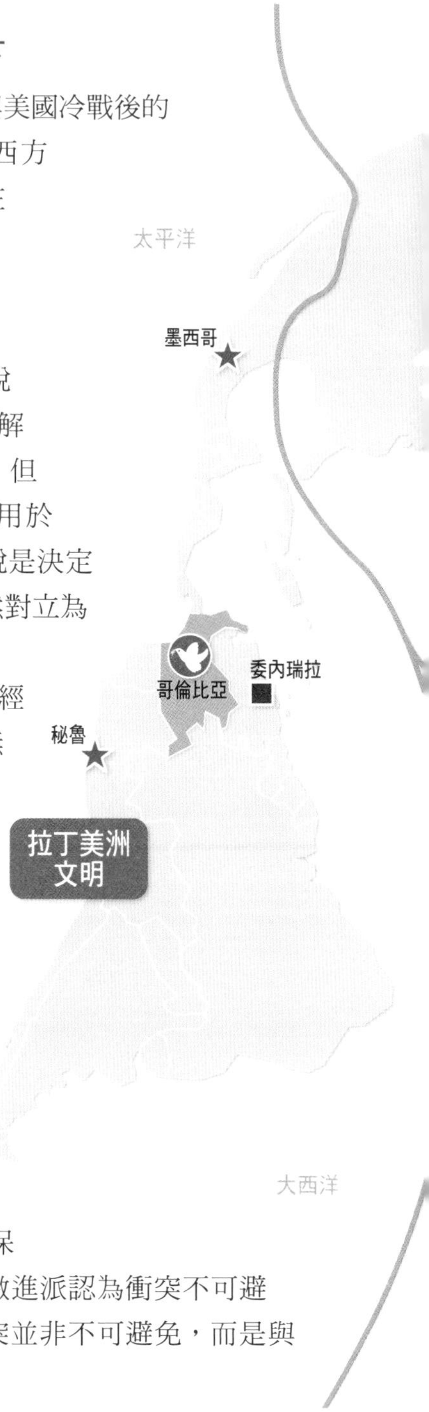
太平洋
墨西哥
哥倫比亞
委內瑞拉
秘魯
拉丁美洲文明
大西洋

從事實來驗證杭亭頓的理論

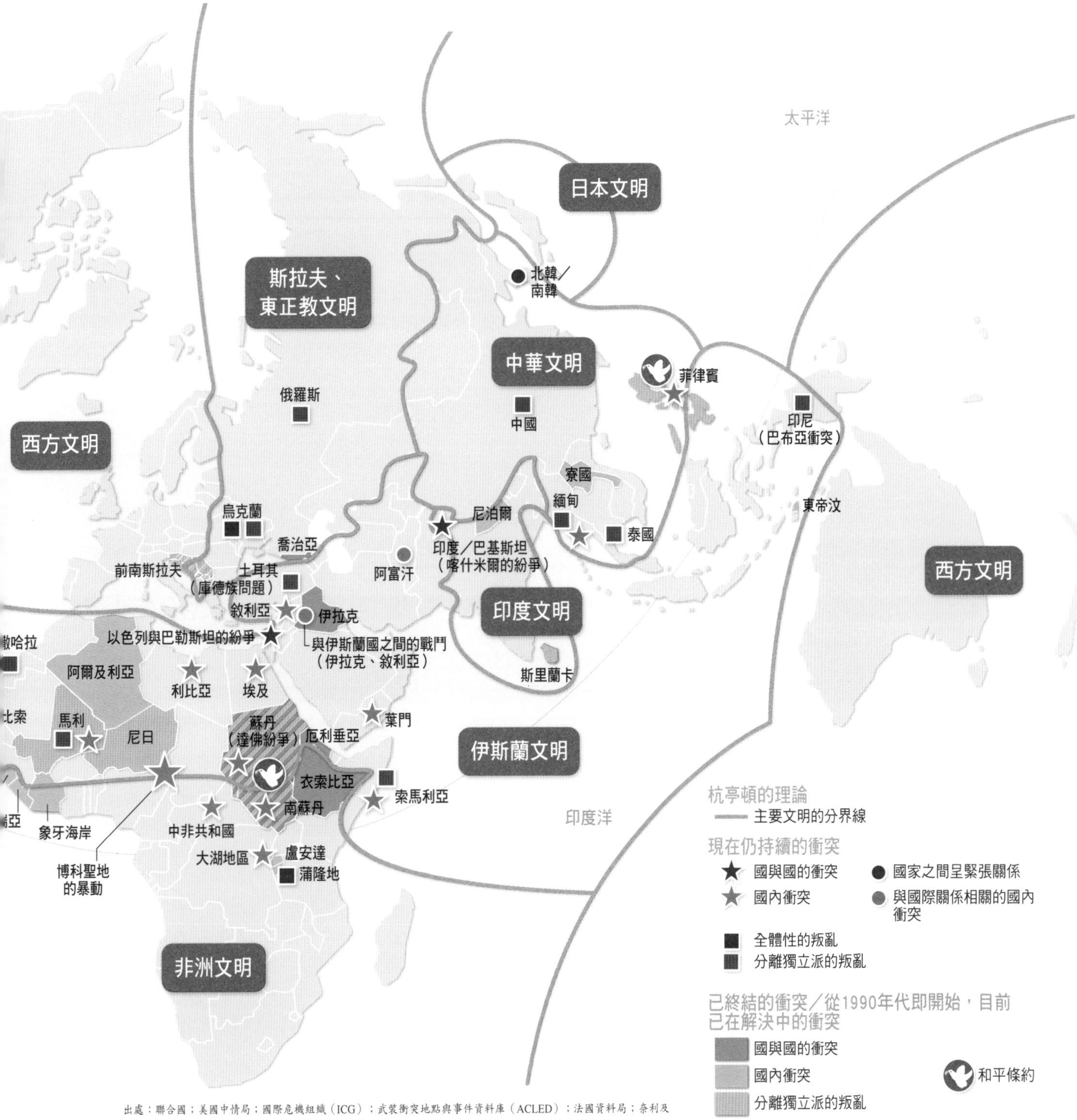
太平洋
日本文明
北韓／南韓
斯拉夫、東正教文明
中華文明
菲律賓
俄羅斯
中國
印尼（巴布亞衝突）
西方文明
寮國
緬甸
東帝汶
烏克蘭
尼泊爾
泰國
喬治亞
印度／巴基斯坦（喀什米爾的紛爭）
西方文明
前南斯拉夫
土耳其（庫德族問題）
阿富汗
敘利亞
伊拉克
印度文明
以色列與巴勒斯坦的紛爭
與伊斯蘭國之間的戰鬥（伊拉克、敘利亞）
阿爾及利亞
利比亞
埃及
斯里蘭卡
馬利
尼日
蘇丹（達佛紛爭）
厄利垂亞
葉門
伊斯蘭文明
衣索比亞
南蘇丹
索馬利亞
象牙海岸
中非共和國
印度洋
大湖地區
盧安達
蒲隆地
博科聖地的暴動
非洲文明
杭亭頓的理論
主要文明的分界線
現在仍持續的衝突
國與國的衝突
國內衝突
國家之間呈緊張關係
與國際關係相關的國內衝突
全體性的叛亂
分離獨立派的叛亂
已終結的衝突／從1990年代即開始，目前已在解決中的衝突
國與國的衝突
國內衝突
分離獨立派的叛亂
和平條約

出處：聯合國；美國中情局；國際危機組織（ICG）；武裝衝突地點與事件資料庫（ACLED）；法國資料局；奈利及亞外交部、Lancet Survey、民間組織「伊拉克死亡統計」（Iraq body count）、國際轉型正義中心（ICTJ）

德國的分裂與柏林危機

納粹德國投降後，由二次大戰的同盟國共同管理。德國領土被分為 4 塊，分別由美、英、法、蘇 4 國占領，位於蘇聯占領區的柏林也一樣分為 4 塊。1945-1947 年間，戰勝國不斷討論如何處理德國問題，卻始終無法取得共識，這也揭開了冷戰的序幕。

通往西柏林的路徑

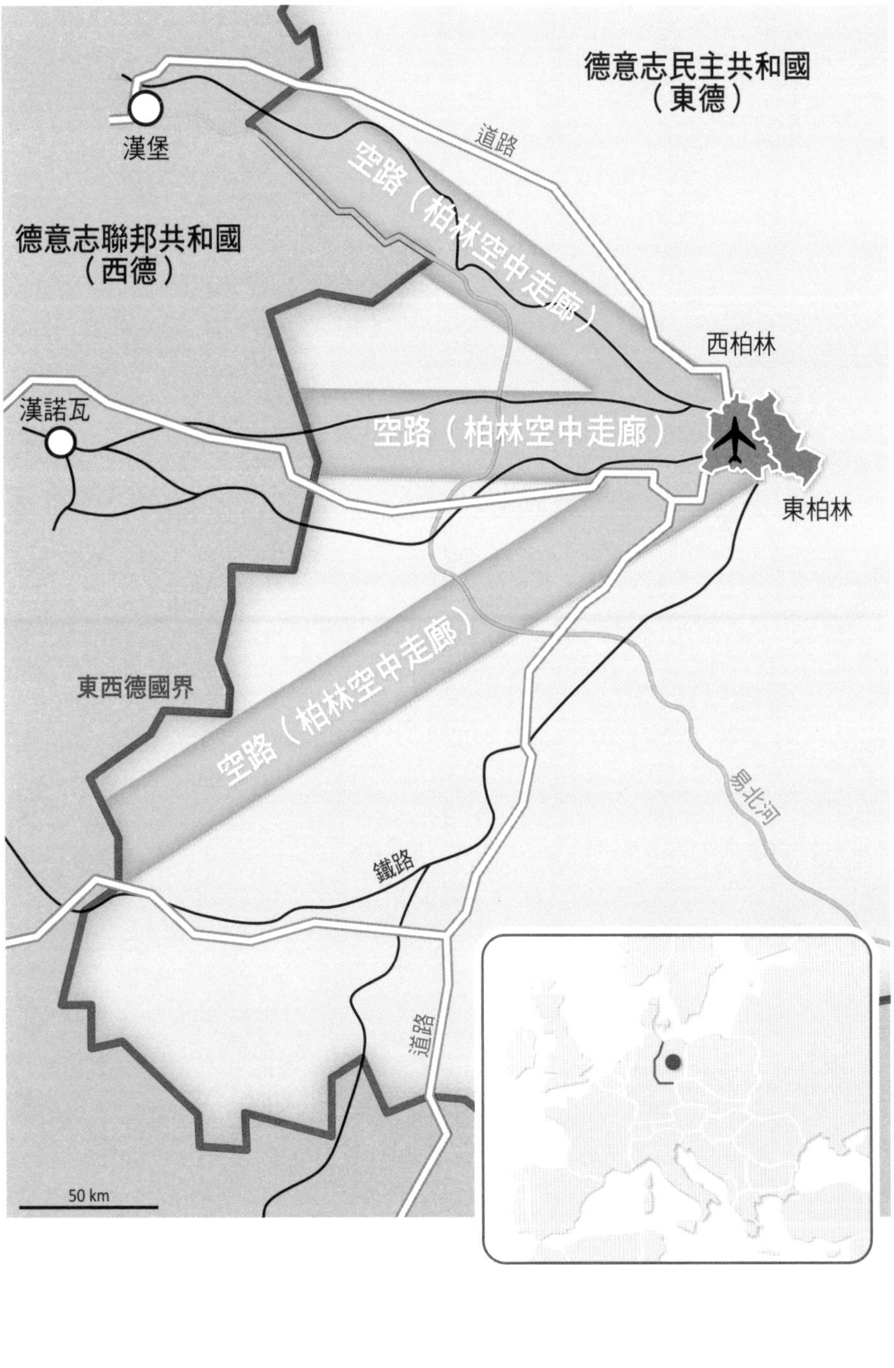

德意志民主共和國
（東德）
漢堡
道路
空路（柏林空中走廊）
德意志聯邦共和國
（西德）
西柏林
漢諾瓦
空路（柏林空中走廊）
東柏林
空路（柏林空中走廊）
東西德國界
易北河
鐵路
道路
50 km

蘇聯的封鎖

1946 年 8 月，美國、法國、英國將各自的占領區統合為一，在 1948 年 6 月發行新貨幣德國馬克，奠定了新生德國的基礎。

另一方面，蘇聯卻在 1948 年 6 月 23 日宣布封鎖柏林西側的區域。從西方各國通往西柏林的所有道路、鐵路都被封鎖。西柏林宛如一座孤島，西方各國因此更擔憂蘇聯將吞併西柏林。

在此情況下，西方各國展開了「柏林空運」的作戰行動，在將近 1 年內，以空運方式補給物資給大約 250 萬人的西柏林市民。在當時的航空技術水準下，這個作戰方式有極大危險，但它是一個巧妙的政治作戰，等於把球丟給蘇聯，由它決定是否要跟西方各國直接對決。然而蘇聯沒有攻擊美國的運輸機，很快地，也體悟到繼續封鎖西柏林並無意義。

於是，蘇聯在 1949 年 5 月 12 日解除封鎖。

封鎖柏林的嚴重影響

過去，柏林是普魯士軍國主義的象徵，如今它對西方陣營而言，則成為「為自由而戰」的象徵。德國政治上的重建雖然是從西方開始，但伴隨而來的犧牲則是國家分裂。分裂的原因是由於美蘇兩國對立，

4個國家在柏林的占領區（1945年）

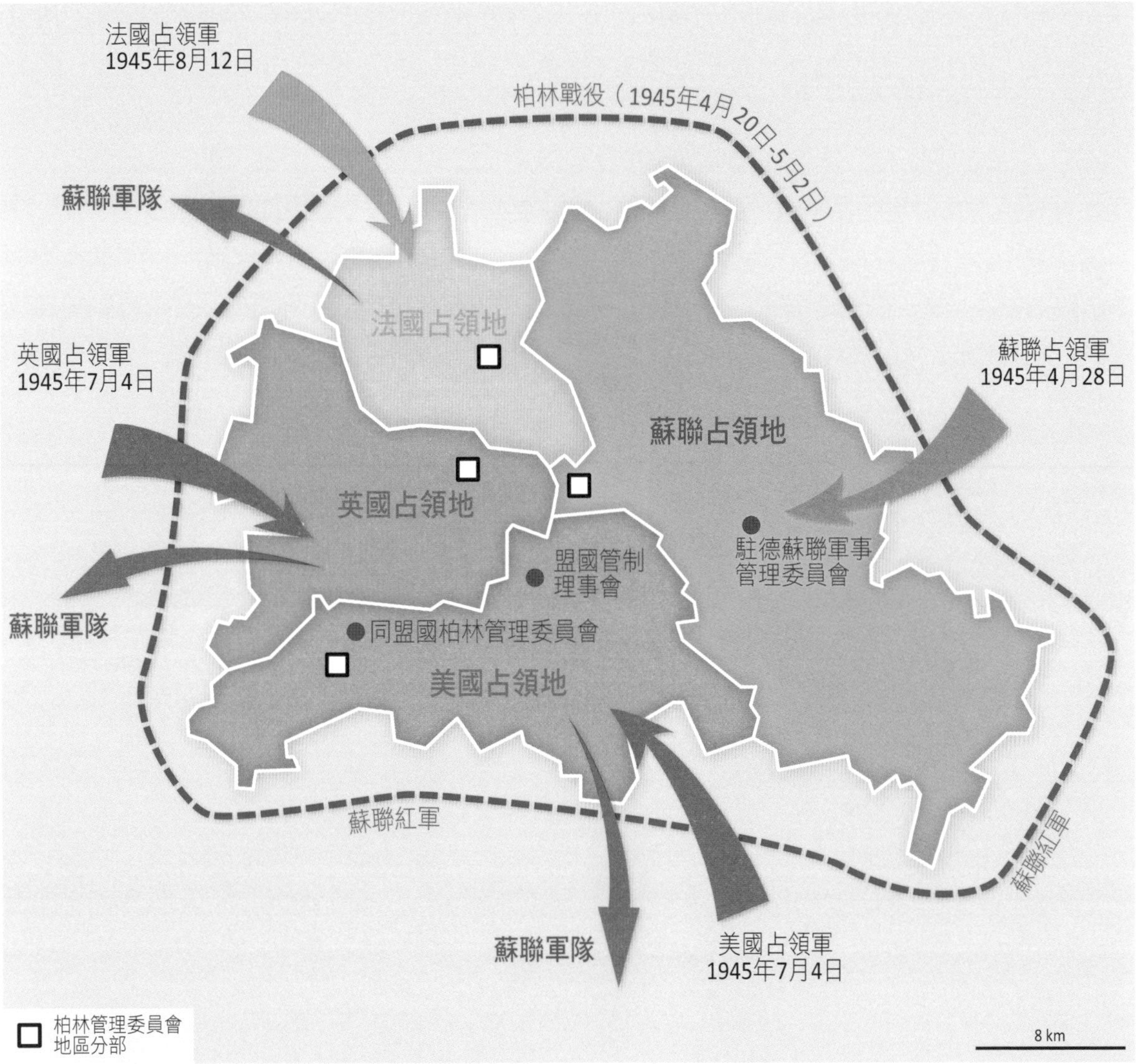
法國占領軍
1945年8月12日
柏林戰役（1945年4月20日-5月2日）
蘇聯軍隊
法國占領地
英國占領軍
1945年7月4日
蘇聯占領軍
1945年4月28日
蘇聯占領地
英國占領地
駐德蘇聯軍事管理委員會
盟國管制理事會
蘇聯軍隊
同盟國柏林管理委員會
美國占領地
蘇聯紅軍
蘇聯紅軍
蘇聯軍隊
美國占領軍
1945年7月4日
柏林管理委員會地區分部
8 km

而西德也理解到，能擁有自由是因為有美軍的保護。

1949 年 5 月 8 日，德國西側的占領地成為一個聯邦國家：德意志聯邦共和國（西德）。相對的，蘇聯占領的德國也制定自己的憲法，成為德意志民主共和國（東德）。

如此一來，德國分裂為兩個國家，一個隸屬西方陣營，一個隸屬東方陣營。1954 年，西德完全拿回主權，並加入北大西洋公約組織。蘇聯則在 1955 年組成華沙公約組織作為反制。

柏林圍牆的修築與倒塌

柏林市有一部分屬於東德，這固然是西方陣營最擔憂的事，但對東方陣營的華沙公約組織而言，這也是它們最大的弱點。畢竟柏林是當時東德通向西德的唯一中繼點。從 1949 年到 1961 年，就有 273 萬 9 千名東德人在「可自由選擇」下，通過此地前往西德。

人口外流正暴露出東德體制的不受歡迎與脆弱，所以，東德當局也無法坐視不理。

1961 年 8 月 15 日晚上，東德開始修築起阻擋東西柏林所有往來的高牆。這道牆也有「恥辱之牆」之稱，不只將德國一分為二，也具體呈現、象徵了歐洲的東西對立。

即使在東德建國 40 年後，還是有冒著生命危險逃往西德的東德人民，而東德政府再也沒有辦法阻止這種事發生。1989 年 11 月 9 日晚上到 10 日這天，柏林圍牆終於在外力下崩塌。這也象徵了東西方分裂與歐洲分裂的終結。

韓戰

韓戰被視為冷戰到達頂點時所發生的軍事衝突。而戰爭的舞台，卻是蘇聯和美國之前都不怎麼關心的國家。

韓戰（1950-53年）

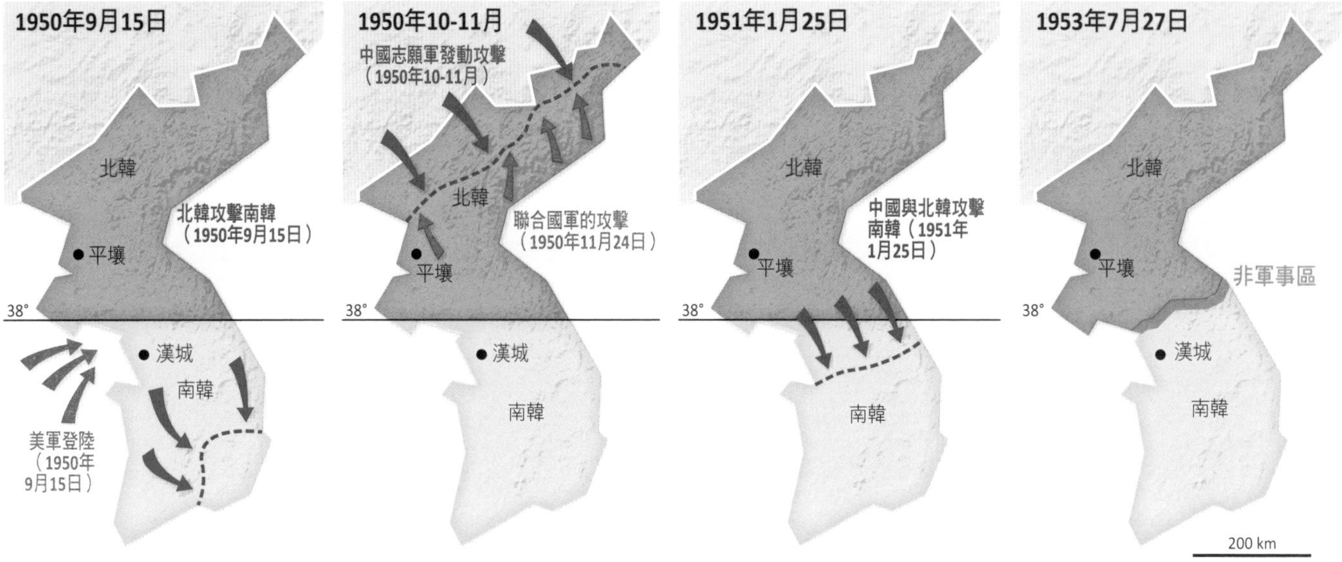

1950年9月15日
北韓
北韓攻擊南韓
（1950年9月15日）
平壤
38°
漢城
南韓
美軍登陸
（1950年
9月15日）
1950年10-11月
中國志願軍發動攻擊
（1950年10-11月）
北韓
聯合國軍的攻擊
（1950年11月24日）
平壤
38°
漢城
南韓
1951年1月25日
北韓
中國與北韓攻擊
南韓（1951年
1月25日）
平壤
38°
南韓
1953年7月27日
北韓
平壤
非軍事區
38°
漢城
南韓
200 km

兩個韓國

二戰後，在朝鮮半島終將脫離日本自 1910 年來的殖民統治之際，蘇聯軍隊進駐朝鮮半島北緯 38 度線的一邊，美軍則進駐另一邊。南方是親美派勢力，北方則是親蘇派勢力，漸漸地，兩邊發展成不同國家。1949 年初，雖然蘇聯和美國撤軍，但成為南北暫定分界線的 38 度線成了「亞洲的鐵幕」。

1950 年 1 月 20 日，美國國務卿迪安・艾奇遜（Dean Gooderham Acheson）發表聲明，提到美國的太平洋防線北從阿留申群島到日本，南至沖繩到菲律賓。聲明內並不包括韓國。而且艾奇遜還提到：「其他地區除非是在軍事保障上遭受威脅，否則美國並不保障它們在受到軍事攻擊時的安全。」

從這段聲明導出的結論是：不管北韓採取任何軍事行動，美國應該都不會介入。於是，1950 年 6 月 25 日，北韓軍隊輕易突破了 38 度線。

美國隨即要求召開聯合國安理會會議，但當時，蘇聯正因聯合國的中國代表權不是中華人民共和國而是中華民國，提出異議並抵制安理會。美國趁蘇聯缺席，讓安理會通過由美國指揮聯合國維和部隊的決議。印度總理尼赫魯（Jawaharlal Nehru）則在蘇聯的史達林與美國的杜魯門之間，扮演中間人的角色。尼赫魯還提議，聯合國可藉由承認中華人民共和國在聯合國的代表權，以交換中國不插手韓戰，但美國不理會這項提案。

衝突帶來的災難

1950 年 10 月 7 日，以美軍為主力的聯合國軍隊越過北緯 38 度線發動攻勢。中國政府在擔憂政權正當性受質疑的前提下，派出數萬名「志願軍」支援北韓。結果，聯合國不得不撤退，也讓北韓取下漢城。

率領美國（聯合國軍）的二戰英雄麥克阿瑟將軍，在當年 11 月時承諾要讓美國士兵回家過聖誕，沒想到中國與北韓會突然反擊。他在驚愕之下，甚至向美國政府提議要轟炸中國境內，並使用核武。

1951 年 4 月 10 日，杜魯門總統解除麥克阿瑟將軍的總指揮權，明確表示：軍方理當服從政府命令，而美國政府並不打算將「地區紛爭」擴大為東西方的全面核戰。聯合國軍再度重回 38 度線，只是這次沒再越線進攻北韓。

1951 年 6 月，兩方開始停戰談判。談判進行了兩年之久，終於在 1953 年 7 月 27 日於板門店簽署停戰協定。直至今日，還是藉由板門店這個非軍事區分隔兩國。美國在軍事與經濟上援助南韓，蘇聯則援助北韓。

進入核子時代後第一次發生的這場戰爭，傷亡慘重。西方陣營認為，這場戰爭是蘇聯為了讓攻擊西歐變得容易，所以在亞洲所採取的牽制行動，或是為探測美國意向的預行演習。

這場戰爭的結果，是強化了美國國內的反共產主義運動（麥卡錫主義），並讓西德很快地加入北大西洋公約組織這個以阻擋共產主義勢力為目的的政治及軍事組織。

蘇伊士運河戰爭（第二次中東戰爭）

蘇伊士運河戰爭讓美蘇兩國第一次展現和平共存的外交態度，也是史上歷時最短的戰爭之一，不過，它的影響卻延續很久。雖然法國和英國在軍事上算是勝利，但在政治上卻遭遇屈辱的失敗。第三世界國家也藉由這場戰爭，登上國際政治舞台。

蘇伊士運河的國有化

1952 年，強調阿拉伯民族主義的納賽爾（Gamal Abdel Nasser）掌握埃及政權。由於美國拒絕提供武器給埃及，納賽爾向蘇聯靠攏，蘇聯也為了穩固在中東的地位而利用這一點。

美國為了報復，撤回之前要金援埃及興建亞斯文水壩的承諾。納賽爾為展現不屈服於美國壓力的姿態，在 1956 年 7 月 26 日將蘇伊士運河收為國有。

蘇伊士運河國有化，對兩個國家造成的損害最大：即蘇伊士運河的最大股東法國，以及使用運河頻率最高的英國。

另一方面，以色列也對埃及軍力的提升懷有警戒，於是向英法兩國提出計畫。同年 10 月 29 日，接受法國軍援的以色列突然侵略埃及。

蘇伊士運河戰爭（1956年）

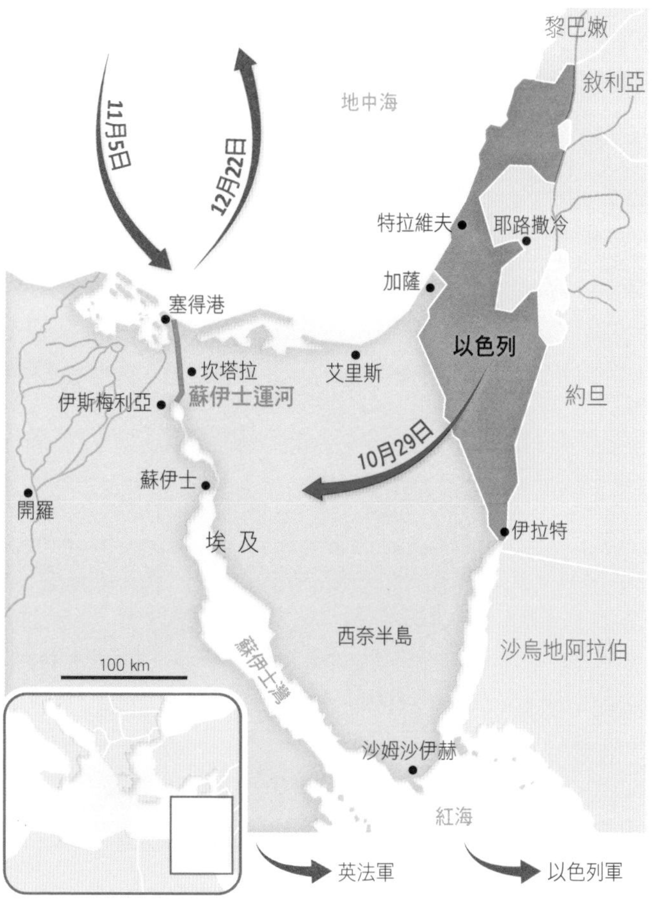

黎巴嫩
敘利亞
地中海
11月5日
12月22日
特拉維夫
耶路撒冷
加薩
塞得港
以色列
坎塔拉
艾里斯
約旦
伊斯梅利亞
蘇伊士運河
10月29日
蘇伊士
開羅
伊拉特
埃 及
西奈半島
沙烏地阿拉伯
蘇伊士灣
100 km
沙姆沙伊赫
紅海
英法軍
以色列軍

英法兩國於是以避免運河安全受威脅為藉口，要求埃及與以色列撤軍，並宣告雙方若不撤軍，就要占領運河一帶。

這個宣告，實質上是要占領運河的埃及軍隊撤軍。但是，埃及一旦撤軍，就是任由以色列繼續占領屬於埃及的西奈半島，埃及自然不可能接受。

結果，英法兩國就依據宣告侵略埃及。

蘇聯和美國的介入

美國艾森豪總統本來就反對這項軍事行動，對於美國被排除在外也不是很高興。

阿拉伯世界國家與亞洲各國，則將這場戰爭視為殖民主義的表現。

反之，軍事介入匈牙利民主革命的蘇聯，倒是很歡迎這場戰爭，因為這讓國際輿論不再聚焦於匈牙利。蘇聯也定位自己，是保護埃及與第三世界各國免於西方殖民主義迫害的守護者。

11 月 5 日，蘇聯總理布爾加寧（Nikolai Bulganin）向英、法、以色列三國元首發出外交照會，提出警告：若它們不從埃及撤軍，蘇聯準備使用各種類型的現代破壞性武器，甚至明確暗示也不排除使用核武。

艾森豪總統對英法兩國表示，美國無法保障它們的安全，這讓兩國十分錯愕。此外，美國也介入外匯市場，拋售英鎊，導致英鎊暴跌。於是，剛從埃及塞得港登陸沒多久的英法艦隊，只能無可奈何地撤退。

意圖擔任中東警察的英法兩國顏面盡失，變成讓美國直接接收這個角色。而美國在非常狀況時乾脆地放棄盟國，就結果來看，是跟蘇聯站在同一邊。

這也是兩大國和平共存外交的開始，畢竟兩國即使對立，但也是有利益相同的時候。

法國在這次失敗後，知道自己不可完全依賴美國。面對蘇聯的威脅不僅完全使不上力，還會被美國拋棄，這成了法國發展核武的一大動機。

相反的，英國得到的結論是：若想深入插手他國事務，就必須得到美國的支持或認同。

第三世界國家則在國際政治舞台上展現其存在感，阿拉伯民主主義的勢力也更為強大。至於被視為西方陣營前哨基地的以色列，則注定在中東受到孤立。

古巴危機

沒有一個事件像古巴危機一樣讓人類這麼接近核戰。不過，這個危機也成了美蘇關係解凍的開端。兩大國體認到，即使立場不同，但最重要的是，兩國對於避免核戰的利害關係相同。

古巴危機（1962年）

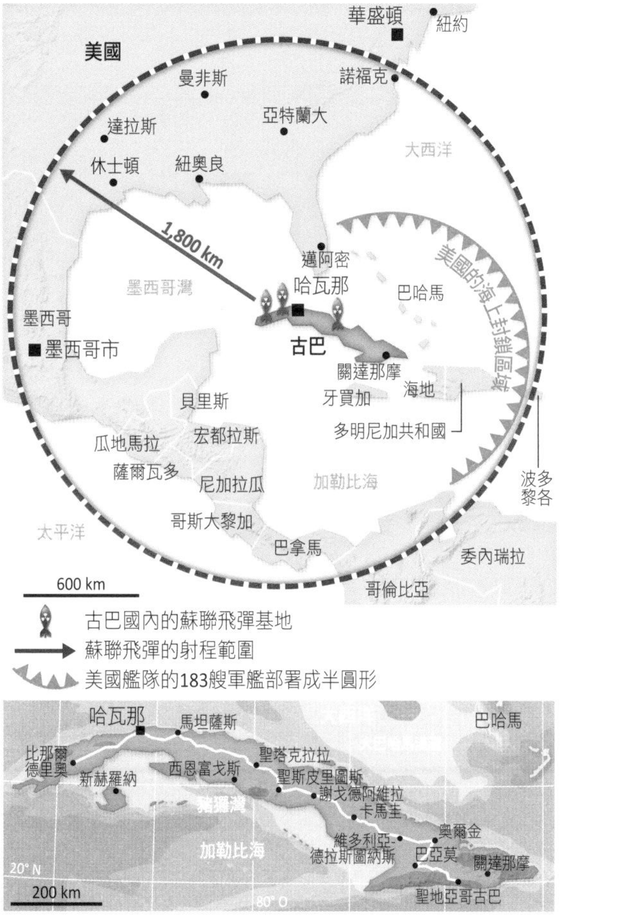

美國
華盛頓
紐約
曼非斯
諾福克
達拉斯
亞特蘭大
大西洋
休士頓
紐奧良
1,800 km
邁阿密
哈瓦那
巴哈馬
美國的海上封鎖區域
墨西哥灣
墨西哥
墨西哥市
古巴
關達那摩
海地
牙買加
貝里斯
多明尼加共和國
瓜地馬拉
宏都拉斯
薩爾瓦多
尼加拉瓜
加勒比海
波多黎各
太平洋
哥斯大黎加
巴拿馬
委內瑞拉
哥倫比亞
600 km
古巴國內的蘇聯飛彈基地
蘇聯飛彈的射程範圍
美國艦隊的183艘軍艦部署成半圓形
哈瓦那
馬坦薩斯
巴哈馬
比那爾德里奧
聖塔克拉拉
西恩富戈斯
聖斯皮里圖斯
新赫羅納
謝戈德阿維拉
豬玀灣
卡馬圭
奧爾金
加勒比海
維多利亞-德拉斯圖納斯
巴亞莫
關達那摩
20° N
200 km
80° O
聖地亞哥古巴

危機的前奏

1959 年取得古巴政權的卡斯楚，由於實施以國家利益為優先的政策，讓一直以來將古巴視為附屬國的美國不滿。在古巴國有化政策下，古巴國內的美國企業幾乎完全喪失權益，美國於是斷然在 1960 年 10 月開始禁止對古巴進出口。

1961 年 4 月 17 日，美國中情局協助反卡斯楚的勢力在豬玀灣登陸古巴，不過，這項登陸作戰以失敗告終。因為，在高倡馬克思列寧主義並與蘇聯友好的卡斯楚帶領下，古巴人民團結一致與反抗勢力作戰。

1962 年 10 月，美國偵察機 U2 在拍攝古巴照片時，發現了飛彈發射裝置。對於 150 公里外瞄準美國佛羅里達的核彈，美國是該沉默忽略，還是介入處理？美國陷入了兩難。該怎麼做，才能讓蘇聯撤走部署於古巴的飛彈？雖然美國也考慮是否該採取軍事行動，但這麼做，可能導致一直以來謹慎避開衝突的兩大國直接對決。結果，美國的做法是在海上封鎖古巴，藉此阻止蘇聯運送核武至古巴，並下達最後通牒，要求蘇聯撤除既有的飛彈裝置。

世界存亡的危機

1962 年 10 月 22 日，美國總統甘迺迪發表戲劇性的電視演說。他告知國民，古巴擁有飛彈，並表示美國會堅決面對飛彈的威脅，還提到「全面戰爭的風險」。演說後，不只西方各國，包括拉丁美洲各國也都支持美國。翌日，蘇聯領導人赫魯雪夫（Nikita Khrushchev）指責美國的海上封鎖違反國際法，並提出警告：「我國已經不是受威脅就會屈服的國家了，如果侵略者準備要戰爭，我們可能會採取最恐怖的報復。」另一方面，蘇聯也不希望發生戰爭，於是提議兩國都撤去所有海外軍事基地。也就是說，美國若想讓蘇聯撤走古巴的飛彈基地，自己也必須解除在歐洲和亞洲的安全保障機制。這是無法有交集的對話。赫魯雪夫為了避免與美軍衝突，命令蘇聯運輸船調頭，但對於已部署在古巴的飛彈則置之不理。

在美蘇兩方不斷祕密交涉後，甘迺迪提出了妥協方案：要是蘇聯能撤除飛彈，美國就會解除海上封鎖，也不會進攻古巴。赫魯雪夫雖然同意，但要求美方也撤除飛彈，包括部署於英國及土耳其、射程範圍涵蓋蘇聯的雷神飛彈（Thor）與朱庇特飛彈（Jupiter）。就這樣，甘迺迪與赫魯雪夫順利達成協議，但蘇聯卻將盟友古巴完全排除在外。卡斯楚對此非常不滿，結果直到 1970 年為止，蘇聯和古巴的關係一直很僵。不過，美國也沒有趁勢企圖改善與古巴的關係。

乍看之下，這場危機的贏家是毫不退縮、成功避免危機的甘迺迪。另一方面，蘇聯政府內部則有批評赫魯雪夫是冒險主義者的聲音。但實際上贏家是蘇聯，因為美國既未攻擊古巴，還撤除了部署於歐洲的飛彈。

越戰

法國在奠邊府戰役敗戰後，基於 1954 年 7 月的日內瓦協定從中南半島撤離。越南實際上也分裂為兩個國家。

分裂的國家

北緯 17 度線以北的越南，是由胡志明領導的共產黨所統治，有中國與蘇聯的支援。17 度線以南，則是由吳廷琰（Ngo Dinh Diem）的反共獨裁體制統治，但很快就面臨支持北越共產黨的越南南方民族解放陣線（越共）的叛亂。

1958 年後，美國派遣軍事顧問團到南越軍方，提供援助。美國是想將南越當成要塞，以阻擋共產主義在全世界擴散開來。美國基於「多米諾骨牌理論（Domino theory）」，無論如何都要避免亞洲各國接連受到蘇聯和中國的控制。結果，儘管 1965 年時，美國在越南部署了 27 萬 5,000 名美軍，1969 年增加到 51 萬 8,000 人，但戰況還是陷入膠著。即使擁有這麼龐大的軍力和最新武器，美國還是一直無法跟蘇聯和中國支持的越南反抗勢力分出高下。

陷入越南泥淖的美國

美軍對一般老百姓發動空襲，是想擊垮越南人對美國的鬥志，沒想到卻得到反效果。尤其美軍使用燒夷彈一事，更引來國際社會譴責，影響美國聲譽。

「自由國家」美國、從納粹手中解放受害者的美國，如今卻成了新殖民主義的代表，是勇敢為獨立而戰的弱小民族的敵人。

這場戰爭在美國國內也失去支持，陸續有年輕人拒絕上前線服役。但美國還是打著與共產主義戰鬥的「道義目的」，將美軍在越南的暴行正當化。但此時已經沒有美國人能接受這種詭辯了。再者，作戰的金錢成本也很高（一天大約 5,000 萬美元），美國至此已深陷越南這個泥淖當中。

在戰略上不具特別意義的這個國家，成了東西對立的象徵。而美國花了這麼長時間在這上頭，若是放手會很沒面子。

1969 年尼克森總統上任後，終於為這場戰爭做了決斷，改變方針。國務卿季辛吉也同樣認為，繼續打這場沒有勝算的戰爭對美國無益。在進行交涉後，1973 年 1 月 23 日，季辛吉和北越代表黎德壽（Le Duc Tho）在巴黎簽訂了和平協約。

越南戰況（1967年11月）

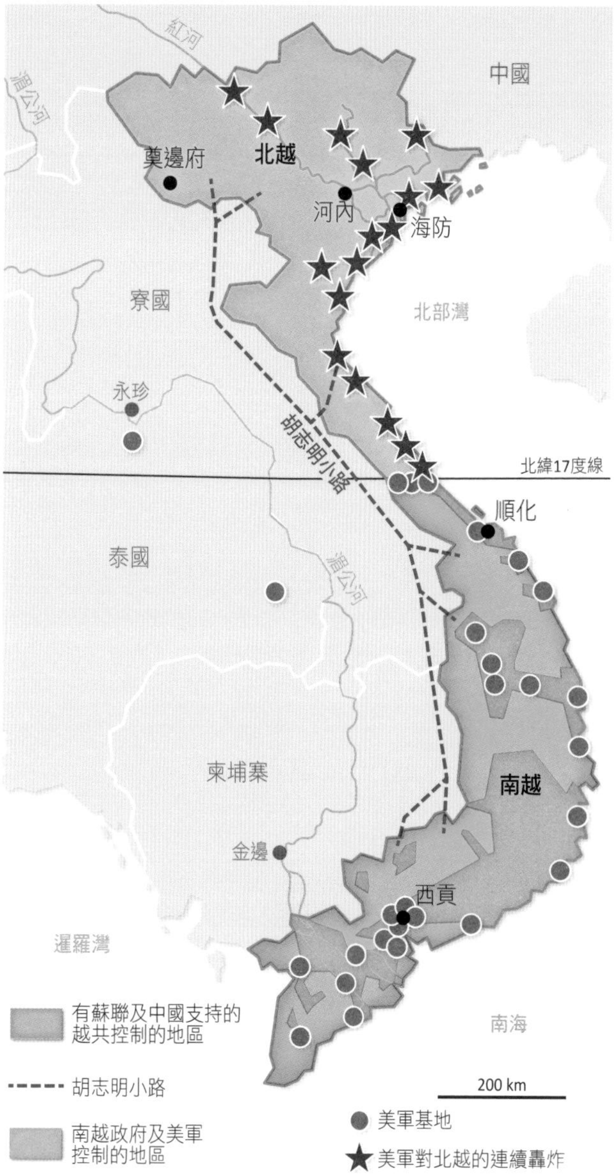
紅河
湄公河
中國
北越
奠邊府
河內
海防
寮國
北部灣
永珍
胡志明小路
北緯17度線
順化
泰國
湄公河
柬埔寨
南越
金邊
西貢
暹羅灣
南海
有蘇聯及中國支持的越共控制的地區
胡志明小路
200 km
南越政府及美軍控制的地區
美軍基地
美軍對北越的連續轟炸

戰爭的傷痕

在這場戰爭中，光是美國就有 5 萬 6,277 人死亡，2,211 人失蹤。

之後很長一段時間，美國還是為「越戰症候群」所苦，對於以軍事介入他國，態度變得謹慎。

1975 年 4 月美軍撤離越南後，北越違反巴黎協約，軍事占領西貢，改名為胡志明市。相鄰的寮國也由共產黨奪權，成為寮人民民主共和國，柬埔寨也由紅色高棉取得政權。由於越共政權極端獨裁，有許多越南人成為海上難民偷渡出國。直到 1989 年 11 月柏林圍牆倒塌後，越南也開始朝自由化的方向摸索，並對西方開放。

蘇聯入侵阿富汗

1978 年，蘇聯支持的阿富汗共產黨在政變後取得政權。可是，該黨的支持基礎，只有在首都喀布爾的知識分子階級，在其他地區幾乎得不到支持。新政權打算強硬推動的改革帶來巨大混亂，再加上共產黨又分裂成溫和派與激進派，很快地，全國各地都出現了武裝反抗。蘇聯有 2,500 公里國界與阿富汗接壤，一方面擔心，阿富汗的暴動會在蘇聯的伊斯蘭教徒間擴散開來，也擔心蘇聯在阿富汗的影響力一旦式微，其他共產國家也可能揭竿反對蘇聯。在此背景下，蘇聯為了支持阿富汗共產黨的溫和派，入侵阿富汗。

國際社會的譴責

1979 年 12 月 24 日，蘇聯的 5,000 名降落傘兵占領喀布爾機場，同一時間，兩個師的兵力也越過國界入侵阿富汗。

到隔年，有 5 萬名蘇聯軍駐留，再隔年則有 12 萬名蘇聯軍駐留阿富汗。

不過，蘇聯政府很快發現，不論是這次侵略對國際社會的影響，或是阿富汗的抵抗規模等，他們當初都想得太簡單。蘇聯一方面說自己是第三世界國家的夥伴，與它們一起對抗美國帝國主義，一方面卻又入侵開發中國家。

在 1980 年 1 月 14 日的聯合國大會上，各國以 104 對 18 票通過要求蘇聯撤出阿富汗的決議。蘇聯在第三世界的信用一敗塗地，尤其受到伊斯蘭國家的嚴厲批判。

再者，蘇聯這次的入侵，也讓美蘇冷戰的解凍畫上休止符。因為美國懷疑，蘇聯是不是想利用入侵阿富汗，把手伸入波斯灣地區。

蘇聯軍隊和阿富汗政府軍，幾乎是在跟除了喀布爾以外，實際掌控整個阿富汗的反抗勢力作戰。反抗勢力的聖戰者透過巴基斯坦獲得美國的支持，甚至連中國和其他伊斯蘭國家也支援他們。當時，西方各國對伊斯蘭基本教義派的激進思想，幾乎還沒什麼警覺心。

在阿富汗的複雜地形及外國援助下，聖戰者與蘇聯勢均力敵。儘管蘇聯軍隊發動大規模攻擊、空襲，使用化學武器，反抗還是持續。

蘇聯於是陷入與阿富汗作戰的「泥淖」中，戰爭費用節節升高，也得不到自己國內的支持。

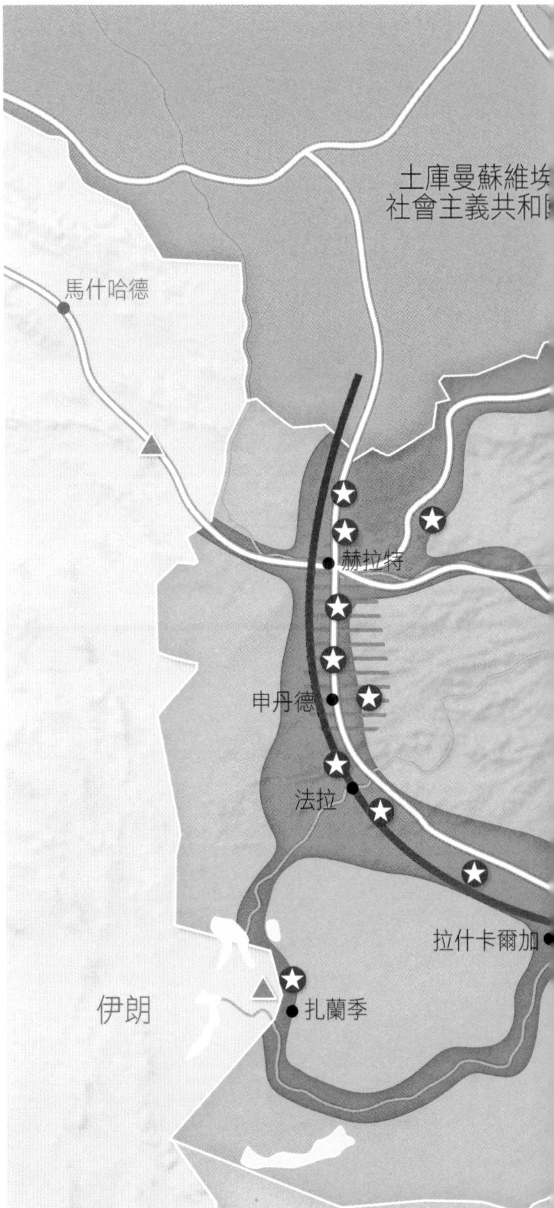

土庫曼蘇維埃
社會主義共和
馬什哈德
赫拉特
申丹德
法拉
拉什卡爾加
伊朗
扎蘭季

出處：http://etudetactique.files.wordpress.com/2010/11/afghanistan1979-89gf.gif

蘇聯軍的行進路線（1979-80年）

蘇聯軍與阿富汗政府軍控制的地區

戈巴契夫體悟到，蘇聯在這場戰事中付出的政治、經濟、人員的代價太大，但卻沒有勝算，在 1988 年 2 月決定撤離阿富汗。

紛爭並未結束

不過，蘇聯撤軍後，阿富汗國內的各派團體還是持續對戰，整個國家陷入沒有盡頭的混亂中。

在此情況下，1994 年在阿富汗南部誕生了伊斯蘭基本教義派的激進組織：塔利班。塔利班征服了阿富汗國內所有城市，也在 1996 年拿下首都喀布爾。

國內反塔利班的勢力，則在馬蘇德（Ahmad Shah Massoud）將軍領導的「北方同盟」下集結，對抗塔利班。馬蘇德和塔利班，過去是共同面對侵略者蘇聯的夥伴，但在蘇聯撤軍後，立刻變成敵對關係。

最後，馬蘇德還是因為與塔利班對抗而喪生。就在 2001 年 911 恐攻前，他被賓拉登手下暗殺。

蘇聯入侵阿富汗（1979-80年的狀況）

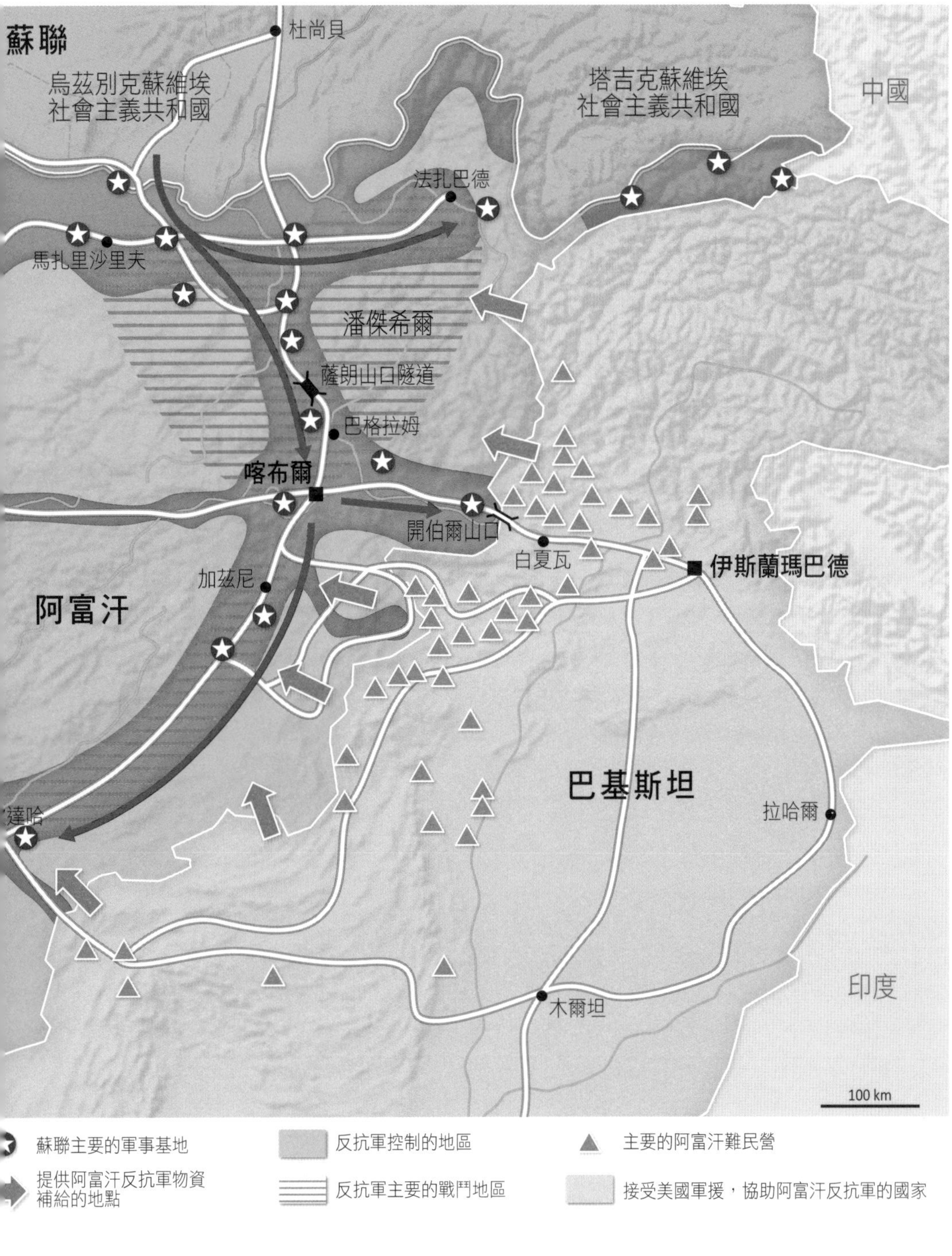
蘇聯
杜尚貝
烏茲別克蘇維埃社會主義共和國
塔吉克蘇維埃社會主義共和國
中國
法扎巴德
馬扎里沙里夫
潘傑希爾
薩朗山口隧道
巴格拉姆
喀布爾
開伯爾山口
白夏瓦
伊斯蘭瑪巴德
加茲尼
阿富汗
巴基斯坦
拉哈爾
達哈
印度
木爾坦
100 km
蘇聯主要的軍事基地
提供阿富汗反抗軍物資補給的地點
反抗軍控制的地區
反抗軍主要的戰鬥地區
主要的阿富汗難民營
接受美國軍援，協助阿富汗反抗軍的國家

阿富汗戰爭

1996 年拿下阿富汗首都喀布爾的塔利班，包庇 1980 年代與蘇聯對抗的賓拉登。兩年後的 1998 年，美國為報復蓋達組織對肯亞及坦尚尼亞美國大使館的炸彈攻擊，以巡弋飛彈攻擊阿富汗東部的蓋達組織訓練基地。

美國的正當防衛

2001 年 9 月 11 日恐攻事件後，美國要求塔利班組織交出賓拉登，遭到拒絕。9 月 12 日，聯合國安理會一致通過第 1368 號決議，同意美國有正當防衛的權利。10 月 7 日，美國開始所謂的「持久自由行動（Operation Enduring Freedom）」作戰。國際社會視這項作戰為美國當然的正當防衛，普遍支持。美軍在作戰中與「北方同盟」合作——北方同盟的前領導者，正是 911 事件發生前 48 小時，遭塔利班殺害的馬蘇德將軍。塔利班在 2001 年 12 月 6 日坎達哈失守後，嘗到決定性的敗戰，但美國還是未能逮捕塔利班的領導人穆罕默德 • 歐瑪（Mohammed Omar）與賓拉登。

建設法治國家

2001 年 12 月 20 日，安理會通過第 1386 號決議，在喀布爾成立駐阿富汗國際維和部隊（ISAF）。

2003 年，北約組織成為 ISAF 指揮官，維和部隊的活動範圍也擴大到阿富汗全國，目的是為了與阿富汗國內的恐怖組織作戰，以及建設阿富汗為法治國家。不過，美國的注意力很快轉移到伊拉克，不再將阿富汗問題視為優先事項。之後，歐巴馬還以「必要之戰」（阿富汗）與「選擇之戰」（伊拉克）的對比，批評小布希無須發動伊拉克戰爭。雖說美國不再那麼關心阿富汗問題，北約組織還是陸續增派兵力，最後有 15 萬名軍力部署於阿富汗，其中 3 分之 2 是美軍。

歐美駐軍的正當性受到質疑

塔利班雖然失敗過一次，但之後又漸漸恢復勢力，從自殺式炸彈和在路上埋設地雷等比較小規模的攻擊開始，陸續發動較具殺傷力的大型恐攻。2005 年之後，塔利班又幾乎控制了整個阿富汗。無法掌控喀布爾以外地區的卡爾扎伊（Hamid Karzai）總統與阿富汗政府軍，跟想討伐塔利班的各部族領導合作。可是，讓阿富汗在 1990 年代陷入內戰泥淖的，正是這些部族領導，所以，政府也完全失去人民支持。在人民眼中，卡爾扎伊早就只是美國的傀儡罷了。至於外國聯軍，人民一開始雖然歡迎，但很快又提高戒心，懷疑他們只是想占領阿富汗。美軍對人民粗魯無理，事實上，也發生一般百姓受波及的事故與災難，人民因此不再信任外國軍隊，塔利班勢力也順勢擴大。

2011 年 5 月 2 日，賓拉登在巴基斯坦的藏身處被美軍擊斃，即使如此，阿富汗戰爭還是沒有結束。儘管阿富汗接受來自西方國家龐大的援助，卻還是問題一堆。再者，歐美駐軍和百姓間的關係也無法修復。歐美駐軍已經避開百姓，在基地裡訓練，但人民還是擔心會遭受他們的襲擊，而塔利班也還是幾乎控制了整個阿富汗。2014 年 12 月 28 日，ISAF 終止長達 13 年的活動，之後接續的是「堅定支援任務（Resolute Support Mission）」。北約組織派了 1 萬 3,000 人，支持並訓練阿富汗政府與恐怖組織作戰。

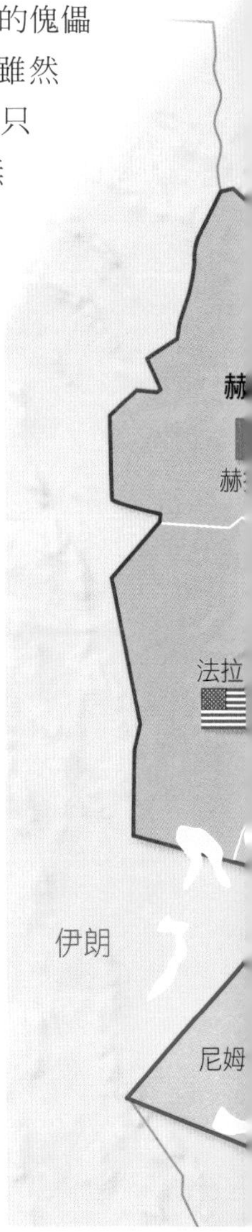
伊朗

駐阿富汗國際維和部隊（ISAF）的部署（2012年）

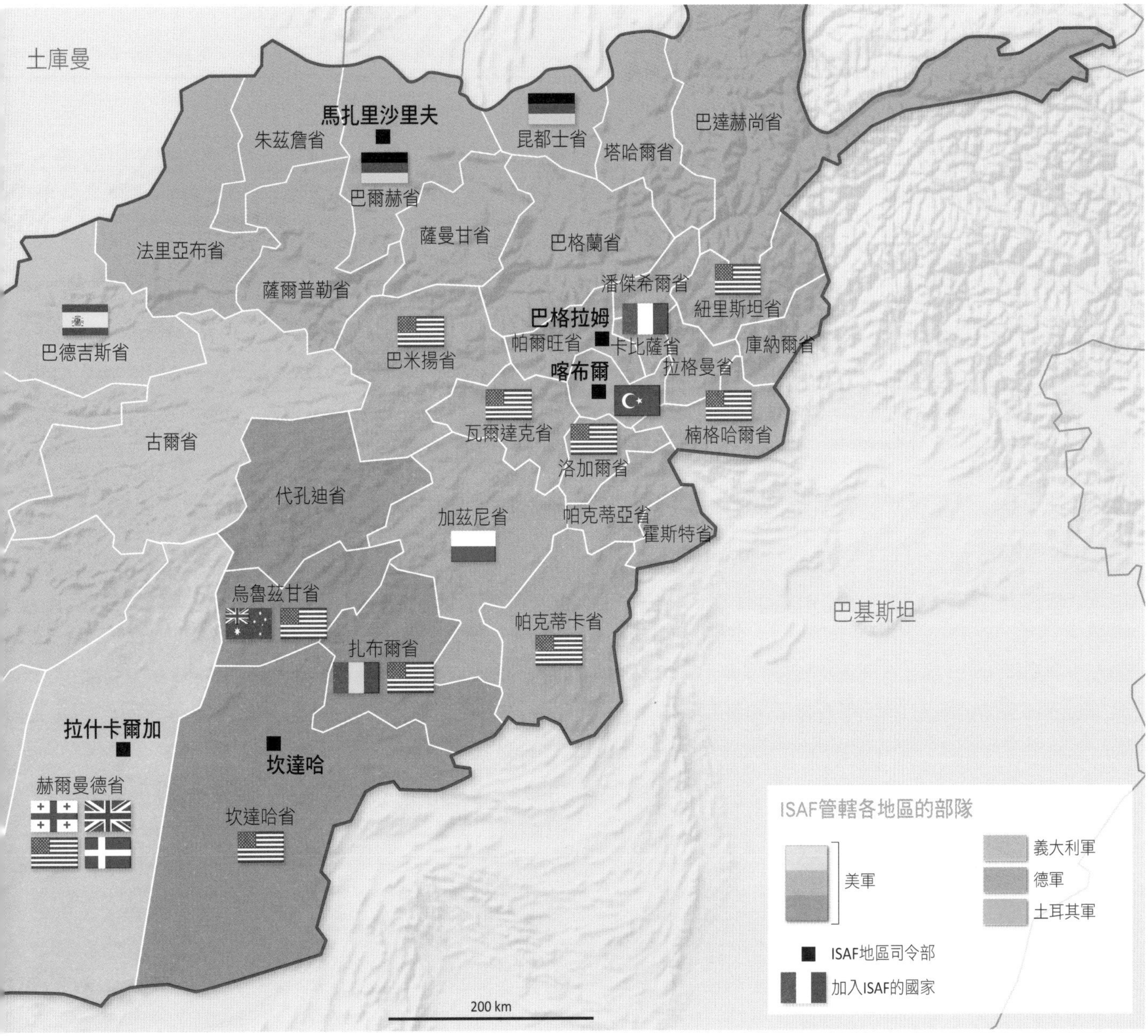
土庫曼
馬扎里沙里夫
朱茲詹省
巴爾赫省
昆都士省
塔哈爾省
巴達赫尚省
法里亞布省
薩曼甘省
巴格蘭省
薩爾普勒省
潘傑希爾省
紐里斯坦省
巴德吉斯省
巴格拉姆
帕爾旺省
卡比薩省
庫納爾省
巴米揚省
喀布爾
拉格曼省
瓦爾達克省
楠格哈爾省
古爾省
洛加爾省
代孔迪省
加茲尼省
帕克蒂亞省
霍斯特省
烏魯茲甘省
巴基斯坦
帕克蒂卡省
扎布爾省
拉什卡爾加
坎達哈
赫爾曼德省
坎達哈省
ISAF管轄各地區的部隊
美軍
義大利軍
德軍
土耳其軍
ISAF地區司令部
加入ISAF的國家
200 km

波斯灣戰爭

1990 年 8 月 2 日晚上，數百輛伊拉克戰車入侵科威特，8 月 8 日，海珊宣布科威特已併入伊拉克。

紛爭的起源

1932 年成為獨立國家的伊拉克，從 1938 年以來，就一直主張擁有科威特的主權。科威特在 1899 年成為英國領地，於 1961 年獨立，1963 年時，伊拉克也承認科威特的獨立。

兩伊戰爭於 1988 年結束，但海珊卻將這場戰爭定位為阿拉伯人為守護國家而與波斯勢力對抗之戰。

波斯灣戰爭

安卡拉
土耳其
印吉利克
裏海
大不里士
土庫曼
阿什巴哈德
摩蘇爾
德黑蘭
基爾庫克
地中海
黎巴嫩
貝魯特
敘利亞
大馬士革
巴格達
伊拉克
伊朗
特拉維夫
以色列
安曼
耶路撒冷
約旦
巴斯拉
阿巴丹
開羅
蘇伊士運河
伊拉特
蘇伊士
亞喀巴
泰布克
科威特市
科威特
荷莫茲海峽
巴林
達蘭
卡達
埃及
麥地那
利雅德
阿布達比
阿曼灣
巴納斯
沙烏地阿拉伯
阿拉伯聯合大公國
馬斯開特
吉達
麥加
「阿拉伯聯盟」成員國
蘇丹
阿曼
紅海
「海灣阿拉伯國家合作委員會」成員國
庫德族居住地區
厄利垂亞
沙那
葉門
主要油田區
馬薩瓦
印度洋
伊拉克軍：
發射飛毛腿飛彈攻擊的地區
伊拉克防衛隊的戰略基地
陸戰的動線
亞丁
索科特拉島（葉門）
亞丁灣
吉布地
曼德海峽
吉布地市
索馬利亞
500 km
聯軍：
戰鬥部隊的部署位置
空軍基地
1991年2月23-25日陸戰的前進路線

從譴責到介入

伊拉克侵略科威特後，立刻受到國際輿論譴責。美國和科威特立刻要求聯合國安理會召開會議，也得到蘇聯的支持。1990 年 8 月 6 日，安理會通過第 661 號決議，在軍事、商業、經濟活動上抵制伊拉克。美軍進駐沙烏地阿拉伯的行動（即「沙漠之盾行動」）也得到認同。

海珊雖然希望國際輿論分歧，不要槍口一致對準伊拉克，但並未成功。他用以色列占領巴勒斯坦的例子，來類比伊拉克併吞科威特，要聯合國先解決以色列問題，也聲稱這場戰爭是對抗西方世界的「聖戰」，儘管如此，還是得不到其他阿拉伯國家支持。

在伊拉克侵略科威特 6 個月後，來自 29 國的 70 萬聯軍集結以對抗伊拉克，其中美軍就超過 40 萬人。

雖然各種調停工作不斷進行，但海珊一概不接受。11 月 29 日，聯合國通過第 678 號決議：伊拉克必須在隔年 1 月 15 日前撤出科威特，否則聯軍可以採行「必要的所有手段」。

最終期限的隔天，1 月 16 日，聯軍展開「沙漠風暴行動」。

紛爭的發展

當時，伊拉克的軍事實力號稱全球第 4，但這說法並不正確。1991 年 1 月 17 日至 2 月 23 日，聯軍轟炸伊拉克，以打擊其鬥志與戰力，徹底破壞物流系統與交通要塞。伊拉克為了報復，也發射飛彈攻擊以色列和沙烏地阿拉伯，雖然多少對敵方心理造成影響，但並沒有什麼實質損害。

然後，在短期陸戰交鋒後，伊拉克不得不在 3 月 2 日接受安理會的停戰條件（第 686 號決議）。安理會成功達成收復科威特所有領土的目的。

從波斯灣戰爭能明顯看出，美國在外交、軍事、技術上的優勢。來自各國的軍隊能集結、統整，靠的是美國的能力，讓安理會認同以武力介入伊拉克的，也是美國。而且，美國不只讓科威特和沙烏地阿拉伯提供經濟援助，也讓不參戰的德國和日本提供金援。經此一役，美國在中東扮演的指導地位已不動如山。

盧安達大屠殺

曾是德國殖民地的盧安達和蒲隆地，在第一次世界大戰後，又成為比利時殖民地。住在這個地區的兩個民族：胡圖族與圖西族有相同的語言與歷史。

有意製造出來的鴻溝

胡圖族與圖西族的差別，與其說是民族性不同，不如說是社會層面的差異。畜牧民族的圖西族，社會地位比農耕民族胡圖族高，但這種差別並不是固定的。胡圖族只要擁有家畜，很快就會被視為圖西族。

比利時的殖民地統治者對少數派的圖西族比較禮遇，會讓該族優秀的孩子去上學，另一方面，胡圖族的孩子則完全無法接受學校教育。對於成為「特權階級」的圖西族，胡圖族心懷怨恨，意圖報復。1950 年代，圖西族的知識分子開始質疑比利時的殖民統治，但受差別待遇的胡圖族對比利時卻無反抗之心。

不久後，盧安達和蒲隆地分別獨立建國。1965、1969、1972、1988、1991 以及 1993 年在蒲隆地發生的種族屠殺，主要受害者是圖西族，倖存者多數逃往烏干達。胡圖族不只在蒲隆地占多數派，在盧安達也一樣（胡圖族占人口的 85%）。1990 年，圖西族人以烏干達為據點，嘗試在盧安達發動武力政變，但在法國、比利時聯軍介入下，暫時平息。在法國等國的推動下，衝突的雙方簽訂了阿魯沙和平協議（Arusha Accords），並藉由選舉制度以保障少數派圖西族的權利。如此一來，兩族間的武力衝突似乎畫上了句點。

盧安達大屠殺

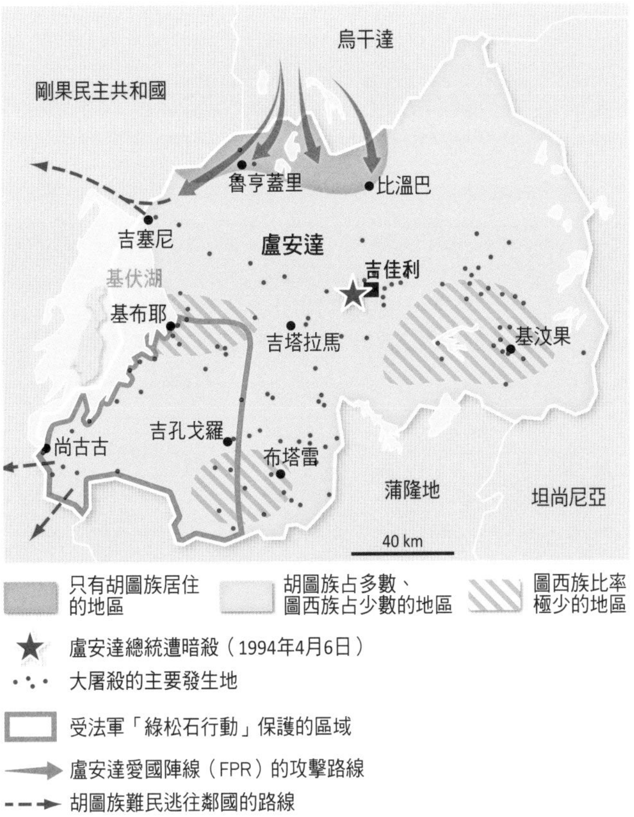
烏干達
剛果民主共和國
魯亨蓋里
比溫巴
吉塞尼
盧安達
基伏湖
吉佳利
基布耶
吉塔拉馬
基汶果
吉孔戈羅
尚古古
布塔雷
蒲隆地
坦尚尼亞
40 km
只有胡圖族居住的地區
胡圖族占多數、圖西族占少數的地區
圖西族比率極少的地區
盧安達總統遭暗殺（1994年4月6日）
大屠殺的主要發生地
受法軍「綠松石行動」保護的區域
盧安達愛國陣線（FPR）的攻擊路線
胡圖族難民逃往鄰國的路線

新一波的屠殺

盧安達總統哈比亞利馬納（Juvenal Habyarimana）雖然同意這個協議，但他的妥協態度卻引發胡圖族激進派的不滿。1994 年 4 月 6 日，總統搭乘的飛機被擊落，無法確定行兇者是誰，有一說是胡圖族激進派，也有說是盧安達愛國陣線領導者保羅．卡加米（Paul Kagame）所唆使。

之後，胡圖族激進派開始屠殺圖西族與胡圖族溫和派。短短 3 個月內，就有超過 80 萬人遭到難以想像的殘忍屠殺。正好這個時候，由於美國不想捲入紛爭，原本駐守當地的聯合國維和部隊才剛剛撤離。

法國雖然為了停止殺戮而展開「綠松石行動（Operation Turquoise）」，但圖西族人認為這行動保護的是胡圖族激進派而嚴加譴責。不久後，在烏干達支持下，卡加米推翻胡圖族政權，取得盧安達政權，他同時批判法國助長了屠殺行動。

法國則反駁，就是由於法國的努力，衝突的雙方才得以簽訂阿魯沙和平協議，衝突本該就此結束，之後會發生大屠殺，是由於哈比亞利馬納總統遭到暗殺所致。

之後，數 10 萬胡圖族難民逃往剛果民主共和國，兩族的衝突轉而在該地繼續上演。由於難民中也包含一些曾屠殺圖西族的人，卡加米總統於是以此為藉口，軍事介入剛果民主共和國。

盧安達更藉此取得剛果民主共和國的部分天然資源。從薩伊改名為剛果民主共和國的這個國家，在此紛亂下，國家功能幾乎停擺。從 1994 到 2002 年之間，由於內戰及鄰近國家軍事介入的結果，約有 400 萬人喪生。至於盧安達的卡加米總統，雖然統治作風強勢，壓制反抗勢力，但因嚴懲貪汙、也確實帶動國家經濟成長，因此 2017 年在沒有其他候選人之下三度連任總統。

巴爾幹半島的紛爭

就在國際間認為冷戰帶來的對立終於畫下休止符之際，歐洲爆發了血腥的衝突。

南斯拉夫聯邦的解體

由多個民族組成的南斯拉夫聯邦，在克羅埃西亞、斯洛維尼亞於 1991 年 6 月 25 日發表獨立宣言後，也朝著解體之路邁進。剛好當時歐洲各國在「馬斯垂克條約」下，正朝簽訂共同外交安全政策前進，對於無法解決的紛爭只好面對。

時間回到 1945 年，在南斯拉夫總理狄托主導下，誕生了由塞爾維亞、克羅埃西亞、斯洛維尼亞、蒙特內哥羅、馬其頓、波士尼亞與赫塞哥維納（以下簡稱為「波赫」）等 6 個共和國形成的聯邦國家。很快的，比較富裕的克羅埃西亞與斯洛維尼亞雖然比較有機會擴大自治權，但一直到 1980 年狄托去世前，這些要求都遭到壓抑。

1987 年取得塞爾維亞政權的米洛塞維奇（Slobodan Milosevic），藉由煽動民族主義，穩固其勢力基礎。在蘇聯解體，不再有威脅後，南斯拉夫聯邦的各個國家，已經不覺得有必要留在同一個政體內。再者，聯邦各國從 1980 年代初期，就一直面臨嚴重的經濟危機，斯洛維尼亞和克羅埃西亞都覺得，脫離由塞爾維亞掌握主控權的聯邦，經濟才會好轉。它們都覺得南斯拉夫市場已非必要。

「岱頓協定」下的和平方案（1995年11月21日）

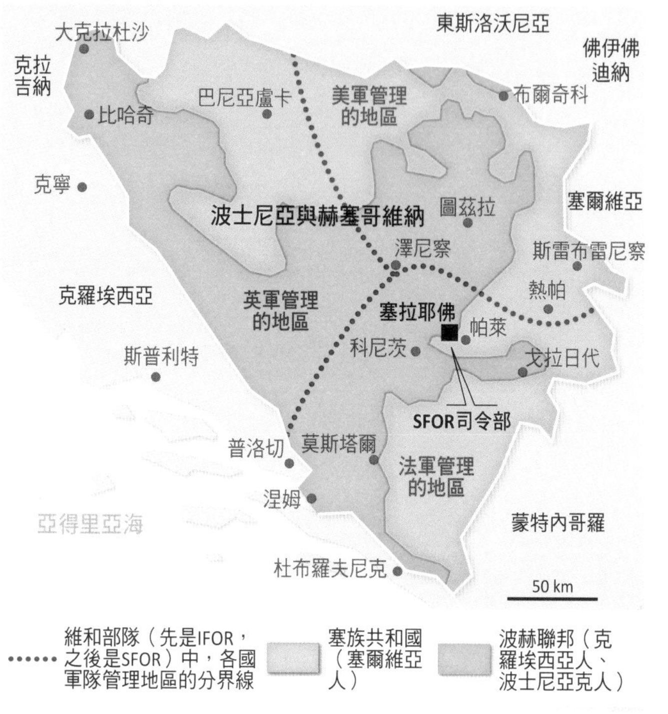
大克拉杜沙
東斯洛沃尼亞
佛伊佛迪納
克拉吉納
巴尼亞盧卡
美軍管理的地區
布爾奇科
比哈奇
克寧
波士尼亞與赫塞哥維納
圖茲拉
塞爾維亞
澤尼察
斯雷布雷尼察
克羅埃西亞
英軍管理的地區
塞拉耶佛
熱帕
帕萊
科尼茨
戈拉日代
斯普利特
SFOR司令部
普洛切
莫斯塔爾
法軍管理的地區
涅姆
亞得里亞海
蒙特內哥羅
杜布羅夫尼克
50 km
維和部隊（先是IFOR，之後是SFOR）中，各國軍隊管理地區的分界線
塞族共和國（塞爾維亞人）
波赫聯邦（克羅埃西亞人、波士尼亞克人）

各族人實際掌控的地區（1992年夏）

奧地利
義大利
馬里博爾
匈牙利
盧布爾雅那
斯洛維尼亞
札格雷布
的里雅斯特
克羅埃西亞
西斯洛沃尼亞
武科瓦爾
佛伊佛迪納
里耶卡
東斯洛沃尼亞
大克拉杜沙
克拉吉納
巴尼亞盧卡
貝爾格勒
比哈奇
布爾奇科
克寧
波士尼亞與赫塞哥維納
圖茲拉
斯雷布雷尼察
札達爾
澤尼察
塞拉耶佛
熱帕
塞爾維亞
亞得里亞海
斯普利特
科尼茨
帕萊
戈拉日代
普洛切
莫斯塔爾
塞爾維亞人掌控的地區
涅姆
克羅埃西亞人掌控的地區
蒙特內哥羅
杜布羅夫尼克
狄托格勒
佩奇
克羅埃西亞人，以及波士尼亞的波士尼亞克人掌控的地區
（現在的波德里查）
100 km
阿爾巴尼亞

斯洛維尼亞在 1990 年 12 月舉行公投，根據公投結果發表獨立宣言。隔年 7 月，也得到聯邦政府承認。

克羅埃西亞自 1990 年 5 月圖季曼（Franjo Tudjman）上任總統後，有機會自聯邦獨立（在包含波赫的前提下），但並沒有照顧好克羅埃西亞 450 萬國民中，占了 60 萬人的塞爾維亞人。

但不久後，克國境內的塞爾維亞人，開始擔憂將重演二次大戰的惡夢。1991 年 5 月克國進行公投，在 6 月 25 日正式獨立。9 月 19 日，法國與德國提出派遣維和部隊至南斯拉夫的提案，遭歐洲共同體否決。1992 年 1 月，歐洲共同體承認了斯洛維尼亞與克羅埃西亞的獨立。

接下來的一連串衝突從克羅埃西亞開始。克國境內有塞爾維亞共和國支持的少數塞爾維亞人，與克國政府發生內戰。如同克羅埃西亞要求從聯邦獨立一樣，克國境內的塞爾維亞人也要求獨立。不久後，塞爾維亞對克羅埃西亞的都市發動空襲，如此一來，原本一直和平共存的塞爾維亞人與克羅埃西亞人開始殺害彼此。接著，1992 年 4 月 7 日，歐洲共同體承認波赫的獨立。

國際社會介入的限制

國際社會雖然以聯合國派遣維和部隊的形式介入，但並無法終結戰爭，主要是對波士尼亞克人（在鄂圖曼帝國時期改信伊斯蘭的南斯拉夫人）進行人道救援。1995 年 7 月，在聯合國維和部隊保護下的飛地斯雷布雷尼察（Srebrenica），發生塞爾維亞人屠殺 8,000 名伊斯蘭教徒的慘劇，引來國際輿論撻伐。

波赫的建國

1995 年夏天，克羅埃西亞軍隊奪回境內塞爾維亞人的居住地，美國又進行大規模空襲，最後，相關各國終於同意簽署「岱頓協定（Dayton Agreement）」。簽署協定者有克羅埃西亞總統圖季曼、波赫總統伊澤特貝戈維奇（Alija Izetbegovic）、塞爾維亞總統米洛塞維奇。

停戰後，波赫表面上是一個統一國家，但夾在克羅埃西亞與塞爾維亞的該國，事實上是由克羅埃西亞人、波士尼亞克人、塞爾維亞人三個族群所構成。「岱頓協定」承認，克羅埃西亞人與波士尼亞克人的居住地占國土 51%，塞爾維亞人居住地則占國土 49%。為維護該國和平，聯合國派和平穩定部隊（SFOR）進駐，此外，行政上也是由多國和平履行評議會管轄，所以，波赫實質上是一個保護國。

如今，波赫還是一樣存在著分裂危機。科索沃則在 1999 年的紛爭後，在 2008 年宣布獨立。克羅埃西亞於 2013 年加入歐盟，塞爾維亞則是歐盟候補國。

從南斯拉夫聯邦到前南斯拉夫

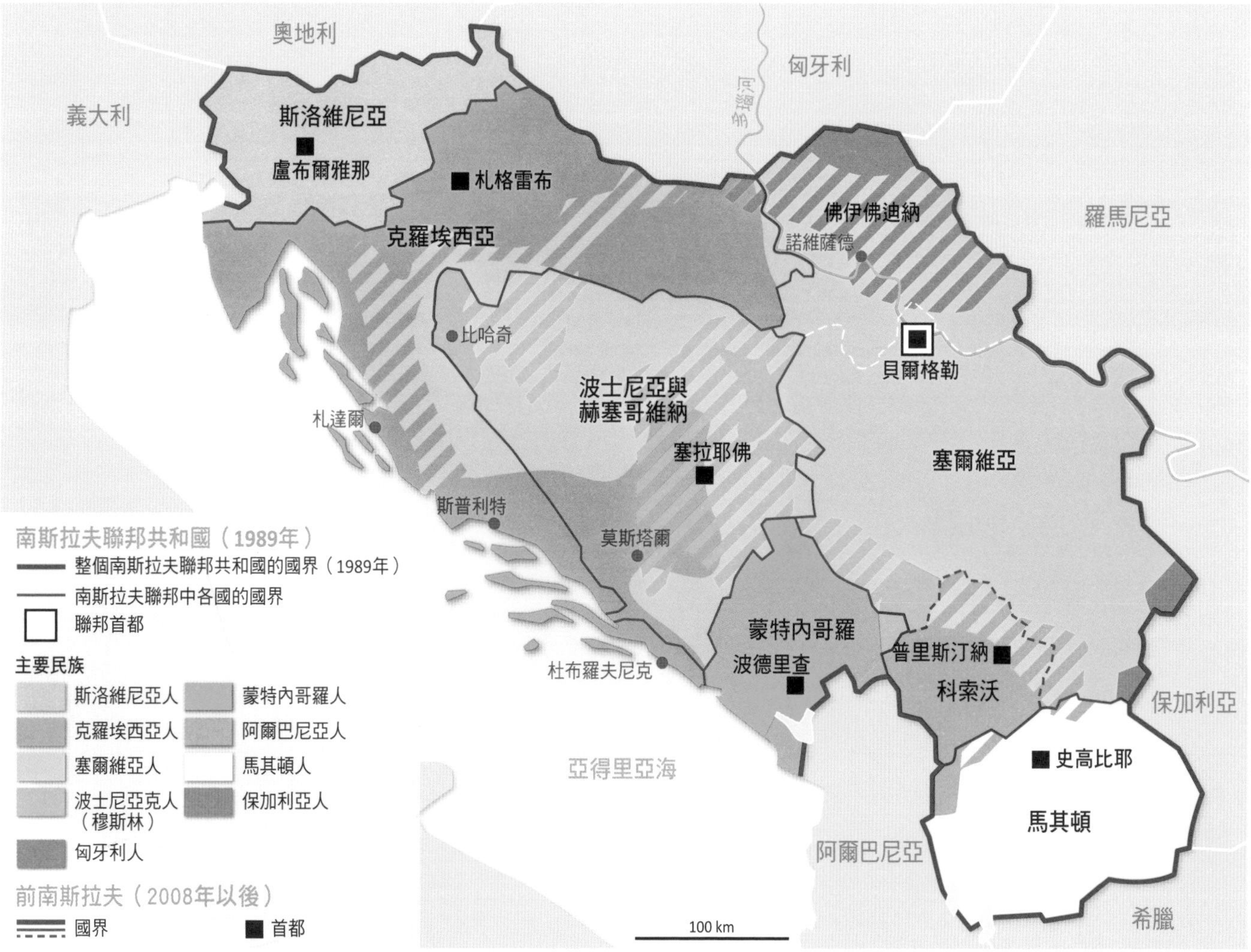
奧地利
匈牙利
義大利
斯洛維尼亞
盧布爾雅那
札格雷布
克羅埃西亞
佛伊佛迪納
諾維薩德
羅馬尼亞
比哈奇
貝爾格勒
波士尼亞與
赫塞哥維納
札達爾
塞拉耶佛
塞爾維亞
斯普利特
莫斯塔爾
蒙特內哥羅
波德里查
普里斯汀納
科索沃
杜布羅夫尼克
保加利亞
史高比耶
馬其頓
亞得里亞海
阿爾巴尼亞
希臘
100 km
南斯拉夫聯邦共和國（1989年）
整個南斯拉夫聯邦共和國的國界（1989年）
南斯拉夫聯邦中各國的國界
聯邦首都
主要民族
斯洛維尼亞人
蒙特內哥羅人
克羅埃西亞人
阿爾巴尼亞人
塞爾維亞人
馬其頓人
波士尼亞克人（穆斯林）
保加利亞人
匈牙利人
前南斯拉夫（2008年以後）
國界
首都

科索沃戰爭

波赫內戰才剛畫下休止符，科索沃戰爭又揭開序幕。科索沃原本是塞爾維亞共和國的一個自治省，但居民主要是母語為阿爾巴尼亞語的波士尼亞克人，遭受塞爾維亞政府嚴重的差別待遇。

科索沃

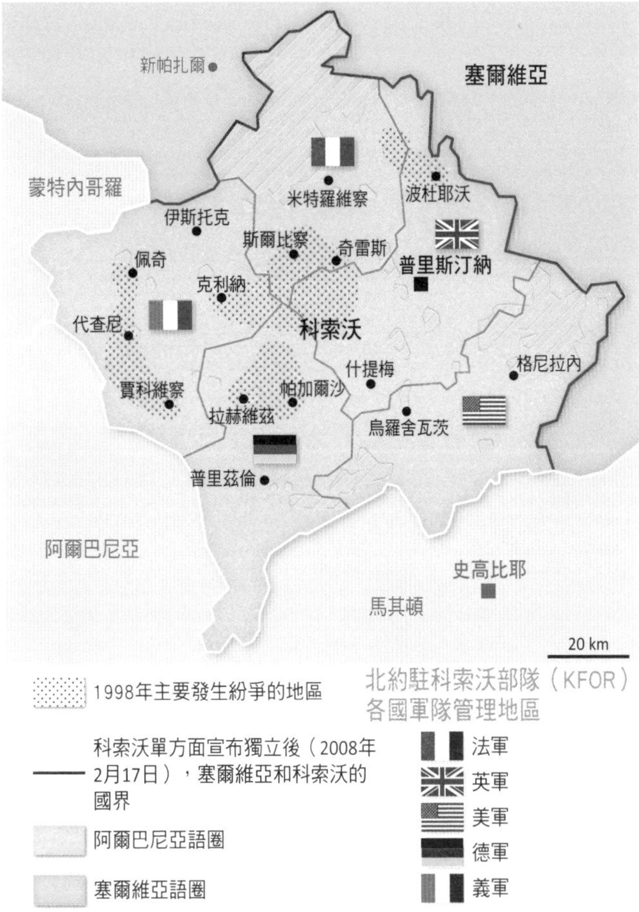
新帕扎爾
塞爾維亞
蒙特內哥羅
米特羅維察
波杜耶沃
伊斯托克
斯爾比察
奇雷斯
普里斯汀納
佩奇
克利納
科索沃
代查尼
什提梅
格尼拉內
賈科維察
帕加爾沙
拉赫維茲
烏羅舍瓦茨
普里茲倫
阿爾巴尼亞
史高比耶
馬其頓
20 km
1998年主要發生紛爭的地區
科索沃單方面宣布獨立後（2008年2月17日），塞爾維亞和科索沃的國界
阿爾巴尼亞語圈
塞爾維亞語圈
北約駐科索沃部隊（KFOR）各國軍隊管理地區
法軍
英軍
美軍
德軍
義軍

紛爭的開端

1996 年 2 月，科索沃解放軍（UCK）發動一連串炸彈恐攻，並聲明是他們所為。南斯拉夫聯邦軍及塞爾維亞共和國警察，立刻展開報復行動，攻擊了數個科索沃村莊。在此情況下，由美、英、法、德、義、俄代表組成的「六國聯繫團體（Contact Group）」出面調停，遊說南斯拉夫聯邦停止攻擊科索沃。1998 年 3 月，科索沃舉行選舉，由溫和派的易卜拉欣 ・ 魯戈瓦（Ibrahim Rugova）當選總統，但塞爾維亞不承認選舉有效。

同年 3 月 31 日，安理會通過第 1160 號決議，全面禁止提供南斯拉夫武器，9 月 23 日則根據第 1199 號決議，要求塞爾維亞軍隊自科索沃撤退，並開始和平談判。

但衝突還是未能停止。於是，英法兩國在巴黎郊外的朗布依埃（Rambouillet），召集相關國家召開會議。這個做法也可說是美國主導的岱頓協定的歐洲版。

然而，3 月 19 日，塞爾維亞拒絕北約維和部隊進入南斯拉夫境內的科索沃監視兩方是否停戰，談判宣告失敗。歐美各國也無法對南斯拉夫擁有科索沃主權提出異議。不過，從這場紛爭的暴行，已確定米洛塞維奇（原塞爾維亞總統，自 1997 年 7 月起成為南斯拉夫聯邦總統）是累犯，他在科索沃企圖進行所謂的種族淨化，歐美若再放任此事下去，也很沒面子。歐洲認為，必須將倡導歐洲安全的說法具體化；美國則認為，必須證明已成立 50 年的北約組織在蘇聯解體後的存在意義。在這些考量下，儘管北約國家境內沒有受到攻擊或威脅，還是發動了成立以來的第一次戰爭。

北約軍隊的介入

1999 年 3 月 23 日，北約軍隊對南斯拉夫展開名為「盟軍行動」的作戰，但這個行動並未提交聯合國安理會投票，因為北約各國擔心中國和俄羅斯會行使否決權。在北約軍對貝爾格勒空襲後，南斯拉夫軍隊的報復攻擊變得更激烈，科索沃人民成為難民，開始逃往鄰近各國，這也讓歐洲支持此次戰爭的聲浪變大。這場不對等的戰爭持續了 78 天，1999 年 6 月 3 日，米洛塞維奇不得不投降。北約軍隊進駐科索沃。

1999 年 6 月 10 日，根據安理會第 1244 號協議，科索沃還是屬於塞爾維亞，但暫時由國際組織管理，保留最終結果。雖然科索沃內占多數派的阿爾巴尼亞人民希望獨立，但國際社會擔憂情勢再度緊張，並不承認。2000 年 10 月，米洛塞維奇在南斯拉夫聯邦共和國總統大選中，敗給科什圖尼察（Vojislav Kostunica），接著在 2001 年 4 月遭逮捕，送往前南斯拉夫國際戰犯法庭。在此狀況下，換成科索沃境內的塞爾維亞人受到壓制，許多人成了難民逃往塞爾維亞。

科索沃走向獨立

美國支持科索沃獨立。因為科索沃獨立，宣誓效忠美國的國家就又多了一個。

反之，歐洲各國是不得不支持科國獨立。除了派駐科索沃的維安部隊需要高昂費用維持外，如果不支持其獨立，北約駐軍可能成為獨立派攻擊的目標。

塞爾維亞雖然堅決反對科索沃獨立，但既無影響力，也孤立無援。同樣持反對立場的俄羅斯則強調，若承認科索沃獨立，可能會面臨其他地區也要求獨立的風險。

2008 年 2 月 17 日，科索沃宣布獨立，得到美、法、英等國正式承認。自那之後雖已過了 10 年，不只是俄羅斯和塞爾維亞還是不承認科索沃，包含西班牙在內的歐洲國家也不承認這個新國家。現在科索沃的經濟仍依賴外國援助，而且組織犯罪橫行。

伊朗、美國與以色列的關係

1951年，伊朗首相穆罕默德．摩薩台（Mohammad Mosaddegh）斷然施行石油國有化，兩年後，在美國中情局主導的政變下下台。之後，在1941年即位的國王巴勒維（Mohammad Reza Pahlavi）掌握實權，在戰略上採親美路線。巴勒維不但承認以色列，還提供石油給該國，招致鄰近阿拉伯國家的不滿。

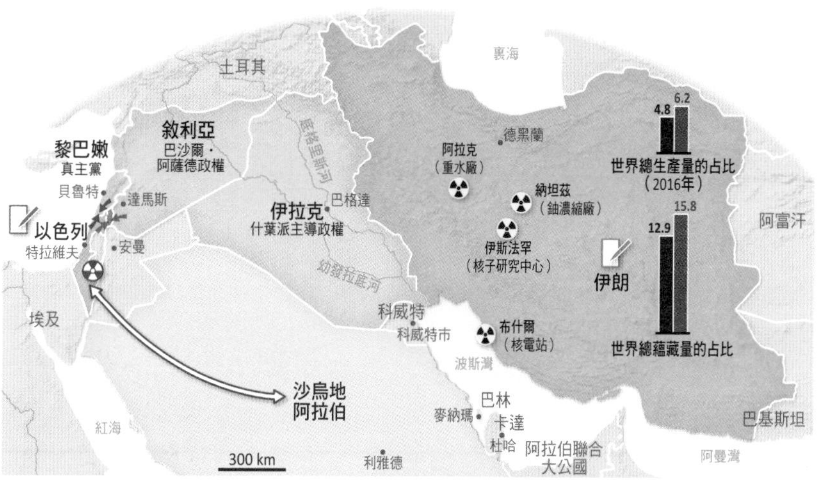
土耳其
裏海
敘利亞
巴沙爾．阿薩德政權
黎巴嫩
真主黨
貝魯特
達馬斯
以色列
特拉維夫
安曼
底格里斯河
伊拉克
什葉派主導政權
巴格達
幼發拉底河
德黑蘭
阿拉克（重水廠）
納坦茲（鈾濃縮廠）
伊斯法罕（核子研究中心）
伊朗
4.8
6.2
世界總生產量的占比（2016年）
12.9
15.8
世界總蘊藏量的占比
阿富汗
埃及
科威特
科威特市
布什爾（核電站）
波斯灣
沙烏地阿拉伯
巴林
麥納瑪
卡達
杜哈
阿拉伯聯合大公國
紅海
300 km
利雅德
巴基斯坦
阿曼灣

伊朗為原油及天然氣大國

（單位：%）

原油　天然氣

2015年7月簽訂「伊朗核協議」前伊朗國內的核能相關設施

主要設施

2015年在維也納簽訂伊朗協核議（伊朗與美、英、法、德、中、俄簽署此協定，美國於2018年5月退出）

伊朗在中東的盟國

以色列的核能相關設施

迪莫納：疑似有製造核武的設施

美國的軍援

2017年9月：美國承諾自2019年到2028年，要提供以色列380億美元的軍援。

以色列與沙烏地阿拉伯

「暫時」同盟：兩方就安全保障問題交換意見，以及情報機關相互交流。

衝突

直接：2018年5月互相攻擊：伊朗軍從位於敘利亞國內的軍事基地攻擊戈蘭高地；以色列空軍對伊朗在敘利亞的軍事基地發動空襲。

間接：黎巴嫩真主黨在伊朗支援下，數度與以色列在戈蘭高地與黎巴嫩南部對戰。

出處：Lepac（由地緣政治學專家創辦的民間智庫）所製作的電視節目「地圖的背後」

共同的敵人：伊朗

伊朗陷入孤立

巴勒維國王一方面藉由去伊斯蘭化，讓伊朗邁向現代化，一方面在1973年石油危機後，以豐沛資金運作伊朗情報與國家安全部（SAVAK），對國內進行嚴格控管。美國視伊朗為波斯灣地區最重要的同盟，伊朗則期待讓鄰近的阿拉伯各國另眼相看。因此，反對巴勒維國王的勢力幾乎都是反美派。

反對勢力中有保守的神職人員，當然也有自由派人士。於是，1979年，巴勒維國王在革命中失去王位。領導這場革命的何梅尼（Ayatollah Ruhollah Khomeini），由於擔憂美國會策劃讓國王復位（儘管美國總統卡特並無此意圖），於是高舉反美旗幟，並與以色列斷交。此外，還發生支持何梅尼的激進派占領德黑蘭的美國大使館事件。這在國際法上，是對他國的嚴重侵犯。

事情演變至此，兩國自然走向斷交之路。美國對伊朗施行政治與經濟制裁，國際上幾乎所有國家也加入制裁的行列。伊拉克則利用伊朗陷於困境之際，向伊朗宣戰。

在此情況下開始的兩伊戰爭，從1980年一直持續到1988年，導致伊拉克元氣大傷。伊朗在戰爭與各國制裁下雖然陷入孤立、疲弱不振，但何梅尼的獨裁政權反而更穩固。他基於伊斯蘭基本教義派施行神權政治，徹底鎮壓反對勢力，甚至還否認戰爭的報導。

不久後，伊朗開始進行核開發，其他國家則懷疑是要用於軍事用途。伊朗自1979年與以色列斷交以來，雖然一直表明支持巴勒斯坦，但這是為獲得國內阿拉伯人支持的政治發言。總之，伊朗領導者一直維持強硬的反以色列、反美立場。

接近與制裁

1990年代後半，美國柯林頓總統與伊朗哈達米（Seyyed Mohammad Khatami）總統雖然漸漸拉近關係，但小布希總統上任後，兩國又變得疏遠。2002年1月，小布希總統更在演說中，將伊朗、伊拉克與北韓同樣定位為「邪惡軸心」。

2003年伊拉克戰爭後，伊朗一直警戒提防自己成為美國下一個軍事介入的目標。2005年，阿赫瑪迪內賈德（Mahmoud Ahmadinejad）就任總統後，強權作風愈是明顯，利用國內反以色列與反美的情緒來穩固自己的支持基礎。

面對這一點，以色列主張，應當攻擊伊朗以防止其開發核武。

美國與西方各國則是加強對伊朗制裁，之後俄羅斯與中國也加入。在此情況下，伊朗國民開始想要一個開放的新政治體制。

2013年，溫和派的羅哈尼（Hassan Rouhani）就任總統後，為了改變伊朗的孤立狀態而希望重建經濟。

2015年7月，伊朗以限制核開發為條件，換取國際減緩對伊朗的制裁，以及認同伊朗回到國際社會，並簽署伊朗核協議。美國總統歐巴馬雖然改變方針，與伊朗和解，但以色列與沙烏地阿拉伯認為伊朗仍是威脅，強烈表示不滿。川普總統上任後，美伊改善關係的嘗試喊停，美國也宣布退出伊朗核協議。

以色列與阿拉伯國家的紛爭

1896 年，西奧多・赫茨爾（Theodor Herzl）出版《猶太國》（*The Jewish State*）一書。他在「德雷福斯（Alfred Dreyfus）事件」後，預見反猶太主義將在歐洲蔓延開來，認為要建立一個能讓猶太人安居的國家。1917 年，英國為對抗德國，將與猶太人結盟作為一個策略，外務大臣貝爾福（Arthur James Balfour）明白表示，英國支持猶太人在巴勒斯坦建立一個猶太人國家。這個想法是「給沒有土地的人民土地」。

一塊土地上的兩個民族

第一次世界大戰後，巴勒斯坦委由英國託管，但這塊土地上並不是沒有人民，有九成還是阿拉伯人。

但在第一次世界大戰後，到第二次世界大戰結束為止，有大量猶太人為追求建設猶太國家的理想，或逃離迫害，而移居巴勒斯坦。原本只占一成人口的猶太人，增加為三成，也開始與阿拉伯人民發生磨擦。

二次大戰後，聯合國欲解決巴勒斯坦問題。究竟是兩個民族應該共存，一起建設一個國家，或是分別建設猶太人國家與阿拉伯人國家？在聯合國上，各國意見分歧，但最終選擇後者。

阿拉伯國家拒絕承認以色列——這個占有巴勒斯坦原有領土 55% 的國家。結果，在 1948 年的第一次中東戰爭中，以色列取得勝利，將占有的領土擴大至 78%。

在此情況下，有 60 到 80 萬阿拉伯人逃離，或是被趕出巴勒斯坦。對巴勒斯坦人而言，這無疑是「大災難」。結果，巴勒斯坦的阿拉伯人還是無法建立阿拉伯國家，因為約旦河西岸與東耶路撒冷已由約旦占領，加薩走廊則被埃及占領。

巴勒斯坦土地劃分提案的變遷

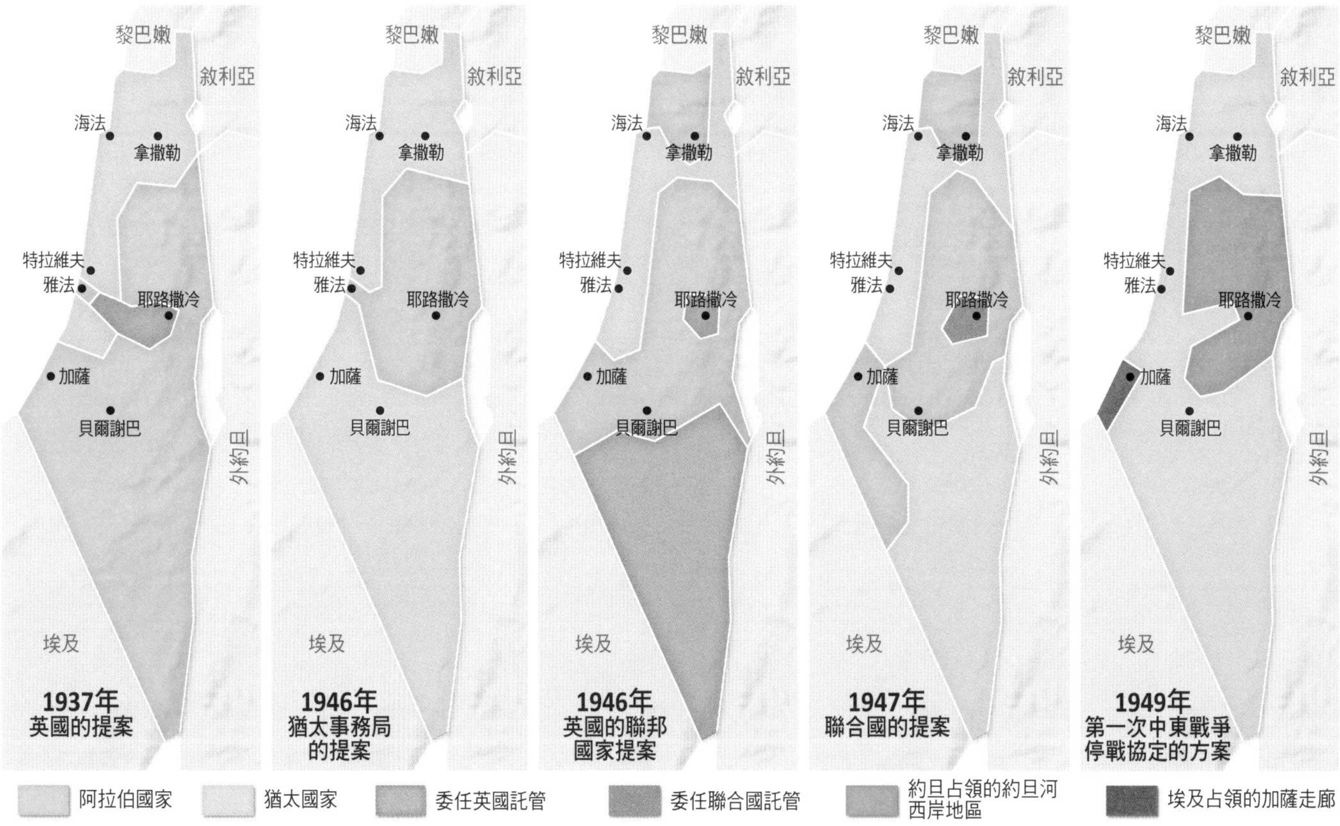

黎巴嫩
敘利亞
海法
拿撒勒
特拉維夫
雅法
耶路撒冷
加薩
貝爾謝巴
外約旦
埃及
1937年
英國的提案
1946年
猶太事務局的提案
1946年
英國的聯邦國家提案
1947年
聯合國的提案
1949年
第一次中東戰爭停戰協定的方案
阿拉伯國家
猶太國家
委任英國託管
委任聯合國託管
約旦占領的約旦河西岸地區
埃及占領的加薩走廊

1956 年的蘇伊士運河戰爭（第二次中東戰爭），以及 1967 年的第三次中東戰爭（六日戰爭），以色列靠著奇襲贏得勝利，不只占領包含東耶路撒冷在內的全巴勒斯坦領土，還占領西奈半島、敘利亞的戈蘭高地。阿拉伯各國無法忍受這種屈辱，對以色列宣布了「不和平共處、不承認、不談判」的三原則。

在此情況下，1973 年再度爆發第四次中東戰爭（又稱「贖罪日戰爭」）。開戰之初，埃及與敘利亞雖然占有優勢，但以色列又逆轉戰況，最後，情勢只是回到開戰前的狀態而已。戰後，埃及選擇與以色列維持和平，接近美國，並與蘇聯對立。1978 年，根據以色列和埃及在美國大衛營訂定的協約，埃及取回西奈半島，但也因此被逐出阿拉伯聯盟。

從以阿衝突到以巴衝突

巴勒斯坦解放組織（PLO）在 1964 年成立。1982 年，以色列為了破壞黎巴嫩國內的巴勒斯坦解放組織基地，發動名為「加利利和平」的作戰行動。同年，在黎巴嫩貝魯特，基督教民兵攻擊薩布拉和夏蒂拉的巴勒斯坦難民營，展開大屠殺。雖然以色列軍隊並未介入，但在國際社會造成很大影響。

1987 年，約旦河西岸的阿拉伯居民發起「巴勒斯坦起義（Intifada）」，這時期以色列對巴勒斯坦人的鎮壓，對以色列的形象造成很大傷害。

隨著美蘇冷戰結束，作為美國盟國的以色列，立場也漸漸變得危險。以色列總理伊扎克・拉賓（Yitzhak Rabin）接受與阿拉伯國家和平談判，1993 年與巴勒斯坦解放組織達成奧斯陸協議。根據這項協議，巴勒斯坦承認以色列為國家，以色列也承認巴勒斯坦自治政府，而且以色列會將部分占領地區交給巴勒斯坦。

雖然國際間對巴勒斯坦的和平抱以高度期待，但 1995 年，反對此和平協議的激進派猶太人暗殺以色列總理拉賓，和平的希望也隨之破滅。2001 年反和平派的艾里爾・夏隆（Ariel Sharon）就任總理後，以巴再次發生大規模衝突，陷入鎮壓與攻擊的無限循環。

被阿拉伯世界包圍的以色列

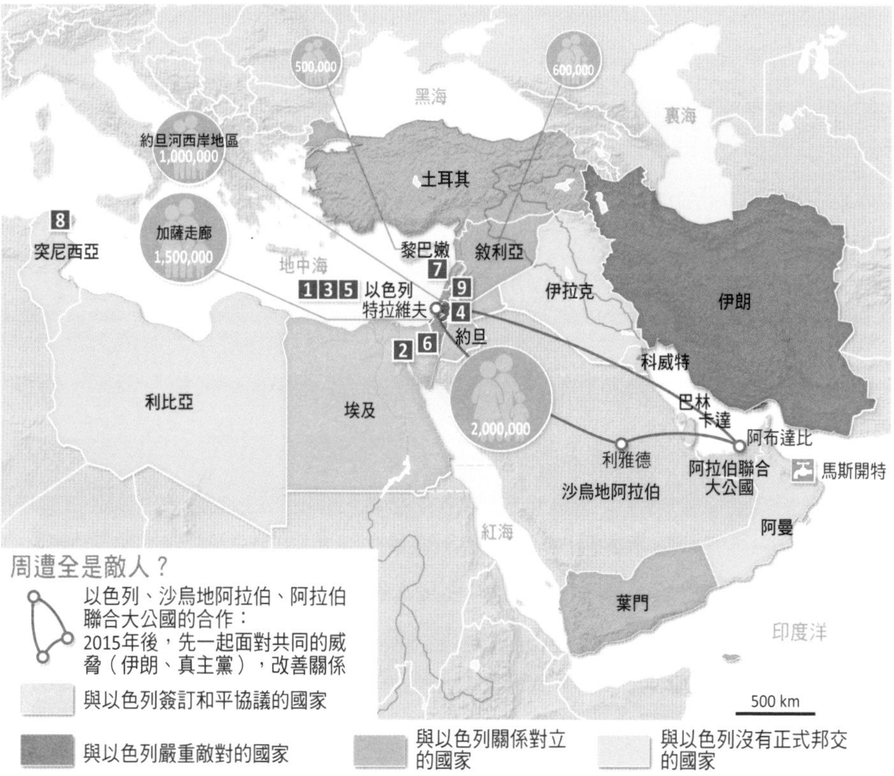

500,000
600,000
黑海
裏海
約旦河西岸地區
1,000,000
土耳其
8
突尼西亞
加薩走廊
1,500,000
黎巴嫩
敘利亞
地中海
7
1 3 5 以色列
特拉維夫
9
4
伊拉克
伊朗
2 6
約旦
科威特
利比亞
埃及
2,000,000
巴林
卡達
阿布達比
利雅德
阿拉伯聯合大公國
馬斯開特
沙烏地阿拉伯
紅海
阿曼
葉門
印度洋
500 km
周遭全是敵人？
以色列、沙烏地阿拉伯、阿拉伯聯合大公國的合作：
2015年後，先一起面對共同的威脅（伊朗、真主黨），改善關係
與以色列簽訂和平協議的國家
與以色列嚴重敵對的國家
與以色列關係對立的國家
與以色列沒有正式邦交的國家

危機與衝突的歷史

1. 1948年5月：第一次中東戰爭
2. 1956年10月：蘇伊士運河戰爭（起因是埃及總統納賽爾將蘇伊士運河國有化）
3. 1967年6月：第三次中東戰爭（以色列占領約旦河西岸地區、加薩走廊、東耶路撒冷）
4. 1968年3月：以色列軍與巴勒斯坦游擊隊發生「卡拉瑪戰役」
5. 1970年「黑色9月」：巴勒斯坦游擊隊與約旦軍所爆發的約旦內戰
6. 1973年10月：第四次中東戰爭（敘利亞、埃及聯軍對抗以色列軍）
7. 以色列攻擊黎巴嫩：1978年、1982年（薩布拉和夏蒂拉的巴勒斯坦難民營大屠殺，以色列軍未直接介入）、1996年、2006年
8. 1985年10月：以色列空軍空襲巴勒斯坦解放組織（PLO）總部（位於突尼西亞）
9. 2018年5月：伊朗對以色列占領的戈蘭高地發射火箭攻擊。以色列則攻擊伊朗在敘利亞的軍事設施，以作為報復。

以巴衝突的影響

滯留鄰近各國的巴勒斯坦難民數（推估）

1994年，根據以色列與阿拉伯各國簽訂的水資源協定，設立中東淡水化研究中心

出處：法國國際關係研究所（IFRI）；聯合國近東巴勒斯坦難民救濟工作署（UNRWA）

伊拉克戰爭

2003 年 3 月 19 日晚上到 20 日清晨，多國聯軍由一連串對巴格達的空襲，展開了所謂「伊拉克自由」的作戰行動。在聯軍的軍事介入下，海珊政權很快瓦解。5 月 22 日，聯合國安理會通過第 1483 號決議，伊拉克正式由美國占領統治。直到 2006 年 5 月，美國主導的志願者聯盟完全交出權限，伊拉克正式政府才開始運作。而美軍完全從伊拉克撤離，是在 2011 年 12 月 18 日。

有預告的衝突

美英主導的這次行動，等於是刺了 1991 年波斯灣戰爭後陷入困苦窘境的伊拉克一刀。根據 1990 年聯合國安理會第 661 號決議，各國繼續全面禁止對伊拉克進出口。在此情況下，伊拉克的基礎建設與人民都已疲弱不振，但海珊的獨裁政權還是不受動搖。

在之後一連串決議下，各國要求伊拉克必須放棄所有核武、化學武器、生化武器、長距離飛彈，作為放寬制裁的條件。再者，美國也要求伊拉克歸還科威特的主權與領土、釋放被逮捕的科威特人與失蹤者、尊重基本人權，以及協助聯合國的人道救援活動。

1991 年，根據聯合國安理會第 688 號決議，伊拉克飛機禁止通過國內兩個空域（庫德人居住地區，以及什葉派居住的地區上空），這更確立了伊拉克各民族間的分裂。此外，伊拉克還必須賠償 1991 年波斯灣戰爭造成的損害、負擔聯合國軍事監視活動的費用。

1998 年，美伊關係再度緊張。柯林頓政權與英軍共同在 12 月 16 日至 18 日之間，發動名為「沙漠之狐行動」的空襲。表面的理由，是伊拉克不願接受聯合國特別委員會（UNSCOM）的檢查，以確認是否還留有殺傷性武器。

這時期美國對伊拉克的方針，還是消滅海珊政權。柯林頓在 1998 年 10 月 31 日簽署「伊拉克解放法」，與伊拉克在野黨合作。這個由美國國會表決通過的法案明文提到，為了建立伊拉克民主政權，美國支援伊拉克的反海珊勢力。

對立的表面化

然而，小布希總統上任後，再次將伊拉克的威脅視為問題。小布希在 2002 年 1 月 29 日的國情咨文中，點名批判伊拉克、伊朗、北韓是「邪惡軸心」國家。顯然美國要的結果，是伊拉克完全不具武力，而在此時，穩固的海珊政權也開始有所動搖。2002 年 9 月 12 日，小布希總統在第 57 屆聯合國大會演說中提到，國際間應力求伊拉克立刻放棄所有大量殺傷性武器。儘管伊拉克無條件接受聯合國審查，但美國對伊拉克窮追猛打，絲毫不鬆手。

2002 年 10 月 11 日，美國國會同意對伊拉克行使武力，美國同時也對聯合國安理會施加壓力，希望通過第 1441 號決議。根據這項決議，伊拉克若不放棄開發大量殺傷性武器的計畫，聯合國就同意軍事介入。12 月 7 日，伊拉克向聯合國武器檢查團提出武器開發計畫，武器檢查團也判定，由此無法確定伊拉克擁有大量殺傷性武器。

伊拉克國內民族與宗教的分布

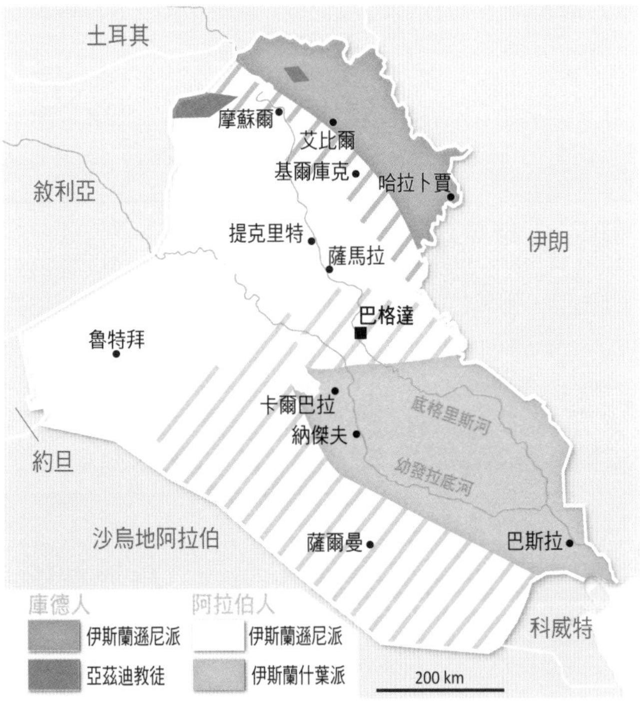
土耳其
摩蘇爾
艾比爾
基爾庫克
哈拉卜賈
敘利亞
提克里特
薩馬拉
伊朗
巴格達
魯特拜
卡爾巴拉
底格里斯河
納傑夫
約旦
幼發拉底河
沙烏地阿拉伯
薩爾曼
巴斯拉
科威特
庫德人
伊斯蘭遜尼派
亞茲迪教徒
阿拉伯人
伊斯蘭遜尼派
伊斯蘭什葉派
200 km

伊拉克蘊藏的能源

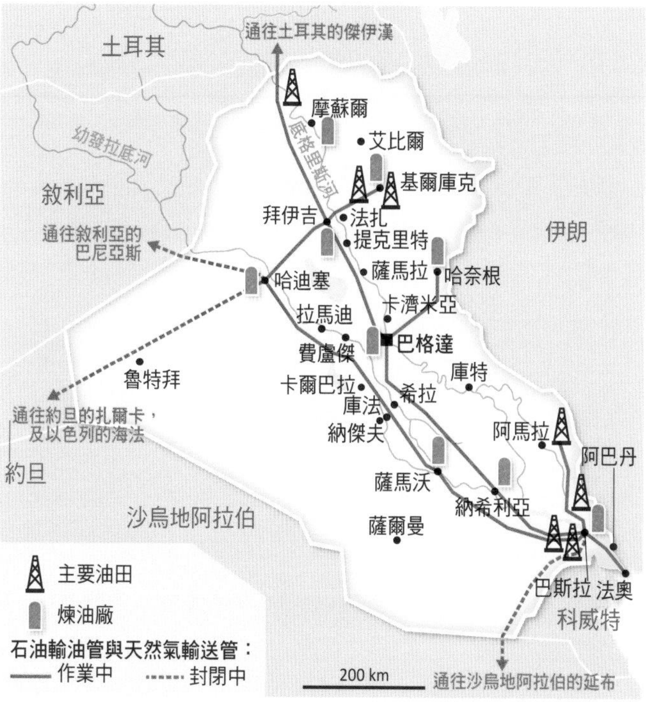
通往土耳其的傑伊漢
土耳其
摩蘇爾
艾比爾
幼發拉底河
底格里斯河
基爾庫克
敘利亞
拜伊吉
法扎
提克里特
伊朗
通往敘利亞的巴尼亞斯
哈迪塞
薩馬拉
哈奈根
卡濟米亞
拉馬迪
巴格達
費盧傑
魯特拜
庫特
卡爾巴拉
希拉
庫法
通往約旦的扎爾卡，及以色列的海法
納傑夫
阿馬拉
阿巴丹
約旦
薩馬沃
納希利亞
沙烏地阿拉伯
薩爾曼
主要油田
煉油廠
巴斯拉
法奧
科威特
石油輸油管與天然氣輸送管：
作業中
封閉中
200 km
通往沙烏地阿拉伯的延布

但儘管國際社會批判聲浪高漲，美國政府還是維持與伊拉克對決的態勢。2003 年 2 月 5 日，美國國務卿鮑威爾在聯合國發表譴責海珊政權的演說。3 月 17 日，小布希總統認定伊拉克未遵守安理會決議，對海珊下達最後通牒，要求海珊和他兩個兒子必須在 48 小時內離開伊拉克，否則就發動攻擊。海珊拒絕這項要求。3 月 20 日，美軍開始空襲巴格達。世界多數國家都反對這場戰爭，希望藉由國際組織的檢查，以解除伊拉克武力，伊拉克政府也對檢查展現合作態度。國際社會輿論也質疑美國攻擊伊拉克的理由不具正當性，不認同這場戰爭。2003 年 2 月 15 日，就在戰爭一觸即發之前，全世界有成千上萬人上街示威，譴責美國未獲得安理會同意，就想發動違法戰爭。在安理會 15 國中，贊成戰爭的只有美國、英國、西班牙與保加利亞。

戰爭的目的

英美聯軍這次的軍事介入，不能與 1991 年波斯灣戰爭相比。因為在這兩次戰爭間，美國與伊拉克的軍事力量已經有極大差異。由美方主導的「志願者聯盟」的陸軍，雖然在伊拉克幾個地區（烏姆蓋薩爾、巴斯拉、卡爾巴拉）遭受抵抗，但在兩週內就包圍首都。

伊拉克戰爭的影響，必須從兩個層面來討論：美國在戰略上的野心，以及國際政治秩序。首先，美國身為世界第一大國，為保有優勢，並不避諱行使武力，以守住世界領袖的地位。2001 年 911 事件後，美軍重整的成果，充分利用在這次戰爭中。在波斯灣地區，由於沙烏地阿拉伯人民對境內的美軍基地極為反彈，美國不得不縮小基地規模，但建置在與波斯灣相連的阿拉伯聯合大公國的美軍基地，成為對付伊拉克的重要據點。另一方面，伊拉克在戰爭後百廢待舉，然而基礎建設的重建等都是由占領國決定，所以只能依美國企業期待，簽署對它們有龐大利益的契約。再者，美國如此關心伊拉克，也因為它是主要產油國之一。石油蘊藏量占全世界 10% 的伊拉克如果再度開採石油，它在波斯灣地區最大的敵人沙烏地阿拉伯應該也會不甘示弱，而這對美國來說再好不過。如此一來，美國對於無法如己意操控的石油輸出國家組織（OPEC），也會相對具有影響力。

海珊遭到逮捕，2006 年被處決後，伊拉克已經沒有獨裁者。這對長期投入伊拉克事務的美國來說是值得的投資。美國的另一個盤算是，處理好伊拉克後，也比較容易對周遭的反美各國施加壓力。不過，我們不得不說，伊拉克的現狀，離美國設想的情況還差得很遠。

俄羅斯與烏克蘭無法和解嗎？

烏克蘭國內的歐美勢力與斯拉夫勢力涇渭分明，使用的語言也包括烏克蘭語及俄語兩種。在 1918 到 1920 年間曾是獨立國家的烏克蘭，後來又被蘇聯強加併吞。不過，即使以隸屬蘇聯的一國受到統治，烏克蘭還是未放棄重新取回國家的夢想。1991 年，蘇聯的三個斯拉夫國家：烏克蘭、俄羅斯、白俄羅斯團結一致，宣布蘇聯已滅亡，以及各個國家的獨立。

在俄羅斯與烏克蘭之間擺盪的克里米亞半島

克里米亞半島劃入烏克蘭的領土，是 1954 年赫魯雪夫當權之時（赫魯雪夫是烏克蘭人）。這個發生於蘇聯體制內的國境變更，在當時自然不會引發爭議。

人口有 85% 為俄羅斯人的克里米亞半島，擁有俄羅斯頂尖艦隊駐守的塞瓦斯托波爾（Sevastopol），是面向地中海的海上玄關。1991 年發表獨立宣言的烏克蘭總統克拉夫丘克（Leonid Kravchuk）向俄羅斯總統葉爾欽主張，克里米亞半島的歸屬遲早會成為兩國間的問題，最好先釐清。可是，葉爾欽急著發表獨立宣言，並未留時間為這個問題做出結論。

政治學家布里辛斯基（Zbigniew Brzeninski）分析，俄羅斯如果失去烏克蘭，就再也不是帝國了。確實如此，蘇聯解體以來，俄羅斯一直對烏克蘭接近歐美抱有警戒之心。

至於烏克蘭，在 2004 年橘色革命選出親歐美派的尤申科（Viktor Yushchenko）之前，不論在政治或軍事上的立場，都是俄羅斯的盟國。因此，在 2010 年選舉中，又由親俄派的亞努科維奇（Viktor Yanukovych）贏得政權。俄羅斯因此同意大幅降低輸出至烏克蘭的天然氣價格，俄羅斯海軍駐守塞瓦斯托波爾的期限也延長 25 年。

陷入僵局的烏克蘭危機

西方各國
白俄羅斯
俄羅斯
盧茨克
切爾尼戈夫
波蘭
基輔
（2013年11月：亞努科維奇總統拒絕與歐盟簽署聯合協議）
利沃夫
烏克蘭
聶伯城
頓巴斯地區
頓內次克
法國
德國
摩爾多瓦
奧德薩
盧干斯克人民共和國
頓內次克人民共和國
羅馬尼亞
克里米亞半島
辛菲洛普
塞瓦斯托波爾
黑海
200 km
從語言來看的人口分布
以俄語為母語的人口比率（%）
10
40
66
爆發獨立&合併問題以及發生衝突的地區
2014年3月，俄羅斯單方面吞併克里米亞半島，但未得到聯合國承認
塞瓦斯托波爾的俄國海軍基地：根據1997年兩國的協定，俄國海軍繼續駐守這個面向黑海的戰略要塞
頓巴斯地區（6,000人死亡，15,000人受傷，1百萬人逃往他國或被強制離開原居住地）
跟經濟有關的爭論點
主要的天然氣輸送管
頓巴斯地區
天然資源：煤礦（6萬平方公里）
俄羅斯受到西方各國的經濟制裁
未能實現的和平協議
俄羅斯
2014年9月簽署明斯克協議
法國與德國居中斡旋：2015年2月，簽署新明斯克協議
頓巴斯地區違反停戰協議，各地仍有戰事。

出處：烏克蘭政府的統計（2001年）；聯合國；法國外交部官網

克里米亞半島 vs. 烏克蘭

2013 年，歐盟向烏克蘭提議簽署自由貿易協定等的聯合協議。但如果簽署協議，烏克蘭就會往遠離俄羅斯的方向前進，亞努科維奇因此不願簽署。但這麼一來，全烏克蘭人民都同聲抗議，並譴責政權的腐敗與專制。最終，亞努科維奇政權在 2014 年 2 月垮台。俄羅斯則認為，這場政變是美國為孤立俄羅斯所策動。

克里米亞則根據人民公投的結果，在 2014 年 3 月加入俄羅斯聯邦。雖然這項公投在國際法上無效，卻在多數公民贊成下進行。另一方面，在東烏克蘭的頓巴斯地區（Donbass），親俄派與反俄派之間開始交戰。西方各國雖然決定對俄羅斯施予經濟制裁，但西方以外的國家卻不加入。

2015 年 2 月，在法國與德國居中斡旋下，俄羅斯與烏克蘭簽定新明斯克協議（Minsk II），決定停戰。可是，情勢依然不穩定，克里米亞的歸屬問題還是看不到解決的可能性。俄羅斯雖然取得克里米亞半島，卻失去烏克蘭這個盟友。烏克蘭國內的反俄情緒則是一直升高。不過，這個危機的原因之一，也是由於烏克蘭領導者的不作為與腐敗。在此情勢下，北約組織為了對抗俄羅斯的威脅，決定提高軍事費用。俄羅斯則強烈抗議這是倒退至冷戰時期的做法，並強調俄羅斯的國防預算只有美國國防預算的 10% 而已。

墜入無底深淵的敘利亞

敘利亞內戰，是21世紀初期死傷最多的戰爭。從2011年3月開始至今，已經有超過50萬人喪生，全國2,200萬人口中，有1,200萬人成為難民，其中有500萬人逃往國外。醫療與教育系統也已經失能，經濟倒退。

阿薩德家族

1970年以來，掌握敘利亞政權的一直是阿薩德家族（2000年，哈菲茲・阿薩德〔Hafez al-Assad〕將政權傳給兒子巴沙爾〔Bashar al-Assad〕）。阿薩德家族隸屬於少數派教派阿拉維派（Alawites）。敘利亞有70%人口是遜尼派教徒，阿拉維派只占10%。冷戰時期，敘利亞和蘇聯是同盟關係。2011年，阿拉伯世界各國興起民主化運動浪潮，在突尼西亞和埃及的政治體制瓦解後，敘利亞國內也出現反政府運動。反政府人士要求的是社會平等（因為國家的財富都集中於掌權者的近親）與自由。結果，政府以武力鎮壓，造成大量死傷。與突尼西亞和埃及不同，敘利亞的政權還是沒有改變。

巴沙爾・阿薩德自認是阿拉維派、基督教徒、庫德族等少數派的庇護者，另一方面，卻釋放獄中的伊斯蘭激進分子，以作為對付恐怖主義的盾牌。面對政府的鎮壓，反政府勢力也拿起武器對抗。歐美各國雖然表明支持反政府派，卻擔心若讓激進派擁有武器，會重蹈阿富汗的覆轍，所以並未積極提供武器。

從反政府運動演變為內戰

其他阿拉伯國家與土耳其，既想消滅可能波及自己國家的這場戰亂，也想擊潰阿薩德家族，因此提供武器給反政府派，雖然未表明支持激進派，卻對其勢力的擴大視若無睹。結果，沒有武器的溫和反對派，等於是夾在激進派與政府間受到孤立。

就這樣，追求民主化的非武裝抗議行動，不知何時已演變成血流成河的內戰，接著又有外國勢力介入。俄羅斯和伊朗的立場是支持敘利亞政府。伊朗和敘利亞自兩伊戰爭（1980-1988年）以來，就有同盟關係。事實上，伊朗就是因為有此同盟關係，才得以透過真主黨介入黎巴嫩。至於俄羅斯，則是不希望敘利亞像利比亞那樣政權輪替，也想維持自己在中東地區的影響力。當初，聯合國表決是否為保護人民安全而介入利比亞時，俄羅斯未行使否決權，而是棄權，結果導致利比亞政權輪替。再者，由於敘利亞是俄羅斯盟國，因此俄羅斯以一貫態度行使否決權。2013年，敘利亞政府決定使用化學武器。美國總統歐巴馬即使警告敘利亞政府不得越過使用化學武器的界線，卻也未加以制裁，因為美國希望避免陷入新的戰爭泥淖。

在巴沙爾・阿薩德的迫害下，許多敘利亞人加入激進派組織。2014年6月，伊斯蘭國（IS）在控制敘利亞與伊拉克交壤處的區域後，宣布建立哈里發國家（哈里發為伊斯蘭共同體的最高領導者）。面對恐怖主義的威脅，相關各國也無法再執著於各自的爭論點。2015年9月，俄羅斯發動大規模空襲，為阿薩德政權奪回領土，重新占有優勢。然而，多股反政府勢力與體制的對立根深柢固，目前還無法看見政治上的解決之道。

被撕裂的敘利亞

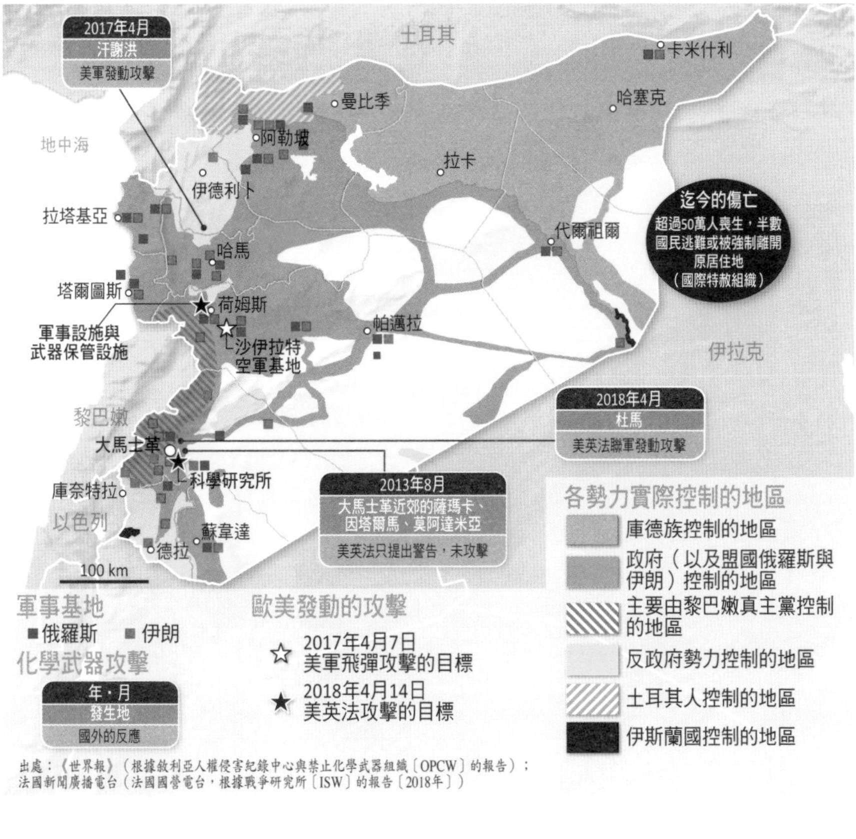
2017年4月
汗謝洪
美軍發動攻擊
土耳其
卡米什利
曼比季
哈塞克
地中海
阿勒坡
拉卡
伊德利卜
拉塔基亞
代爾祖爾
迄今的傷亡
超過50萬人喪生，半數國民逃難或被強制離開原居住地
（國際特赦組織）
哈馬
塔爾圖斯
荷姆斯
軍事設施與武器保管設施
沙伊拉特空軍基地
帕邁拉
伊拉克
2018年4月
杜馬
美英法聯軍發動攻擊
黎巴嫩
大馬士革
科學研究所
庫奈特拉
2013年8月
大馬士革近郊的薩瑪卡、因塔爾馬、莫阿達米亞
美英法只提出警告，未攻擊
以色列
蘇韋達
德拉
100 km
各勢力實際控制的地區
庫德族控制的地區
政府（以及盟國俄羅斯與伊朗）控制的地區
主要由黎巴嫩真主黨控制的地區
反政府勢力控制的地區
土耳其人控制的地區
伊斯蘭國控制的地區
軍事基地
俄羅斯
伊朗
化學武器攻擊
年・月
發生地
國外的反應
歐美發動的攻擊
2017年4月7日
美軍飛彈攻擊的目標
2018年4月14日
美英法攻擊的目標

出處：《世界報》（根據敘利亞人權侵害紀錄中心與禁止化學武器組織〔OPCW〕的報告）；法國新聞廣播電台（法國國營電台，根據戰爭研究所〔ISW〕的報告〔2018年〕）

伊斯蘭國是等同於國家的恐怖組織？

伊拉克與黎凡特伊斯蘭國（ISIL）的領導者巴格達迪（Abu Bakr al-Baghdadi），在控制敘利亞與伊拉克接壤處的地區後，於 2014 年 6 月宣布建立哈里發國家。

恐怖主義國家

「伊斯蘭國」的建國，大大改變了恐怖主義存在的方式。這是歷史上第一次，恐怖組織取得「領土」這個建立國家的基礎。伊斯蘭國的存在，就像是對賽克斯—皮科協定（Sykes-Picot Agreement）提出異議的象徵一般。這個協定是第一次世界大戰時所訂的密約，以劃定英法兩國在此地區的勢力範圍，是已經承諾讓阿拉伯世界國家獨立的英法兩國偽善的產物。雖然歐美各國與阿拉伯國家都敵視伊斯蘭國，拒絕承認它是國家，但它具備了一個國家外在條件上應有的所有特徵。它有政府和領土，政府也確實統治領土上的居民——雖然是恐怖政治。不過，伊斯蘭國當然得不到其他國家承認。

2015 年，伊斯蘭國取得伊拉克與敘利亞接壤處的地區，面積有 30 萬平方公里（相當於半個法國）。有 1,000 萬人居住的這個地區，不只有農田，還有礦物與石油等資源。伊斯蘭國會徵收稅金，並以自己的方式「提供」公共服務。除了有 3 萬名外籍武裝分子加入伊斯蘭國外，還有 10 多國的恐怖組織宣誓效忠。

伊斯蘭國原本是由海珊手下的前軍人、在伊拉克占少數而受歧視的遜尼派人士，以及出身蓋達組織的人所組成。在敘利亞，則有受阿薩德政權迫害而變得激進的遜尼派人士加入。在伊斯蘭國控制的地區裡，他們鎮壓的對象不只是庫德族、基督教徒、什葉派人士、亞茲迪（Yazidis）教徒，也包括反伊斯蘭國極權體制的遜尼派人士。伊斯蘭國等於是 2003 年伊拉克戰爭與始於 2011 年的敘利亞內戰的產物。

相當於國家的恐怖組織？

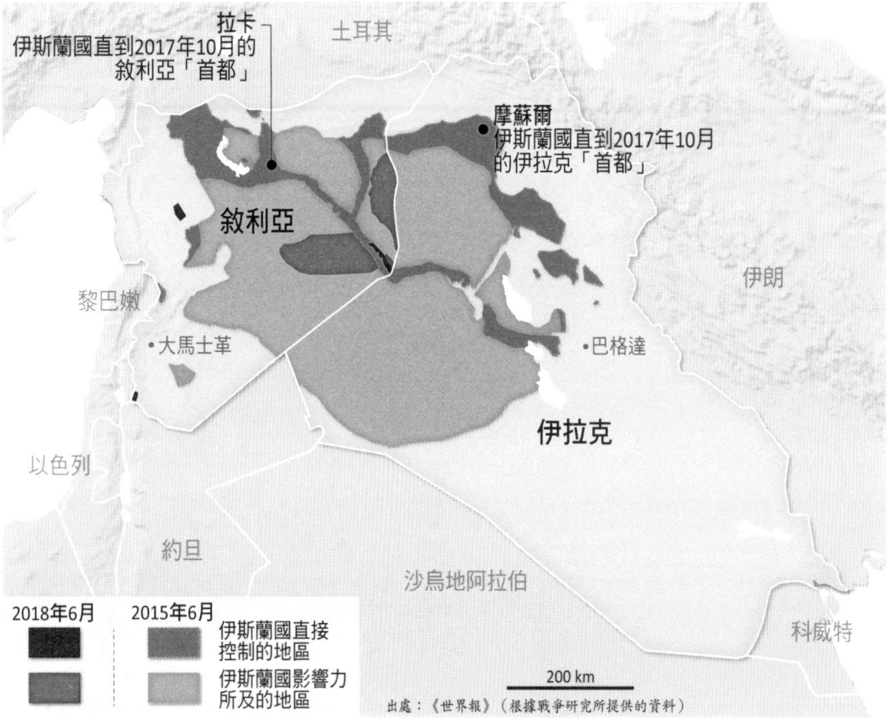
拉卡
伊斯蘭國直到2017年10月的敘利亞「首都」
土耳其
摩蘇爾
伊斯蘭國直到2017年10月的伊拉克「首都」
敘利亞
伊朗
黎巴嫩
大馬士革
巴格達
伊拉克
以色列
約旦
沙烏地阿拉伯
科威特
2018年6月
2015年6月
伊斯蘭國直接控制的地區
伊斯蘭國影響力所及的地區
200 km
出處：《世界報》（根據戰爭研究所提供的資料）

伊斯蘭國的威脅遍及全世界

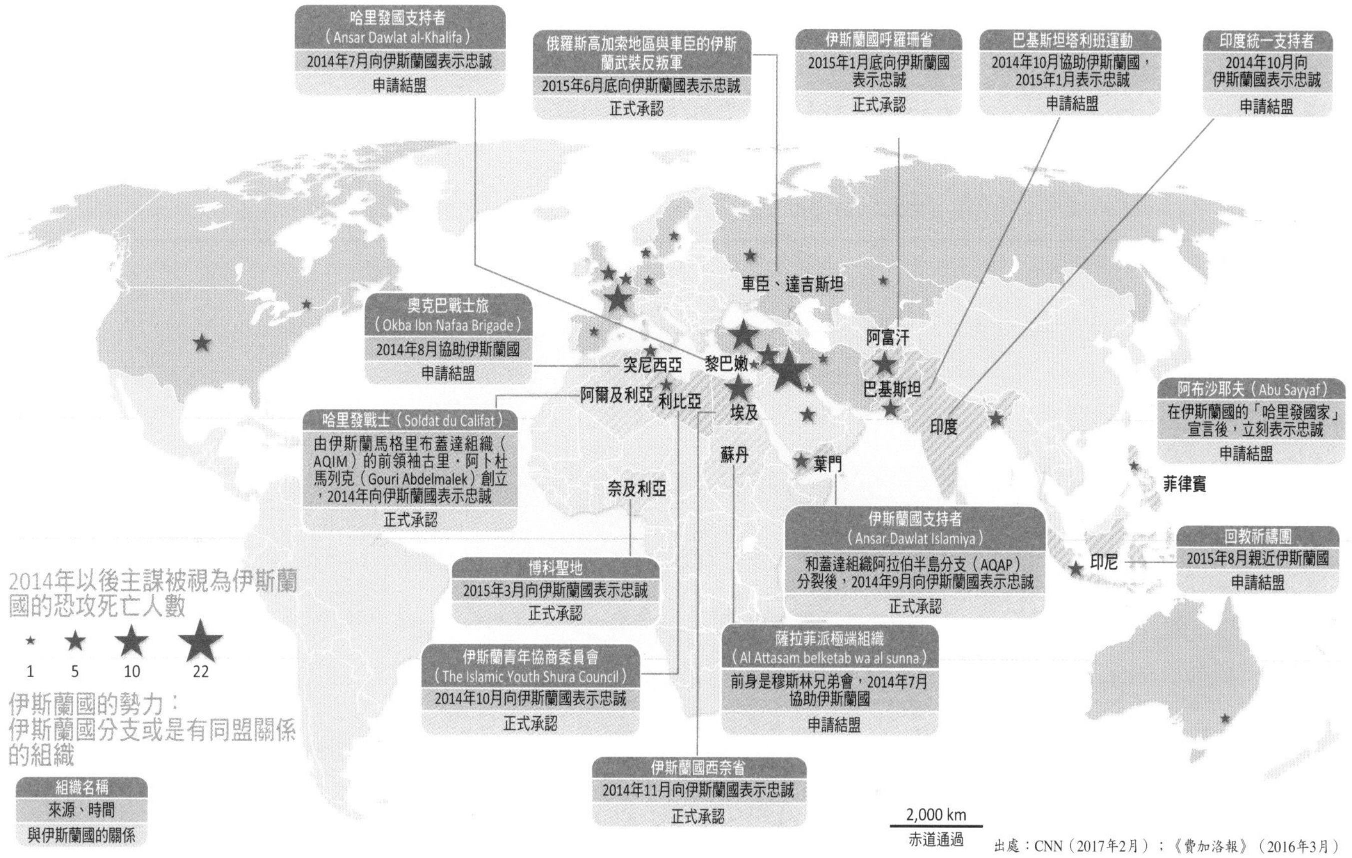
哈里發國支持者（Ansar Dawlat al-Khalifa）
2014年7月向伊斯蘭國表示忠誠
申請結盟
俄羅斯高加索地區與車臣的伊斯蘭武裝反叛軍
2015年6月底向伊斯蘭國表示忠誠
正式承認
伊斯蘭國呼羅珊省
2015年1月底向伊斯蘭國表示忠誠
正式承認
巴基斯坦塔利班運動
2014年10月協助伊斯蘭國，2015年1月表示忠誠
申請結盟
印度統一支持者
2014年10月向伊斯蘭國表示忠誠
申請結盟
車臣、達吉斯坦
阿富汗
巴基斯坦
印度
奧克巴戰士旅（Okba Ibn Nafaa Brigade）
2014年8月協助伊斯蘭國
申請結盟
突尼西亞
黎巴嫩
阿爾及利亞
利比亞
埃及
蘇丹
葉門
哈里發戰士（Soldat du Califat）
由伊斯蘭馬格里布蓋達組織（AQIM）的前領袖古里・阿卜杜馬列克（Gouri Abdelmalek）創立，2014年向伊斯蘭國表示忠誠
正式承認
奈及利亞
阿布沙耶夫（Abu Sayyaf）
在伊斯蘭國的「哈里發國家」宣言後，立刻表示忠誠
申請結盟
菲律賓
伊斯蘭國支持者（Ansar Dawlat Islamiya）
和蓋達組織阿拉伯半島分支（AQAP）分裂後，2014年9月向伊斯蘭國表示忠誠
正式承認
印尼
回教祈禱團
2015年8月親近伊斯蘭國
申請結盟
2014年以後主謀被視為伊斯蘭國的恐攻死亡人數
1 5 10 22
博科聖地
2015年3月向伊斯蘭國表示忠誠
正式承認
薩拉菲派極端組織（Al Attasam belketab wa al sunna）
前身是穆斯林兄弟會，2014年7月協助伊斯蘭國
申請結盟
伊斯蘭國的勢力：伊斯蘭國分支或是有同盟關係的組織
伊斯蘭青年協商委員會（The Islamic Youth Shura Council）
2014年10月向伊斯蘭國表示忠誠
正式承認
組織名稱
來源、時間
與伊斯蘭國的關係
伊斯蘭國西奈省
2014年11月向伊斯蘭國表示忠誠
正式承認
2,000 km
赤道通過

出處：CNN（2017年2月）；《費加洛報》（2016年3月）

巧妙的廣宣活動

伊斯蘭國會公開處決歐美人質的畫面，在各地發動恐攻挑釁歐美各國，激起歐美國家發動不必要的攻擊，以及對全體伊斯蘭教徒的復仇情緒。他們就是想藉此告訴伊斯蘭教徒，歐美各國並無他們容身之處。他們巧妙的廣宣活動，不只是以年輕伊斯蘭教徒為目標，也包括自覺與社會格格不入，而親近伊斯蘭的年輕人，以藉此擴大伊斯蘭國得到的支持。為對抗伊斯蘭國，歐美（包含俄羅斯）及阿拉伯世界各國共 60 國組成打擊伊斯蘭國聯盟。

不過，一開始，各國為了對抗伊斯蘭國而結盟的目的，跟各國戰略上的目的相牴觸，所以幾乎沒什麼行動。沙烏地阿拉伯一直顧慮著伊拉克的威脅，土耳其執著於庫德族問題，俄羅斯和伊朗希望阿薩德政權能持續，美國則以支持以色列為優先。但伊斯蘭國在各國發動的恐攻，終於讓打擊伊斯蘭國聯盟決心反擊。不過，要從伊斯蘭國手上奪回領土非常困難。而且，即使失去領土，伊斯蘭國還是沒有被消滅，仍然還是個可怕威脅。

只要敘利亞內戰還未結束，阿薩德政權持續鎮壓，就還會有年輕人加入伊斯蘭國。要根除伊斯蘭國，除非伊拉克政府也納入遜尼派人士，建立新政府，以及阿拉伯世界的多起紛爭都能有最終結論，這才是唯一的解決方法。

伊朗與沙烏地阿拉伯的對決

沙烏地阿拉伯和伊朗間的緊張情勢，可說是國際情勢戰略上最大的不安因素之一。從地緣政治學來看，這個地區埋藏最多引爆點，而兩大勢力就一直在此互相角力。

爭奪波斯灣地區的盟主

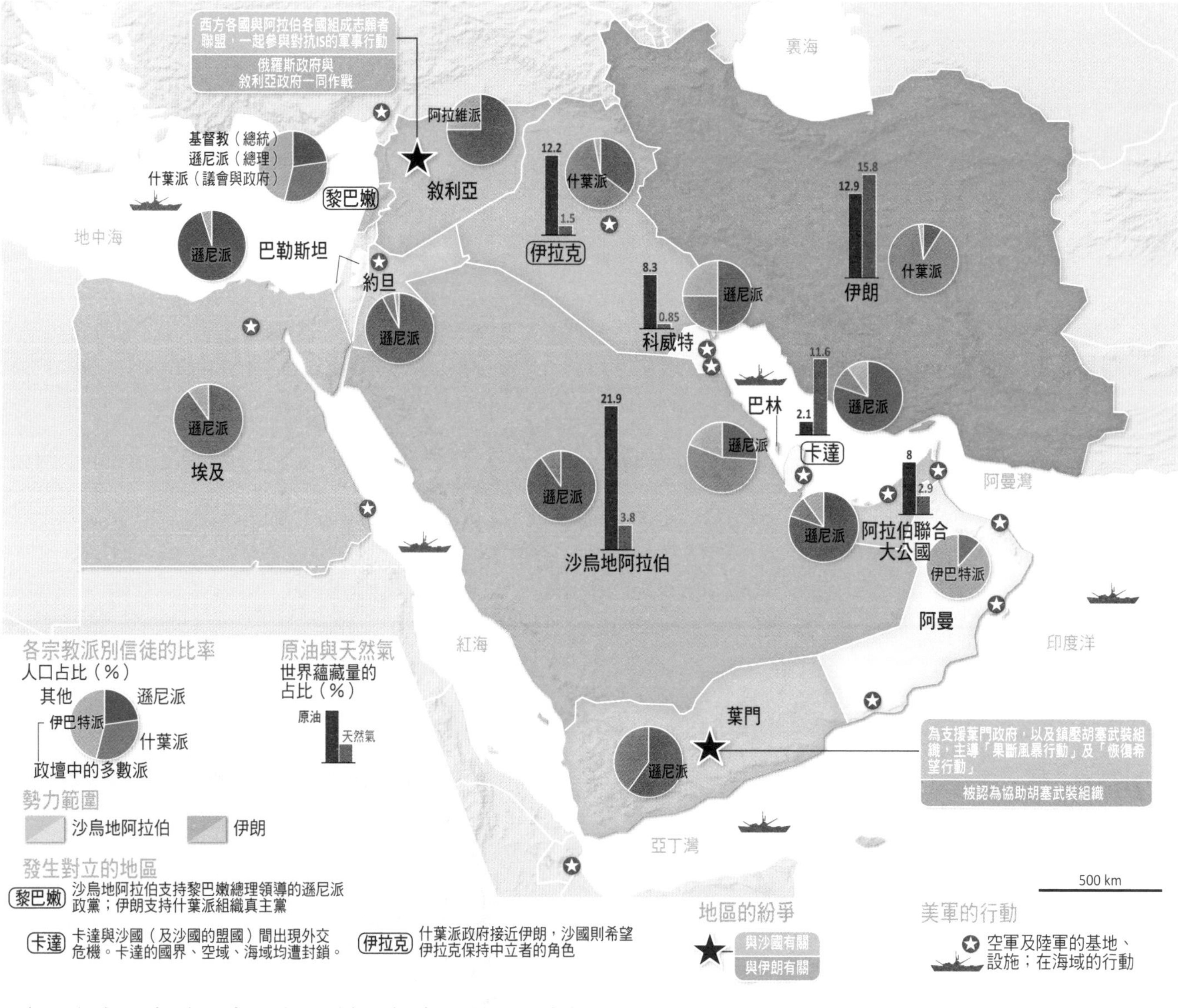

西方各國與阿拉伯各國組成志願者聯盟，一起參與對抗IS的軍事行動
俄羅斯政府與敘利亞政府一同作戰
裏海
阿拉維派
敘利亞
基督教（總統）
遜尼派（總理）
什葉派（議會與政府）
黎巴嫩
12.2
1.5
什葉派
伊拉克
15.8
12.9
什葉派
伊朗
地中海
遜尼派
巴勒斯坦
約旦
遜尼派
8.3
0.85
遜尼派
科威特
11.6
2.1
遜尼派
巴林
卡達
遜尼派
遜尼派
埃及
21.9
3.8
遜尼派
沙烏地阿拉伯
遜尼派
遜尼派
8
2.9
阿拉伯聯合大公國
阿曼灣
伊巴特派
阿曼
紅海
印度洋
葉門
遜尼派
為支援葉門政府，以及鎮壓胡塞武裝組織，主導「果斷風暴行動」及「恢復希望行動」
被認為協助胡塞武裝組織
亞丁灣
500 km
各宗教派別信徒的比率
人口占比（%）
其他
遜尼派
伊巴特派
什葉派
政壇中的多數派
原油與天然氣
世界蘊藏量的占比（%）
原油
天然氣
勢力範圍
沙烏地阿拉伯
伊朗
發生對立的地區
黎巴嫩 沙烏地阿拉伯支持黎巴嫩總理領導的遜尼派政黨；伊朗支持什葉派組織真主黨
卡達 卡達與沙國（及沙國的盟國）間出現外交危機。卡達的國界、空域、海域均遭封鎖。
伊拉克 什葉派政府接近伊朗，沙國則希望伊拉克保持中立者的角色
地區的紛爭
與沙國有關
與伊朗有關
美軍的行動
空軍及陸軍的基地、設施；在海域的行動

出處：帕斯卡・博尼法斯《2018年的戰略》；石油輸出國組織（2016年）；《法國世界外交論衡月刊》（2016年）；美國國務院

伊朗的自信

沙烏地阿拉伯和伊朗的對立，不單純是遜尼派與什葉派的對立，還有保守君主制與革命性共和制的對立，阿拉伯與波斯的對立，以及親美勢力和1979年以來反美勢力的對立。

自從伊拉克在波斯灣地區失去影響力後，沙烏地阿拉伯和伊朗這兩大勢力，就一直競逐盟主地位。美國和沙國領導者在美國巡洋艦昆西號（USS Quincy）上談判後處於同盟關係，沙國為維持政治體制安全所提出的交換條件，是持續提供美國便宜的原油。不過，1970年代初期，美國在波斯灣地區是選擇以伊朗扮演監督者的角色。但之後伊朗發生革命，與美國嚴重對立。革命後，伊朗國力衰退，波斯灣地區的阿拉伯國家則提高警覺，以防占少數的什葉派發動的革命會影響自己國家。不過，伊朗受經濟制裁，伊拉克又成了擋住伊朗和阿拉伯世界的盾牌，所以沙烏地阿拉伯高枕無憂。然而伊拉克在1990年波斯灣戰爭後受到經濟制裁，以及2003年伊拉克戰爭時元氣大傷，讓伊朗又重新取得優勢。2000年之後，國際社會開始擔心，伊朗如果開發核武，會導致世界勢力平衡的瓦解。

沙烏地阿拉伯的不安

根據2015年7月簽定的伊朗核協議，伊朗的核開發計畫必須接受審查。但沙烏地阿拉伯對此協議感到不滿，因為這可能會讓伊朗回歸國際社會，經濟復甦。此外，沙國也擔心，歐巴馬政權或許會想調整美沙兩國的同盟關係。因為美國已經確認能開採頁岩氣與頁岩油的來源，對原油的需求可能因此縮小。再者，埃及前總統穆巴拉克（Mohamed Hosni Mubarak）過去是忠誠的親美派，但在2011年埃及爆發民主革命時，美國卻拋棄他，沙國擔心自己也會面臨同樣下場。在此不安下，沙國一直私下建議美國攻擊伊朗。

沙國新王儲，年輕的穆罕默德・賓・沙爾曼（Mohammed bin Salman）則是更強硬地推動封鎖伊朗政策。

沙國譴責伊朗支持葉門的胡塞武裝組織。於是，沙國對葉門發動大規模攻擊，造成嚴重傷亡。不只如此，就像有對伊朗藏不住敵意的川普在背後撐腰似的，沙國因為卡達太親近伊朗，對它採取封鎖行動。此外，甚至迫使黎巴嫩總理辭職——因為黎巴嫩放任伊朗利用真主黨奪取黎巴嫩領土，所以，剛好在利雅德訪問的黎巴嫩總理，就這麼被迫下台。不過，這種強硬態度似乎帶來反效果。葉門已經無法與沙國重修關係，卡達反而更親近伊朗，而黎巴嫩國內的反沙國情緒因而為之高漲。

以色列與巴勒斯坦的衝突沒有終點嗎？

2018 年，以巴通往和平之路的險峻程度前所未有。儘管以色列與巴勒斯坦原則上同意國際社會，尤其是聯合國安理會 5 個成員國所提議的兩國共存方案，但短中期看來是不可能實現。

和平的困難

所謂以巴的和平，就是巴勒斯坦人能建立以東耶路撒冷為首都的國家，領土包含約旦河西岸地區與加薩走廊。另外，所有阿拉伯國家能承認以色列。雙方要變更國界時，都必須同意，並依狀況提出補償。

不過，有兩個很難跨越的阻礙。其一是，以色列表示，東耶路撒冷是無法分割的永恆首都。另一個是，有愈來愈多以色列人移居至巴勒斯坦自治區，持續搶奪他們的土地。在以巴兩國簽署奧斯陸協議的 1993 年，東耶路撒冷和約旦河西岸地區的猶太人人口為 28 萬人（約旦河西岸地區有 11 萬 5,000 人），但到了 2017 年增加為 60 萬人（約旦河西岸地區有 40 萬人，東耶路撒冷有 20 萬人）。

2018 年 5 月 14 日，川普將美國駐以色列大使館，從特拉維夫正式遷至耶路撒冷，這本來是歷任美國總統都刻意不做的事。耶路撒冷不只對巴勒斯坦人來說是聖域，對所有伊斯蘭教徒也是。將美國駐以色列大使館設置在此，就表示認同以色列的立場。

這天，在加薩走廊，有一些巴勒斯坦人在鄰近邊界處集結抗議，卻遭以色列軍開槍射擊，造成約 60 人死亡。

以色列秉持一貫態度，主張以巴的和平談判不須經過第三國，而應該由兩個當事國自己處理。不過，以色列不只在軍事上占絕對優勢，而且在重要事項上絕不讓步，所以光靠兩國自己談判，很難達成共識。

至於巴勒斯坦，自治政府與反政府恐怖組織哈馬斯，還是維持分裂狀態（2017 年雙方已達成和解）。最後一次選舉已經是 2005 年的事，因此自治政府也失去其正當性。

年表

- 1948 年 5 月 14 日：以色列發表獨立宣言
- 1967 年：第三次中東戰爭（六日戰爭）後，以色列占領巴勒斯坦
- 1987-1993 年：第一次巴勒斯坦起義。犧牲人數：巴勒斯坦超過 1,100 人，以色列 160 人
- 1993-1995 年：根據奧斯陸協議，成立巴勒斯坦自治區
- 2000 年：雙方於美國大衛營的談判破裂
- 2000-2005 年：第二次巴勒斯坦起義。犧牲人數：巴勒斯坦超過 3,000 人，以色列超過 1,000 人
- 2006 年 1 月：哈馬斯在巴勒斯坦立法委員會的選舉中得勝
- 2007 年之後：以色列與埃及封鎖加薩走廊
- 2006-2008 年／ 2009 年：哈馬斯與巴勒斯坦民族解放運動（即法塔赫）對立，造成巴勒斯坦內戰，有超過 300 人死亡
- 2009 年：以色列攻擊加薩走廊（鑄船行動）。犧牲人數：巴勒斯坦超過 1,300 人，以色列 13 人
- 2012 年：以色列攻擊加薩走廊（防衛之柱行動）。加薩地區有 177 人死亡
- 2014 年夏：以色列攻擊加薩走廊（保衛邊界行動）。犧牲人數：巴勒斯坦超過 2,200 人（其中孩童超過 300 人），以色列 73 人
- 2016-2017 年：「刀之大起義」（主要是在耶路撒冷和以色列入侵地）
- 2018 年 5 月 14 日：美國駐以色列大使館從特拉維夫遷至耶路撒冷
  巴勒斯坦難民舉行要求歸還領土的「回家大遊行」：以色列攻擊加薩走廊的抗議者，超過 100 人死亡，3,000 人以上受傷

國際社會束手無策

2001 年以後，以色列愈來愈右傾，支持右派及極右派人士增加許多（右派人士主張對巴勒斯坦採取強硬態度）。就連政壇中，也明顯多了一些強勢入住巴勒斯坦自治區的人。

以色列近年來在外交上有不少斬獲。再者，川普上任美國總統後，以色列更是得到絕對的保證。其實，即使之前歐巴馬在選舉時，展現出想解決巴勒斯坦問題的意圖，但在美國國會對以色列無條件支持下，也是無計可施。

至於歐洲各國，由於步調不一致，也無法對以色列施加壓力。

沙烏地阿拉伯為對抗伊朗的威脅，近年來比較接近以色列。埃及由於接受美國金援，以對抗恐怖組織穆斯林兄弟會，因而對以色列而言很好對付。以色列在非洲外交政策上，包括與盧安達的合作關係等，也有不少亮眼的成果。

此外，由於以色列國民中有 100 萬人出生於前蘇聯，所以，以色列也跟普丁統治下的俄羅斯關係良好。以色列跟印度簽有保障安全合作協定，跟中國之間也有貿易協定。

相對之下，雖然阿拉伯各國政府對巴勒斯坦實際上是採取放棄態度，但對阿拉伯世界的伊斯蘭國家而言，還是認為巴勒斯坦應該獲得的正義是神聖的。

以巴兩國的紛爭，就算看似降溫、漸趨和緩，但只要一天不解決，就等於一顆不定時炸彈。一旦爆發，就是國際上的大災難。

和平是不可能的事？

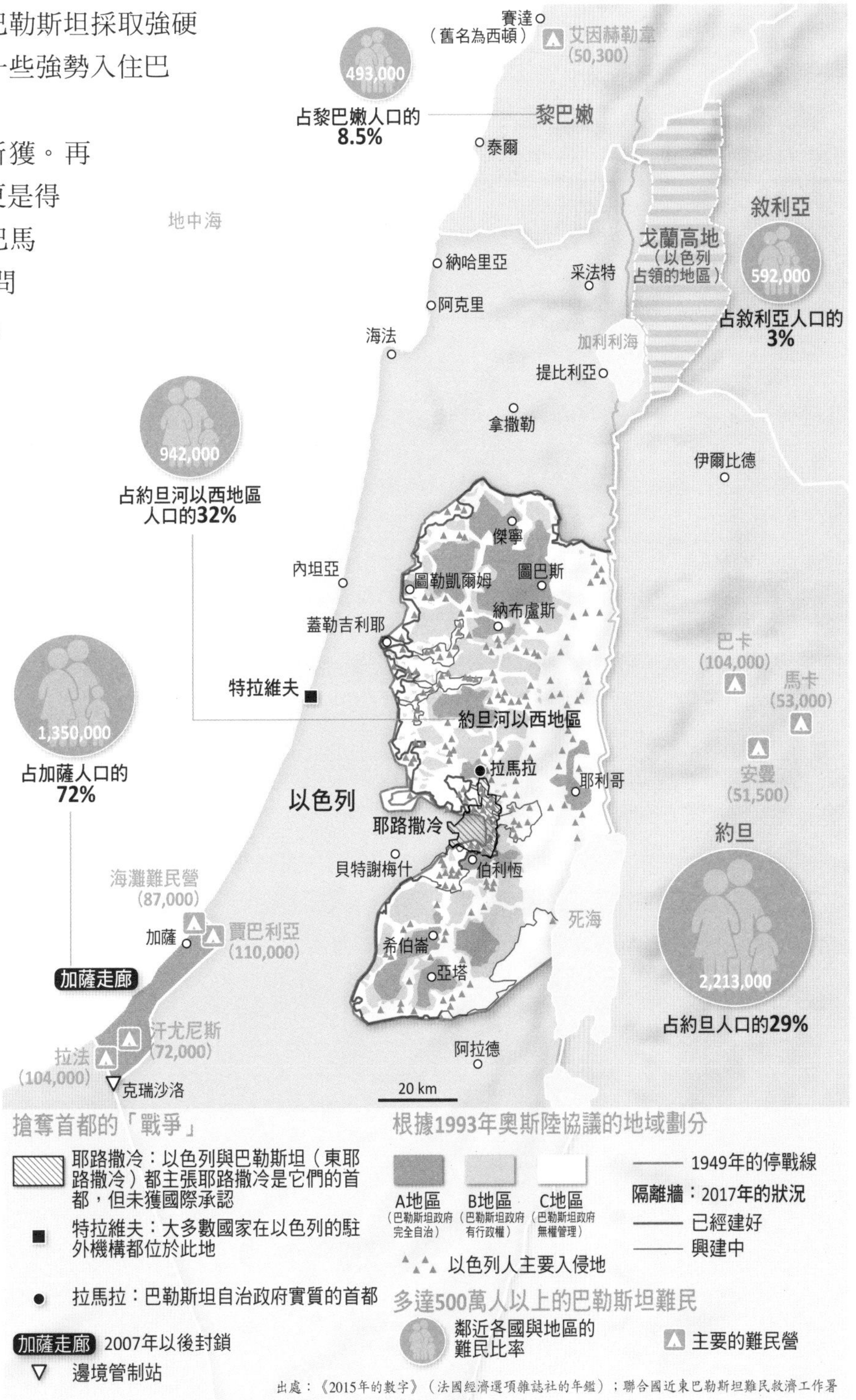

賽達
（舊名為西頓）
艾因赫勒韋
(50,300)
493,000
占黎巴嫩人口的
8.5%
黎巴嫩
泰爾
地中海
納哈里亞
采法特
阿克里
戈蘭高地
（以色列占領的地區）
敘利亞
592,000
占敘利亞人口的
3%
海法
加利利海
提比利亞
拿撒勒
942,000
占約旦河以西地區人口的32%
伊爾比德
傑寧
內坦亞
圖勒凱爾姆
圖巴斯
納布盧斯
蓋勒吉利耶
巴卡
(104,000)
1,350,000
特拉維夫
馬卡
(53,000)
約旦河以西地區
拉馬拉
安曼
(51,500)
占加薩人口的
72%
耶利哥
以色列
耶路撒冷
約旦
貝特謝梅什
伯利恆
海灘難民營
(87,000)
死海
加薩
賈巴利亞
(110,000)
希伯崙
亞塔
2,213,000
加薩走廊
占約旦人口的29%
汗尤尼斯
(72,000)
阿拉德
拉法
(104,000)
克瑞沙洛
20 km
搶奪首都的「戰爭」
耶路撒冷：以色列與巴勒斯坦（東耶路撒冷）都主張耶路撒冷是它們的首都，但未獲國際承認
特拉維夫：大多數國家在以色列的駐外機構都位於此地
拉馬拉：巴勒斯坦自治政府實質的首都
加薩走廊 2007年以後封鎖
邊境管制站
根據1993年奧斯陸協議的地域劃分
A地區
（巴勒斯坦政府完全自治）
B地區
（巴勒斯坦政府有行政權）
C地區
（巴勒斯坦政府無權管理）
1949年的停戰線
隔離牆：2017年的狀況
已經建好
興建中
以色列人主要入侵地
多達500萬人以上的巴勒斯坦難民
鄰近各國與地區的難民比率
主要的難民營

出處：《2015年的數字》（法國經濟選項雜誌社的年鑑）；聯合國近東巴勒斯坦難民救濟工作署

伊拉克正邁向重建嗎？

1991 年波斯灣戰爭後，聯合國接受美國要求決議全面禁止對伊拉克進出口。1980 年代的伊拉克，由於坐擁石油資源，富裕程度跟西班牙不相上下，產業建設完備，農業也很發達，但在國際社會停止對它進出口後，整體狀況倒退了數十年。在 1991-2003 年國際社會持續經濟制裁的影響下，伊拉克約有 50 萬人成為犧牲者。

911的意外利用法

雖然人民生活艱困，但海珊的高壓政權還是未見緩和。國際間全面禁止對伊朗進出口，還反而提高海珊政府對國民的掌控力。聯合國希望調查伊拉克是否有開發大量殺傷性武器的計畫，伊拉克也配合調查，但即使查無實證，美國和以色列仍然視伊拉克為嚴重威脅，其他國家也同樣在意伊拉克的所作所為。1996 年以來，美國的新保守主義者一直呼籲推翻海珊政權，但也沒有真的想為此特地發動戰爭。

可是，2001 年 911 事件後，新保守主義者直接跳到發動戰爭的結論。美國總統小布希上任前標榜不干涉主義，911 後則堅信海珊與蓋達組織有關（儘管不是事實），此外，海珊又一直讓國際間覺得，伊拉克持續在開發大量殺傷性武器。於是，對於大量殺傷性武器會帶來新恐攻的恐懼心被挑起，再加上美國人民復仇的願望，形成了一股希望攻擊伊拉克的輿論。

大規模的資訊操作

為了正當化美國想發動的戰爭，美國進行大規模的資訊操作。當時，大部分國家和國際輿論，都反對發動這場戰爭，他們預測一旦開戰，會招致之後持續的混亂。對此，新保守主義者訴諸於道義上的義務。他們的說法是，國際社會必須讓獨裁者垮台，為伊拉克帶來民主。如此一來，也會很快影響整個波斯灣地區，推動各國民主化。這對實現阿拉伯各國與以色列之間的和平、對於中東各國的民主化，都是不可或缺的過程。

反對派的考量，是民主主義不是由其他國家從外帶入，更遑論透過戰爭來達成。發動新戰爭，只會讓此地成為孕育恐怖主義的溫床，只是讓原本一觸即發的情勢更不穩定。此外，美國自己挑起「文明的衝突」，很可能讓阿拉伯世界的反歐美派有個更好的藉口。主導國際間反戰輿論的是法國。歐洲各國分為贊成派（英國、右派掌權的西班牙與義大利、東歐各國）與反對派（其他國家，法國和德國為主導者）。

在聯合國安理會的表決中，以 11 票對 4 票的結果，否決美國對伊拉克行使武力一案。即使如此，美國還是在 2003 年 3 月 20 日對伊拉克發動攻擊，4 月 9 日拿下首都巴格達。然而，這是苦難的開始。伊拉克人民一開始雖然很高興能擺脫海珊政權，但很快發現美軍是占領軍。伊拉克各地都出現了恐攻，因此犧牲的不只是美軍，還有很多居民。

後來證明，伊拉克有大量殺傷性武器一事，是美國的謊言，這導致美國的形象長期受損。

分裂的伊拉克

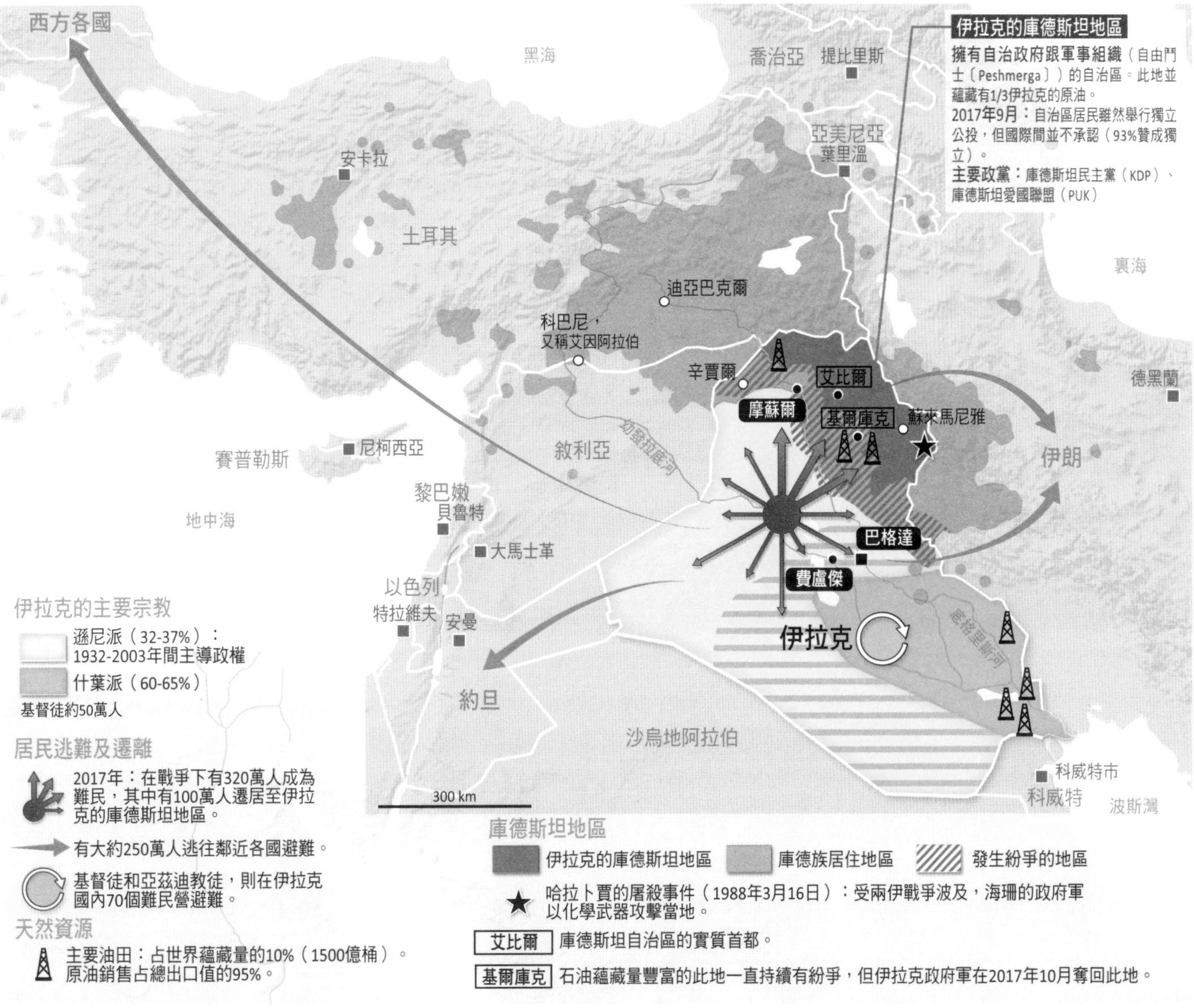

西方各國
黑海
喬治亞
提比里斯
亞美尼亞
葉里溫
安卡拉
土耳其
裏海
迪亞巴克爾
科巴尼，
又稱艾因阿拉伯
辛賈爾
艾比爾
摩蘇爾
基爾庫克
蘇萊馬尼雅
德黑蘭
伊朗
賽普勒斯
尼柯西亞
敘利亞
幼發拉底河
黎巴嫩
貝魯特
地中海
大馬士革
巴格達
費盧傑
以色列
特拉維夫
安曼
伊拉克
底格里斯河
約旦
沙烏地阿拉伯
科威特市
科威特
波斯灣
300 km
伊拉克的庫德斯坦地區
擁有自治政府跟軍事組織（自由鬥士〔Peshmerga〕）的自治區。此地並蘊藏有1/3伊拉克的原油。
2017年9月：自治區居民雖然舉行獨立公投，但國際間並不承認（93%贊成獨立）。
主要政黨：庫德斯坦民主黨（KDP）、庫德斯坦愛國聯盟（PUK）
伊拉克的主要宗教
遜尼派（32-37%）：
1932-2003年間主導政權
什葉派（60-65%）
基督徒約50萬人
居民逃難及遷離
2017年：在戰爭下有320萬人成為難民，其中有100萬人遷居至伊拉克的庫德斯坦地區。
有大約250萬人逃往鄰近各國避難。
基督徒和亞茲迪教徒，則在伊拉克國內70個難民營避難。
天然資源
主要油田：占世界蘊藏量的10%（1500億桶）。
原油銷售占總出口值的95%。
庫德斯坦地區
伊拉克的庫德斯坦地區
庫德族居住地區
發生紛爭的地區
哈拉卜賈的屠殺事件（1988年3月16日）：受兩伊戰爭波及，海珊的政府軍以化學武器攻擊當地。
艾比爾 庫德斯坦自治區的實質首都。
基爾庫克 石油蘊藏量豐富的此地一直持續有紛爭，但伊拉克政府軍在2017年10月奪回此地。

東海、南海的緊張局勢

中國宣稱自己要「和平崛起」：沒有任何一絲擴張領土的意圖，鄰近各國無須警戒，它也不會強迫他國採行相同體制，而且，中國本來就從未推行過帝國主義政策或殖民地主義。

中國的主權主張

中國對領土的主張是事實，不過，領海就不是了。而且，不管從人口、軍力、經濟力的任一點來看，中國和鄰近各國的差別都很明顯，各國會對中國保持警戒也是理所當然。

對於中國主張擁有主權的海域，周邊幾個國家都提出異議。結果是，中國不只跟原本對立的國家（日本、越南）關係惡化，跟之前關係良好的國家，也變得關係緊張。中國陷入兩難。中國將東海、南海的主權視為重大問題，只要它持續主張擁有東海與南海主權，周邊國家恐怕就會尋求美國保護。可是，美軍增加這兩個海域的軍備，正是中國想避免的局面。那麼，中國在知道可能失去對東海、南海的控制權下，可能撤回對主權的主張嗎？

對中國政府來說，南海可說是等同生命線的戰略要地。進口中國的貨物中，有 80% 是通過南海運送，此外，這個海域還有豐富的漁業資源和天然能源。中國現在需要這些資源，將來應該更需要。而且，中國核子潛艇需要行經這個海域，而核子潛艇能保證中國的軍事力與震懾力。

亞洲各國的警戒

2016 年 7 月，設於荷蘭海牙的常設仲裁法院接受菲律賓提起的訴訟，判定中國對南海主權的主張無效。但由於中國不接受這個裁決，東南亞國家協會（ASEAN，簡稱「東協」）各國也因此加強警戒。鄰近各國都擔心，在這件事情上，強國中國會堅持自己的主張。

主張擁有南沙群島主權的國家，除了中國外，還有馬來西亞、菲律賓、越南、台灣、汶萊等，中國卻在這個海域興建人工島。除了南沙群島，還有不少與中國有關的島嶼主權爭議：越南跟中國之間還有西沙群島爭議，菲律賓跟中國之間則有黃岩島爭議。此外，還有敏感的釣魚台主權問題，中國和日本因為這個爭議一直處於緊張關係。釣魚台雖然是座無人島，但擁有其主權，就能擁有廣大的排他性經濟海域。

1971 年，美國將釣魚台歸還日本。2012 年，東京都表明要買下釣魚台後，日本政府隨即將之國有化。日本政府這麼做，原本是為了避免引起更大問題，但中國隨即反抗，將領空擴大至釣魚台上空。作為美國盟國的日本，與中國的對立情勢並不是現在才開始，但近年來變得更緊繃。兩國於是在軍備擴張上競爭，在自己國內訴諸民族主義，持續對立。

以常理來說，不論哪一方，應該都不會由於無人島領土的主權爭議，造成不可收拾的狀態。不過，嚴重挑釁的結果，就是造成紛爭不斷。

中國和平地擴大活動範圍？

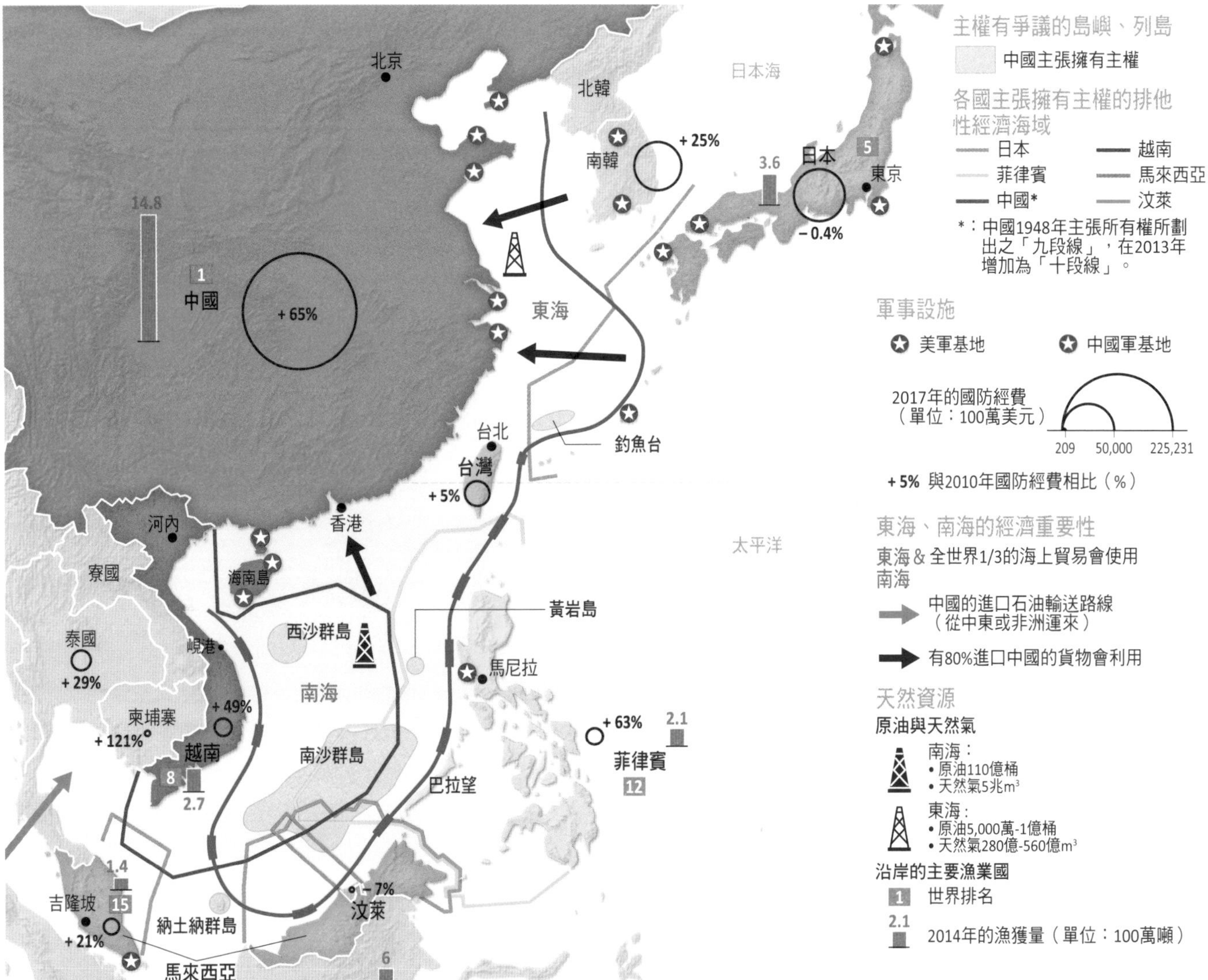
北京
日本海
北韓
南韓
+25%
3.6
日本
5
東京
−0.4%
14.8
1
中國
+65%
東海
台北
台灣
+5%
釣魚台
太平洋
河內
香港
寮國
海南島
黃岩島
西沙群島
泰國
峴港
+29%
南海
馬尼拉
柬埔寨
+49%
+63%
2.1
+121%
越南
南沙群島
菲律賓
8
2.7
巴拉望
12
1.4
−7%
汶萊
吉隆坡
15
納土納群島
+21%
馬來西亞
6
+87%
印 尼
2
500 km
主權有爭議的島嶼、列島
中國主張擁有主權
各國主張擁有主權的排他性經濟海域
日本
越南
菲律賓
馬來西亞
中國*
汶萊
*：中國1948年主張所有權所劃出之「九段線」，在2013年增加為「十段線」。
軍事設施
美軍基地
中國軍基地
2017年的國防經費
（單位：100萬美元）
209
50,000
225,231
+5% 與2010年國防經費相比（%）
東海、南海的經濟重要性
東海＆全世界1/3的海上貿易會使用南海
中國的進口石油輸送路線（從中東或非洲運來）
有80%進口中國的貨物會利用
天然資源
原油與天然氣
南海：
• 原油110億桶
• 天然氣5兆m³
東海：
• 原油5,000萬-1億桶
• 天然氣280億-560億m³
沿岸的主要漁業國
1 世界排名
2.1
2014年的漁獲量（單位：100萬噸）

出處：美國國防部；斯德哥爾摩國際和平研究所；帕斯卡・博尼法斯《2018年的戰略》；聯合國糧食及農業組織（FAO）；《2014年的數字》（法國經濟選項雜誌社的年鑑）

朝鮮半島的紛爭凍結了嗎？

1953 年南北韓雖然在板門店協議停戰，但這並不是永遠的和平。南北韓一直處於戰爭狀態中，南韓受到美國的庇護，北韓則有共產國家的蘇聯與中國撐腰。

南韓的飛躍與北韓的停滯

南韓由於國民的靈活性（1960-70 年代有不少南韓人去西德工作，賺取外匯，對國內經濟有很大貢獻）、教育完善、對美國開放市場等原因，經濟明顯成長。從 1950 到 2000 年間，人均國內生產毛額增加了 100 倍。反之，北韓有限的國家預算都投入於軍備和安全保障上，經濟一直處於停滯狀態，1996 年還面臨大饑荒。

1980 年代，南韓隨著社會發展，也邁向民主化，北韓則是一直維持極權體制。1988 年南韓主辦奧運，也讓國際社會認同其發展。至於北韓，並沒有像中國一樣採行市場開放政策，繼續開發核彈，並在 2003 年退出核武禁擴條約。1988 年，原本的反體制派人士金大中就任南韓總統，並推動緩和南北韓緊張局勢的「陽光政策」。2000 年，美國國務卿歐布萊特訪問平壤，國際間也認為與北韓達成非核協定的時間不遠。然而，2002 年 1 月小布希總統「邪惡軸心」的發言（指名北韓、伊拉克與伊朗），粉碎了這個希望。

南北韓正邁向和解嗎？

2003 年的伊拉克戰爭，讓北韓更堅信，要維持政治體制就必須擁有核武。北韓的共產主義政權是採世襲制，建國者金日成 1994 年過世後，交棒給兒子金正日，2011 年金正日再傳給兒子金正恩。不過，不管政治體制如何穩固，北韓都自知沒能力奪回南韓，南韓也不想跟北韓統一，因為統一對南韓造成的經濟負擔太大。跟當年德國統一的情況不同，西德人口是東德的四倍，而且東德的經濟發展又遠比北韓好得多，而南韓人口只有北韓的兩倍。相關的各國也不希望它們統一。日本擔心，懷著反日情緒的南北韓統一對己不利。事實上，對朝鮮半島的兩國人民來說，由於日本政府並未正式道歉，他們還記得二次大戰的痛苦記憶。美國的考量是，若南北韓統一，很可能動搖美軍駐守亞洲的正當性。反之，中國是擔心南北韓統一後，美國的駐守地會換成中國附近。

北韓清楚，一旦開戰自己必然戰敗，所以理當不會主動開戰。雖說如此，若演變成美國發動攻擊的局面，可以想見會造成極大傷亡，尤其是首爾和東京這兩個大都市很可能因此毀滅。

2017 年年底，川普與金正恩互相暗示要對彼此發動核武攻擊，南韓總統則在其中緩頰。隨後，在南韓主辦的平昌冬季奧運中，南北韓高官有機會得以接觸，也促成之後 2018 年 6 月美國與北韓在新加坡的會談。不過，北韓的非核化，就跟南北韓的統一一樣，還看不見實現的可能性。

從明顯增強軍備到對立趨於和緩

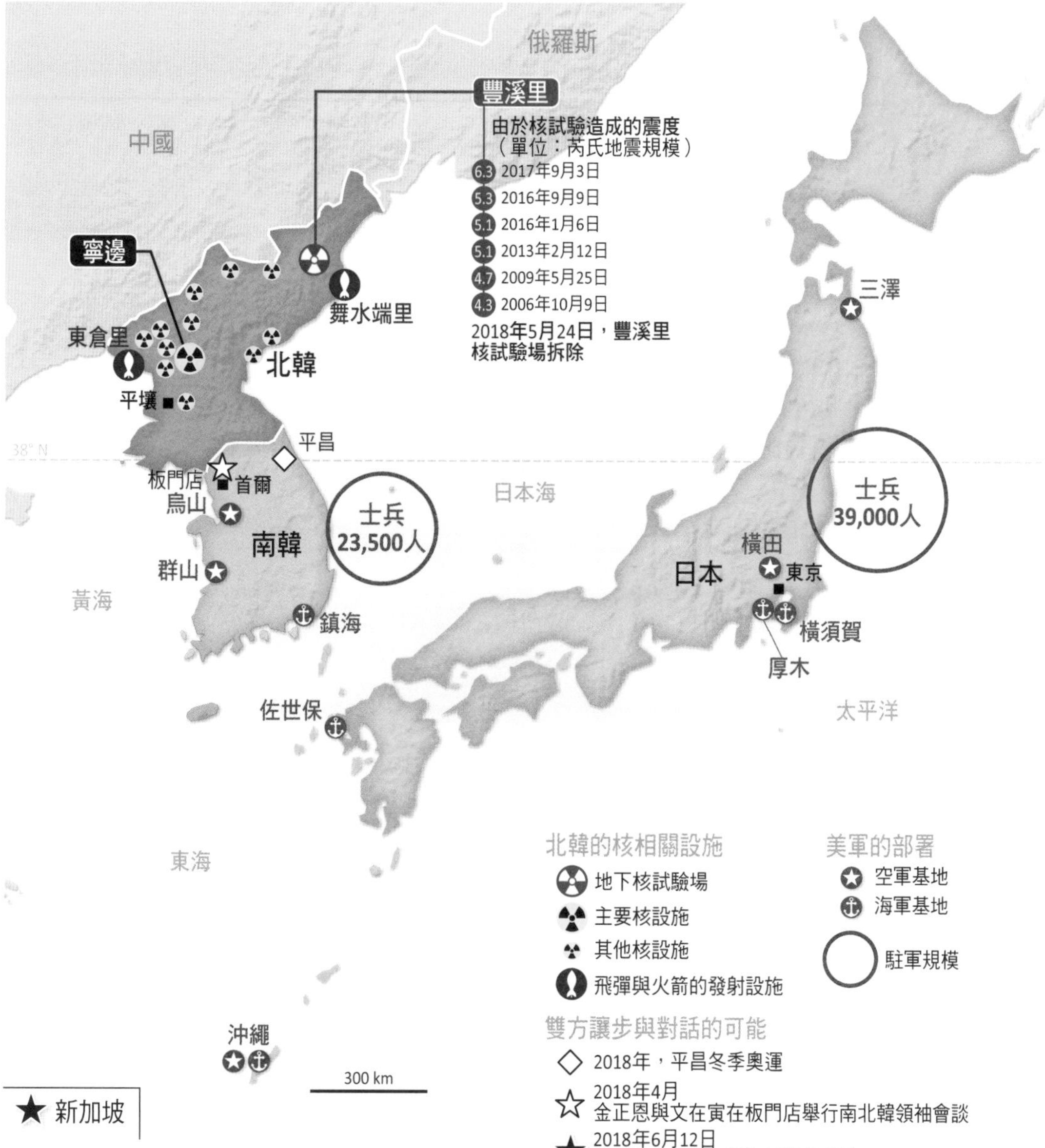
俄羅斯
中國
豐溪里
由於核試驗造成的震度
（單位：芮氏地震規模）
6.3 2017年9月3日
5.3 2016年9月9日
5.1 2016年1月6日
5.1 2013年2月12日
4.7 2009年5月25日
4.3 2006年10月9日
2018年5月24日，豐溪里
核試驗場拆除
寧邊
舞水端里
東倉里
北韓
平壤
38° N
平昌
板門店
首爾
烏山
南韓
士兵
23,500人
群山
黃海
鎮海
日本海
三澤
士兵
39,000人
橫田
東京
日本
橫須賀
厚木
太平洋
佐世保
東海
沖繩
300 km
★ 新加坡
北韓的核相關設施
地下核試驗場
主要核設施
其他核設施
飛彈與火箭的發射設施
美軍的部署
空軍基地
海軍基地
駐軍規模
雙方讓步與對話的可能
2018年，平昌冬季奧運
2018年4月
金正恩與文在寅在板門店舉行南北韓領袖會談
2018年6月12日
川普與金正恩在新加坡舉行會談

出處：美國地質調查所（USGS／2017年9月）；國際原子能總署（2017年）

美中關係是協調或敵對？

中國發生國共內戰時，美國之所以沒妨礙毛澤東，是因為在太平洋戰爭中，毛澤東率領的抗日民族統一戰線與日本作戰，幫助美國。不過，1949 年毛澤東在國共內戰勝利後，與蘇聯結為軍事同盟，美國於是支持逃往台灣的蔣介石與國民黨。美國尤其主張，應該讓台灣維持聯合國安理會常任理事國的席次，守護台灣這個受大陸政府威脅的小島國。

明顯的接近

1961 年，中國為正當化跟蘇聯的斷絕往來，提出激進發言。中國批評蘇聯的對美和平政策（它致使美蘇關係「解凍」），對美國也採取強勢的威嚇態度，甚至暗示要發動核戰。不過，當時中國並未擁有核武。

1969 年 1 月，尼克森就任美國總統，任命季辛吉為國務卿。由於美國在越戰中勞民傷財，兩人認為，應該要用跟過去不同的方法對抗蘇聯的威脅。於是，美國一方面進行跟蘇聯緩和關係的政策，一方面為了封鎖蘇聯而接近中國。一方面維持與台灣的軍事協定，但在 1971 年同意中國取代台灣，成為聯合國安理會的常任理事國。1972 年尼克森訪問中國，震驚世界。美中兩大國的關係往前邁進一大步，美國則是利用這點來牽制蘇聯。雖然毛澤東政權是極權主義，但對尼克森和季辛吉來說，處理蘇聯帶來的威脅才是第一優先。

鄧小平在 1970 年代後半掌權後，更進一步加強美中關係。公開訪問美國的鄧小平，把重點擺在活絡經濟上，中國於是在仍由共產黨一黨控制下，導入市場經濟。

敵人還是夥伴？

中國成為美國最大貿易夥伴。但另一方面，21 世紀後，美國開始對中國的發展提高警覺。因為中國崛起，可能會威脅美國在亞洲及太平洋地區的控制力。

對中國來說，經濟發展對維持體制安定，是不可或缺的條件，所以它無意放掉美國這個市場。

至於美國，為滿足國內消費需要、取得便宜產品，也少不了中國進口貨。美國對中國的貿易赤字，每年高達 3,000 億美元，中國則幾乎都是用購買美國國債的方式填補這個落差。美國認為中國不當壓低人民幣價值，因此不斷要求中國讓貨幣升值。中國則批判，由於美金是國際通用貨幣，所以美國不正當地獨占特權。

今日的美中關係和冷戰時期美蘇關係的不同點，在於中國並不打算推翻美國的政治體制，「只是」想成為世界第一大國而已。雙方較勁的並不是對立的意識型態。

此外，正如一般所說，現在的世界局勢並不是 G2，也就是由美中兩國共同統治世界。美中兩大國既有合作關係，也有對立關係。川普不論在經濟或軍事上，都展現出要與中國對決的強硬態度。

也有人提出「修昔底德陷阱（The Thucydides Trap）」來形容美中關係。古希臘歷史學家修昔底德（Thucydides）認為，正在衰退的大國斯巴達與新興國家雅典的對立，是不可避免的狀態。19 世紀末，英國和德國的關係也是如此。

這麼說來，崛起的中國，和相對衰退的美國，會形成對立情勢也是無法避免的吧？

美中相互需要也彼此競爭

130.3
505.6
中國
10,887 145
1,120
美國
17,947 604
★ 華盛頓
百慕達群島（英國）
南韓
日本
沖繩
巴基斯坦
關島（美國）
第7艦隊
西太平洋
泰國
新加坡
第5艦隊
印度洋、
波斯灣地區、紅海
迪亞哥加西亞島
（英國）
亞洲
(118)
亞洲
70
43
澳洲
大洋洲 (19)
印度洋
太平洋
第3艦隊
太平洋
中途島
夏威夷
北美＆南美
(161)
關達那摩（古巴）
波多黎各（美國的自治邦）
阿魯巴島＆庫拉索島
（荷蘭）
宏都拉斯
哥倫比亞
厄瓜多
拉丁美洲
2
35.8
大西洋
第2艦隊
大西洋
冰島
歐盟
35
98
歐洲
(173)
挪威
比利時
英國
西班牙
義大利
第6艦隊
地中海
以色列
埃及
非洲
7
36
沙烏地阿拉伯
吉布地：
2017年中國在海外
的第一個軍事基地
阿曼
非洲
(54)
3,000 km
赤道通過

兩大經濟大國

17,947 國內生產毛額（GDP）（單位：10億美元）

貨幣金融政策

★ 聯邦準備系統：世界有38%的支付與交易行為是使用美元。

1,120 2017年時，中國擁有的美債金額（單位：10億美元）

相互依賴與貿易競爭間的兩難

⇨ 根據美國發表的統計數字，對中貿易有3,752億美元的赤字（中國方面的數據是2,758億美元）（單位：10億美元）

亞洲基礎建設投資銀行（AIIB）的成員國：亞投行是為對抗世界銀行而成立，成立時間為2015年12月，總部在北京。

2016年的國防費用

604 軍事費用（單位：10億美元）
美國：比起2008年減少0.49%
中國：比起2008年增加178.85%

各地區的外商直接投資（FDI）金額

（2016年／單位：10億美元）

中國　美國

兩大海洋國家

以保護中國為目的的沿岸基地（珍珠鏈策略）

美英軍事基地與軍事設施

美國艦隊的活動海域

戰略同盟

上海合作組織（SCO）成員國

上海合作組織觀察國

增強軟實力的策略

孔子學院（學校數量）

前往美國求學的留學生（2017年）：108萬人，其中35萬755人來自中國（以國籍來說，數量最多）

出處：帕斯卡・博尼法斯《2018年的戰略》&《2010年的戰略》（*L'année stratégique 2010*）；路透社（2017年）；AIIB官網（2018年）；聯合國貿易和發展會議（2016年）；世界銀行（2016年）；拉丁美洲暨加勒比海經濟委員會（ECLAC／CEPAL，2016年）；Rhodium Group（美國的調查公司，2016年）；歐洲委員會（2012年）；上海合作組織官方網站；孔子學院官方網站（2018年）；美國國務院教育文化事務局「開放門戶報告」（2017年）；中國國營媒體新華社（2017年）

第2部

各個地區

法國：主要的大國

法國早已經是個「一般大國」，以一個在懷念過往光榮中生存下去的國家角度看待世界局勢。

法國是一般大國嗎？

法國衰退論並不是一個新主題，它第一次登場是在百年戰爭之際。法國人開始討論這個議題，是法國在1871年普法戰爭中，不是敗給幾個國家組成的聯盟，而是敗給單一國家之際。之後，在1940年6月，曾經有世界最強之稱的法國軍隊，在三週內成為納粹德國的手下敗將，這個創傷加上戰後第五共和國時期一連串對殖民地的戰爭，都強化了這個見解。

戴高樂將軍一方面讓法國留在北約組織，一方面為了和美國有所區隔而展開自己的路線，這為法國的外交政策再次帶來光榮。擁有核武的法國，在核震懾力下得以保障國家自主性，不必像歐洲其他國家一樣，由於恐懼蘇聯，而必須接受美國庇護。再者，因為外交上的選擇也很多，作為一個走自己路線的西方國家，能和許多國家發展個別關係。之後，密特朗總統也承襲並發展戴高樂的路線，所以這個政策稱為「戴高樂密特朗主義」。

確實，隨著1991年蘇聯解體，兩極世界終結，法國也失去如同擁有特權的立場。不過，正如2003年反對伊拉克戰爭一樣，法國經常能展現自己獨特的存在感。在新的國際局勢中，也能靈活運用身為安理會常任理事國擁有的否決權。除了超大國美國以外，能算得上是世界主要國家的，即在多數國際重要議題上有影響力的不到10國，以及各地區的有力國家，則大約20國。雖然其他國家不一定總是跟隨法國，但在多數國際問題上，國際間普遍認為法國的見解是正當的、可理解的，如地球暖化政策、對抗瘟疫政策、恐攻政策、以團體力量保障安全、世界經濟的管理等。

此外，不只是歷史上給人的印象，從客觀資料上，也能看出法國的實力。法國吸引大量外資投入，出口量是世界第4，國內生產毛額則為世界第5。雖然蘇聯的威脅已不再，但法國的核武實力依然是它的最大王牌，法國在所有國際組織中也都很活躍。藉由一直以來的表現，以及在國際舞台上參與各種事務，法國被視為世界大國，和世界各地區的政治狀況都有關。

地理上的絕對優勢

法國在地理位置上也有強大優勢。歐洲各國中，國土既面向大西洋，也面向地中海者，只有法國和西班牙而已，法國的海岸線總長達3,500公里。法國掌握西歐最深層的地緣政治學戰略，扮演與北歐和南歐連結的橋梁。此外，在新的海洋法生效以來，法國的領海範圍是世界第3。法國本土的領土已不算小，但還有5個海外省（瓜地洛普、馬丁尼克、圭亞那、留尼旺、馬約特）、5個海外行政區（法屬玻里尼西亞、瓦利斯和富圖納群島、聖皮埃與密克隆群島、聖巴瑟米、聖馬丁）及新喀里多尼亞特別行政區。再者，還應該把法屬南部和南極領地（TAAF）也加進來。簡單來說，法國的主權遍及4個海洋（印度洋、大西洋、太平洋、南極海）、2個大陸（美洲及非洲大陸）周邊的海外省。

法國最能展現存在感的第二個地區，就是以前為法國殖民地的非洲各國。藉由簽訂一連串科技、經濟、文化以及軍事上的合作協定，法國和多數非洲國家都維持一定關係。不過，其他大國，尤其中國，愈來愈在意非洲大陸，也讓法國在政治及經濟上失去非洲一部分市場。

法國的外交力

法國在國際舞台上一直擁有特別的地位，是能在所有外交問題上都有自己見解的少數國家之一。在推動歐洲統合上，法國在很多階段都成為原動力。

歐洲煤鋼共同體（ECSC，1951年）、歐

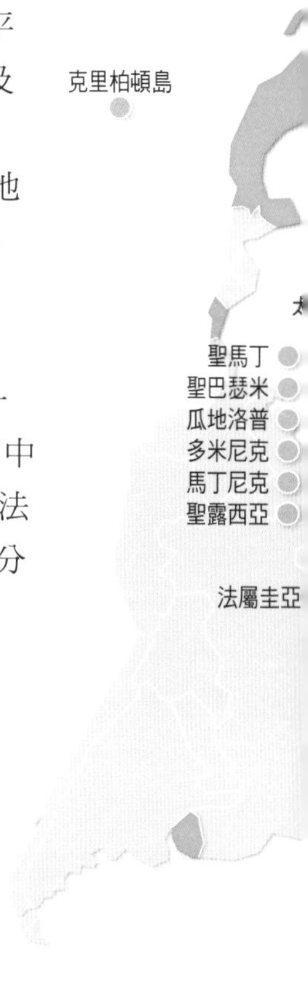
克里柏頓島
聖馬丁
聖巴瑟米
瓜地洛普
多米尼克
馬丁尼克
聖露西亞
法屬圭亞

洲經濟共同體（EEC，1957 年）、單一歐洲法案（1986 年）、馬斯垂克條約（1992 年）、里斯本條約（2008 年）都是由法國主導。法國在世界上的重要性，與歐盟影響力有很大關係，也會因相乘效果而變得更大。此外，德國在東西德統一後，對法國的影響力也相對增加。

法國是歐盟一大支柱，也因此對非成員國而言，法國的地位又更高。在英國決定脫歐後，法國成為歐盟中唯一真正具有軍事實力，又是聯合國安理會常任理事國的國家。

法國要傳達的訊息，不只是要讓國際社會都聽到，還必須能實現國家利益和歐洲的利益。法國領導者應該留意的是，不要抱持過去常被批判的傲慢姿態。

法國是多邊主義的擁護者，它認為，如果能統合歐洲，形成多邊主義的世界，在實現國家利益的同時，也能對全體世界有益。藉由貫徹多邊主義，也能得到大多數國家的理解。法國從前因為有啟蒙哲學、法國大革命，近代有戴高樂密特朗主義外交的歷史，所以讓多數外國人覺得，法國在國際上具有特別地位。

歐美獨霸的時代已經結束，法國和西方其他國家一樣也受到影響。不過，法國還是擁有多張王牌、能以全球化角度思考，並在戰略問題上是有能力表達公正見解的稀有國家之一。

現在的法國為失業問題、龐大財政赤字和貿易赤字所苦，最大的課題是如何讓國內經濟復甦，這在維持戰略的正當性上，也是不可或缺的條件。

法語圈國際組織

出處：法語圈國際組織（OIF）

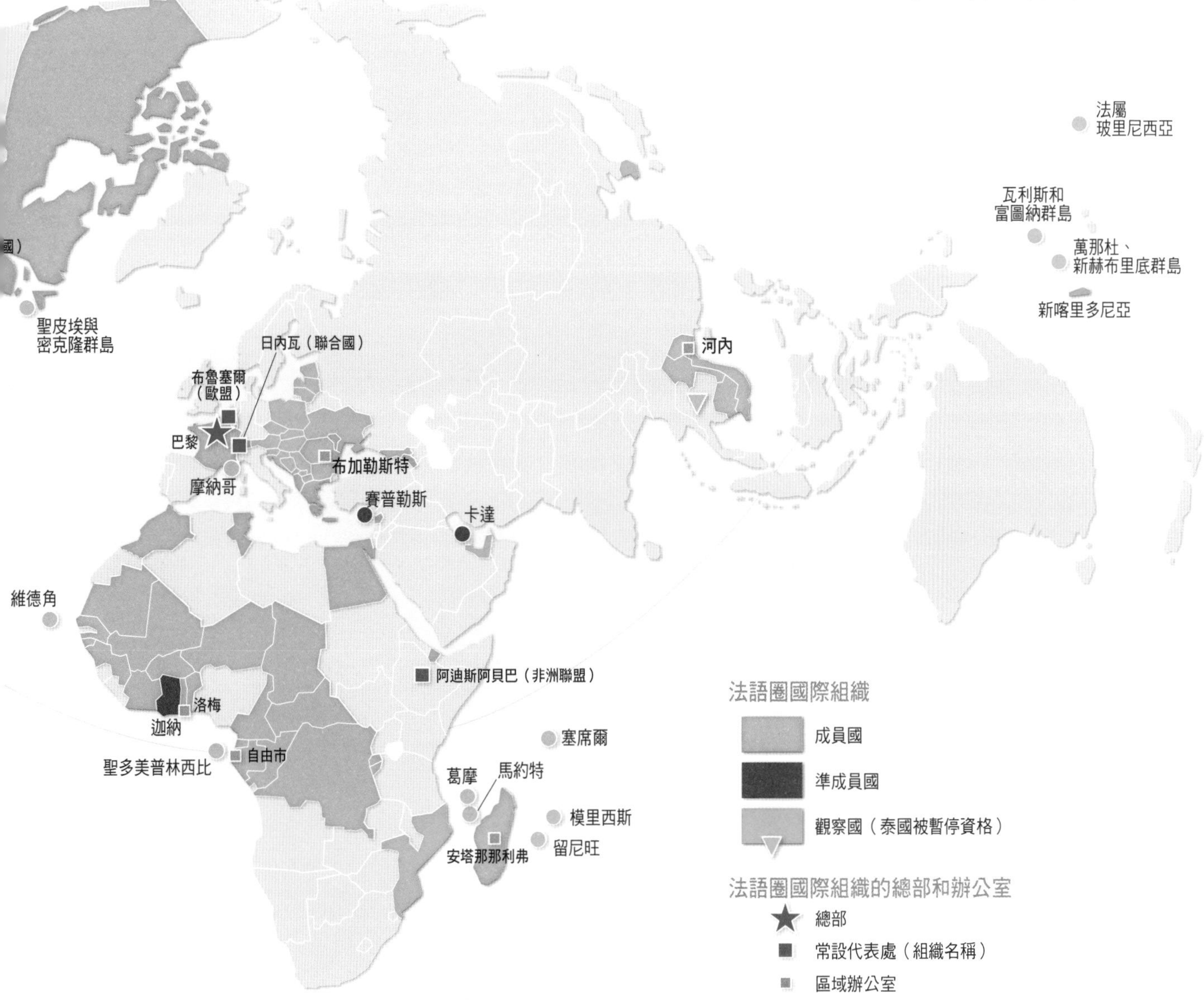

法屬
玻里尼西亞
瓦利斯和
富圖納群島
萬那杜、
新赫布里底群島
新喀里多尼亞
聖皮埃與
密克隆群島
日內瓦（聯合國）
布魯塞爾
（歐盟）
巴黎
摩納哥
布加勒斯特
賽普勒斯
卡達
河內
維德角
阿迪斯阿貝巴（非洲聯盟）
洛梅
迦納
聖多美普林西比
自由市
塞席爾
葛摩
馬約特
模里西斯
留尼旺
安塔那那利弗
法語圈國際組織
成員國
準成員國
觀察國（泰國被暫停資格）
法語圈國際組織的總部和辦公室
總部
常設代表處（組織名稱）
區域辦公室

德國：復活的大國

冷戰結束，眼看東西德可能統一，西德總理海穆爾・柯爾（Helmut Kohl）和法國總統密特朗很快決定要統合歐洲，將必然能為組織增添力量的新生德國納入，成為歐洲的德國，而不是德國的歐洲。然而，也有包含英國首相柴契爾夫人在內的歐洲國家領袖不認同德國的統一。鑑於歷史，他們擔心德國會再次強大。

德國變得強大

1992 年，歐洲多國簽訂「馬斯垂克條約」後，歐洲經濟共同體朝向歐盟邁進。歐盟要達成的目標之一，是使用共同貨幣。德國為導入歐盟的單一貨幣歐元，捨棄了象徵德國繁榮與貨幣、經濟安定的德國馬克。

隨著統一，德國又再度成為一個一流國家，這點毋庸置疑，但前東德的發展還是很緩慢。

進入 21 世紀後，國與國之間的權力關係尤其容易轉變，法國跟德國之間的權力關係也不例外。法國面臨高失業率、成長減緩、貿易赤字，整體經濟停滯，反之，德國則是充分就業、貿易黑字的金額也創下紀錄，經濟成長強勢亮眼。但儘管如此，法國還是保有戰略上重要地位的優勢。

1937-1949年的德國國土

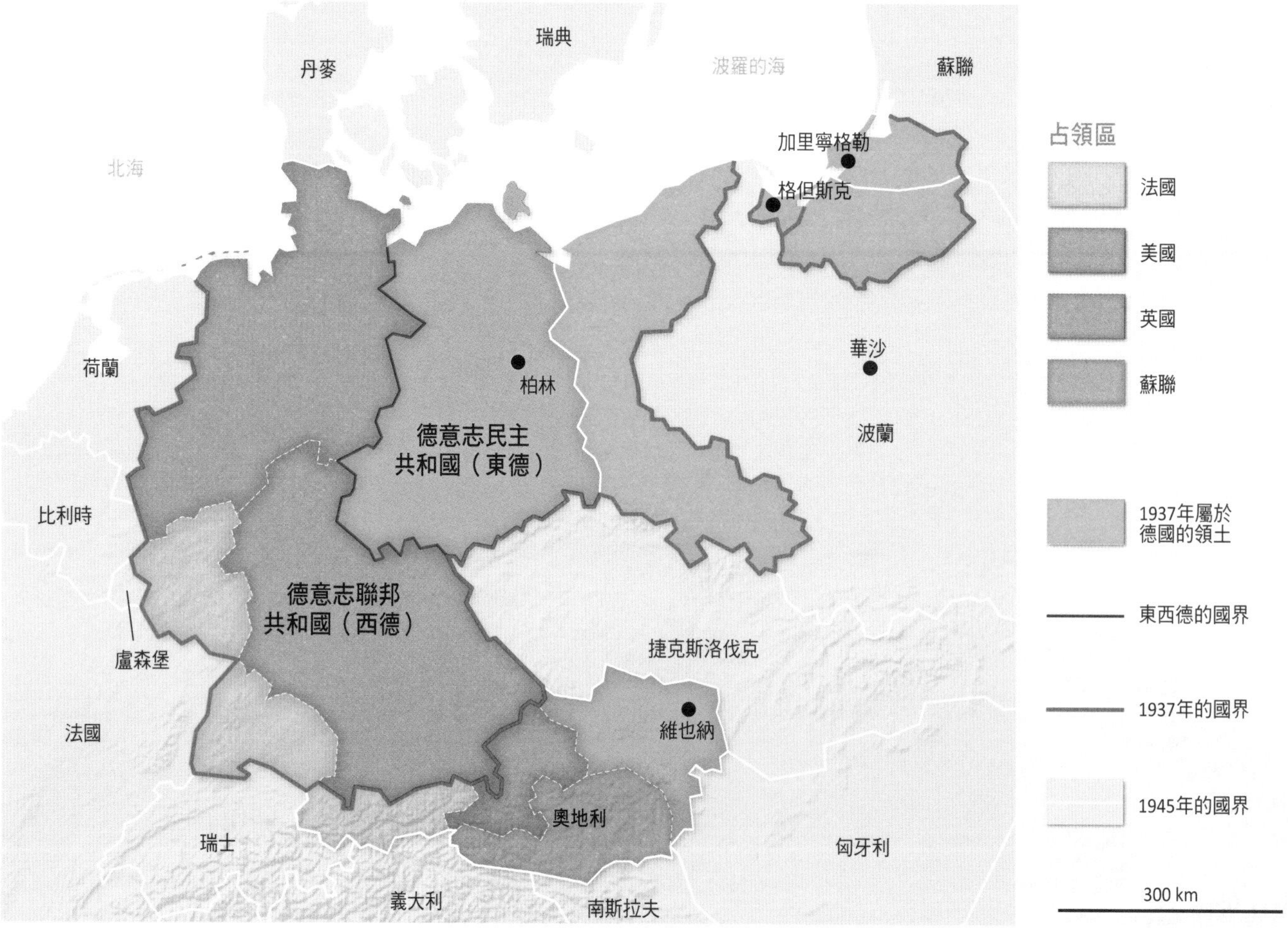

瑞典
丹麥
波羅的海
蘇聯
加里寧格勒
格但斯克
北海
柏林
華沙
荷蘭
德意志民主
共和國（東德）
波蘭
比利時
德意志聯邦
共和國（西德）
盧森堡
捷克斯洛伐克
維也納
法國
奧地利
瑞士
匈牙利
義大利
南斯拉夫
占領區
法國
美國
英國
蘇聯
1937年屬於
德國的領土
東西德的國界
1937年的國界
1945年的國界
300 km

戰略上不再那麼謹慎

多虧冷戰結束，德國得以拉開和美國的距離。2017 年川普上任後，兩國之間的距離拉得更開。更別說，2003 年，時任德國總理的施若德（Gerhard Schroeder），反對美國主導的伊拉克戰爭。不過，在科索沃戰爭之際，身為北約組織成員的德國還是全程參與戰事。自從統一以來，將首都設於柏林的德國，在戰略上不算靈活，但卻不僵化。它也是安理會常任理事國的有力候選國。

德國和中國有緊密的經濟關係。面對俄羅斯，雖然不像波蘭和波羅的海三小國一樣那麼懷有戒心，但 2014 年俄羅斯併吞克里米亞後，梅克爾總理馬上對俄羅斯展現較強硬的態度。

歐洲面對的問題

在 2017 年德國聯邦議會選舉中，執政黨席次大減，但在這之前，德國梅克爾總理可說是讓人無法忽視的國家領袖。不只在歐盟，在整個歐美，她也可說是最強的女性。

雖然德法關係仍然是德國的重點，但像過去戴高樂與艾德諾（Konrad Adenauer）、德斯坦（Valerie Giscard d'Estaing）與施密特（Helmut Schmidt）、密特朗與柯爾那種兩國領袖間的密切關係，如今已不復見。

德國的經濟，在前總理施若德的結構改革下恢復生氣，梅克爾總理則是承接了這個好處。然而，國內的貧富差距卻因這個改革而擴大。2016 年時，考量到出生率低下以及完全就業的問題，梅克爾總理接納了人數超過百萬的難民。這是同時顧慮到人道以及政治層面（增加國內勞動力）的聰明決定。不過，由於梅克爾未與情況不同的歐洲其他國家協議，結果導致國內極右勢力崛起。

此外，在 2008-2009 年世界金融危機後，德國不聽歐盟其他夥伴意見，對南歐各國採取嚴厲態度，遭致許多批評。但德國人民認為，認真工作的自己，實在沒有為南方國家那些懶散的人出錢的道理。就這樣，歐洲的問題又更釐不清了。

德國領土的變遷

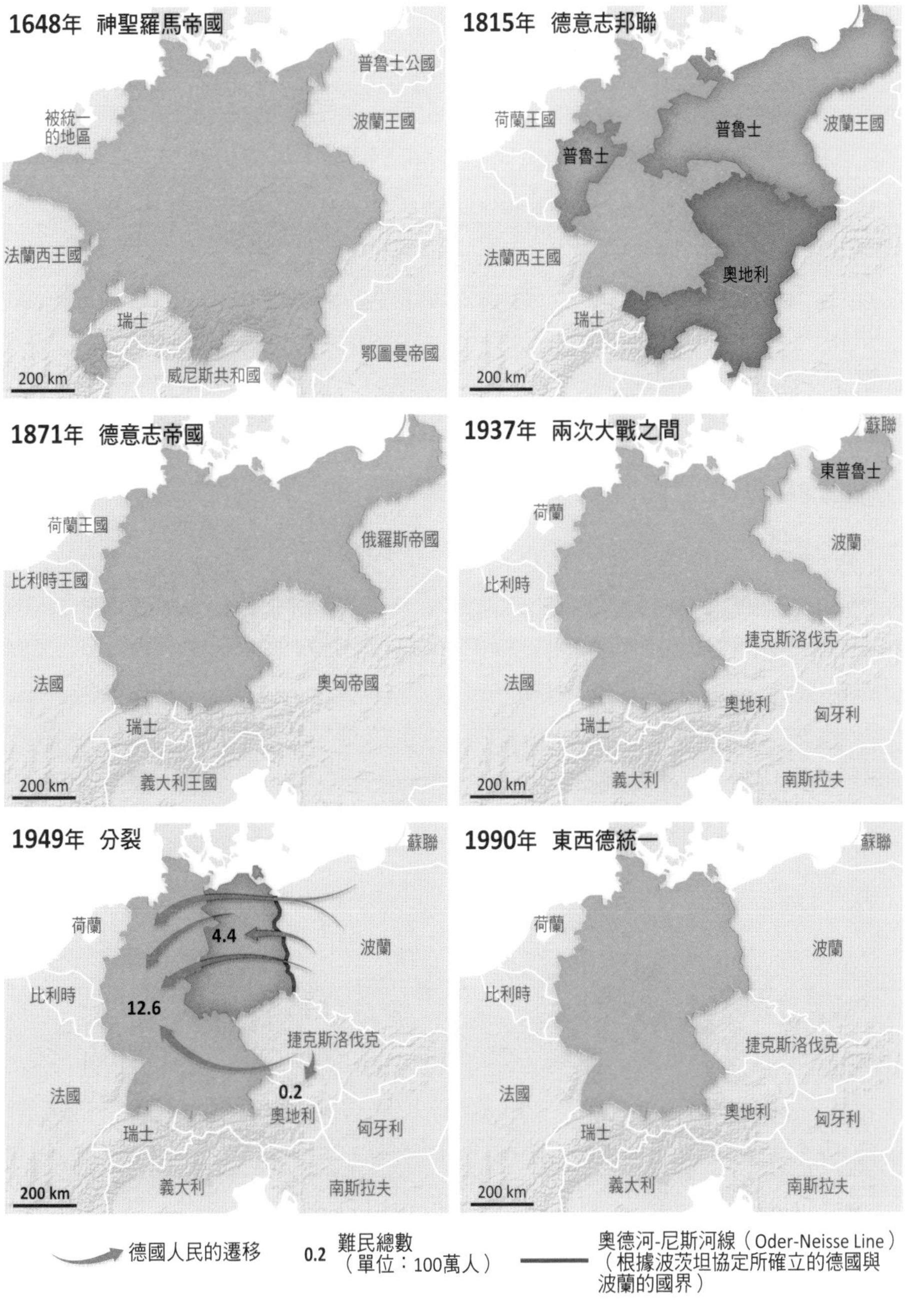

1648年 神聖羅馬帝國
普魯士公國
被統一的地區
波蘭王國
法蘭西王國
瑞士
鄂圖曼帝國
威尼斯共和國
200 km
1815年 德意志邦聯
荷蘭王國
普魯士
普魯士
波蘭王國
法蘭西王國
奧地利
瑞士
200 km
1871年 德意志帝國
荷蘭王國
俄羅斯帝國
比利時王國
法國
奧匈帝國
瑞士
義大利王國
200 km
1937年 兩次大戰之間
蘇聯
東普魯士
荷蘭
波蘭
比利時
捷克斯洛伐克
法國
奧地利
匈牙利
瑞士
義大利
南斯拉夫
200 km
1949年 分裂
蘇聯
荷蘭
4.4
波蘭
比利時
12.6
捷克斯洛伐克
0.2
法國
奧地利
匈牙利
瑞士
義大利
南斯拉夫
200 km
1990年 東西德統一
蘇聯
荷蘭
波蘭
比利時
捷克斯洛伐克
法國
奧地利
匈牙利
瑞士
義大利
南斯拉夫
200 km
德國人民的遷移
0.2 難民總數（單位：100萬人）
奧德河-尼斯河線（Oder-Neisse Line）（根據波茨坦協定所確立的德國與波蘭的國界）

英國：歐洲的大國？

已經合併威爾斯的英格蘭王國在1707年取得蘇格蘭統治權，1801年再納入愛爾蘭，形成大不列顛及北愛爾蘭聯合王國。它以海洋大國之姿對抗法國的拿破崙，並取得廣大殖民地，很快成為無可動搖的貿易大國。在1860年代，全世界有4分之1的人口是維多利亞女王的臣民。1922年，雖然愛爾蘭成功獨立，但北愛爾蘭還留在聯合王國中。

加拿大
太平洋
貝里斯
開曼群島
牙買加
百慕達群島
巴哈馬
土克斯及開科斯群島
英屬維京群島
安吉拉島
聖克里斯多福及尼維斯
蒙哲臘
安地卡及巴布達
多米尼克
聖露西亞
巴貝多
聖文森及格瑞那丁群島
格瑞那達
千里達及托巴哥
蓋亞那
英國
愛爾蘭
直布羅陀
馬爾他
賽普勒斯
孟加拉
巴基斯坦
印度
甘比亞
獅子山
奈及利亞
迦納
喀麥隆
烏干達
盧安達
肯亞
塞席爾
坦尚尼亞
模里西斯
馬拉威
尚比亞
莫三比克
辛巴威
史瓦帝尼王國（以前的
波札那
賴索托
南非
納米比亞
聖赫勒拿島
大西洋
福克蘭群島
（馬爾維納斯群島）

出處：大英國協官網

帝國的終結

雖然從 19 世紀末開始，英國的霸權受到德國威脅，但進入 20 世紀後，美國又幫英國奪回寶座。英國和這個前殖民地之間一直有著「特別關係」，美國的領袖和菁英也希望在大西洋另一頭，有個能信賴的力量，好維持美國對世界的影響力。事實上，在邱吉爾與羅斯福、柴契爾和雷根分別領導兩國時，都順利達成這個目標。

2018年的大英國協

諾魯
吐瓦魯
吉里巴斯
薩摩亞
所羅門群島
庫克群島
皮特康群島
太平洋
斐濟
巴布亞紐幾內亞
東加
汶萊
新加坡
澳洲
紐西蘭
印度洋
成員國
海外領土與殖民地
前成員國

二次大戰結束時，由於英國是唯一自始至終與希特勒奮戰的國家，因而享有光榮，但之後即出現衰退之勢，很快也失去了殖民地。歐洲的統合一開始也是將英國排除在外。法國總統戴高樂發動否決權，反對英國加入歐洲經濟共同體（法國的考量是，英國可能會像「特洛伊木馬」般成為美國的間諜），但戴高樂卸任後，英國在 1973 年加入了歐洲經濟共同體。

戰後的英國，在經濟與戰略層面上都相對衰退。於是，柴契爾首相強行削減龐大的社會福利支出，施行新自由主義的經濟政策，再加上她在 1982 年發動福克蘭戰爭（阿根廷主張英國的福克蘭群島為其領土），這都確立了柴契爾首相「鐵娘子」的形象。

對歐洲態度消極

英國對歐洲的統合一直態度消極，也拒絕導入歐元。英國認為歐洲是一個商業圈，並不認同「一個歐洲」這樣的定位。從很久以前，島國英國就一直和歐洲大陸保持一定距離。在戰略上，它反對法國提倡的「歐洲大國」計畫。英國判斷，要是歐洲成為一個大國，就會與美國霸權對立，而隔著大西洋的英美連帶關係也會受影響。

2003 年，當時的英國首相布萊爾讓英國加入美國陣營，參與伊拉克戰爭，不過，他其實對戰爭的正當性有所質疑。儘管如此，還是基於與美國同一陣線的原則參戰。不過，英國維持這個「特別關係」的成果，很明顯無法和從前相比，近年來，英國首相對美國總統已完全不具影響力了。

2016 年英國舉行公投，結果是決定退出歐盟。因為當時首相卡麥隆對於國內情勢判斷錯誤而導致的脫歐，可能讓英國陷入困境。事實上，倫敦這個世界第一金融市場的地位將因此受到威脅。英國必須在不利的立場下，重新談判過去它在歐盟大傘下所締結的所有貿易條款。再者，英國不是歐盟成員國後，對美國來說，英國扮演美國與歐盟間橋梁的戰略重要性就會降低，而其他國家，尤其是對中國而言，英國在政治和通商上的優點就減少了。

義大利：角色的重新調整

義大利自 19 世紀統一以來，各個地區的差異分外明顯。北部是富裕的工業化地區，中部成為第三產業（服務業）的中心，南部貧窮、發展遲緩，還未都市化。結果，在不受國家重視的南部，黑手黨勢力蔓延壯大。

歐洲國家或大西洋國家？

義大利被視為二次大戰的戰勝國之一。這是因為，1943 年同盟國部隊在西西里島登陸後，義大利游擊隊一直持續對抗占領義大利的德軍，1945 年還處決了墨索里尼。冷戰時期，美國為阻擋共產黨勢力壯大，提供義大利的基督教民主黨龐大支援。在北約組織及歐盟（1952 年歐洲煤鋼共同體、1957 年歐洲經濟共同體）設立時，義大利都是原始成員國。就這樣，由於身為西方國家的一員，義大利恢復了原本地位，也很容易被納入國際共同體。

由於義大利國內的政權極不穩定，所以，經濟成長多是仰賴中小企業有活力的組織網絡。這些中小企業多是經營共同市場或家族企業。不過，儘管經濟有所成長，南北間的貧富差距還是未能縮小。在外交路線上，義大利依循北約組織的方針，同時也希望自己能成為地中海南端的玄關，並在移民問題上扮演重要角色。雖然義大利覺得自己和歐盟內的法德並駕齊驅，但這兩國對義大利並不是很在意，在此遺憾下，義大利轉而重視與美國的關係。

義大利的統一

薩瓦
瑞士
奧匈帝國
倫巴底
1859年
威尼托
1866年
馬真塔戰役
1859年
杜林
米蘭
庫斯托扎戰役
1866年
的里雅斯特
威尼斯
法國
皮埃蒙特
索爾費里諾戰役
1859年
唐德
熱那亞
費拉拉
鄂圖曼帝國
尼斯
佛羅倫斯
尼斯伯爵的領地
托斯卡尼
安科納
羅馬涅
利薩海戰
1866年
科西嘉島
蒙泰羅頓多
羅馬
門塔納戰役
1867年
亞得里亞海
教宗國
加埃塔
兩西西里王國
薩丁尼亞島
拿坡里
第勒尼安海
卡拉塔非米戰役
1860年
阿斯普羅蒙特戰役
1862年
巴勒摩
西西里亞
200 km
1859年的皮埃蒙特王國、薩丁尼亞王國
1859年取得的領土
1859年法軍介入
1860年由加里波底（Giuseppe Garibaldi）率領的千人遠征
戰役（年份）
1860年割讓給法國的領土
1861年的義大利王國
1866年取得的領土
1870年取得的領土

角色的重新調整

1980 年代，極右和極左派發動的恐攻事件不斷，造成義大利國內動盪不安。進入 1990 年代後，又面臨新的危機。希望消滅黑手黨的司法單位揭發政界與黑手黨的勾結，長期為義大利政界中心的基督教民主黨，也被發現與黑手黨有關。該黨最後甚至解散。

1994 年，義大利媒體大亨及企業家貝魯斯柯尼（Silvio Berlusconi）組成新政黨「義大利力量黨」，引發政界重新洗牌。成為總理的貝魯斯柯尼，在 2003 年不顧人民反對支持伊拉克戰爭。

儘管義大利是歐洲統合的支柱之一，但國內的歐洲懷疑主義也很有勢力（五星運動黨）。2018 年，「五星運動黨」和極右政黨「北方聯盟」組成聯合政府。

義大利不只在 2008 年金融危機中受到很大影響，也面臨競爭力降低、出生率低下（平均 1 位女性的生育人數為 1.35 人）所造成的人口高齡化問題。

由於地理因素，在 2014 年後愈益嚴重的難民危機中，義大利處於最前線。而且，在此問題上，其他歐盟國家也沒有給予充分支援。

現在，義大利的政局依舊面臨分裂危機，很難產生穩定的政權，在國際上也發揮不了影響力。

如今，義大利可說是在多股勢力間搖擺不定——希望對建構歐洲大國有所貢獻、擔心與歐盟離得太遠、主張與歐盟保持一定距離的歐洲懷疑運動，以及川普總統不在意的泛大西洋主義精神等。

即使如此，義大利的國內生產毛額仍高居世界第 8，軍事費用排名世界第 13，而且在文化與觀光上是充滿魅力的國家。它沒有推動新殖民主義的疑慮，在戰略上有很高的潛力。如果政權能穩定，並在復興歐洲的目標下與德法好好協調，應該能毫無遺憾地發揮潛力吧。

義大利的貧富差距

奧地利
瑞士
匈牙利
特倫蒂諾-
上阿迪傑區
特倫特
弗留利-
威尼斯
朱利亞區
瓦萊達奧
斯塔區
奧斯塔
倫巴底區
斯洛維尼亞
的里雅斯特
克羅埃西亞
米蘭
11.7
威尼托區
威尼斯
3.3
杜林
4.2
威尼斯灣
皮埃蒙特區
艾米利亞-
羅馬涅區
波隆那
2.3
熱那亞
波士尼亞與
赫塞哥維納
利古里亞區
聖馬利諾
法國
熱那亞灣
佛羅倫斯
2.2
安科納
摩納哥
利古里亞海
馬爾凱區
托斯卡尼區
佩魯賈
溫布利亞區
亞得里亞海
拉圭拉
拉齊奧區
阿布魯佐區
科西嘉島
羅馬
9.1
莫利塞區
普利亞區
巴里
加埃塔灣
坎佩尼亞區
拿坡里
3.4
波坦察
巴西里
卡達區
塔蘭多
薩丁區
第勒尼安海
塔蘭多灣
卡利亞里
卡拉布里亞區
卡坦扎羅
地中海
巴勒摩
愛奧尼亞海
西西里區
卡塔尼亞
2017年各地區的失業率
(%)
3.9
5.8
9.6
15.1
200 km
國內生產毛額最高的7個城市
都市的排名
36.2 在義大利整體經濟中的占比
(GDP比，%)
經濟中心
工業三角地帶
觀光地
阿爾卑斯地區
海水浴場
朝南部發展

出處：歐洲統計局（2015年、2017年）；世界銀行（2015年）

伊比利半島

國土狹長，再加上接壤國只有西班牙，葡萄牙為了開拓戰略與通商的範圍，往海上前進。葡萄牙成為世界第一大國後，15 世紀末起西班牙也勢力大增。1494 年，在教宗亞歷山大六世（Alexander VI）居中調解下，這兩大帝國簽訂了托德西利亞斯條約（Treaty of Tordesilla）將拉丁美洲土地分割為二。於是，在沒有任何紛爭下，世界霸權從葡萄牙移向西班牙。

帝國的落幕：西班牙（1865-1975年）、葡萄牙（1954-1975年）

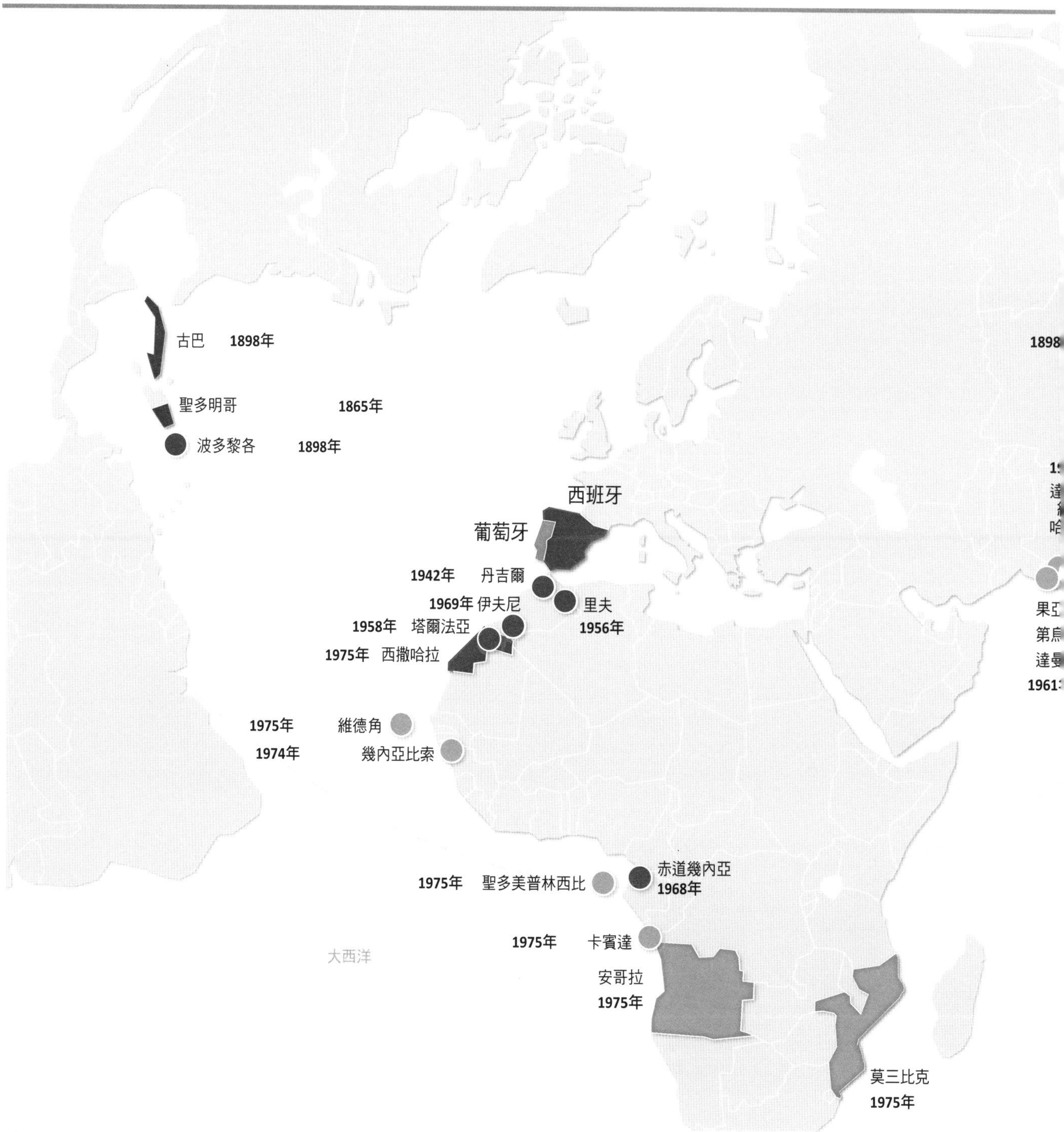
古巴 1898年
聖多明哥 1865年
波多黎各 1898年
西班牙
葡萄牙
1942年 丹吉爾
1969年 伊夫尼
里夫 1956年
1958年 塔爾法亞
1975年 西撒哈拉
1975年 維德角
1974年 幾內亞比索
1975年 聖多美普林西比
赤道幾內亞 1968年
1975年 卡賓達
安哥拉 1975年
大西洋
莫三比克 1975年

同樣的過去

面對力量比自己強大的鄰國西班牙，葡萄牙一直留意要保持國家的獨立性。

之後，兩國經歷了同樣處境，先是被拿破崙征服，接著是極右派軍事獨裁政權（葡萄牙是薩拉查政權，西班牙是佛朗哥政權）的掌權與垮台（1974 與 1975 年），然後是歐洲的統合。

因為跟二次大戰保持距離，所以兩國的法西斯政權在 1945 年之際也未受動搖。

不過，葡萄牙在北約組織成立之初就加入，理由是，大西洋上的葡屬亞述群島在安全保障上的戰略地位，對歐美關係至為重要。

太平洋
馬里亞納群島
帛琉
1899年
加羅林群島
關島
菲律賓
東帝汶
1975年
印度洋
頁土的去殖民化
西班牙
葡萄牙

西班牙雖然沒有馬上加入北約組織，但也跟美國建立合作關係。1986 年加入歐洲經濟共同體後，兩國經濟都有顯著發展，成為現代化國家。

當時兩國政治安定，又有優秀且便宜的豐沛勞動力，吸引許多外商進入，可說是立基於民主主義，經濟繁榮的時代。

從經濟危機中脫困？

然而，兩國在 2008 年面臨經濟危機，社會保障大幅後退，在高失業率下，看不到未來的年輕人大量出走。

但兩國還是有差別。西班牙的主要政黨有四個，彼此無法協調，造成政局一直不穩定；葡萄牙的政局則遠比西班牙有前景。

兩國都分別有在政治、文化、語言上相關的海外國家，也就是以葡萄牙語為官方語言的原殖民地（巴西、安哥拉、莫三比克），以及西語圈的原殖民地（拉丁美洲國家等）。

不過，大部分原殖民地國家在發展後，與前宗主國的力量關係已有所變化。不論西班牙或葡萄牙，都已經無法以舊宗主國的身分，隨意利用這些國家。

岡薩雷斯（Felipe González Márquez）與薩巴德洛（José Luis Rodríguez Zapatero，在位時間 2004-2011 年）領導下的工人社會黨執政時代，西班牙的政策是對地中海與拉丁美洲國家開放，對阿拉伯世界的態度也很積極。

由於美國曾間接支持佛朗哥政權，所以即使國際輿論支持度不高，西班牙還是在 1982 年加入北約組織。

西班牙人民黨的阿茲納首相（Jose Maria Aznar，任期 1996-2004 年）在伊拉克戰爭之際，不顧多數國民反對，還是決定追隨美國小布希總統。

2004 年，馬德里發生連續多起恐攻，一開始，阿茲納暗示主謀者是巴斯克地區獨立運動的武裝組織「埃塔（ETA）」。但事實上，卻是伊斯蘭激進組織「蓋達組織」所為，因而招來輿論譴責。所以，儘管國內經濟穩定，阿茲納還是輸掉之後的大選。

拉霍伊（Mariano Rajoy Brey）當政時期（2011-2018 年）的西班牙，內政不穩定，外交也缺乏積極性，儘管經濟表現排名世界第 13、歐洲第 5，但並沒有扮演與經濟表現相稱的角色，不符國際期待。在解決巴斯克地區的問題上，政府最後是給了巴斯克很大的自治權以解決。

不過，由於加泰隆尼亞地區的部分輿論還是依然要求獨立，這個西班牙最繁榮地區的將來，也因此有很高的不確定性。

拉霍伊由於涉及多項貪汙，不得不在 2018 年 6 月辭職下台。工人社會黨的桑傑士（Pedro Sanchez）取而代之，建立一個少數派執政黨的政權。

中歐及東歐諸國：不具同質性的地區

二次大戰結束後，史達林讓所有蘇聯赤軍「解放」的國家都施行名為「人民民主主義」的共產主義體制。歐洲的東西兩邊被鐵幕分隔，東歐各國受蘇聯統治，西歐各國則在美國庇護下，受惠於馬歇爾計畫與共同市場，經濟有所成長。美國的「封鎖」政策雖然阻止了蘇聯對西方國家的侵略，卻也讓鐵幕東方的各國一直為蘇聯所控制。

加入北大西洋公約組織

東歐各國不論哪個政府，都沒有國民認同其正當性，只是在蘇聯的軍事約束力下維持政權而已。這種政治體制不受歡迎、充滿壓抑，而且還得對蘇聯言聽計從。在戈巴契夫決定終結這種統治後，東歐各國的政權從 1989 年 7 月到 12 月一個一個垮台。中歐、東歐的各國，同時取回自由與主權。

這些國家獨立後，還是一樣恐懼俄羅斯的威脅，為了得到美國的保護以對抗俄羅斯，都希望加入北約組織。此外，為了國家的經濟發展與政治安定，也希望加入歐盟。加入歐盟後，這個地區的民主化與安定都有所進展，歐盟資金的大量流入，帶動經濟成長與國家現代化。

中歐、東歐各國加入歐盟及北約組織的時程

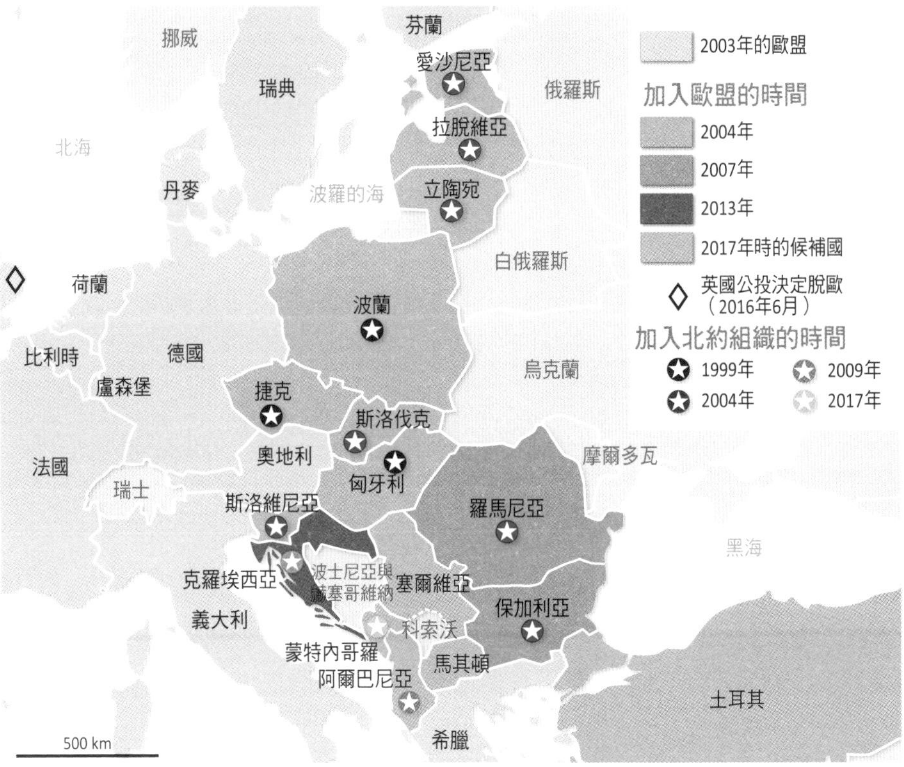

挪威
芬蘭
愛沙尼亞
瑞典
俄羅斯
拉脫維亞
北海
丹麥
波羅的海
立陶宛
白俄羅斯
荷蘭
波蘭
比利時
德國
烏克蘭
盧森堡
捷克
斯洛伐克
法國
奧地利
摩爾多瓦
瑞士
匈牙利
斯洛維尼亞
羅馬尼亞
黑海
克羅埃西亞
波士尼亞與赫塞哥維納
塞爾維亞
義大利
保加利亞
科索沃
蒙特內哥羅
馬其頓
阿爾巴尼亞
土耳其
希臘
500 km
2003年的歐盟
加入歐盟的時間
2004年
2007年
2013年
2017年時的候補國
英國公投決定脫歐（2016年6月）
加入北約組織的時間
1999年
2009年
2004年
2017年

多樣化的集合體

即使蘇聯解體，中歐、東歐各國還是十分憂心再度受俄羅斯威脅。2003 年，這些國家跟「守護者」美國站在同一邊，支持伊拉克戰爭，就是這種憂慮的表現。比起西歐國家，中歐、東歐各國更支持泛大西洋主義。

然而，這些國家加入歐盟，卻成為建設「歐洲大國」的阻礙。面臨經濟成長減緩及難民危機，它們與西歐國家間的不同也變得格外明顯。波蘭和匈牙利產生了作風強勢的右派政權，甚至危及其國內的自由與歐盟高倡的價值觀。對於歐盟低調的警告，兩國政府卻譴責歐盟侵害它們的主權。雖說如此，這兩國的經濟發展與加入歐盟有很大關係。

匈牙利與捷克在強大民族主義下，轉變方向走親俄路線。另一方面，曾因蘇聯、俄羅斯擴張領土的欲望而成為犧牲者的波蘭與波羅的海三小國，在喬治亞跟俄羅斯因南奧塞提亞（South Ossetia）主權問題發生衝突（2008 年）及克里米亞被併吞（2014 年）後，再次對俄羅斯感到恐懼，並加以批判。羅馬尼亞走親美路線，對俄羅斯自是維持強硬態度。斯洛維尼亞、斯洛

中歐各國國界的變遷（1914-2018年）

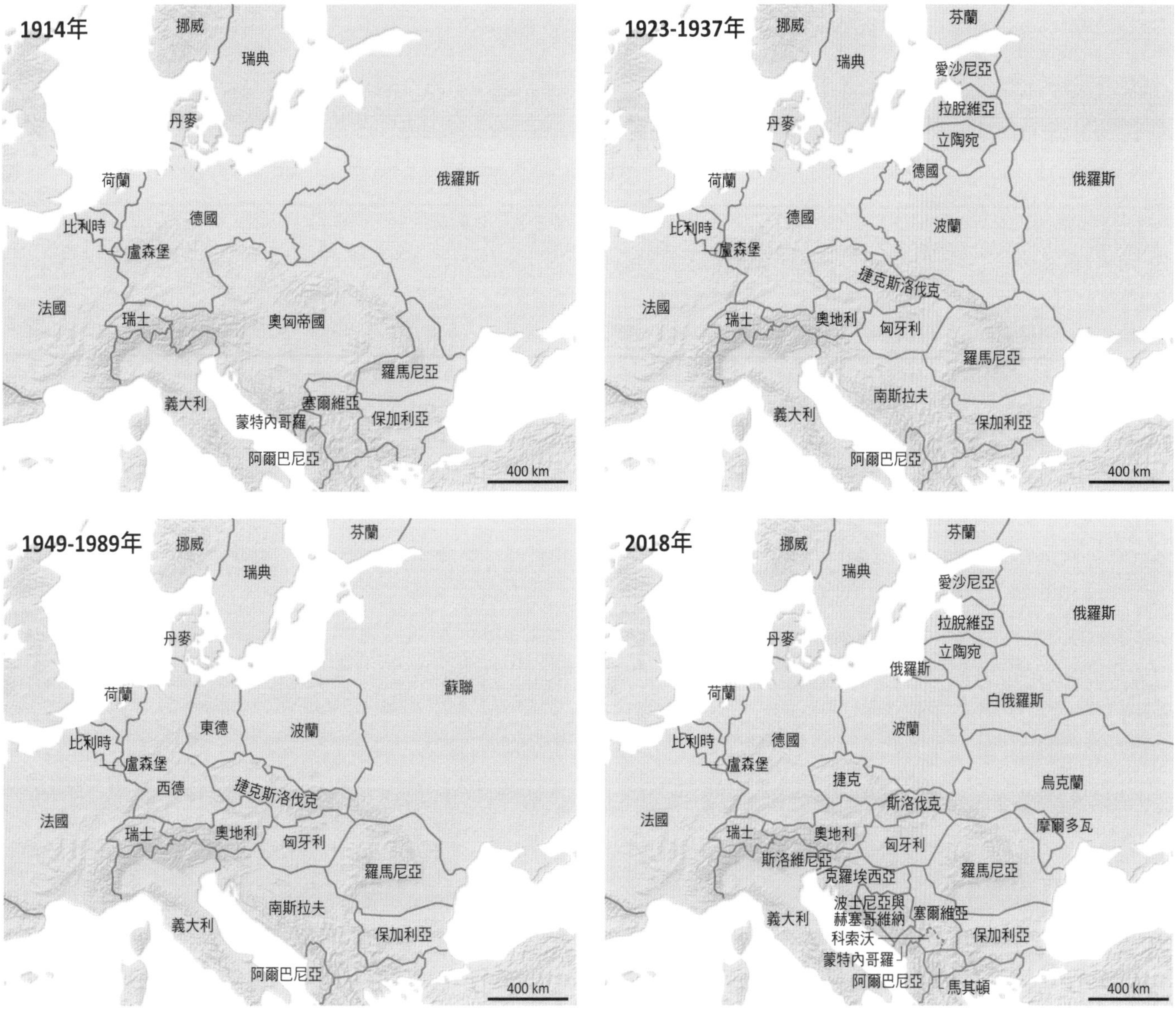
1914年
挪威
瑞典
丹麥
荷蘭
比利時
盧森堡
德國
俄羅斯
法國
瑞士
奧匈帝國
羅馬尼亞
義大利
塞爾維亞
蒙特內哥羅
保加利亞
阿爾巴尼亞
400 km
1923-1937年
挪威
芬蘭
瑞典
愛沙尼亞
拉脫維亞
丹麥
立陶宛
德國
荷蘭
俄羅斯
比利時
德國
波蘭
盧森堡
捷克斯洛伐克
法國
瑞士
奧地利
匈牙利
羅馬尼亞
南斯拉夫
義大利
保加利亞
阿爾巴尼亞
400 km
1949-1989年
挪威
芬蘭
瑞典
丹麥
荷蘭
蘇聯
東德
波蘭
比利時
盧森堡
西德
捷克斯洛伐克
法國
瑞士
奧地利
匈牙利
羅馬尼亞
南斯拉夫
義大利
保加利亞
阿爾巴尼亞
400 km
2018年
挪威
芬蘭
瑞典
愛沙尼亞
俄羅斯
拉脫維亞
丹麥
立陶宛
俄羅斯
荷蘭
白俄羅斯
比利時
德國
波蘭
盧森堡
捷克
烏克蘭
斯洛伐克
法國
摩爾多瓦
瑞士
奧地利
匈牙利
斯洛維尼亞
克羅埃西亞
羅馬尼亞
波士尼亞與
赫塞哥維納
塞爾維亞
義大利
科索沃
保加利亞
蒙特內哥羅
阿爾巴尼亞
馬其頓
400 km

伐克、保加利亞、克羅埃西亞則維持中間立場。

2011年，為推動經濟合作，中國與中東歐多國成立合作發展峰會。這個名為「16加1的經貿峰會」，參加的歐洲國家包括11個歐盟成員國（保加利亞、克羅埃西亞、愛沙尼亞、匈牙利、立陶宛、拉脫維亞、波蘭、捷克、羅馬尼亞、斯洛伐克、斯洛維尼亞）、5個歐盟候補國（阿爾巴尼亞、波士尼亞與赫塞哥維納、馬其頓、蒙特內哥羅、塞爾維亞）。由於有這個合作體制，歐盟各國對於要不要與中國政府全面接近猶豫不決。

中歐、東歐各國雖然都是北約組織及歐盟的成員，但早已不是具有同質性的集合體。比如說，維謝格拉德集團（Visegrad Group, V4：匈牙利、波蘭、捷克、斯洛伐克）在1991年時雖然團結一致，為談判加入歐盟而成立，但現在已經腳步不一致。不論內政或外交，每個國家都只考量自己的利益。不過，對於中東地區來的難民則一致持保留態度，帶著戒心，甚至懷有敵意。

北歐：擁有多元特色的地區

中世紀，漢薩同盟所建構的交易網絡結合了北海及波羅的海沿岸 200 個以上的商業都市，創造收益，帶來繁榮與勢力。然而，15 世紀後由於和敵人的競爭，粉碎了團結情勢。

結構有所不同的地區

冷戰時期，這個地區包括北約組織成員國丹麥、挪威，以及隸屬華沙公約組織的波蘭，和蘇聯之下的波羅的海三小國，象徵世界的分裂。瑞典和芬蘭雖然號稱「中立國」，但瑞典的立場偏西方，芬蘭偏蘇聯。

隨著東西分裂的結束，這個分隔也消失。1992 年，「波羅的海國家理事會」成立，成員國包括德國、丹麥、愛沙尼亞、芬蘭、拉脫維亞、立陶宛、波蘭、俄羅斯、瑞典、愛爾蘭（1995 年後）、挪威，以及歐盟。

不過，即使到現在，這個地區仍是俄羅斯及北約組織成員國之間，關係最緊張的地區之一。北約組織強化各國軍備，以準備隨時面對「俄羅斯的威脅」，保障自己的安全。俄羅斯也做好因應封鎖政策的準備。在互相提防彼此的情況下，必然造成雙方不斷增強軍力的結果。

前蘇聯的飛地加里寧格勒（以及聖彼得堡），是俄羅斯唯二面向波羅的海的領土，是非常重要的戰略據點。另一方面，面向波羅的海的所有國家，除了俄羅斯外，全都是歐盟與申根公約的成員國。

俄羅斯為主要因素

北歐各國（丹麥、挪威、瑞典、芬蘭）是有著社會民主主義傳統，社會安定的福利國家。它們在西方國家中最富裕繁榮，對第三世界的援助也特別多，國內生產毛額中政府開發援助的比率，比多數國家都高。再者，對於根絕腐敗貪汙、尊重人權及環保議題一直投注心血，也有相對的成果。然而，由於寬容，造成大量難民移入（因前南斯拉夫紛爭、伊拉克戰爭及專制政權而造成的難民），再加上 2008 年的金融危機，導致倡議反移民的民粹主義勢力崛起。

烏克蘭危機後，倍感不安的瑞典與芬蘭向北約組織靠近。波羅的海三小國（與 1940 年曾遭蘇聯侵占的波蘭），對俄羅斯的再度振興常懷恐懼之心。由於害怕再度被俄羅斯吞併，為尋求美國的保護，而依循美國的外交方針。波羅的海三小國很清楚自己是國土狹小、人口少的弱小國家，與瑞典及芬蘭劃清界線。瑞典與芬蘭的態度則較為開放，也跟俄羅斯展開建設性的對話。

挪威受惠於石油產業，是這個地區最富裕的國家，它也希望與歐盟能保持一點距離。該國的主權基金（SWF）則依據倫理的標準（不得碰觸核武、地雷等相關產業），積極進行投資。

	人均國內生產毛額（GDP）	人類發展指數（HDI）	醫療費占 GDP 比率	政府開發援助占 GNP 比率
瑞典	50,273 美元	0.913	10.02%	1.09%
挪威	74,735 美元	0.949	8.31%	1.00%
丹麥	52,002 美元	0.925	9.16%	0.86%
芬蘭	41,921 美元	0.895	7.29%	0.59%

出處：帕斯卡・博尼法斯《2018 年的戰略》

冷戰時期北歐各國的戰略環境

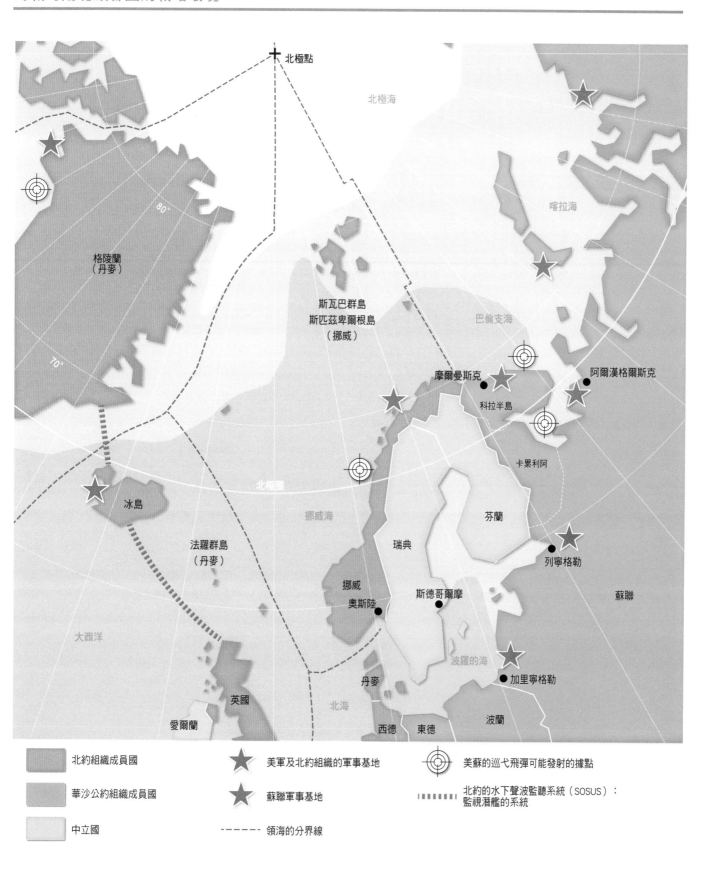

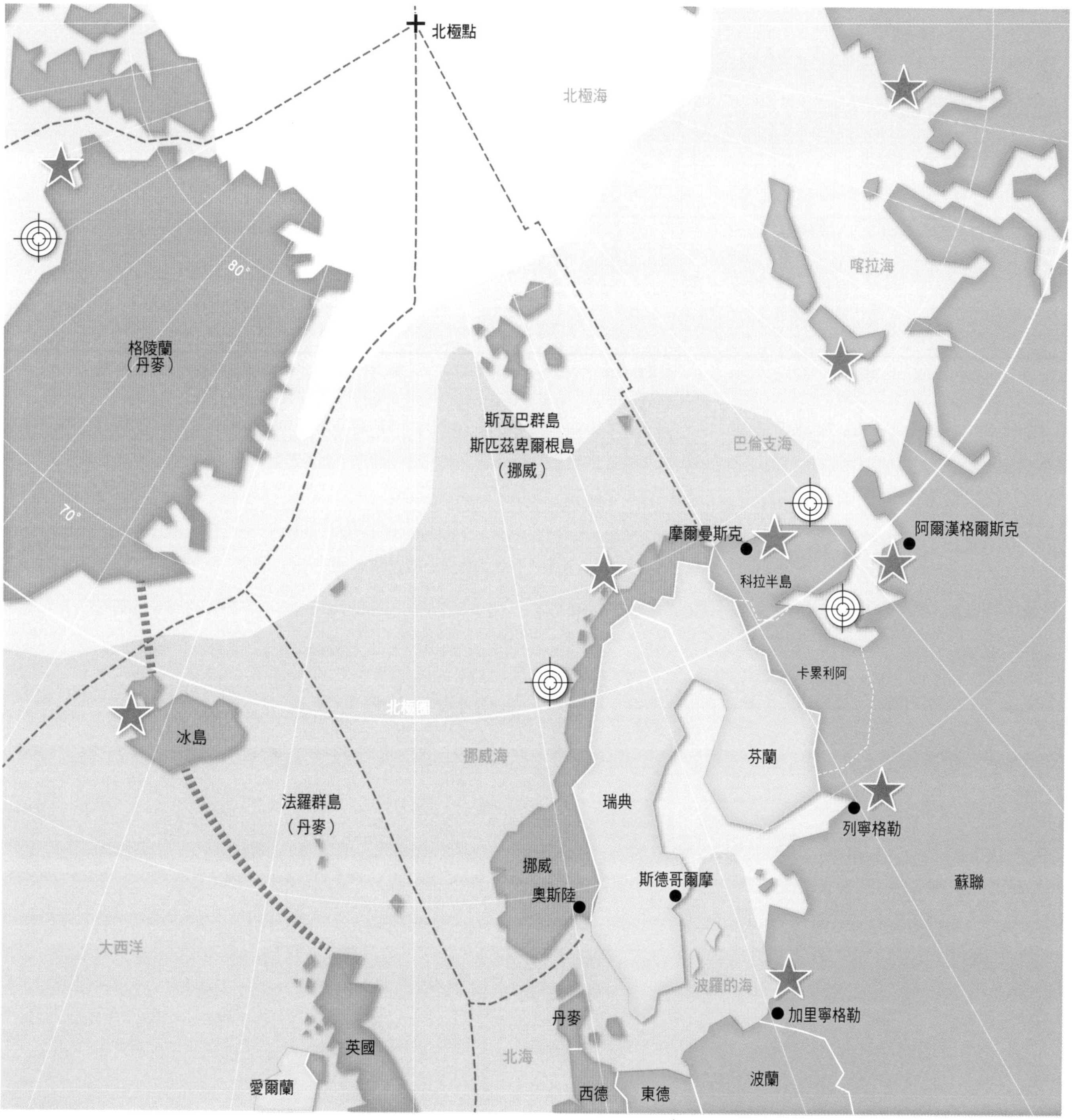
北極點
北極海
喀拉海
格陵蘭
（丹麥）
80°
70°
斯瓦巴群島
斯匹茲卑爾根島
（挪威）
巴倫支海
摩爾曼斯克
阿爾漢格爾斯克
科拉半島
卡累利阿
北極圈
冰島
挪威海
芬蘭
瑞典
列寧格勒
法羅群島
（丹麥）
挪威
斯德哥爾摩
蘇聯
奧斯陸
大西洋
波羅的海
加里寧格勒
丹麥
英國
北海
波蘭
愛爾蘭
西德
東德

北約組織成員國
華沙公約組織成員國
中立國
美軍及北約組織的軍事基地
蘇聯軍事基地
領海的分界線
美蘇的巡弋飛彈可能發射的據點
北約的水下聲波監聽系統（SOSUS）：監視潛艦的系統

重建歐洲

將歐洲大陸整合為一體的計畫過去就曾有過，包括聖皮埃爾神父提出「永久和平計畫」（1715 年）、雨果提議建立「歐羅巴合眾國」（1849 年和平國際大會上）、康登霍維 - 凱勒奇（Richard von Coudenhove-Kalergi）的歐洲統合構想（1923 年），也有試圖以建立帝國（拿破崙）及侵略（希特勒）達成統合的嘗試。

從歷史得到教訓

二次大戰後，西歐各國不只失去 15 世紀末以來享有的「世界領袖」地位，也體悟到，在遭受侵略，尤其是受蘇聯侵略時，無法單靠一已之力防衛。它們了解到，歐洲各國互相敵對，不論從政治或從戰略來看都是自殺行為。

第一次世界大戰後的錯誤導致第二次世界大戰，所以，各國從中得到兩個重要教訓。其一，是應該讓德國恢復應有的權利，不妨礙它重建。另一個，則是美國應當修正孤立主義。珍珠港事件已經證明，孤立主義並無法保衛國家。

為了面對蘇聯的挑戰，杜魯門總統宣告，美國是「自由世界的領袖」。這是政治上的應戰（以民主主義對抗專制政權），同時也是地緣政治上的應戰（美國不可能認同蘇聯對歐亞大陸的控制）。蘇聯紅軍從納粹德國中解放的國家，蘇聯都強迫它們施行共產主義。西歐則擔憂蘇聯還是會想擴張勢力至西歐，因此，不論戰勝國或戰敗國，都一起面對基礎建設殘破、經濟不振的共同問題，團結一致。

1949 年 4 月，北大西洋公約組織成立。這是美國第一次在和平時期締結軍事同盟，德國也在 1955 年加入。北約組織是歐洲防衛共同體（EDC）的構想受挫後的另一個選擇。德國自己雖然沒有軍力，但藉由加入北約組織，也能參與防衛蘇聯的體系。

歐洲理事會

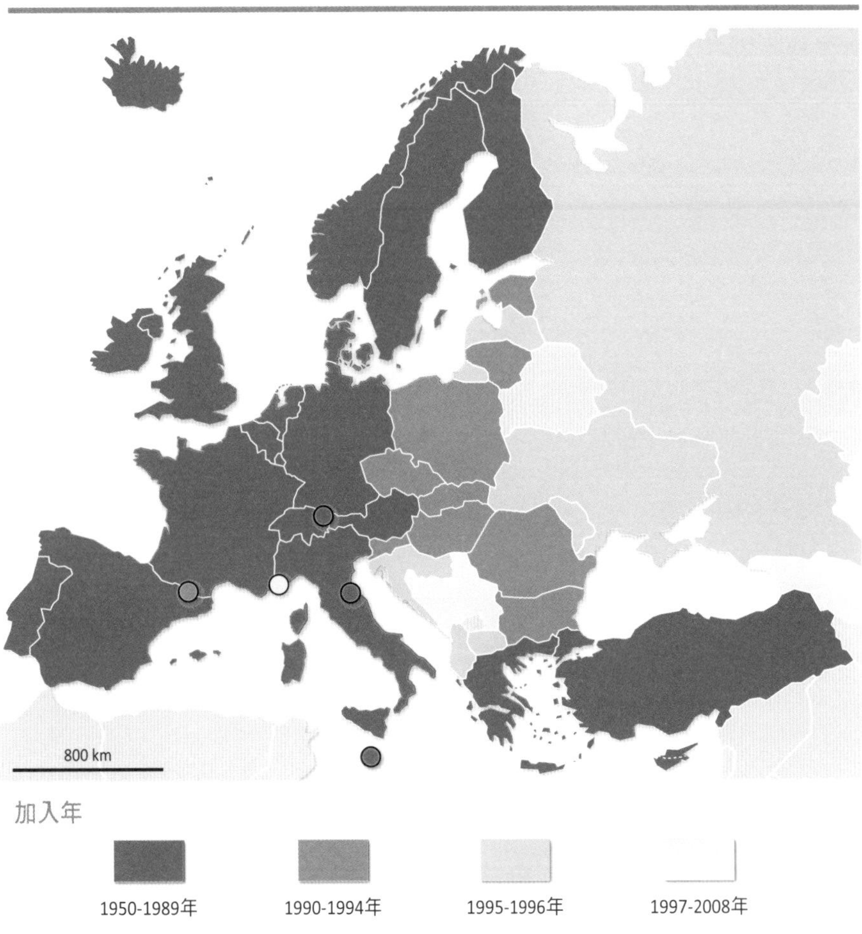

800 km
加入年
1950-1989年
1990-1994年
1995-1996年
1997-2008年

法國與德國的和解

法德的和解，在經濟和政治領域上最明顯，也有最好的成果。1950 年 5 月 9 日，法國外交部長舒曼（Robert Schuman）表示，為了統合歐洲，「要做出具體成績，首先要實際合作」，不能急著一次就架構起整體。法德兩國可以藉由共同生產煤、鋼（兩者是當時的主要能源），讓戰爭變成對雙方而言都不可能、無法想像之事。

1952 年，歐洲煤鋼共同體誕生，成員國包括法國、德國、義大利、比利時、荷蘭及盧森堡。1957 年，根據「羅馬條約」建立的歐洲經濟共同體成立。成員國的經濟因「共同市場」而得以活化，過去的敵人今日變成不可或缺的夥伴，也已經無法想像彼此間會發生軍事衝突。歐洲的統合，是相對於「決定論」（衝突絕對會發生）而言，政治上唯意志論（人類意志能改變狀況的觀點）勝利的象徵。

歐洲經濟共同體／歐盟的擴張

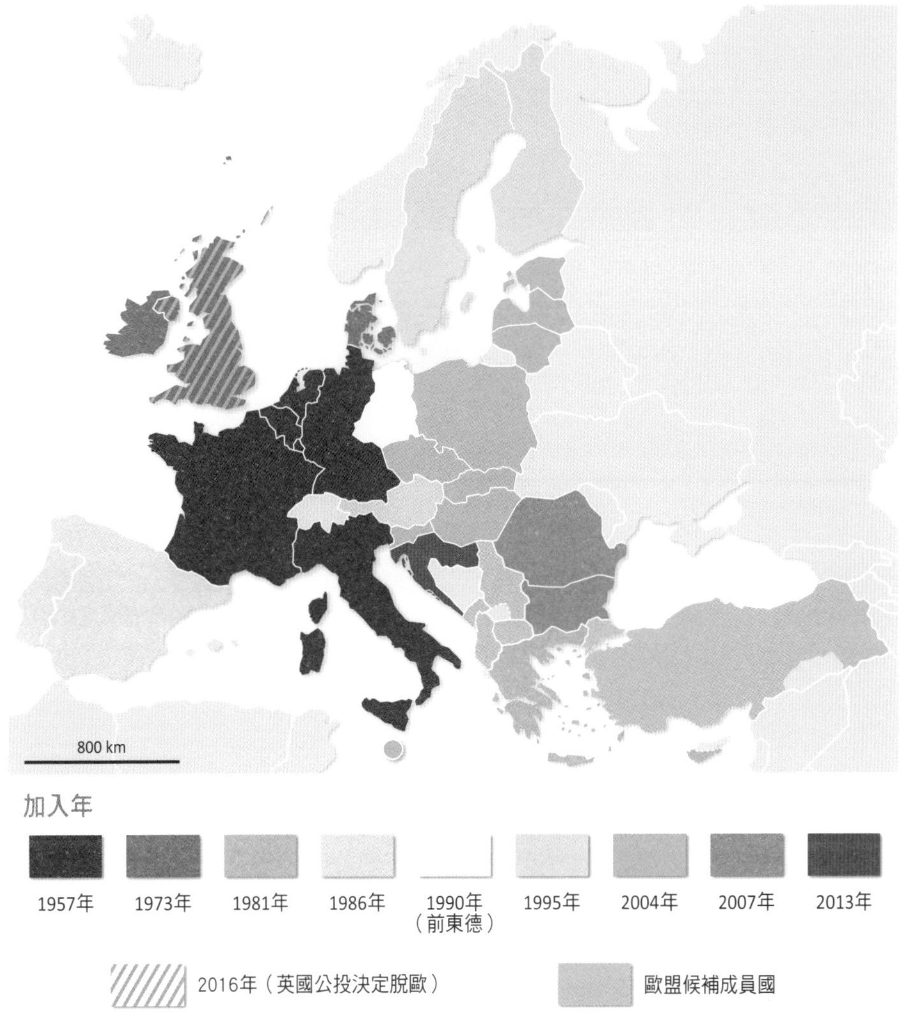
800 km
加入年
1957年
1973年
1981年
1986年
1990年（前東德）
1995年
2004年
2007年
2013年
2016年（英國公投決定脫歐）
歐盟候補成員國

隨著冷戰結束，過去的中立國和非成員國（芬蘭、瑞典、奧地利）都在 1995 年加入歐盟。2004 年歐盟大規模擴張，原華沙公約組織成員國的大半國家，共 10 國加入（賽普勒斯、愛沙尼亞、匈牙利、拉脫維亞、立陶宛、馬爾他、波蘭、捷克、斯洛伐克、斯洛維尼亞）。2007 年保加利亞與羅馬尼亞加入，2013 年在克羅埃西亞加入下，歐盟的範圍變得更廣。

不過，不斷增加成員國，也削弱了歐洲的主體性。愈是新進的成員國，愈是因為想對抗俄羅斯的「威脅」，而對美國有較高依賴性。此外，2016 年英國選擇脫歐，也讓歐盟成員國數量的增加煞車。

另一方面，冷戰結束後，北約組織成立時要對抗的威脅已不存在，沒有繼續下去的必要，但由於前華沙公約組織國以及波羅的海三小國的加入，反而發展得更好。法國也再次回到這個軍事組織。北約組織的擴張，會讓俄羅斯倍感焦慮，於是，北約組織又更加強了軍事力量。北約組織雖然為歐洲大陸帶來安全，卻也阻礙歐洲自己發展戰略性的自衛組織。美國常提到「責任分擔（burden sharing）」，卻不說「權力共享（power sharing）」。這是因為美國掌握了北約組織大部分的決定權。

美國的影響

1960 年代再次繁榮的歐洲，或許也能像戴高樂將軍提出的看法一樣，選擇更獨立一點的路線，不依賴美國。然而，除了法國以外的歐洲各國，並沒有核武能確保戰略上的自立性，所以在政治上很容易依賴美國，也希望美國能持續保障它們的安全。

戴高樂將軍反對英國加入歐洲經濟共同體，他認為，英國會成為美國送來的「特洛伊木馬」。不過，戴高樂卸任後，1973 年，英國即跟愛爾蘭、丹麥一起加入。另一方面，挪威則持保留態度。

北約組織同意讓葡萄牙的獨裁政權加入，也認同希臘與土耳其等的軍事政權加入，但相對的，歐洲經濟共同體則將必須是民主國家作為加入條件。所以，希臘一直到 1981 年才加入，西班牙與葡萄牙則在 1986 年脫離專制政權後加入。1992 年，根據「馬斯垂克條約」，歐洲經濟共同體轉為歐盟這個政治共同體，並以導入單一貨幣歐元為目標。當時各國是想將東西德的統一模式，擴大至歐洲這個大架構。

歐洲懷疑主義？

為歐洲帶來繁榮的歐洲統合，如今重新受到檢視。歐洲懷疑主義變得普遍，很多人批評歐盟無法處理經濟危機與難民危機，或是成員國做選擇時受到限制。

歐盟達成成員國和平及和解的目的已久矣，現在該做的，是讓歐洲人民看見新的展望，如根絕跨國企業的不法做帳、在研發上足以跟中國、美國互爭高下等，要處理的課題很多。不過，對非歐盟成員的歐洲各國來說、對於願意付出莫大代價以爭取成為其中一員的國家而言，歐盟還是有其魅力。畢竟，歐盟人口雖然只占世界人口 6%，但國內生產毛額卻占全世界的 21%，社會福利支出則占全世界總額的 50%。

紛爭後的巴爾幹半島

以前巴爾幹半島給人的印象是第一次世界大戰前的巴爾幹戰爭，冷戰結束後，是震撼歐洲的南斯拉夫衝突。現在，巴爾幹半島各國都一致希望加入歐盟。若能成真，巴爾幹半島應該就不會再回到過去那慘痛的紛爭時代，狀況也會變好。

巴爾幹各國與歐洲統合

斯洛伐克
德國
奧地利
烏克蘭
摩爾多瓦
列支敦斯登
瑞士
匈牙利
法國
斯洛維尼亞
克羅埃西亞
羅馬尼亞
波士尼亞與赫塞哥維納
塞爾維亞
聖馬利諾
摩納哥
科索沃
黑海
安道爾公國
義大利
保加利亞
蒙特內哥羅
北馬其頓
西班牙
阿爾巴尼亞
地中海
希臘
土耳其
歐盟28國
候補成員國
可能成為候補成員國的國家
與歐盟簽訂「穩定與結盟協定（SAA）」（加入歐盟前的階段）
馬爾他
申根圈
歐元區的歐盟成員國
非歐元區但使用歐元的國家
賽普勒斯
300 km
出處：歐盟官網；touteleurope.eu（歐盟用來解說的網站）

恢復和平

2003 年 6 月的歐盟領袖會議中，雖然認同西巴爾幹所有國家（波士尼亞與赫塞哥維納、克羅埃西亞、塞爾維亞、蒙特內哥羅、科索沃、馬其頓、阿爾巴尼亞）身為歐洲一員具有的使命，但對各國的評價，則依各國國力而不同。

克羅埃西亞在 1990 年代初期，就已經被認為與歐洲，尤其是與德國的狀況最接近，在 2013 年成為巴爾幹各國中第一個加入歐盟的國家。

不過，部分領導者因 1990 年代紛爭中的罪行，而被咎責。

在北約組織軍隊介入科索沃戰爭 9 年後的 2008 年，大部分歐盟成員國都已承認科索沃獨立（西班牙等國則有異議）。

不過，由於中國和俄羅斯不承認，科索沃無法加入聯合國。黑手黨組織猖獗，加上所有失敗國家的特徵科索沃都有，以現狀來看，科索沃的獨立是失敗的。

實際上，科索沃有半數人口失業，2014 年全國有 5% 的人選擇出走他國。

受歐盟吸引

波士尼亞與赫塞哥維納雖然說是獨立，但政權卻處於分裂狀態，分別有波士尼亞克人（51%）、塞爾維亞人（31%）、克羅埃西亞人（15%）在領土上生活。國家整體失業率高達 20%，獨立以後，人口有 5 分之 1 外流。

塞爾維亞的條件已經跟克羅埃西亞相同，希望也能加入歐盟。

蒙特內哥羅自 1991 年以來，都是由同一個政黨統治。2006 年獨立，2017 年北約組織同意它加入（不過，俄羅斯對蒙特內哥羅有很大影響力）。它雖然也希望加入歐盟，但其政治體制受到嚴格的批評。

2018 年，馬其頓與希臘就國家名稱取得共識（2019 年，原馬其頓共和國改名為北馬其頓共和國）。阿爾巴尼亞的失業率高達 33%，這 25 年內，有 3 分之 1 人口逃往國外。

以上國家如果能加入歐盟，這個地區應該能變得安定，但從各國經濟狀況來看，短期內應該不可能。

俄羅斯的強大再次獲得確認

儘管俄羅斯的領土面積是世界第一，但一直有被其他國家包圍的被害者意識。西歐各國仍然視其為一大威脅，但從實際軍事力和經濟力來看，其實不然。

從超大國蘇聯到衰退的俄羅斯

冷戰時期的蘇聯，雖然使西方國家畏懼，但蘇聯解體後的俄羅斯，在美國看來只是戰敗國，是走下國際舞台的國家。今日普丁總統領導的俄羅斯，一方面很清楚國家已經無法擁有過去蘇聯那樣的國際地位，但還是會主張自己的意見，不讓包括美國在內的其他國家干涉。此外，也希望能在多極世界裡占有一極。

1990 年代的 10 年是俄羅斯的衰退期。蘇聯時代，在僵硬的中央集權計畫經濟下，個人創業精神完全無法發揮，一旦擺脫這個體制，擁有天然資源及受過教育的人才，俄羅斯應當能有空前的經濟成長才是。但事實卻非如此，葉爾欽的經濟運作以徹底失敗告終。

蘇聯解體原本雖然為聯邦各個共和國帶來利益，卻由於改變既有的經濟運作而招致混亂。有部分共和國的民營化，只是一些依附政權者利用人民來中飽私囊的大型詐騙而已。他們自知新入袋的資產是違法取得，也害怕強權政治會再復活，於是將部分資產移往海外。一般人民等於是再度被剝削。

俄羅斯首任總統葉爾欽表現出強硬的威權主義，在 1993 年莫斯科的動盪中，為封鎖共產黨內的反對派，他讓政府軍隊攻擊議會。儘管如此，還是無法發揮國家威信，給人俄羅斯缺乏真正統治的印象。從 1991 到 2000 年，俄羅斯的國內生產毛額減半，農業生產減少 40%，黑手黨勢力大幅擴張。國家治安徹底惡化，地方有力人士卻能躲開中央的監視。另外，車臣地區在俄羅斯從蘇聯獨立後，也很可能獨立，葉爾欽為壓制車臣的武裝勢力，下令進攻車臣。俄軍侵略車臣，暴露出力量的不夠強大與殘忍，之後在阿富汗的敗戰，以及從東歐各國狼狽撤退，都讓俄羅斯顯得更屈辱。再加上核子潛艇庫斯號的爆炸、沉沒，都只是增加了俄羅斯的挫折感與恥辱感。

即使蘇聯過去面臨糧食和物資不足，以及庶民和領導幹部（菁英階層）間的貧富差距問題，但變成俄羅斯後，以非法手段迅速累積財富的富豪，跟大部分深陷貧困的人民之間，貧富差距的狀況更形嚴重。

在國際舞台也一樣，這 10 年是俄羅斯一連串衰退與戰略受挫的時期。俄羅斯在世界上失去了存在感，在拉丁美洲、非洲、中東失去身影。反之，北約組織的勢力則一直擴張到直逼俄羅斯國界，這與東西德統一時北約組織對戈巴契夫的承諾不同。再者，不顧俄羅斯強烈反對，北約軍隊對俄羅斯的盟國南斯拉夫展開空襲，引發科索沃戰爭。最後，美國開始部署飛彈防衛系統，重新調整與俄羅斯在核武上的平等。

俄羅斯的再度強大

普丁在 1999 年上台後充滿企圖心，想讓強大的俄羅斯復活。以普丁的話來說，蘇聯解體這個「20 世紀最大的戰略悲劇」，意味著美蘇分庭抗禮的情勢終結，以及美國可能獨霸世界。不過，身為一個現實主義者，普丁的希望並不是再建蘇聯。他說得很明白：「不覺得蘇聯可惜的人沒有心，但是，希望蘇聯再生的人沒有腦。」為達成重拾國家威信、提高俄羅斯國際力量的目標，普丁與國內的寡頭政治家達成協議。他要這些寡頭政治家拿出部分資金投資國內經濟，並且對總統的統治不得有異議，交換條件是保證他們能保有資產。普丁也再度強化中央政府的權限，要地方政府順從。政府雖然以強硬姿態面對反對派，但絕大多數國民並不覺得受壓迫，他們已經過了 10 年苦日子，很歡迎能帶來成果的專制政治。

2001 年 911 多起恐攻事件發生後，普丁向美國表示願意協助，2002 年並與北約組織成立北約—俄羅斯理事會，擁有等同於北約組織準成員國的立場。普丁的判斷是，若與北約互相角力，對己不利，所以利用與恐怖主義全面開戰的方式，以停止國際對俄羅斯侵略車臣的批評。但普丁反對 2003 年的伊拉克戰爭，明確表示俄羅斯不贊成軍事介入及干涉伊拉克的政權輪替。這場戰爭就結局來看對普丁有利，因為美國元氣大傷，而且戰事還導致原料價格高漲。

此外，藉由金磚 5 國（BRICS：巴西、俄羅斯、印度、中國、南非）的合作，普丁也得以和歐美以外的國家加強關係。

前蘇聯領土的重新劃分

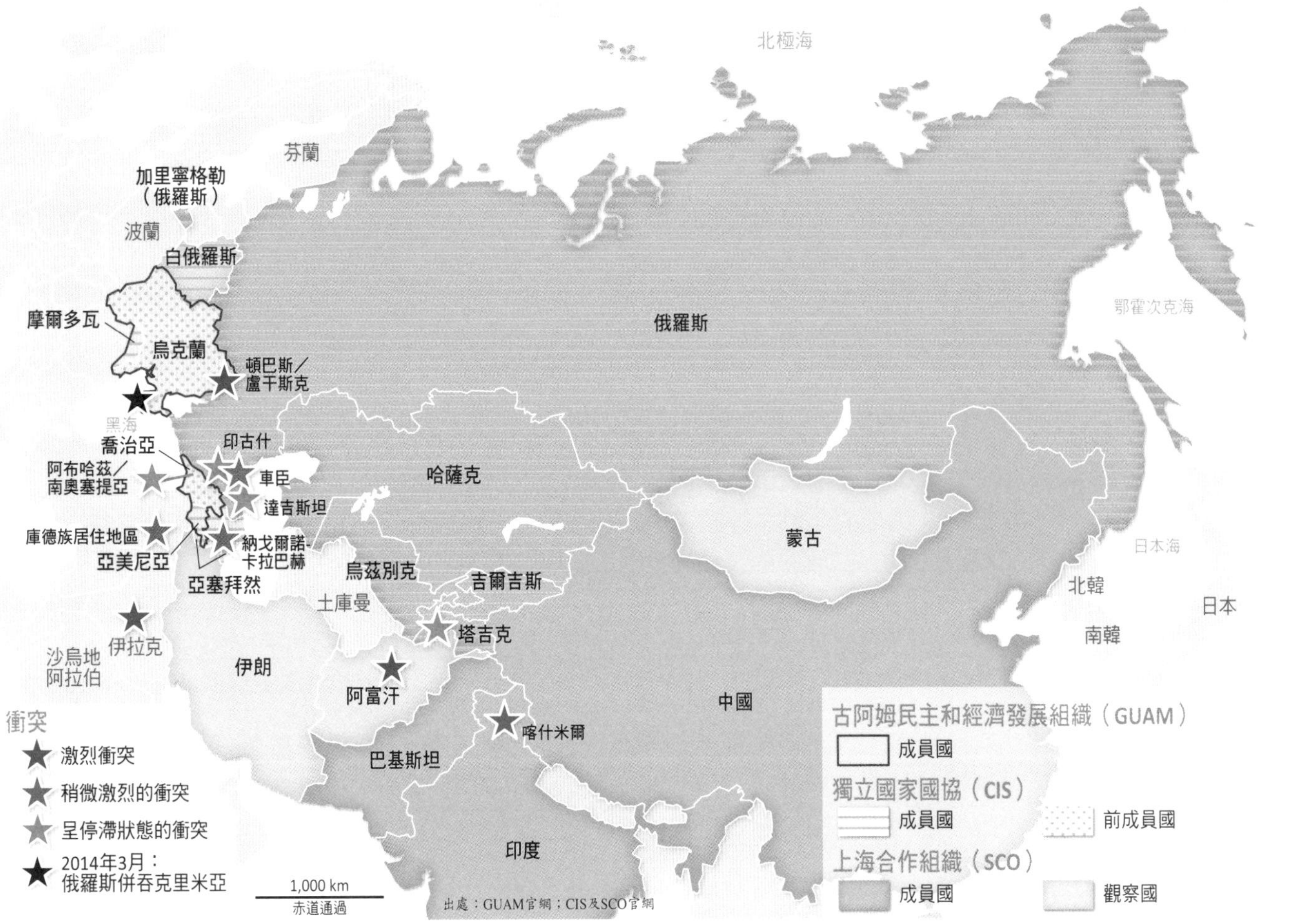
北極海
芬蘭
加里寧格勒
（俄羅斯）
波蘭
白俄羅斯
鄂霍次克海
摩爾多瓦
烏克蘭
俄羅斯
頓巴斯／
盧干斯克
黑海
喬治亞
印古什
阿布哈茲／
南奧塞提亞
車臣
哈薩克
達吉斯坦
庫德族居住地區
納戈爾諾-
卡拉巴赫
蒙古
日本海
亞美尼亞
亞塞拜然
烏茲別克
吉爾吉斯
北韓
日本
土庫曼
南韓
伊拉克
塔吉克
沙烏地
阿拉伯
伊朗
阿富汗
中國
衝突
激烈衝突
稍微激烈的衝突
呈停滯狀態的衝突
2014年3月：
俄羅斯併吞克里米亞
喀什米爾
巴基斯坦
印度
1,000 km
赤道通過
出處：GUAM官網；CIS及SCO官網
古阿姆民主和經濟發展組織（GUAM）
成員國
獨立國家國協（CIS）
成員國
前成員國
上海合作組織（SCO）
成員國
觀察國

俄羅斯的強大有其限制

喬治亞的玫瑰革命與烏克蘭的橘色革命，讓兩國建立起不受俄羅斯支配的政權。普丁擔心西側陣營會繼續東進，為了對抗這種情況，進而煽動喬治亞國內的獨立運動。再者，俄羅斯也表示為了讓輸往烏克蘭的天然氣符合市場價格，中止提供優惠。2008 年，喬治亞雖然想再度壓制國內的獨立運動（即南奧塞提亞〔South Ossetia〕戰爭），卻在俄羅斯軍攻擊下慘敗。

普丁認為歐美對他有敵意，於是調整方針，變得更有攻擊性，儘管不受歐美歡迎，在國內卻反而擁有高人氣。俄羅斯人民反射性的高度愛國心，加上國內生活水準提高，這對普丁而言是極佳狀況。

歐盟向烏克蘭提案簽署合作協議，更讓普丁對西方國家提高戒心。而俄羅斯併吞克里米亞的結果，是遭逐出八大工業國組織（G8），並受西方國家制裁。在以上諸多原因下，俄羅斯轉向靠近中國，但由於兩者間的力量關係對俄羅斯不利，所以俄羅斯也明白兩國要成為同盟是有限制的。

藉由敘利亞內戰，普丁再次展現出他在中東的影響力。不過，阿薩德政權若繼續在位，俄羅斯應該會付出更大的代價吧。此外，普丁也和中東各國都保持一定關係，和巴基斯坦、以色列如此，和沙烏地阿拉伯及伊朗也一樣。

在經濟方面，俄羅斯太倚賴能源輸出。能源輸出的營收，目前就占國家收入的 75%（相對之下，中國的工業產品輸出占 95%）。歐美的經濟制裁，加上能源價格滑落，都對俄羅斯經濟造成很大打擊。再者，俄羅斯雖然併吞了克里米亞，卻確定失去烏克蘭這個盟友。烏克蘭對俄羅斯也高度反感。在此情勢下，雖說俄羅斯的軍事費用只有美國的 10%，但結果卻是扮演讓北約組織增強軍備的角色。

普丁在 2018 年 3 月以 75% 的得票率再度連任總統。雖然他在西方國家間人氣低迷，但在國內還是很受愛戴。

俄羅斯：天然氣生產國

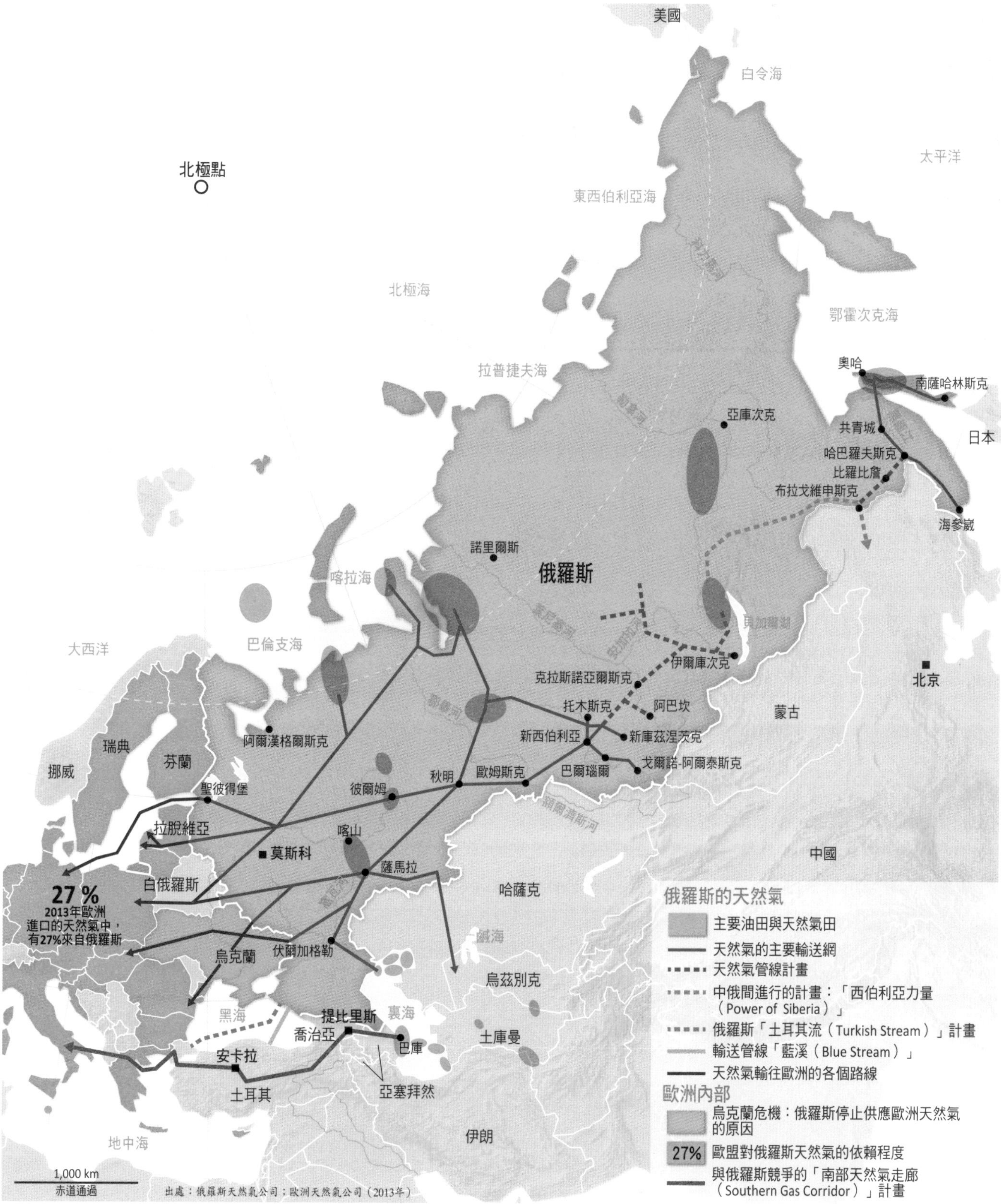
美國
白令海
太平洋
北極點
東西伯利亞海
北極海
鄂霍次克海
拉普捷夫海
奧哈
南薩哈林斯克
亞庫次克
共青城
日本
哈巴羅夫斯克
比羅比詹
布拉戈維申斯克
海參崴
諾里爾斯
俄羅斯
喀拉海
貝加爾湖
巴倫支海
大西洋
伊爾庫次克
北京
克拉斯諾亞爾斯克
托木斯克
阿巴坎
蒙古
阿爾漢格爾斯克
新西伯利亞
新庫茲涅茨克
瑞典
芬蘭
挪威
巴爾瑙爾
戈爾諾-阿爾泰斯克
秋明
歐姆斯克
聖彼得堡
彼爾姆
拉脫維亞
喀山
中國
莫斯科
27 %
2013年歐洲進口的天然氣中，有27%來自俄羅斯
白俄羅斯
薩馬拉
哈薩克
烏克蘭
伏爾加格勒
鹹海
烏茲別克
黑海
提比里斯
裏海
喬治亞
巴庫
土庫曼
安卡拉
土耳其
亞塞拜然
地中海
伊朗
1,000 km
赤道通過
出處：俄羅斯天然氣公司；歐洲天然氣公司（2013年）
俄羅斯的天然氣
主要油田與天然氣田
天然氣的主要輸送網
天然氣管線計畫
中俄間進行的計畫：「西伯利亞力量（Power of Siberia）」
俄羅斯「土耳其流（Turkish Stream）」計畫
輸送管線「藍溪（Blue Stream）」
天然氣輸往歐洲的各個路線
歐洲內部
烏克蘭危機：俄羅斯停止供應歐洲天然氣的原因
27% 歐盟對俄羅斯天然氣的依賴程度
與俄羅斯競爭的「南部天然氣走廊（Southern Gas Corridor）」計畫

土耳其要走向何方？

第一次世界大戰戰敗後，鄂圖曼帝國瓦解。之後，凱末爾（Mustafa Kemal Ataturk）在 1923 年宣布建立土耳其共和國，創造一個以民族主義、世俗主義、現代化、一黨專制為支柱的國家。

土耳其及其鄰近地區的紛爭

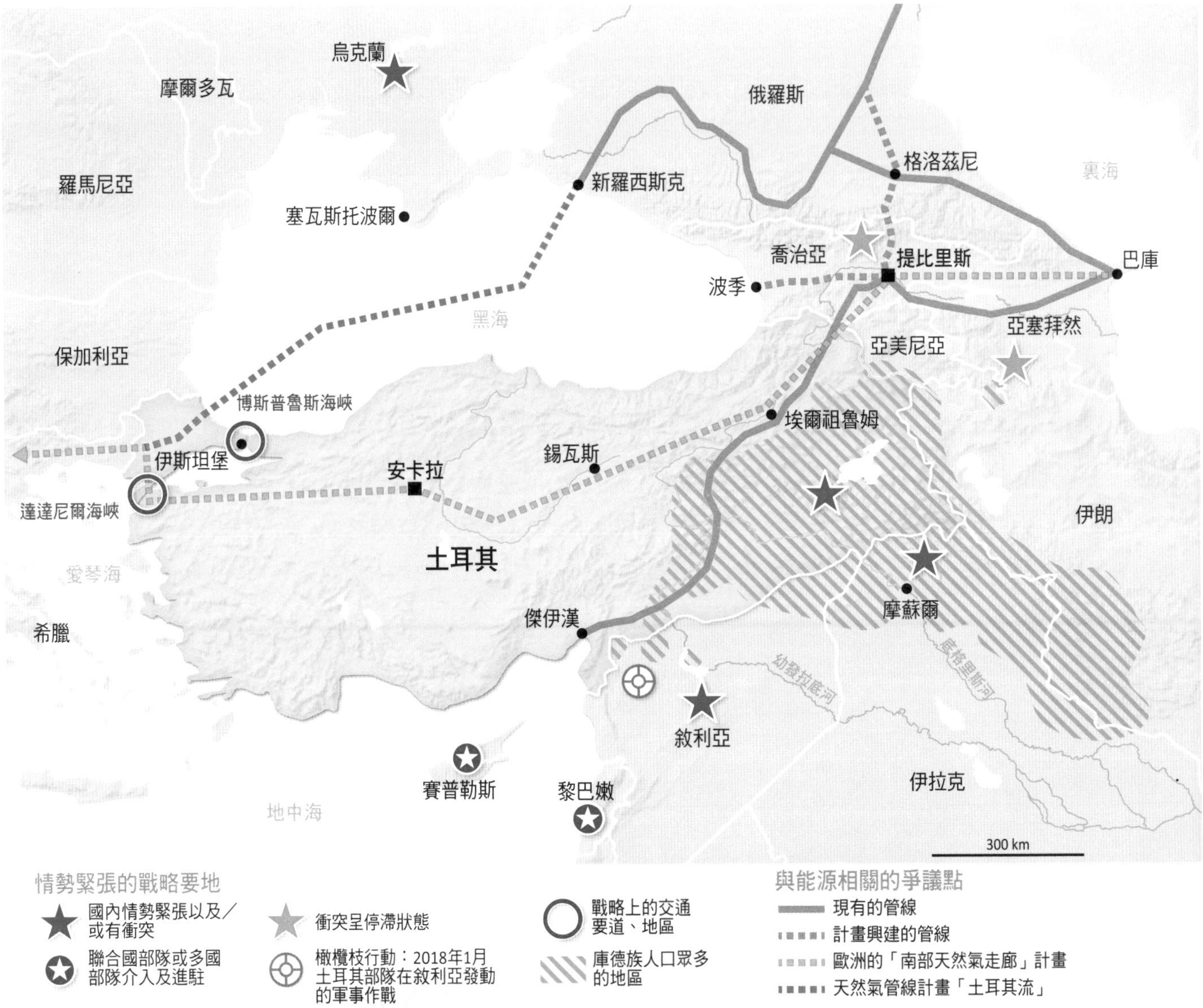

烏克蘭
摩爾多瓦
俄羅斯
羅馬尼亞
新羅西斯克
格洛茲尼
裏海
塞瓦斯托波爾
喬治亞
提比里斯
巴庫
波季
黑海
亞塞拜然
亞美尼亞
保加利亞
博斯普魯斯海峽
埃爾祖魯姆
伊斯坦堡
錫瓦斯
安卡拉
達達尼爾海峽
伊朗
土耳其
愛琴海
摩蘇爾
希臘
傑伊漢
幼發拉底河
底格里斯河
敘利亞
賽普勒斯
黎巴嫩
伊拉克
地中海
300 km
情勢緊張的戰略要地
國內情勢緊張以及／或有衝突
衝突呈停滯狀態
戰略上的交通要道、地區
聯合國部隊或多國部隊介入及進駐
橄欖枝行動：2018年1月土耳其部隊在敘利亞發動的軍事作戰
庫德族人口眾多的地區
與能源相關的爭議點
現有的管線
計畫興建的管線
歐洲的「南部天然氣走廊」計畫
天然氣管線計畫「土耳其流」

出處：歐盟執行委員會官網；俄羅斯天然氣公司

身為歐洲一員的使命

冷戰時期，土耳其在封鎖政策的框架下占有重要地位。它和蘇聯接壤的國界線最長，因此西方國家在戰略考量下將它納入陣營，它也在 1952 年加入北約組織。1950 年土耳其也參與韓戰，實際證明與北約組織的連帶關係。

土耳其在 1949 年加入歐洲理事會，1963 年以後，認同自己身為歐洲一員的使命，1987 年正式申請加入歐洲共同體（之後的歐盟）。

1999 年，土耳其正式成為候補國，2005 年開始談判加入事宜。然而，歐洲各國還是以各種理由刁難：經濟發展遲緩、政治體制不穩定、人口太多、政治與人權的問題、不願承認屠殺亞美尼亞人的事實，甚至，連是伊斯蘭國家都被當成問題。然而，對土耳其來說，歐盟是它最大的貿易夥伴，貿易金額占總額的 45%。

土耳其的政治體制，一直是文人領軍和軍事體制換來換去。2002 年，以伊斯蘭為後盾的正義與發展黨（AKP）取得政權，推動經濟自由化，抑止軍方的影響力。

關於庫德族問題，執政黨跟庫德工人黨（PKK）領袖、正在服刑的阿卜杜拉・奧賈蘭（Abdullah Ocalan）取得協定，也看得到一定進展。在停戰與土耳其政府承認庫德族的文化權利下，奧賈蘭也認同，庫德族人的居住地仍是土耳其的一部分。由於土耳其國內的庫德人有 1,500 萬，對政府而言，庫德族問題是無法避免的最重要課題。

1974 年以來，土耳其占領部分賽普勒斯島，成立北賽普勒斯土耳其共和國，但國際上也只有土耳其承認該國而已。賽普勒斯是歐盟一員，但土耳其也不肯讓步，事件的發展因此陷入僵局。

面臨各種障礙

由於歐洲各國對於是否要讓土耳其加入歐盟，態度不明確，再者，敘利亞因內戰分裂、庫德斯坦地區對土耳其政府無向心力，強烈希望獨立，再加上 2016 年 7 月的政變失敗，這種種主要因素，讓艾爾多安（Recep Tayyip Erdogan）政權轉換方針，變得更獨裁。他限制人民自由，對庫德人也不再那麼讓步。

土耳其雖然留在北約組織，卻向俄羅斯靠近。兩國對敘利亞內戰的態度其實不同，土耳其希望推翻與俄羅斯結盟的阿薩德政權，但身為北約組織成員國，它又罕見地向俄羅斯購買武器。另一方面，土耳其與美國的關係則全面降溫，原因很多，包括 2013 年歐巴馬總統拒絕介入敘利亞內戰、美國支持敘利亞庫德人與伊斯蘭國對抗，以及美國不協助 2016 年土耳其政變未遂事件的調查等。

歐洲各國雖然強烈批評艾爾多安的強權作風（2018 年 6 月，他在總統選舉首輪投票中取得過半數的票數，再次連任），但有鑑於難民危機，各國不可能不管土耳其。事實上，土耳其接納了 300 萬敘利亞難民，以換得經濟援助，也多虧如此，才能避免這些難民又湧向歐洲。

既是亞洲國家又是歐洲國家的土耳其，選擇了歐洲，也等於逆風而行。2013 年之後，政府變得比較封閉。雖然 21 世初土耳其經濟有明顯發展，國內生產毛額增加 4 倍，從世界排名第 25 升至第 17，但將來的展望還是帶著陰影。

讓美國再次偉大？

雖然說到北美大陸，國際上都只注意美國，但這塊大陸上還有墨西哥和加拿大。這兩個國家，都是美國切也切不斷的盟國。

從孤立主義到自由主義世界的領袖

英國的 13 個殖民地在 1783 年獨立後，一步步往西擴張直至太平洋，往南也緊逼墨西哥。忙著拓展領土的美國，與歐洲的紛紛擾擾始終保持距離。

建國以來，美國一直自許為「自由帝國」（湯瑪斯 ‧ 傑弗遜）。在推廣自由、讓美國更為光榮等名目下征服了許多土地。1848 年合併德克薩斯共和國（即今日的德州）後，約翰 ‧ 歐蘇利文（John L. O'Sullivan）為文推廣「天定的命運（manifest destiny）」理念，亦即「美國的天命是要取得整個大陸，讓逐年增加的千萬人民得到自由」。不知是否因為如此，美國很容易把美國的價值觀誤以為是普世的價值觀，或者，將所有反對意見，都視為對美國的侮辱。

第一次世界大戰後，美國採行保守封閉的孤立主義，但 1941 年 12 月日本攻擊珍珠港的事件，讓美國明白孤立主義的不符現實。1945 年後，蘇聯的威脅不論在政治上（反民主主義），或地緣政治上（對歐亞大陸的控制）都變得明顯，美國於是全面放棄孤立主義。

杜魯門總統宣告美國為「自由世界的領袖」，1949 年北約組織成立，這是美國史上第一次在和平時期加入軍事聯盟。在北約組織裡，美國自然也自許為領導者。

美國強大的軍事力

俄羅斯
烏茲別克
吉爾吉斯
塔吉克
阿富汗
巴基斯坦
南韓
日本
沖繩
泰國
菲律賓
新加坡
第3艦隊
太平洋
第7艦隊
西太平洋
中途島（美國）
夏威夷
關島
（美國）
第5艦隊
印度洋、
波斯灣地區、
紅海
迪亞哥加西亞島
（英國）
澳洲
印度洋
太平
2018年時的北約組織成員國
和平夥伴關係計畫（PfP）成員國
以軍事介入紛爭

圖勒
（位於丹麥自治區格陵蘭）
冰島
挪威
第2艦隊
大西洋
拿大
英國
比利時
德國
義大利
西班牙
喬治亞
敘利亞
伊拉克
美國
第6艦隊
地中海
百慕達群島
（英國）
土耳其
賽普勒斯
以色列
約旦
埃及
關達那摩（古巴）
宏都拉斯
波多黎各（美國自治區）
阿魯巴島＆庫拉索島
（荷蘭）
哥倫比亞
厄瓜多
吉布地
沙烏地阿拉伯
巴林
阿拉伯聯合大公國
科威特
阿曼
卡達
葉門
大西洋
美軍基地或軍事設施
美軍艦隊的駐守地區
在伊拉克戰爭中支持美國的國家
3,000 km
赤道通過
出處：北約組織官網

美國的20世紀

20世紀後半，無疑是美國的時代。經濟繁榮、機會平等這個美國社會的特徵，以及自由氣息，都讓世界各地的人們對美國生活懷有憧憬。然而，越戰、種族歧視、以反共產主義為藉口支持獨裁政權、軍事擴張主義等，都讓美國的形象受到傷害。

美國的市場經濟在世界普及開來。但在兩極體制結束、蘇聯解體後，美國失去唯一一個勢均力敵的對手。不過，實際上蘇聯和美國並駕齊驅的時期很短（蘇聯的軍事力追上美國是在1960年代末期，在1980年代初期，美蘇之間又形成極大差距）。從孤立到成為霸者的美國，並不習慣與能互爭高下的大國競爭。

全球化的概念，經常等於世界的美國化。不只經濟模式，美國也在文化領域將美國模式散播至全世界。好萊塢、大學、智庫、國家主導的形象策略、傳媒、內容產業等所具有的魅力，影響了世界各地。不過，只將蘇聯當對手並成為勝利者的美國，卻因為輸出美國模式，促使許多新興勢力抬頭，而且還沒意識到，這些新興勢力並不打算一直受美國控制。兩極體制的結束，也是獨占歐美領導權的超大國美國絕對優勢的結束。

2001年的911事件，是美國難以抹滅的創傷。美國的「心臟部位」遭受攻擊，這是自美英戰爭結束的 1814 年以來的第一次（珍珠港雖然遭受襲擊，但不是發生在美國本土），而且，這時候的美國還是沒有足以匹敵者的世界第一超大國。而美國將此攻擊視為不當行為。

相對的衰退

1993 年上任的柯林頓總統，並未採取美國之前的封閉政策，他讓美國在國際社會中扮演積極角色，推動為了傳播民主主義採取的「擴大」政策。但在遭國會反對下，沒有通過任何一個重要的多國間協定（與氣候變遷有關的京都議定書、國家刑事法院、全面禁止核試驗條約、地雷禁止條約）。儘管他為實現以巴和平奔走，但在沒有成果下結束任期。

繼任的小布希總統在外交上態度消極。不過，2001 年 911 事件發生後，新保守主義者並沒有錯過這個機會。他們也希望推廣民主主義，不過，是透過戰爭達成目的。小布希總統在 2002 年 1 月的演說中提到「邪惡軸心」（伊拉克、伊朗、北韓），與蓋達組織藏身處的阿富汗發生戰爭（2001 年 10 月），還讓美國投入伊拉克戰爭（2003 年）。戰爭雖然取得勝利，但戰略上完全失敗，美國的形象一落千丈。

接著，歐巴馬總統上任時，美國除了面臨戰略與心理上的危機外，還有經濟危機。有色人種當上總統，這在美國是特例。歐巴馬以其領袖魅力為武器，提升國際社會對美國的好感，並避免再以軍事介入他國紛爭，讓美國的評價有所改善。不過，他雖然一直想改善美俄關係，以及解決巴勒斯坦問題，卻無法實現。

2016 年，川普則在反菁英、反全球化的浪潮推波助瀾下當選總統。川普陣營的口號「讓美國再次偉大」，其實也就意味著，美國現在並沒有過去那麼強。川普的施政特徵是完全沒有章法（退出聯合國教科文組織、退出為防止地球暖化的巴黎協議），而且採行孤立主義（興築美墨邊境的隔離牆、禁止伊斯蘭教徒入境美國〔與移民入國限制有關的總統命令〕、貿易保護主義），隨自己心意跟某些國家升高緊張關係，讓美國的軍事工業複合體變得興盛。川普雖然也想改善和俄羅斯的關係，但並沒有什麼成果。

不管總統是誰，美國的政治都採行單邊主義，差別只是在保守派（柯林頓、歐巴馬）或強硬派（小布希、川普）而已。

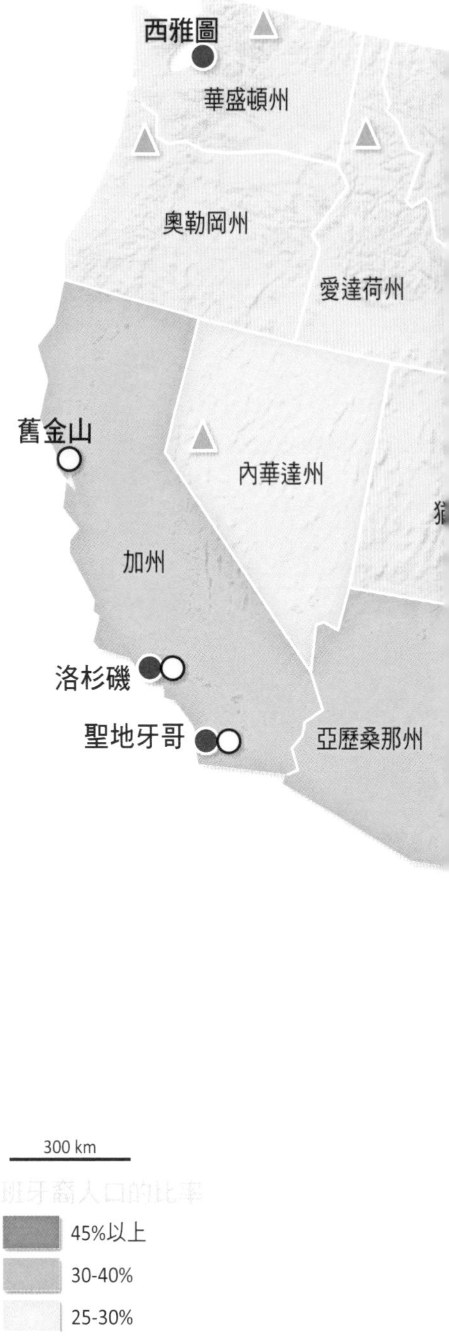
西雅圖
華盛頓州
奧勒岡州
愛達荷州
舊金山
內華達州
加州
洛杉磯
聖地牙哥
亞歷桑那州
300 km
45%以上
30-40%
25-30%

加拿大

國土面積有千萬平方公里的加拿大，是全世界面積第 2 大的國家，但人口僅有 3,600 萬人，是人口密度最低的國家之一。大部分國民都居住在鄰近美加邊境的地區。加拿大是名列前茅的富裕國，產業發達，也是七大工業國組織（G7）的成員。由於它在經濟和國際戰略上，跟美國都關係密切，所以希望能在文化上突顯獨特性。加拿大為人所知的是它的多元主義，以及國際組織之多。舉例來說，俗稱「藍盔部隊」的聯合國維和部隊，就是由加拿大所提出。加拿大

美國的少數民族

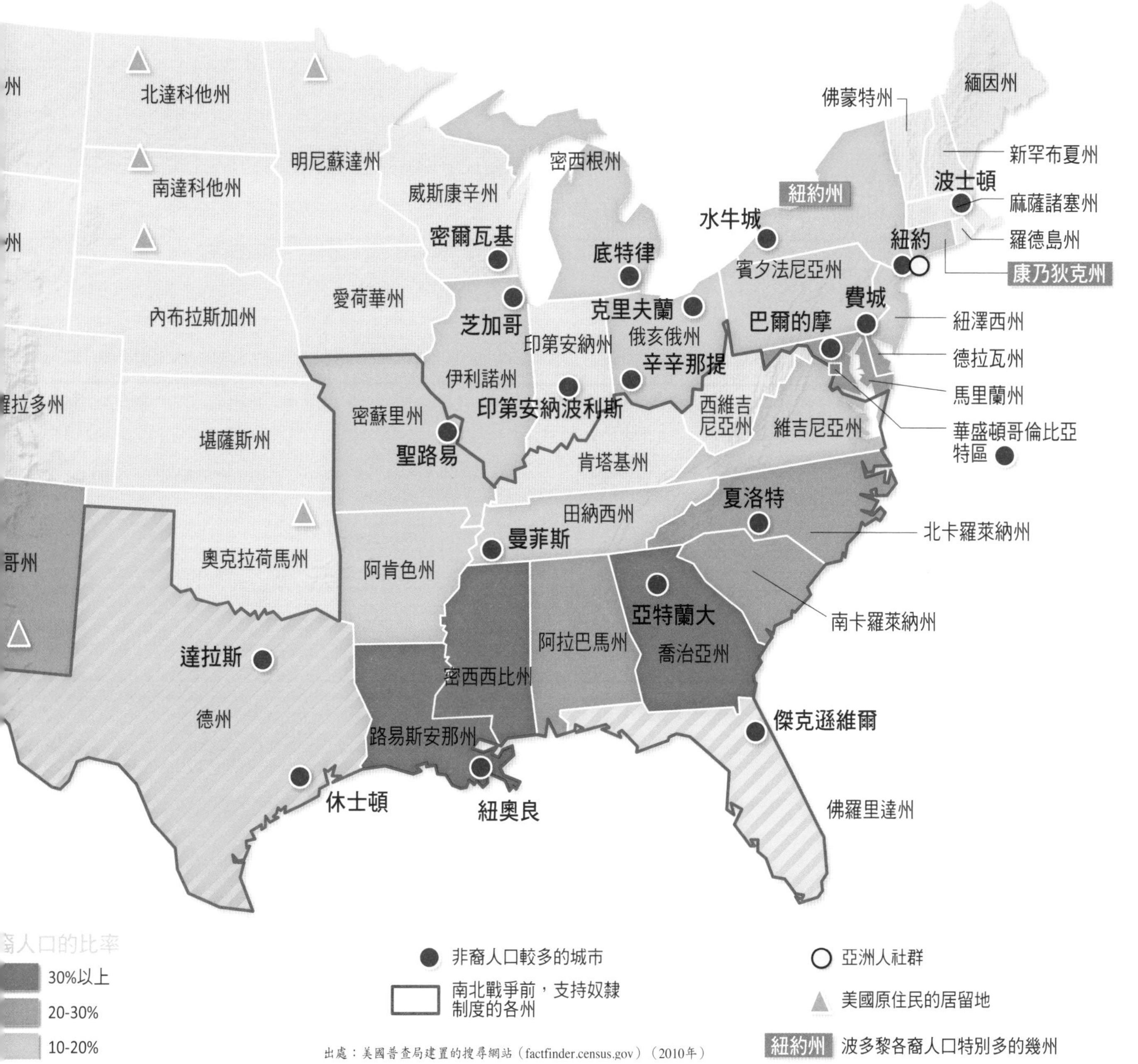
北達科他州
南達科他州
明尼蘇達州
威斯康辛州
密西根州
佛蒙特州
緬因州
新罕布夏州
紐約州
波士頓
麻薩諸塞州
水牛城
紐約
羅德島州
康乃狄克州
密爾瓦基
底特律
賓夕法尼亞州
內布拉斯加州
愛荷華州
芝加哥
克里夫蘭
費城
巴爾的摩
紐澤西州
印第安納州
俄亥俄州
辛辛那提
德拉瓦州
伊利諾州
馬里蘭州
印第安納波利斯
密蘇里州
西維吉尼亞州
維吉尼亞州
華盛頓哥倫比亞特區
堪薩斯州
聖路易
肯塔基州
夏洛特
田納西州
北卡羅萊納州
曼菲斯
奧克拉荷馬州
阿肯色州
南卡羅萊納州
亞特蘭大
阿拉巴馬州
喬治亞州
達拉斯
密西西比州
德州
傑克遜維爾
路易斯安那州
休士頓
紐奧良
佛羅里達州
30%以上
20-30%
10-20%
非裔人口較多的城市
南北戰爭前，支持奴隸制度的各州
亞洲人社群
美國原住民的居留地
紐約州 波多黎各裔人口特別多的幾州

出處：美國普查局建置的搜尋網站（factfinder.census.gov）（2010年）

在2000年代雖然傾向新保守主義，但杜魯道（Justin Trudeau）就任總理後，在內政和外交上都標榜多元主義。不過，加拿大的出口有75%倚賴美國市場，所以很難跟這個南方鄰國直接對立。

墨西哥

可憐的墨西哥，離上帝太遠，離美國太近！（語出前墨西哥總統迪亞斯〔Porfirio Diaz, 1830-1915〕）墨西哥因為美國這個北邊超強鄰國的野心，而有所犧牲，19世紀時，它的國土有很大一部分被美國以武力奪去。

墨西哥跟美國簽署自由貿易協定，出口的80%倚賴美國市場，等於是經濟上完全依附美國的狀態。墨西哥期望自己能成為第三世界的主要國家，在外交上不受美國的方針束縛，確立自己的立場。同時，墨西哥也一直跟巴西角逐拉丁美洲盟主的寶座。墨西哥擁有雙重性，一方面，位於北美大陸的它受美國強烈影響，但同時，它也是拉丁美洲的一員。

2018年7月，羅培茲歐布拉多（Andres Manuel Lopez Obrador）以消滅不平等、暴力與貪汙的訴求，贏得總統大選。這是墨西哥史上第一個左派政權。

加勒比海地區：美國的後花園？

有獨立國家，也有歐美各國領土在內的加勒比海地區，對美國來說，是戰略上不可或缺的「後花園」。

具多樣性的地區

加勒比海地區，是環繞加勒比海眾多島嶼的統稱，包含下列地區和國家：安地卡及巴布達、安吉拉島、阿魯巴島、巴哈馬、巴貝多、百慕達群島、波奈島、庫拉索島、古巴、多米尼克、格瑞那達、瓜地洛普、海地、開曼群島、美屬維京群島、英屬維京群島、牙買加、馬丁尼克、蒙哲臘、波多黎各、多明尼加共和國、沙巴島、聖巴瑟米、聖克里斯多福及尼維斯、聖佑達修斯、聖文森及格瑞那丁群島、聖露西亞、法屬聖馬丁、荷屬聖馬丁、千里達及托巴哥、土克斯及開科斯群島。其中，主權國家只有13個，其他都是國家的海外省或領地。

除了西班牙、荷蘭、英國、法國外，還包括丹麥，都有將這個地區作為殖民地的歷史。現在，此處有5個英屬領地、6個荷屬領地及4個法屬領地，但最重要的是，這個地區對美國的戰略而言，是重要的「後花園」。這個地區的每塊土地都很小，人口也很少。除了分為英語圈、西語圈和法語圈外，能同時看到極度的貧窮與非凡的富有、人種混雜與種族歧視，是個明暗分明的地區。這個地區的總人口有4,200萬人之多，其中，以非裔的奴隸後代以及生於此、長於此的歐裔人占多數。

小安地列斯群島

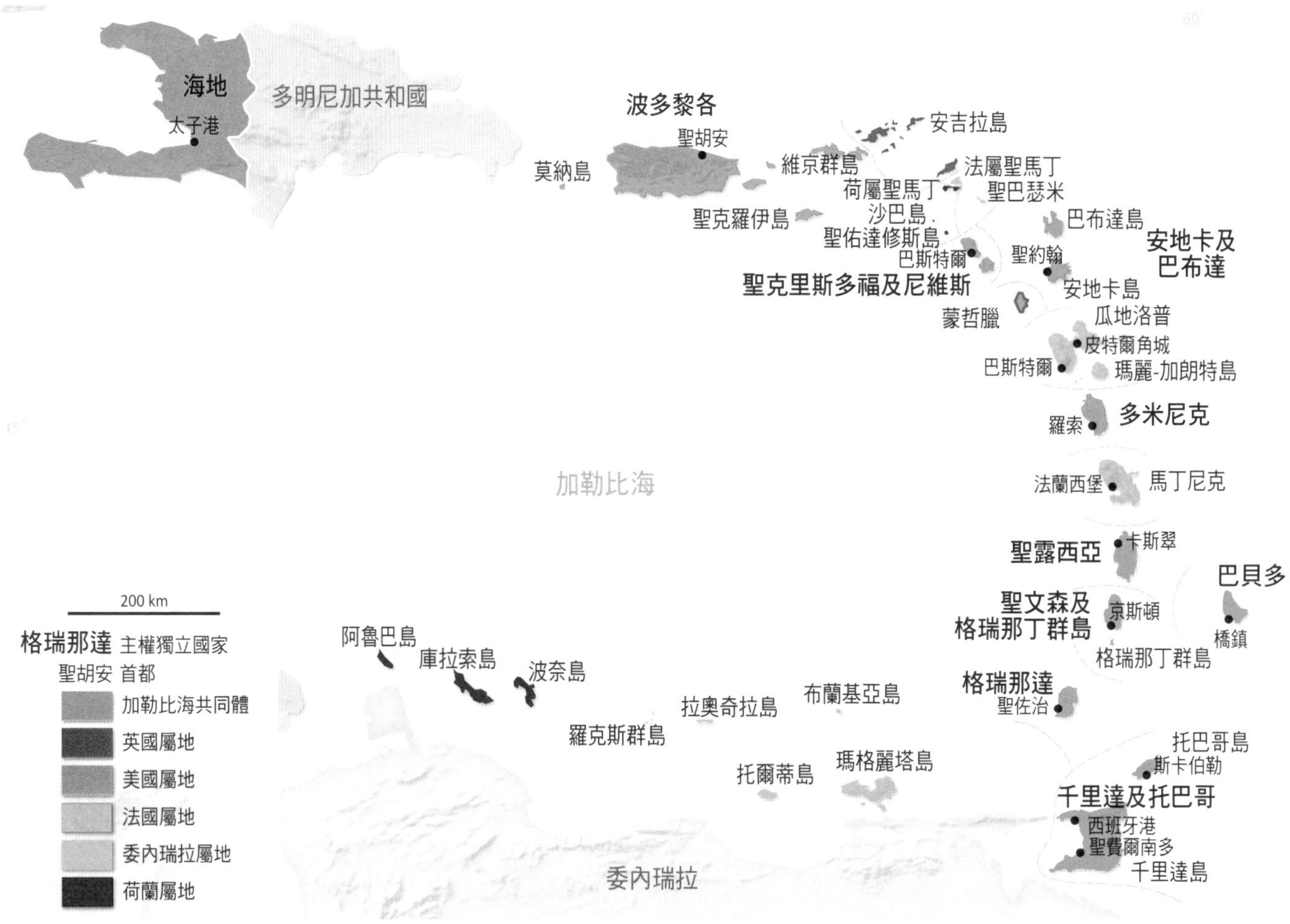

海地
太子港
多明尼加共和國
波多黎各
聖胡安
莫納島
安吉拉島
維京群島
法屬聖馬丁
荷屬聖馬丁
聖巴瑟米
沙巴島
聖克羅伊島
聖佑達修斯島
巴斯特爾
巴布達島
安地卡及巴布達
聖約翰
安地卡島
聖克里斯多福及尼維斯
蒙哲臘
瓜地洛普
皮特爾角城
巴斯特爾
瑪麗-加朗特島
羅索
多米尼克
加勒比海
法蘭西堡
馬丁尼克
卡斯翠
聖露西亞
巴貝多
聖文森及格瑞那丁群島
京斯頓
橋鎮
格瑞那丁群島
200 km
格瑞那達 主權獨立國家
聖胡安 首都
加勒比海共同體
英國屬地
美國屬地
法國屬地
委內瑞拉屬地
荷蘭屬地
阿魯巴島
庫拉索島
波奈島
拉奧奇拉島
布蘭基亞島
羅克斯群島
格瑞那達
聖佐治
托巴哥島
斯卡伯勒
托爾蒂島
瑪格麗塔島
千里達及托巴哥
西班牙港
聖費爾南多
千里達島
委內瑞拉

大安地列斯群島

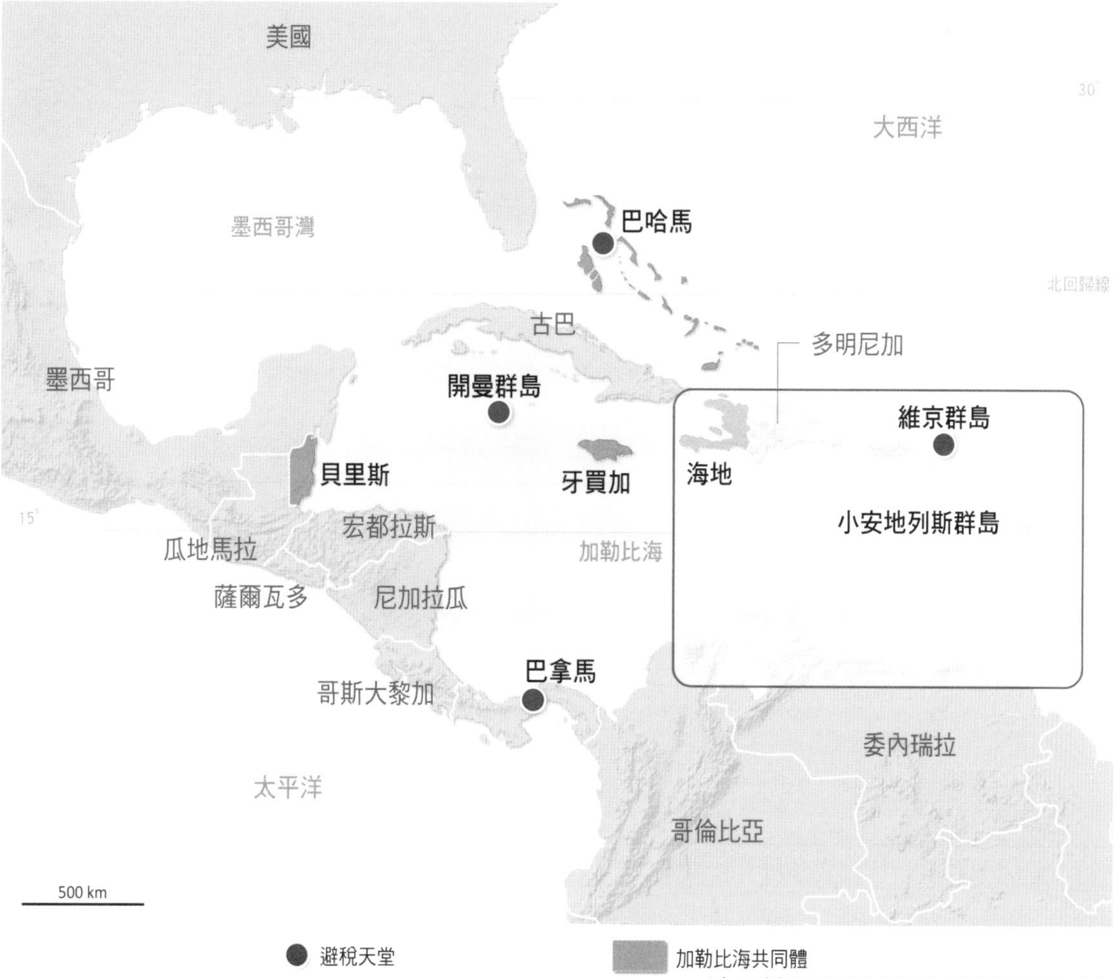
美國
30°
大西洋
墨西哥灣
巴哈馬
北回歸線
古巴
多明尼加
墨西哥
開曼群島
維京群島
貝里斯
牙買加
海地
15°
小安地列斯群島
宏都拉斯
瓜地馬拉
加勒比海
薩爾瓦多
尼加拉瓜
巴拿馬
哥斯大黎加
委內瑞拉
太平洋
哥倫比亞
500 km
避稅天堂
加勒比海共同體

出處：經濟合作暨發展組織（OECD）；國際貨幣基金組織；歐盟

美國的「後花園」

美國將加勒比海視為自己的內海，為守護自己在此地的權益，毫不猶豫地採取間接或武力的介入。20 世紀初，老羅斯福總統（Theodore Roosevelt）在擴大解釋「門羅主義」的「羅斯福推論（Roosevelt Corollary）」下，明顯表現出向海外擴張的姿態。美國不但不會阻止歐洲各國干預加勒比海地區，必要時還會軍事介入。也就是所謂的「巨棒外交」政策。古巴革命一開始從民族主義傾向共產主義時，美國立刻提高警覺，注意加勒比海各國動向，在經濟援助各國的同時也施加壓力。古巴即使在美國對其採取貿易禁運政策下，政權還是不受動搖，並自居為反美主義的急先鋒。然而，蘇聯解體後，古巴就失去了蘇聯的庇護與經濟援助。卡斯楚引退後，歐巴馬總統對古巴採行接近政策，並在 2016 年訪問古巴，結束兩國斷絕往來的情勢，為美蘇冷戰殘餘的最後影響畫上休止符。

美國在 1965 年軍事介入多明尼加，1983 年介入格瑞那達。介入多明尼加的目的，是要阻止激進派掌權，介入格瑞那達，則是為了推翻選舉選出的改革政權。歐巴馬上任後，因應國際局勢的變化，試圖不再走過去的強硬外交路線。

歐盟與加勒比海諸國簽有科托努協定（Cotonou Agreement）。根據歐盟與非洲、加勒比海、太平洋各國（ACP 國家）在 2000 年簽署的這個協定，之前在其他協定下所施行的開發援助都將持續。另一方面，歐盟在 2017 年 12 月公布避稅天堂的黑名單。名單中包括加勒比海共同體（CARICOM）的 4 個國家：巴貝多、格瑞那達、聖露西亞、千里達及托巴哥。

中國想從這個地區取得能源，所以也開始加強與加勒比海各國的貿易合作關係。

加勒比海各國以觀光作為重要收入，卻經常得面對地震或颶風等天然災害的困擾。氣候異常造成的災害擴大，是這個地區要特別擔心的事。

中美洲：追求安定

1821 年獨立、1823 年成立的中美洲聯邦共和國，在 10 多年後分裂。連接北美與南美的這個地區，包含貝里斯（這地區中唯一非西語圈國家）、哥斯大黎加、瓜地馬拉、宏都拉斯、尼加拉瓜、巴拿馬、薩爾瓦多等 7 國。

香蕉共和國

20 世紀的中美洲面對諸多困境：軍事政權、政治紛爭、社會不公、原住民受歧視，以及美國的控制。雖然各國數次想嘗試統合整個地區，但屢屢失敗。1991 年，雖然成立了中美洲統合體（SICA），但說不上充分具備實際功能，倒不如說直到現在，還處於各國表達自己想法的階段。

20 世紀初，人口還是很少的這些小國的主權，因美國只顧自己利益而持續受到侵害。尤其是與農業相關的美國大企業，經常為了自己利益對政治人物施壓。有些國家法律上雖然是獨立國家，但實際上卻受外國企業掌控，這些國家被稱為「香蕉共和國」。這名稱的由來，是因為 1899 年成立、主要輸出香蕉的「聯合果品公司（United Fruit Company）」，強硬要求這些主權國家配合自己公司的需求。在這地區，美國大使的地位就猶如「殖民地總督」一般，能讓當地政府完全順自己的意。

1903 年，美國強迫哥倫比亞接受一項只對美方有利的條約。這項不平等條約就是要哥倫比亞，將當時興建中的巴馬拿運河沿岸兩邊約 8 平方公里的土地，都歸美國管轄。哥倫比亞拒絕後，美國策動原為哥倫比亞一省的巴拿馬獨立，並實際控制了巴拿馬一段時間，直到 1978 年卡特總統有意推動符合倫理的外交政策，才跟巴拿馬簽訂「巴拿馬運河條約」（又名托里霍斯 - 卡特條約）。根據這項條約，美國在 1999 年將運河管轄權歸還巴拿馬政府。計算下來，美國只須支付一點運河使用費給巴拿馬，但巴拿馬長期損失一年能提高國內生產毛額 1.2-3.7 倍的收益。

1904 年，老羅斯福總統擴大解釋門羅主義，主張美國有權介入加勒比海諸國和中美洲各國事務。美國利用軍事上的絕對優勢，充分行使這個權利。就這樣，美國在 1902 及 1934 年兩度軍事介入尼加拉瓜。

冷戰的嚴重影響

進入冷戰時期、與蘇聯對立後，美國對中美洲各國的控管程度更嚴密，只要是看似與蘇聯有關的改革組織或政體，美國就會與之對抗。瓜地馬拉民族主義者亞本茲（Jacobo Arbenz Guzman）的改革政權，在 1954 年因軍事政變被推翻，就是一例。古巴在革命後與蘇聯結為同盟，再加上中美洲各地的反政府勢力擴大，在此情勢下，美國陸續扶持強勢的軍事獨裁政權成立，並提供支援。這些軍事政權不只徹底鎮壓政治活動，也包括社會性的要求，如土地的公平再分配，以及確立原住民權利等。在中美洲各國中，唯有沒有軍隊，有「中美洲瑞士」之稱的哥斯大黎加，能避開這暴力的連鎖，相對比較繁榮、政治安定。

新時代的到來？

1979 年，美國卡特總統拒絕軍事介入尼加拉瓜，支持蘇慕薩（Somoza）家族的獨裁政權，結果造成追隨馬克思主義（同時也跟古巴有關連）的激進派政黨桑定民族解放陣線（Sandinista National Liberation Front）執政。不過，繼任的雷根總統則圖謀推翻此政權，在支持反政府武裝勢力（康特拉，Contras）的同時，雖然未直接攻擊尼加拉瓜，卻間接行使武力（在尼加拉瓜的主要港口放置水雷，經國際法院判定違法）。1960 年代，中美洲發生多起東西陣營對立而起的紛爭，尤其在尼加拉瓜、薩爾瓦多、瓜地馬拉（該國有 20 萬人因此喪生）更是嚴重。政府軍和傭兵部隊隨意鎮壓，根本不分是否為敵對陣營。

1989 年 12 月，美國為推翻諾瑞嘉（Manuel Noriega）政權而入侵巴拿馬。諾瑞嘉過去雖然是最忠誠的親美派，但由於跟販毒集團勾結而被視為問題。冷戰時期，美國在巴拿馬設有供拉丁美洲各國政府軍對抗游擊隊的訓練所，除了軍事訓練外，也學習反共產主義思想，之後產生了幾位親美派的獨裁者。這個出於安全保障合作的「美國陸軍美洲學校（SOA）」，

抵抗美國的掌控（1959-1992年）

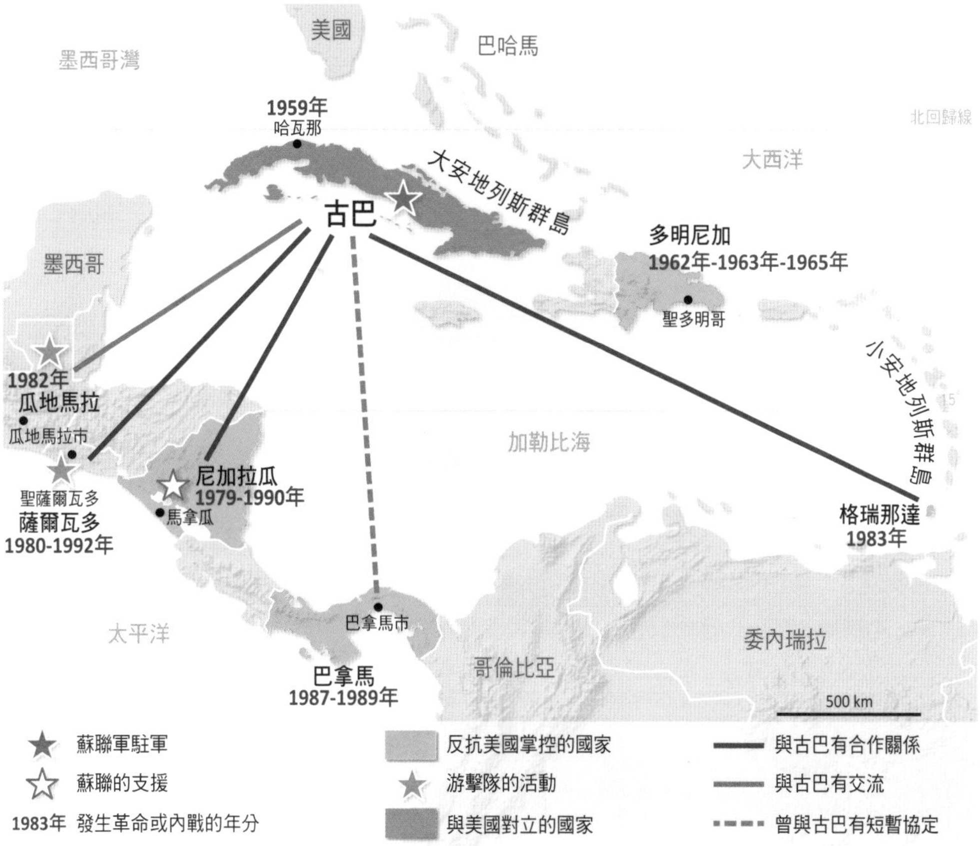
美國
巴哈馬
墨西哥灣
1959年
哈瓦那
北回歸線
大西洋
大安地列斯群島
古巴
多明尼加
1962年-1963年-1965年
聖多明哥
墨西哥
小安地列斯群島
1982年
瓜地馬拉
瓜地馬拉市
加勒比海
尼加拉瓜
1979-1990年
聖薩爾瓦多
馬拿瓜
薩爾瓦多
1980-1992年
格瑞那達
1983年
巴拿馬市
太平洋
委內瑞拉
哥倫比亞
巴拿馬
1987-1989年
500 km
蘇聯軍駐軍
蘇聯的支援
1983年 發生革命或內戰的年分
反抗美國掌控的國家
游擊隊的活動
與美國對立的國家
與古巴有合作關係
與古巴有交流
曾與古巴有短暫協定

在 1984 年遷校至美國。

隨著國際局勢變遷，美國干涉中美洲國家內政所招致的批評也更強烈，再加上冷戰結束，也就沒什麼干涉的必要性了。美國開始減少對這些國家的控制，也減少對軍事政權的支援。1990 年，在持續內戰的尼加拉瓜，桑定民族解放陣線政權同意舉行選舉。在其他國家，政府和反政府勢力也協議維持和平（薩爾瓦多在 1992 年，瓜地馬拉是 1996 年）。

1992 年，瓜地馬拉也終於承認貝里斯是一個主權獨立國家（貝里斯與瓜地馬拉、英國曾有領土紛爭，之後在 1981 年獨立）。宏都拉斯和薩爾瓦多雖然在 1969 年發生戰爭，但短時間即畫下句點，領土問題獲得解決。不過，整個中美洲除了哥斯大黎加外，其他國家的現代化進展緩慢、殺人事件數量多以及毒品交易等問題都很顯著。從全世界來看，中美洲也是犯罪事件極多的地區（在宏都拉斯，一年平均每 10 萬人就有 94 人遭殺害），因此，不斷有移民奔向他們心目中的「黃金國」美國，其中也有不少偷渡者。根據全球和平指數（GPI）的報告，宏都拉斯使用於預防及治療修復人民與物品遭受危害的費用，就占了 GDP 的 20％，薩爾瓦多為 15%、瓜地馬拉為 9%，巴拿馬則有 7%。

委內瑞拉的查維茲（Hugo Chavez）政權，為了提高在中美洲的影響力，主導大型公共事業，並廉價供給原油。不過，2013 年查維茲過世，加上之後委內瑞拉面臨經濟危機，這個嘗試因此受挫。

冷戰時期，台灣親近高舉反共主義的中美洲各國，中國為了反制，也想提升自己在中美洲地區的影響力。直到 20 世紀末，台灣的經濟實力對中美洲小國而言都還很有魅力，但在中國崛起後，這個魅力已消失。哥斯大黎加、巴拿馬和薩爾瓦多都陸續與台灣斷交，跟中國建交。

歐盟也想提高自己在此地區的影響力。中美洲各國也將歐盟的地域統合當作成功範本，同時認為歐盟的協助與支持，不會像美國那般強勢。

在瓜地馬拉、宏都拉斯、巴拿馬，是由右派掌權（宏都拉斯自 2009 年軍事政變導致左派政權垮台以來，已經舉行過多次選舉，但總是發生選舉不公問題）。另外，哥斯大黎加、尼加拉瓜、薩爾瓦多，則是左派或中間偏左的政權。其中宏都拉斯和尼加拉瓜的政權獨裁色彩強烈。

安地斯各國：新的出發

1819 年，在拉丁美洲獨立運動領袖玻利瓦（Simon Bolivar）帶領下，成立了大哥倫比亞，脫離西班牙統治。玻利瓦希望統合各國，成為一個「南美合眾國聯邦」，但 1830 年委內瑞拉和厄瓜多脫離大哥倫比亞，這個夢想因此破滅。

對美國的態度不同而產生裂痕

哥倫比亞、厄瓜多、委內瑞拉、秘魯、玻利維亞，是 1997 年成立的安地斯共同體（CAN）成員國（委內瑞拉在 2006 年退出）。安地斯共同體成立的目的，是要訂定成員國的共同經濟政策，但由於各國的利害關係互相衝突，以至於很難統整出共同的對外政策。但從自由貿易區的成立（1993 年）、對外採取共同關稅（1995 年），到 2015 年區域內居民可自由移動等，在地域統合上有很大進展。2008 年，安地斯共同體與南方共同市場簽署協定。

秘魯和哥倫比亞積極推動親美政策，但玻利維亞與厄瓜多的態度卻很消極。川普總統上任後，對拉丁美洲移民態度強硬，各國雖然因此有所反抗，但對美政策冷熱不同，成為共同體內部產生裂痕的原因。

2006 年，柯利亞（Rafael Correa）當選厄瓜多總統，莫拉萊斯（Evo Morales）當選玻利維亞總統後，推動如確立原住民權利、消滅貧窮、不再依隨美國等左派色彩濃厚的政策。

2009 年，南美銀行於委內瑞拉的卡拉卡斯成立，成員國有委內瑞拉、阿根廷、巴西、玻利維亞、厄瓜多、巴拉圭、烏拉圭等 7 國，目的是要和國際貨幣基金組織與世界銀行相抗衡。

秘魯及哥倫比亞政權是走自由主義路線，希望與美國加強關係，但在比較願意讓步的歐巴馬卸任，川普上任後，與美國的關係一直原地踏步。

哥倫比亞在威權政治下，從 1950 年代開始就陷入暴力不斷上演的負面循環。21 世紀初，左翼游擊隊組織（哥倫比亞革命軍，FARC）、極右派民兵組織，再加上毒品集團都趁著政府弱勢，跟有力者勾結，以激烈暴力為武器，確實擴大它們的勢力。

2015 年當選總統的桑托斯（Juan Manuel Santos），在 2016 年 9 月與哥倫比亞革命軍達成和平協議，並於這年獲得諾貝爾和平獎。毒品集團與民兵組織現在也都已經失去了影響力。不過，2018 年，對政府與革命軍之間的和平協議有異議的馬奎斯（Ivan Duque Marquez）繼任哥國總統。

分裂的經濟圈

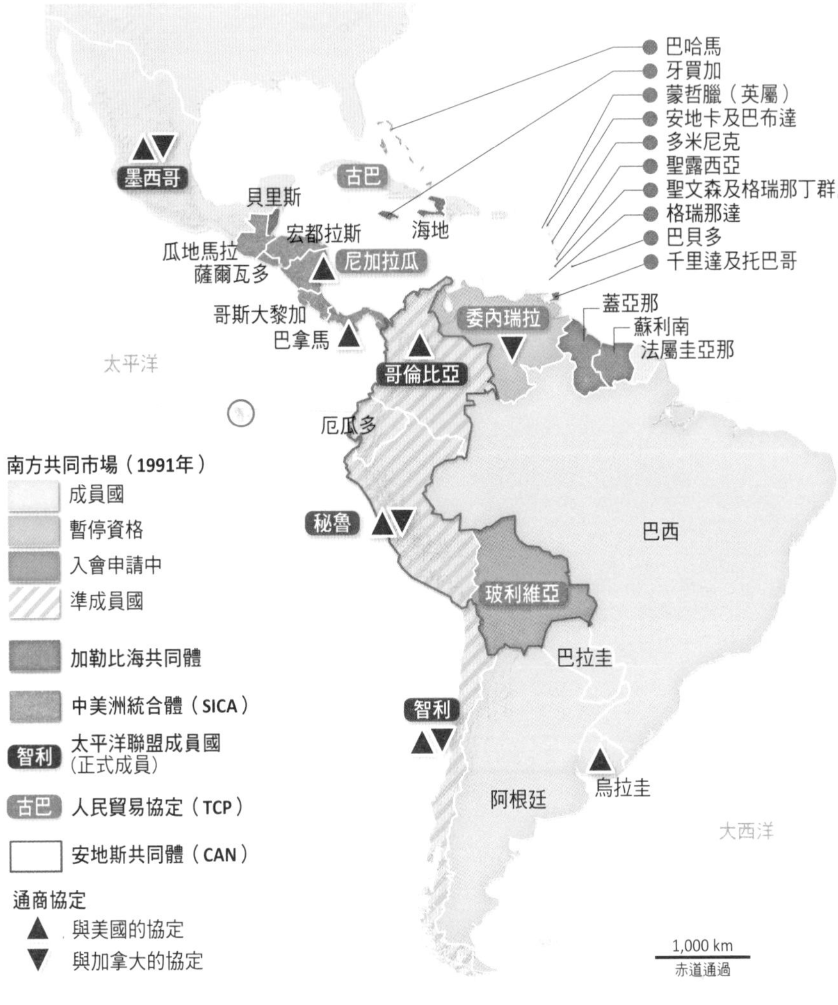

巴哈馬
牙買加
蒙哲臘（英屬）
安地卡及巴布達
多米尼克
聖露西亞
聖文森及格瑞那丁群島
格瑞那達
巴貝多
千里達及托巴哥
墨西哥
古巴
貝里斯
海地
宏都拉斯
瓜地馬拉
尼加拉瓜
薩爾瓦多
哥斯大黎加
巴拿馬
委內瑞拉
蓋亞那
蘇利南
法屬圭亞那
太平洋
哥倫比亞
厄瓜多
南方共同市場（1991年）
成員國
暫停資格
入會申請中
準成員國
秘魯
巴西
玻利維亞
加勒比海共同體
巴拉圭
中美洲統合體（SICA）
智利
太平洋聯盟成員國
(正式成員)
古巴
人民貿易協定（TCP）
烏拉圭
阿根廷
大西洋
安地斯共同體（CAN）
通商協定
與美國的協定
與加拿大的協定
1,000 km
赤道通過

出處：南方共同市場官網；中美洲經濟整合秘書處（SIECA）官網；太平洋聯盟官網

衝突頻繁的地區

卡拉卡斯
委內瑞拉
蓋亞那
法屬圭亞那
蘇利南
大西洋
波哥大
哥倫比亞
基多
厄瓜多
• 哥倫比亞革命軍（FARC）：2016年簽署和平協定
• 民族解放軍（ELN）
• 圖帕克・阿馬魯革命運動（MRTA）
• 光明之路
秘魯
利馬
巴西
巴西利亞
玻利維亞
拉巴斯
太平洋
巴拉圭
亞松森
智利
阿根廷
聖地牙哥
烏拉圭
布宜諾斯艾利斯
蒙特維多市
500 km
赤道通過
哥倫比亞 暴力情況嚴重的國家
反政府游擊隊
國家間關係緊張
毒品走私路線
政局持續不穩定的國家

查維茲時代

1999 年，查維茲經由民主選舉當選為委內瑞拉總統。查維茲以玻利瓦的理念為基礎下，走社會主義與反美路線，想促成拉丁美洲國家的統合。當時美國總統小布希的政策看起來很帝國主義，也助長他走向反美路線。美國發動伊拉克戰爭，古巴國內因此在關達那摩設置收容所，這也讓查維茲批評美國的火力更為強烈。

不過，儘管政治上是對立關係，委內瑞拉仍然是美國主要的原油供給國。

伊拉克戰爭後，原油價格上漲，委內瑞拉受惠於全球對原油需求的擴大，財源充實，讓查維茲得以推動完善的社會福利政策。在外交上，他與周圍各國積極互動，努力擴大影響力。然而，2013 年查維茲過世後，委內瑞拉陷入嚴重的分裂狀態。繼任的馬杜洛（Nicolas Maduro）沒有查維茲的領袖魅力與公正。面對原油價格暴跌，他沒有提出任何一個能讓委內瑞拉脫離依賴原油出口的對策。國內的暴力情況變得嚴重，加上政治陷入膠著，委內瑞拉的危機只是變得愈來愈嚴重。

南錐體：蘊藏力量的最底端？

南錐體（呈圓錐形的南美洲南部）包含5個國家：包夾安地斯山脈的阿根廷、巴西與智利，還有巴拉圭和烏拉圭。這其中，巴西儘管近年來面對各種問題，還是世界屈指可數的大國。

地區的霸權之爭

巴西和阿根廷多年來一直在角逐此地的領導地位，但近年來誰都看得出來，巴西居於優勢。至於夾在大國之間的烏拉圭和巴拉圭，則謹慎地保有自主性。

1494 年，當時的教宗將這個地區定為葡萄牙與西班牙屬地的分界線。後來，各國脫離殖民統治獨立之際，西語圈各州分別成為一個個國家；反之，葡語圈的巴西則以聯邦國家的型態，在保持統一下獨立。多虧這個決定，今日的巴西不只在南美洲是第一大國，在所有拉丁美洲國家中也是。另一方面，阿根廷受歐洲影響很大，很快邁入現代化，幾乎所有國民都是歐裔，很少有白人與原住民的混血兒（麥士蒂索人，Mestizo）。阿根廷一直以來都覺得自己比巴西優秀，但巴西在全球化下崛起後，兩者的權力關係也完全反過來。烏拉圭利用兩大國之間的對立，在 1830 年獨立，相對之下，巴拉圭在巴拉圭戰爭（1864-1870 年）後，遭巴西與阿根廷奪走部分土地。之後，又因為查科戰爭（Chaco War，1932-1935 年），被玻利維亞再搶走部分領土。

冷戰後民主主義體制的再建

冷戰時期，美國擔憂古巴革命會影響其他國家，於是，藉著與共產主義對戰之名，扶植及支援各國建立軍事獨裁政權。在這種情況下產生了巴拉圭（1954 年）、巴西（1964 年）、烏拉圭（1973 年）及阿根廷（1976 年）等國的軍事政權。在智利，阿葉德（Salvador Allende）於 1970 年經由選舉贏得政權，他希望不必靠游擊戰就能合法實現社會主義。但 1973 年，美國中情局為推翻他而支持皮諾契特（Augusto Pinochet）將軍發動政變。在這種狀況下誕生的各國獨裁政權，則為了維持政體及鎮壓反政府勢力攜手合作。不過，卡特就任美國總統後，基於擁護人權的主張，開始與這些高壓政權保持一定距離。隨著冷戰結束，這個地區的民主主義也完全復活，得以實現政權輪替。

說到象徵阿根廷的政治人物，就是裴隆（Juan Domingo Peron）。裴隆在社會運動的推波助瀾下，於 1946 年當選總統。他雖然高舉社會主義，但政治作風其實是傾向獨裁主義與個人崇拜。他以民族主義、反共主義和保護主義為主軸的政策，對極右和極左勢力都有吸引力，也讓過去的政治對立趨緩。裴隆雖然在 1955 年政變中被推翻，但 1973 年又再次執政。

1982 年，加爾鐵里（Leopoldo Galtieri）軍事獨裁下的阿根廷，攻占英屬福克蘭群島。加爾鐵里認為，福克蘭群島距離英國很遠，又不具多大價值（人口為 1,800 人），應該不難併吞才是。然而，當時的英國首相柴契爾夫人自始至終都不讓步，嚴正捍衛領土。敗戰的阿根廷倍受屈辱，政權也因此垮台。而儘管美國與阿根廷簽有合作協定，還是將與英國的關係視為優先，這在南錐體各國看來是美國的背叛。

1999 年，這個地區面臨嚴重的經濟危機，整個社會，尤其是中產階級受到很大的影響。即使如此，軍事體制或獨裁政權並沒有在任何國家復活，政權輪替的方式不是靠武力，而是透過選舉。對任何國家來說（唯有智利比較不是如此），最關心的事是與美國保持距離。北美自由貿易協定（NAFTA）在 1994 年 1 月 1 日生效，這個由美國、加拿大、墨西哥所建立的共同經濟圈，南錐體各國都拒絕參加。阿根廷與巴西是先放下彼此的競爭，建立南方共同市場，不過智利並未加入。

南方共同市場的成立，不但為之前妨礙各國間貿易的保護主義畫上休止符，有經濟上的補償功能，還帶來讓民主主義普及的政治影響。南方共同市場不只避免烏拉圭在 1990 年代末發生政變，對於緩和阿根廷與巴西的競爭意識也有幫助（阿根廷接受了現實，知道與巴西爭第一沒有意義）。委內瑞拉雖然也曾經是成員國，但由於現任總統馬杜洛的政權偏向獨裁，被終止成員國資格。

21世紀初的經濟成長

隨著全球化及原物料價格高漲，這個地區的經濟在 21 世紀初有顯著成長。中國為確保能順利取得原物料，凸顯自己的重要性，簽訂不少通商協定。南方共同市場跟歐盟之間也有正式協定。對南方共同市場的成員國而言，如何逃開美國的掌控經常是課題。在小布希總統時代，此地反美情緒高漲，及至歐巴馬上台後由於揚棄門羅主義，在他任內 8 年中，此地的反美態度大幅緩和。然而，川普上台後，反美情緒恐怕會再次升高。

南錐體（南美洲南部）的發展與經濟問題

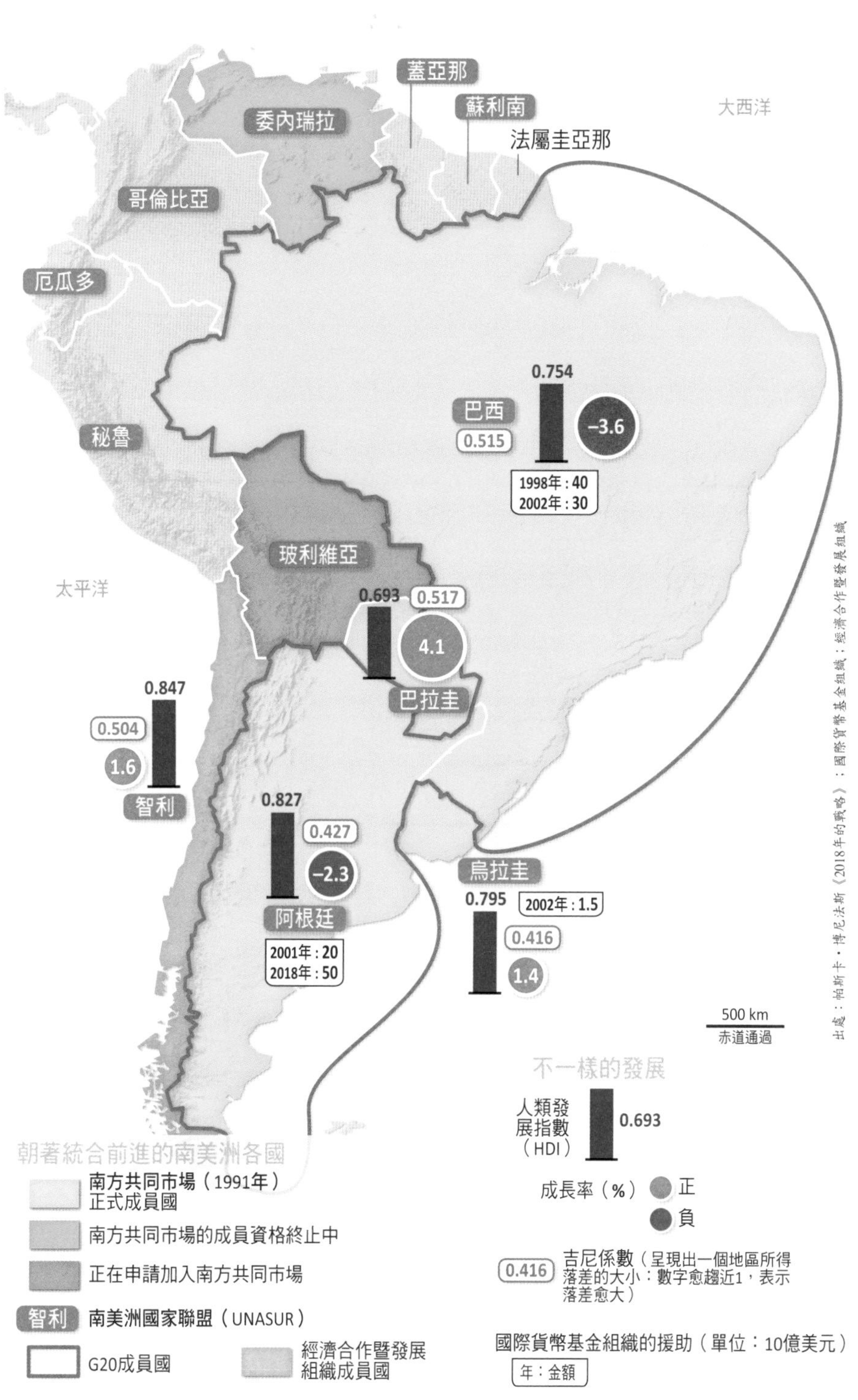
蓋亞那
蘇利南
法屬圭亞那
大西洋
委內瑞拉
哥倫比亞
厄瓜多
秘魯
巴西
0.754
0.515
−3.6
1998年：40
2002年：30
玻利維亞
太平洋
0.693
0.517
4.1
巴拉圭
0.847
0.504
1.6
智利
0.827
0.427
−2.3
阿根廷
2001年：20
2018年：50
烏拉圭
0.795
2002年：1.5
0.416
1.4
500 km
赤道通過
出處：帕斯卡・博尼法斯《2018年的戰略》；國際貨幣基金組織；經濟合作暨發展組織
不一樣的發展
人類發展指數（HDI）
0.693
成長率（%）
正
負
0.416
吉尼係數（呈現出一個地區所得落差的大小：數字愈趨近1，表示落差愈大）
國際貨幣基金組織的援助（單位：10億美元）
年：金額
朝著統合前進的南美洲各國
南方共同市場（1991年）正式成員國
南方共同市場的成員資格終止中
正在申請加入南方共同市場
智利
南美洲國家聯盟（UNASUR）
G20成員國
經濟合作暨發展組織成員國

巴西在魯拉（Luiz Inacio Lula da Silva）總統的兩屆任期中，經濟明顯成長，貧窮狀況改善，同時在國際社會也受到矚目，甚至還成為聯合國安理會常任理事國的候選國。巴西與俄羅斯、印度、中國、南非合稱金磚5國（BRICS），但魯拉希望能再一步提升國家地位。巴西重新在超過50國成立大使館，並成功取得2014年世足賽及2016年夏季奧運的主辦權，提升國家威信。「南美的珍珠」巴西，為了避免跟歐美各國對立，雖然償還國際貨幣基金組織的貸款，但關於這項債務的償還，卻認為還有解釋的餘地（阿根廷則是未償還貸款）。從一介勞工、工運人士一路往上爬到總統之位的魯拉，在國內外都名聲卓越。魯拉卸任後，2010年接任的羅賽夫（Dilma Vana Rousseff）不像魯拉一樣具有領袖魅力，而且巴西面臨經濟危機、社會動盪，政界也陷入混亂，她因此被迫下台。巴西政界分裂成無數政黨，但各政黨都沒有具體政策，上位者不認同魯拉過去推動的財富再分配，就這麼腐敗下去。魯拉自己卸任後也因貪汙而遭判刑。不過，巴西擁有廣大國土與大量人口，加上又有農業資源與石油，也有好的產業基礎，不久後應該能脫離這種停滯狀態。

「小國」烏拉圭，自從前游擊隊分子穆希卡（Jose Mujica）在2009年當選總統後，開始給人深刻印象，並走出自己獨有的政治路線。穆希卡將烏拉圭的最低工資提高了250%，將國家的貧困率從40%降到11%，失業率從13%降至7%。這都是他大膽社會政策的成果。此外，烏拉圭現在仍因宗教（天主教和新教）影響，思想較保守，但他任內也推動承認同性婚姻，以及大麻使用的合法化。

	面積（km^2）	人口（人）	GDP（單位：100萬美元）
巴西	8,514,877	207,847,528	1,774,725
阿根廷	2,780,400	43,416,755	548,055
智利	756,102	17,948,141	240,216
巴拉圭	406,752	6,639,123	27,623
烏拉圭	176,215	3,431,555	53,443

出處：帕斯卡・博尼法斯《2018年的戰略》

馬格里布地區不可能統合？

「馬格里布」一詞在阿拉伯語裡的意思是「日落之地」，對地理學家而言，是除了埃及以外的北非地帶，而對法國人來說，是指稱阿爾及利亞、摩洛哥、突尼西亞、茅利塔尼亞這些他們過去統治過的地區（也包含曾為義大利殖民地的利比亞）。

面臨阻礙的統合

儘管這個地區的國家有非常多共同點，但從政治及戰略上的情勢變遷來看，現在要分析此地，還是得一個個國家分開談。因為，從脫離殖民統治以來，各國的發展歷程有很大不同。

馬格里布地區的特徵是地理上離歐洲很近，但又屬於非洲大陸和阿拉伯世界，並保有自己獨特的個性。

馬格里布 5 國，都同時加入阿拉伯聯盟與非洲聯盟。不過，摩洛哥曾因反對非洲聯盟承認撒拉威阿拉伯民主共和國（SADR，即西撒哈拉）而暫時退出，之後又再加入。整個馬格里布地區的面積有 600 萬平方公里，人口 9,000 萬，過半數為年輕人。突尼西亞、摩洛哥、阿爾及利亞的年輕人教育水準很高，對社會正義與自由有更高的追求，所以傾向移居歐洲，尤其是法國。

馬格里布國家共同擁有的文化，除了自古以來的柏柏爾文化、7 世紀阿拉伯人征服此地後留下的阿拉伯伊斯蘭文化遺產，還有西方殖民時期的西洋文化的影響。這幾國都是中央集權國家，都想發展威權體制，或曾經想發展。

1989 年，根據 5 國締結的條約，誕生了阿拉伯馬格里布聯盟。阿拉伯馬格里布聯盟的目標是統整地區經濟，增加面對其他各國（尤其是歐洲）的籌碼，並在政治上加強合作。

聯盟成立後，雖然提出了幾個大型計畫的構想（主要是在基礎建設領域），但由於國家間根深柢固的政治對立，而無法實現。此外，雖然也成立了 5+5（歐洲 5 國：法、義、西、葡、希）對話機制，但馬格里布國家間的對立，尤其是摩洛哥與阿爾及利亞的對立，以及由於格達費（Muammar Gaddafi）時代利比亞的脫序行為，都無法真的因同盟關係而達成什麼成果。

這個聯盟是為了對抗前宗主國形成的，卻因為冷戰的因素而瓦解。阿爾及利亞過去付出了極大代價才得以獨立，在此光榮下，它自許是南方各國的盟主，也是主導「不結盟運動」（冷戰時期不屬於東西任一陣營的國家在 1961 年成立的國際組織）和第三世界的國家，但它和蘇聯及社會主義革命也有關係。摩洛哥也是不結盟運動的成員國，但它是比較親近西方陣營的保守君主制國家。至於突尼西亞，雖然希望更中立、更低調地與西方保持關係，但也尊重自己的個體性。

阿爾及利亞與摩洛哥的敵對關係，與 1975 年西班牙撤離後的西撒哈拉有關。摩洛哥國王哈桑二世（Hassan II）主張，摩洛哥擁有西撒哈拉主權，並號召人民展開和平的領土征服行動「綠色進軍（Green march）」。反之，接受阿爾及利亞援助的波利薩里奧陣線（Frente Polisario）則希望西撒哈拉獨立。之後，由波利薩里奧陣線建立的撒拉威阿拉伯民主共和國，在 1984 年得到非洲統一組織（即現在的非洲聯盟）的承認。因此，摩洛哥才曾經退出非洲統一組織，但 2017 年又再加入非洲聯盟。摩洛哥目前還是掌控西撒哈拉 80% 的領土，但為了加速此地發展，也給予相對的自治權。阿爾及利亞希望西撒哈拉能完全獨立，所以，與摩洛哥之間的衝突仍持續，在此前提下，這個地區的統合完全看不到進展。

利比亞的狀況

在利比亞，格達費上校在 1969 年逼國王伊德里斯一世（Idris I）退位，建立所謂「革命性」的政權，成立阿拉伯利比亞共和國。但事實上，由於權力全集中在格達費一人身上，並未建立真正的國家結構。利比亞雖然大言不慚地說，自己是阿拉伯及非洲世界的領袖，但實際上，它是與西方陣營對抗的民族主義式的反對勢力。而且，很快地，它就變成暴力的、經常失去理性的激進勢力。儘管國家人口較少，但利比亞還是利用 1970 年代後因輸出石油得到的收入，在國際上發揮它的野心。它不只金援革命組織，也支持恐怖組織；不只攻擊西方國家，也將矛頭指向不認同利比亞有主導權的阿拉伯或非洲各國。在 2011 年阿拉伯之春運動興起時，格達費則企圖使用武力鎮壓反抗民眾。

在中國與俄羅斯棄權下，聯合國安理會通過第 1973

號決議，以軍事介入利比亞。

雖然一開始只是設定禁飛區域以保護人民，算是很有節制的介入，但後來法國與英國決定以推翻利比亞政權為目標，7 個月後格達費死亡，招致中國與俄羅斯的抗議。之後，利比亞民主化的夢想破滅，陷入混亂中。

各種政治改革

突尼西亞脫離殖民統治後，在首任總統布爾吉巴（Habib Bourguiba）的強力領導下，經濟成長，人民識字率幾乎達 100 %。1987 年，本阿里（Zine El Abidine Ben Ali）批評布爾吉巴過於保守，逼他卸任，並繼續推動國家現代化，但結果卻是走向威權主義及貪腐。2011 年，本阿里在和平的革命下下台。

馬格里布 5 個國家的政治，各自經歷了不同變遷。阿爾及利亞 1990 年代內戰的回憶，仍然是人們的心理創傷，也成為他們追求改變的阻礙。這場內戰會發生，是由於軍隊以暴力阻止可能取得政權的伊斯蘭教徒。隨著伊斯蘭武裝組織（Armed Islamic Group, GIA）和軍方的衝突變得激烈，造成近 20 萬人死亡。1999 年包特夫里卡（Abdelaziz Bouteflika）取得政權後，推動國內和解政策，大規模的暴力事件才因此減少。之後，GIA 發展為伊斯蘭馬格里布蓋達組織（AQIM）。阿爾及利亞人民雖然對政府未施行政治與經濟的改革心懷不滿，但又害怕再次爆發源自政治因素的武力衝突，所以不滿並沒有那麼表面化。至於利比亞，則還是無法脫離混亂狀態。在摩洛哥，國王雖擁有極大權力，但也推動經濟開放。雖然該國是藉由經濟現代化，並施行現在已經罕見的君主制來確保政治安定，但經濟上（及地區）的不平等，也造成人民不滿。摩洛哥現在不斷增加自己的影響力，希望能成為歐洲與撒哈拉以南非洲之間的橋梁。在突尼西亞，儘管面對經濟困境，但仍持續民主政治的嘗試。然而，從 2013 到 2014 年發生的恐攻事件、中止過去和利比亞之間熱絡的貿易，以及革命與觀光業衰退的影響，都導致外資投入減少。

馬格里布各國擁有的天然資源

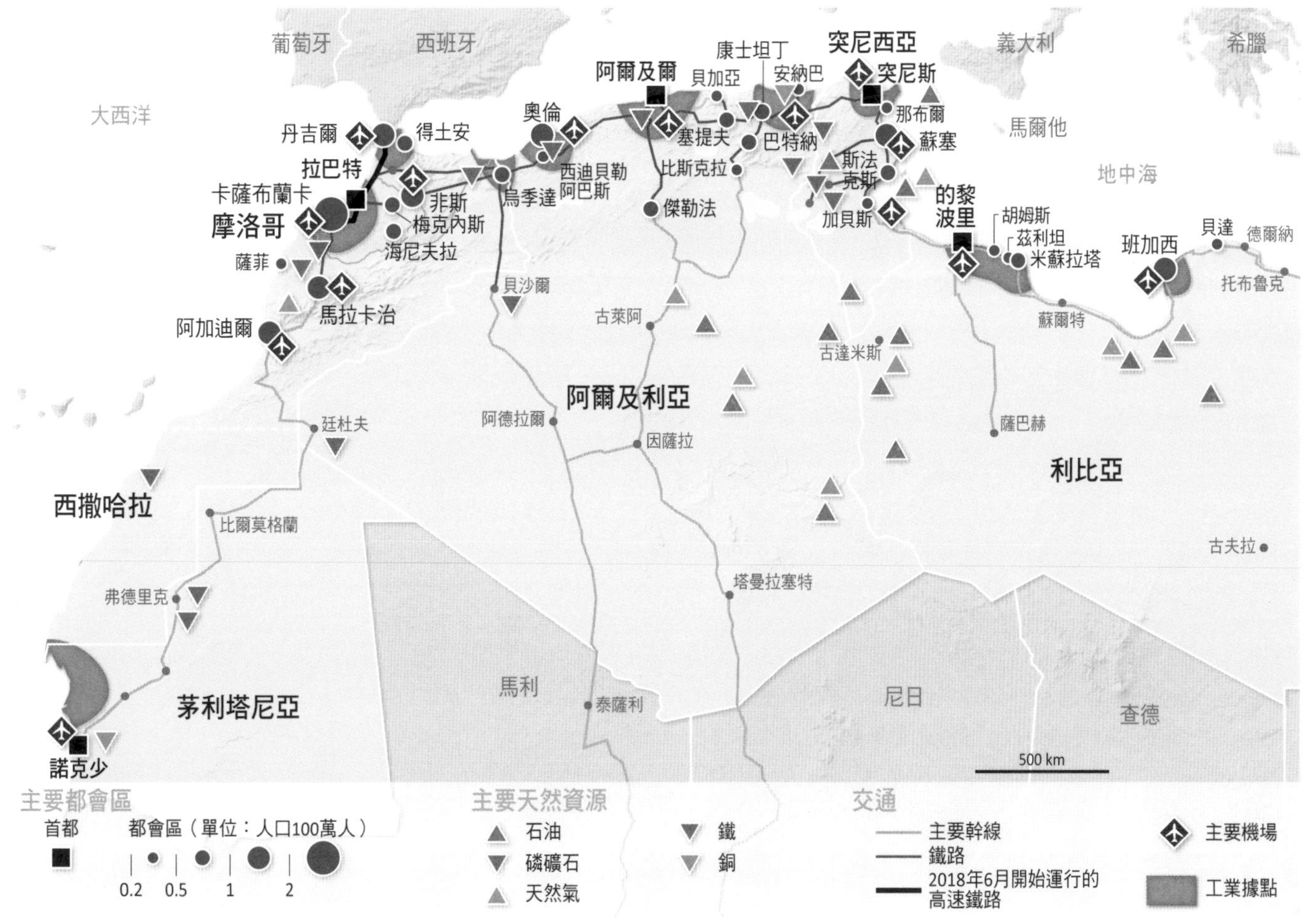
葡萄牙
西班牙
大西洋
康士坦丁
突尼西亞
義大利
希臘
阿爾及爾
貝加亞
安納巴
突尼斯
奧倫
丹吉爾
得土安
那布爾
馬爾他
塞提夫
巴特納
蘇塞
拉巴特
西迪貝勒阿巴斯
比斯克拉
斯法克斯
地中海
卡薩布蘭卡
非斯
烏季達
傑勒法
摩洛哥
梅克內斯
加貝斯
的黎波里
胡姆斯
海尼夫拉
茲利坦
貝達
德爾納
米蘇拉塔
班加西
薩菲
貝沙爾
托布魯克
馬拉卡治
古萊阿
蘇爾特
阿加迪爾
古達米斯
阿爾及利亞
廷杜夫
阿德拉爾
薩巴赫
因薩拉
利比亞
西撒哈拉
比爾莫格蘭
古夫拉
塔曼拉塞特
弗德里克
馬利
泰薩利
尼日
查德
茅利塔尼亞
諾克少
500 km
主要都會區
首都
都會區（單位：人口100萬人）
0.2
0.5
1
2
主要天然資源
石油
磷礦石
天然氣
鐵
銅
交通
主要幹線
鐵路
2018年6月開始運行的高速鐵路
主要機場
工業據點

出處：人口數據網（populationdata.net）；《法國世界外交論衡月刊》

馬什里克地區情勢混亂？

馬什里克（在阿拉伯語裡的意思是「日升之處」）地區是阿拉伯世界東側的玄關，由埃及、約旦、伊拉克、黎巴嫩、敘利亞及巴勒斯坦組成。跟馬格里布地區不同，馬什里克地區存在著多個宗教信仰。

賽克斯 - 皮科協定（Sykes-Picot Agreement）對這個地區的歷史影響很大。賽克斯和皮科，分別是制定草案的英法兩國代表，這個協定，是在第一次世界大戰鄂圖曼帝國解體後，劃分協約國在此地區的勢力，也得到國際聯盟的承認，敘利亞的海法港歸英國，至於巴勒斯坦，英法俄後來又重新簽署協定。

埃及：變得脆弱的大國

埃及在 1922 年獨立後，還是繼續受英國掌控。之後，埃及曾提出呼籲，要阿拉伯世界統一，但幾個聯邦計畫都以失敗告終（1958-1961 年的阿拉伯聯合共和國，以及 1958 年由約旦和伊拉克組成的阿拉伯聯邦）後，馬什里克地區不論在政治、戰略或宗教上都呈現分裂狀態。

納賽爾（Gamal Abdel Nasser）在 1954 年掌握埃及實權後，推動民族主義及第三世界主義的政治路線。1956 年，他做出反歐美利益的決定，將蘇伊士運河國有化，此舉讓他不只受埃及人民愛戴，在其他國家也很受歡迎。埃及一方面接近蘇聯，一方面也在不結盟

馬什里克：能源豐富但政局不穩定的地區

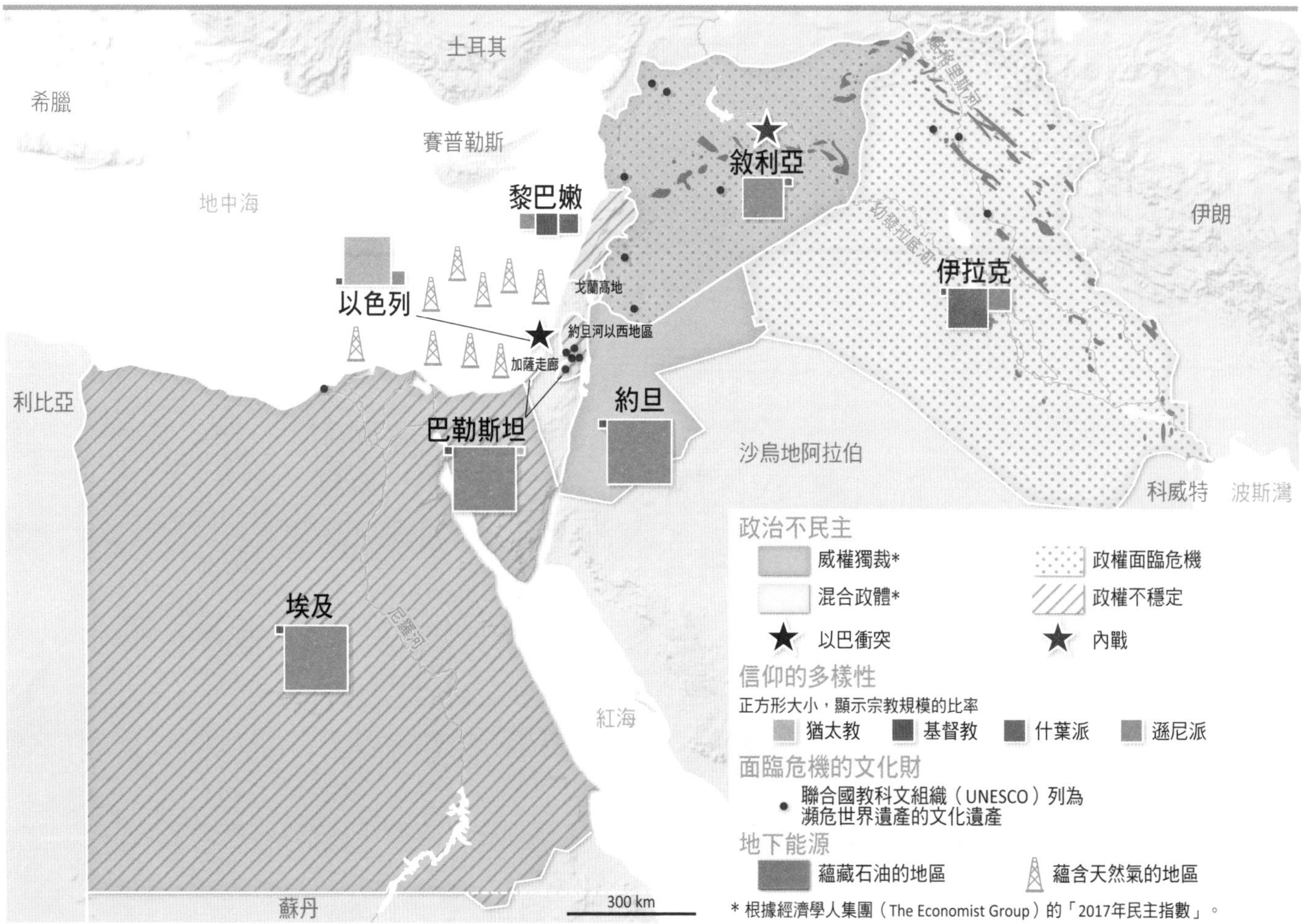

土耳其
希臘
賽普勒斯
地中海
黎巴嫩
敘利亞
幼發拉底河
底格里斯河
伊朗
伊拉克
戈蘭高地
以色列
約旦河以西地區
加薩走廊
利比亞
巴勒斯坦
約旦
沙烏地阿拉伯
科威特
波斯灣
埃及
尼羅河
紅海
蘇丹
300 km
政治不民主
威權獨裁*
混合政體*
政權面臨危機
政權不穩定
以巴衝突
內戰
信仰的多樣性
正方形大小，顯示宗教規模的比率
猶太教
基督教
什葉派
遜尼派
面臨危機的文化財
聯合國教科文組織（UNESCO）列為瀕危世界遺產的文化遺產
地下能源
蘊藏石油的地區
蘊含天然氣的地區
* 根據經濟學人集團（The Economist Group）的「2017年民主指數」。

出處：聯合國教科文組織（2018年）；經濟學人集團「民主指數」（2017年）；法新社；聯合國；帕斯卡・博尼法斯《2018年的戰略》

運動中扮演重要角色。

納賽爾卸任後，繼任的沙達特（Anwar Sadat）在1973年第四次中東戰爭後體悟到，與蘇聯同盟，並無法改變現狀，也無助於搶回西奈半島（在1967年第三次中東戰爭時被以色列奪走）。於是，他解除與蘇聯的同盟關係，轉而接近美國，也因此，埃及單獨和以色列簽訂和平條約（1978年於美國大衛營達成協議），但此舉也讓埃及被逐出阿拉伯聯盟。與美國結盟（更精確來說，是埃及在經濟及國際戰略上接受援助）自此後成為埃及政治的主軸，即使2012-2013年穆斯林兄弟會一度掌握埃及政權，也沒有調整這個主軸。

1981年沙達特遭暗殺後，穆巴拉克（Mohamed Hosni Mubarak）接任，直至2011年2月民眾發動革命，穆巴拉克被迫下台。之後在2012年年初，埃及第一次透過民主選舉選出總統。穆斯林兄弟會支持的穆希（Mohamed Morsi）雖然贏得勝利，但2013年7月因塞西（Abdel Fattah al-Sisi）主導的政變下台。塞西讓埃及再次重回獨裁體制。歐美各國重視埃及的戰略地位，所以對埃及軍事政府的鎮壓視若無睹。2018年3月的總統大選，實際上塞西並無競爭者，儘管埃及的經濟與國安問題惡化，但塞西還是再次連任。

敘利亞與伊拉克的混亂狀態

伊拉克是1932年、敘利亞是1946年獨立，兩國握有實權的都是復興黨（Ba'ath Party）。這個政黨標榜的是世俗主義、阿拉伯民族主義，以及泛阿拉伯主義。伊拉克和敘利亞有這個共同特徵，而且也都親蘇聯，但儘管如此，卻是馬什里克地區的「敵對兄弟」。雖然遜尼派在伊拉克是少數派（與伊拉克的庫德人一樣，都只占17%），但自1979年起由遜尼派的海珊掌權。另一方面，敘利亞從1971年起，由阿拉維派的哈菲茲・阿薩德掌權（阿拉維派是什葉派的分支，只占敘利亞人口的10%）。阿薩德在1980-1988年的兩伊戰爭時，與伊朗結盟。敘利亞在戰略上雖然與以色列站在同一陣線（包括受蘇聯援助的期間也是），但後來體悟到這個方針不可行。1973年後，又由於以色列占領戈蘭高地，對其懷有強烈敵意，但只停留在口頭的階段，並沒有具體行動。

伊拉克由於海珊發動的戰爭（與伊朗，之後是科威特），從1991年到2003年受到歐美的禁運制裁。緊接著在2003年，又由於美國發動伊拉克戰爭，在戰火頻仍下元氣大傷。現在它主要受伊朗的影響，國家結構非常脆弱。

敘利亞從2000年起，由巴沙爾・阿薩德接任父親的位置掌權。面對人民對民主化與社會正義的要求，他擔心自己的命運會跟本阿里（前突尼西亞總統）和穆巴拉克（前埃及總統）一樣，所以採取全面鎮壓的態度，並毫無根據地指責外國是策動叛亂的主謀。2011年開始的敘利亞內戰之殘暴激烈前所未見，這導致部分在野人士變得激進，也促成伊斯蘭激進派的壯大。不久後，內戰發展成國際糾紛，想對抗阿薩德政權的阿拉伯各國與土耳其甚至開始支援激進派。歐美各國雖然譴責敘利亞政府濫權，但實際上對政府軍或反抗軍都未提供協助。另一方面，俄羅斯和伊朗則支援敘利亞政府。

在此情況下，遜尼派激進人士在伊拉克與敘利亞的部分領土上（約20萬平方公里）劃地為王，建立「伊斯蘭國」。伊斯蘭國主張破除賽克斯 - 皮科協定，並利用在伊拉克無法掌權，又受敘利亞迫害的遜尼派人士心中的仇恨。然而，為打倒這個伊斯蘭恐怖組織，不論是敘利亞政權的支持派或反對派都團結一致，甚至也有國際間的合作。所以，儘管阿薩德讓國家陷入殘破不堪的狀態，造成約40萬人喪生，還有一半國民成為難民，但他還是能繼續掌權。

黎巴嫩與約旦：在困難狀況下維持體制

敘利亞並不承認黎巴嫩的獨立，而是將它視為「大敘利亞」的一部分。黎巴嫩是建立在國內18個社群（黎巴嫩有18個官方承認的不同教派）維持微妙平衡下的國家，並且由於巴勒斯坦難民數度湧入，情勢很不穩定。1975年黎巴嫩爆發內戰，敘利亞在基督教徒的請求下攻擊黎巴嫩，擴大其勢力。1982年，以色列侵略黎巴嫩後，黎巴嫩國內占多數但也最缺乏資金的什葉派，以接受伊朗支援的政治軍事組織真主黨為中心集結。內戰結束後，2005年，遜尼派的黎巴嫩首相哈里里（Rafic Hariri）遭暗殺，疑似與敘利亞政府有關。於是，根據由法國與美國主導的聯合國決議案，強制要求敘利亞軍隊自黎巴嫩撤離。現在，黎巴嫩國內的敘利亞難民有150萬人，也可說是奇蹟似地與敘利亞保持一種奇妙的平衡關係。

約旦國內的巴勒斯坦人雖然很多，但跟埃及同是阿拉伯各國中唯二與以色列簽訂和平條約的國家。這是因為約旦為保障安全及維持君主制，必須倚賴跟美國的關係。

馬什里克地區過去曾有三個國家，國家本身結構堅強、在國際上有重要地位，也具有一定國力，亦即埃及、敘利亞及伊拉克。現在，埃及的國家功能不彰，敘利亞和伊拉克有待復興。三個國家的國際地位，也變得跟以前完全不同。至於約旦和黎巴嫩，雖然出於各種原因，情勢經常不穩定，但現在倒是避免了最糟糕的狀態。

波斯灣的安定受到威脅

18 世紀，伊斯蘭傳教士瓦哈比（Muhammad ibn Abd al-Wahhab）倡導伊斯蘭應該回歸嚴格的原點，並與有力人士沙特（Muhammad bin Saud）結盟。沙特家族建立王國後，於 19 世紀初擴大在阿拉伯半島的勢力，並征服聖地麥地那與麥加。1932 年沙烏地阿拉伯建國時，其他波斯灣國家都還在英國統治下。之後，英國考量到自己的實力相對變弱，1968 年自蘇伊士運河東側撤軍，此舉也讓小規模的幾個酋長國得以獨立。其中 7 個酋長國組成阿拉伯聯合大公國，巴林和卡達則拒絕加入，阿曼與科威特也獨立。這些人口不多的國家之所以繁榮，與 1970 年代初的石油危機有很大關係。

美國的影響力

沙烏地阿拉伯積極進行宗教外交，想在伊斯蘭各國推廣瓦哈比派的信仰。儘管瓦哈比派對伊斯蘭的詮釋極端保守，但美國為繼續自沙國購買石油，所以也無異議。此外，在冷戰時期，美國也將沙國視為對抗共產黨的盟友。

1945 年後，美國成為對波斯灣地區而言，最具戰略重要性的大國。美國也跟沙國簽署協定，以確保沙國政體安全為條件，換取用便宜價格取得豐富的石油。越戰後，美國總統尼克森為擴大美國的影響力，施行在波斯灣地區安排「憲兵」的政策。美國選為憲兵的國家，是伊朗。伊朗是這個地區人口最多的國家，執政的國王則以威權主義式的方法推動國家現代化。

然而，1979 年，何梅尼發動伊朗革命推翻君主制政府。接著，伊朗斷絕與美國和以色列的關係，威脅要以革命影響其他波斯灣國家。就這樣，曾是美國盟國的伊朗，搖身一變成為美國的一大威脅。

區域內的對立

1931 年獨立的伊拉克，一直到 1958 年都持續實行君主制，海珊則從 1978 年起掌權。海珊的獨裁政權與沙國敵對，原因來自海珊世俗性的政策，以及伊拉克與蘇聯的友好關係。當時的伊拉克不只擁有豐富的石油蘊藏量與水資源，在工業和農業上也都有很好的發展，經濟水準堪比西班牙。1980 年，海珊對伊朗發動戰爭，他認為伊朗在君主制政府瓦解後變弱，正可趁虛而入。

1981 年，沙烏地阿拉伯、阿拉伯聯合大公國、卡達、巴林、科威特、阿曼成立海灣阿拉伯國家合作委員會（GCC，簡稱「海合會」）。這些國家在兩伊戰爭中雖然支持伊拉克，但對海珊的野心保持警戒。海合會各國雖然經濟富裕，但並沒什麼對抗外在威脅的力量。再者，各國對外籍勞動者的依賴程度又很高。

1995 年，卡達王儲哈邁德（Hamad bin Khalifa Al Thani）發動政變，讓當時身為國王的父親退位，並希望讓沙烏地阿拉伯更認同卡達的影響力。哈邁德創立半島電視台，在外交政策上也很開放有彈性。不過，由於卡達是穆斯林兄弟會的主要支持者，而穆斯林兄弟會在阿拉伯之春運動中扮演重要角色，這讓沙烏地阿拉伯和阿拉伯聯合大公國對卡達很不滿。結果是，兩國在 2017 年連同巴林與埃及，譴責卡達與伊朗關係過於密切，對卡達進行封鎖。

沙烏地阿拉伯政府的新勢力沙爾曼王儲，視伊朗為最大威脅。因此，他強烈批評 2015 年 7 月的伊朗核協議，在此協議中，伊朗是以保證不開發核武換得歐美解除制裁。因為與伊朗對立，沙爾曼更往以色列靠近。

2018年的波斯灣

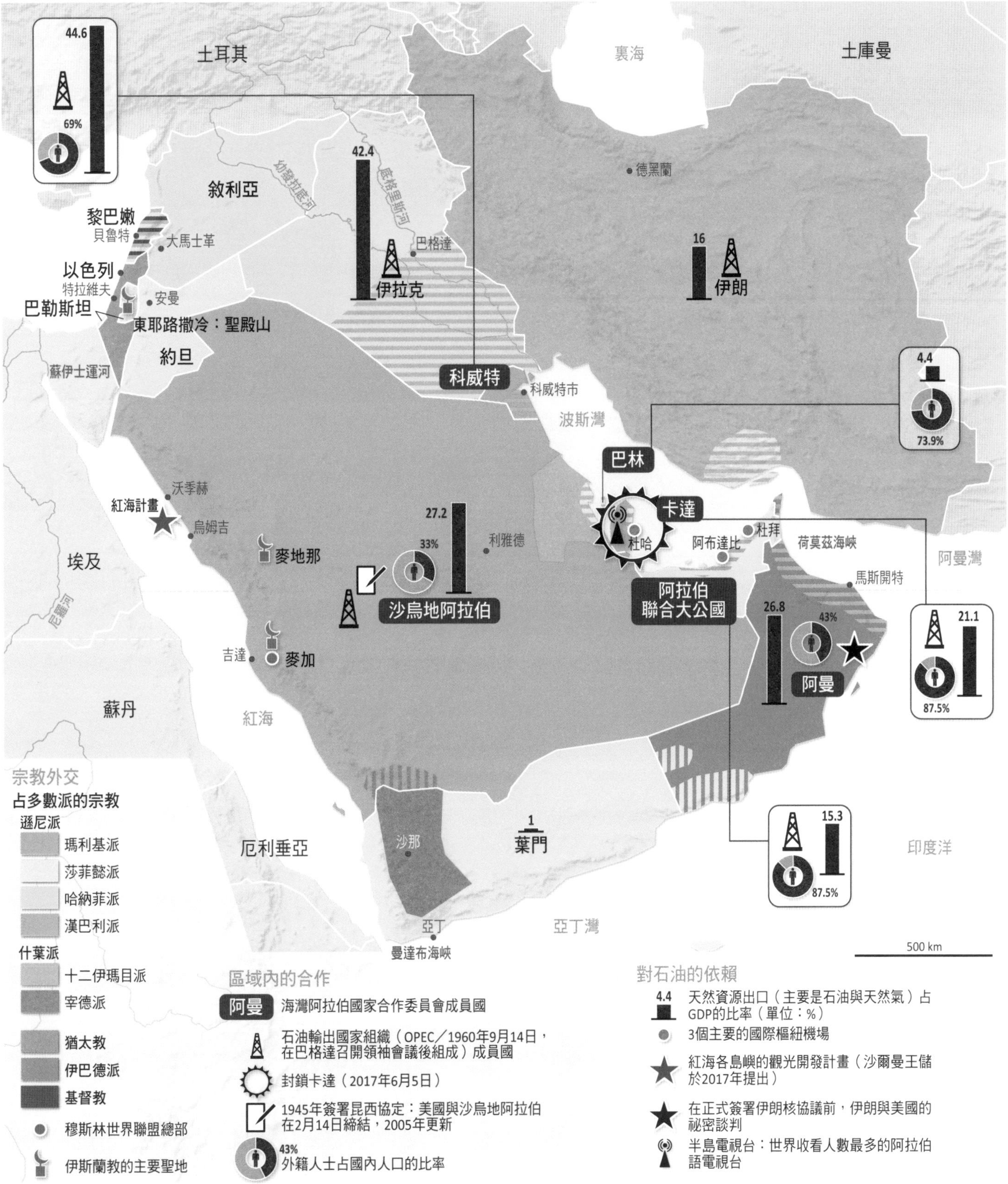
土耳其
裏海
土庫曼
44.6
69%
42.4
敘利亞
幼發拉底河
底格里斯河
德黑蘭
黎巴嫩
貝魯特
大馬士革
巴格達
16
以色列
特拉維夫
伊拉克
伊朗
巴勒斯坦
安曼
東耶路撒冷：聖殿山
約旦
蘇伊士運河
科威特
科威特市
4.4
波斯灣
73.9%
巴林
沃季赫
紅海計畫
卡達
烏姆吉
杜哈
杜拜
27.2
利雅德
阿布達比
荷莫茲海峽
阿曼灣
埃及
33%
麥地那
馬斯開特
尼羅河
沙烏地阿拉伯
阿拉伯
聯合大公國
26.8
43%
21.1
吉達
麥加
阿曼
87.5%
蘇丹
紅海
宗教外交
占多數派的宗教
遜尼派
瑪利基派
莎菲懿派
哈納菲派
漢巴利派
1
葉門
15.3
厄利垂亞
沙那
印度洋
87.5%
亞丁
亞丁灣
曼達布海峽
500 km
什葉派
十二伊瑪目派
宰德派
猶太教
伊巴德派
基督教
穆斯林世界聯盟總部
伊斯蘭教的主要聖地
區域內的合作
阿曼
海灣阿拉伯國家合作委員會成員國
石油輸出國家組織（OPEC／1960年9月14日，
在巴格達召開領袖會議後組成）成員國
封鎖卡達（2017年6月5日）
1945年簽署昆西協定：美國與沙烏地阿拉伯
在2月14日締結，2005年更新
43%
外籍人士占國內人口的比率
對石油的依賴
4.4
天然資源出口（主要是石油與天然氣）占
GDP的比率（單位：%）
3個主要的國際樞紐機場
紅海各島嶼的觀光開發計畫（沙爾曼王儲
於2017年提出）
在正式簽署伊朗核協議前，伊朗與美國的
祕密談判
半島電視台：世界收看人數最多的阿拉伯
語電視台

出處：歐瑞恩・于尚（Oriane Huchon）的網站「Les clés du Moyen-Orient」（中東的鑰匙，2016年www.lesclesdumoyenorient.com/Oriane-Huchon.html）；《法國世界外交論衡月刊》（2016年）；世界銀行（2016年）；KAWA（knowing Arabia, watching Arabia）官網（kawa-news.com/en/）

西非：在民主化與人口問題之間

西非地區包含過去是法國殖民地（法屬西非）的馬利、尼日、塞內加爾、多哥、象牙海岸、喀麥隆；以及曾是英國殖民地的甘比亞、獅子山、迦納、奈及利亞；和葡萄牙前殖民地的維德角、幾內亞比索。賴比瑞亞，則是由美國解放後的黑奴所建國的特例。

成功的區域統合

1975 年成立，有 15 個成員國的西非國家經濟共同體（ECOWAS）是非洲大陸最成功的區域統合典範。

這個組織最初的成立目的，純粹著眼於經濟，但後來也在政治上發揮影響力。它會孤立拒絕民主體制並謀劃政變的政權，或是持續對其施壓，因此促進了各國的民主化。

再者，它也在維持及恢復區域內的和平上扮演重要角色。成員國中，有 8 個國家成立西非經濟貨幣聯盟（UEMOA），目標是使用單一貨幣。

泛非洲主義的領袖，是英語圈的恩克魯瑪（Kwame Nkrumah，迦納首任總統），以及法語圈的桑果（Leopold Sedar Senghor，塞內加爾首任總統）。在他們領導下，西非各國獨立後，主要靠著公部門的開發發展起來。

不過，各國都面臨人口問題造成的困境。每年超過 3% 的人口成長率，阻礙了經濟發展。

大國奈及利亞

有 1 億 9,000 萬人的奈及利亞，長期與南非角逐非洲盟主之位，自許是代表這塊大陸的國家。奈及利亞雖然有豐富的石油資源，但多年來一直處於軍事政權腐敗無能的困境中。

近年來，它的國內生產毛額超過南非，逼近 5,000 億美元，排名世界第 24 位（南非則是 3,120 億美元，排名第 34）。儘管如此，奈及利亞必須面對由於宗教、地區、歷史等因素形成的分裂問題。在國內諸多民族中，主要三大族是北部信奉伊斯蘭的豪薩族（Hausa）及富拉尼族（Fulani，合計約 33%）、西南部的約魯巴族（Yoruba, 31%），及東部受基督教教化的伊博族（Igbo, 12%）。

奈及利亞的權力中心是軍方，一直以來都是軍人掌權。最重要的資源是石油，但管理與分配都做得不好。2015 年的總統大選，由宣言消滅貪腐的布哈里（Muhammadu Buhari）當選。

其他英語圈國家

在賴比瑞亞和獅子山，由於歷史因素，住在沿岸的克里奧爾人（Creole）菁英，與居住內陸的原住民之間一直涇渭分明。獅子山內戰從 1989 年持續到 2001 年，最後英軍不得不介入。賴比瑞亞內戰也從 1989 年一直持續到 2003 年。造成大量人民犧牲（死亡人數超過 15 萬人）、極度殘酷的這兩個內戰使用的資金，來自開採鑽石，然而兩國的基礎建設卻在戰火下幾近毀滅。不只如此，內戰中甚至召集童兵參戰，反抗軍也會為了製造恐懼斬斷活人手足。目前，獅子山和賴比瑞亞都在重建中。尤其是 2006 年就任賴比瑞亞總統的瑟利夫（Ellen Johnson Sirleaf），以及 2017 年大選中，主張追求社會正義與法律平等而當選的維阿（George Weah），都領導賴比瑞亞走向復興之路。

迦納過去有「黃金海岸」之稱，是英國最繁榮的殖民地。1966 年，提倡汎非洲主義，具領袖魅力的恩克魯瑪由於軍事政變下台。不過，21 世紀初以後，迦納成為完全的民主主義國家。現在迦納在國際間是模範的民主國家，有正常的政權輪替，在教育（識字率達 90%）、出生率（平均每位女性的生育數是 4.2 人）以及改善所得不均的情況上，都有很大進步，國際社會也很支持這個非洲模範生。

法語圈各國

塞內加爾是非洲國家民主化的成功案例，它施行真正的政權輪替，公民社會也很發達。首任總統桑果在 1980 年將政權交給迪烏夫（Abdou Diouf），展現和平轉移政權的模範。2000 年迪烏夫在大選失敗後，也將政權交給韋德（Abdoulaye Wade）。之後，韋德雖然強勢地想維持自己的政權，但在人民施壓下放棄。

西非的發展很困難

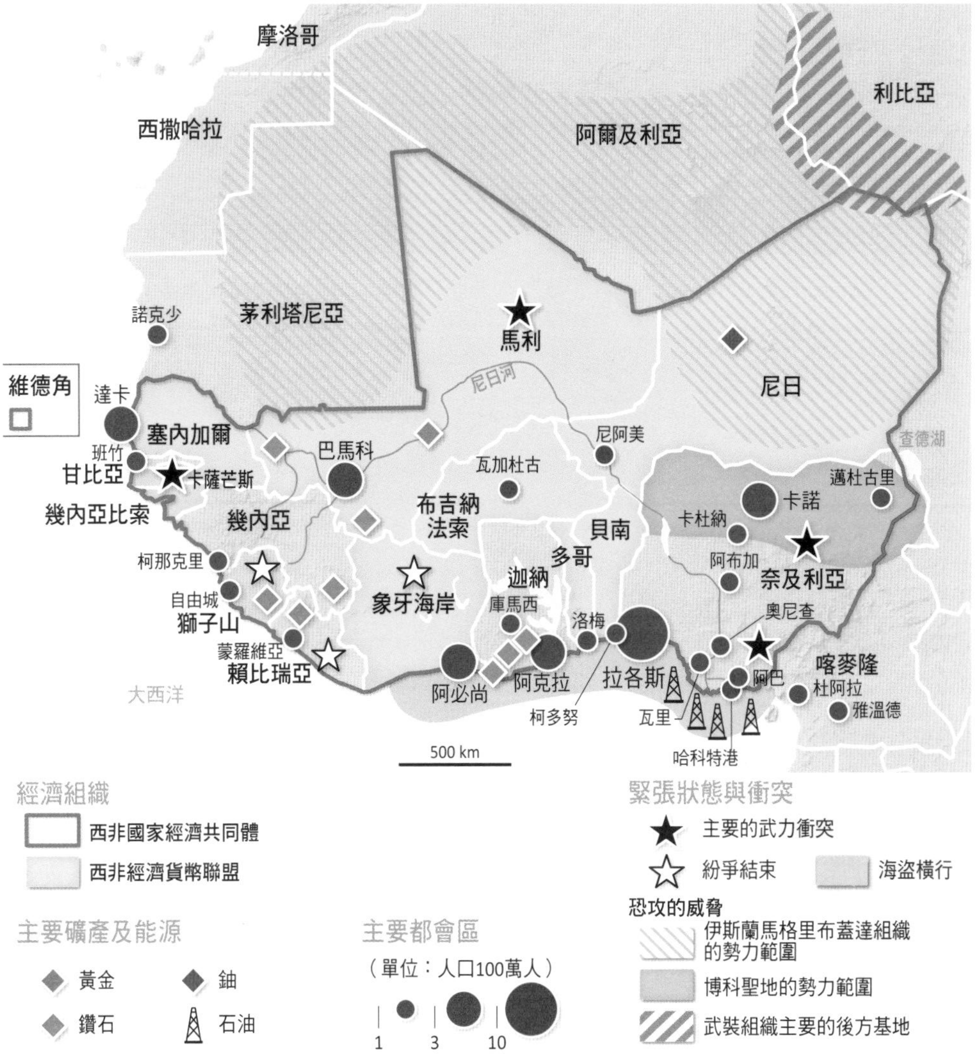
摩洛哥
西撒哈拉
阿爾及利亞
利比亞
茅利塔尼亞
諾克少
馬利
尼日
尼日河
查德湖
維德角
達卡
塞內加爾
班竹
甘比亞
卡薩芒斯
幾內亞比索
巴馬科
幾內亞
瓦加杜古
布吉納法索
尼阿美
貝南
多哥
迦納
象牙海岸
柯那克里
自由城
獅子山
蒙羅維亞
賴比瑞亞
大西洋
庫馬西
阿必尚
阿克拉
洛梅
拉各斯
柯多努
瓦里
哈科特港
卡諾
邁杜古里
卡杜納
阿布加
奈及利亞
奧尼查
阿巴
喀麥隆
杜阿拉
雅溫德
500 km
經濟組織
西非國家經濟共同體
西非經濟貨幣聯盟
主要礦產及能源
黃金
鈾
鑽石
石油
主要都會區
（單位：人口100萬人）
1
3
10
緊張狀態與衝突
主要的武力衝突
紛爭結束
海盜橫行
恐攻的威脅
伊斯蘭馬格里布蓋達組織的勢力範圍
博科聖地的勢力範圍
武裝組織主要的後方基地
出處：人口數據網（populationdata.net）；西非國家經濟共同體；西非經濟貨幣聯盟

2012 年，在選舉中勝選的薩爾（Macky Sall）上任成為總統。

象牙海岸在建國的伍弗布尼（Felix Houphouet-Boigny, 1905-1993）逝世後，深陷嚴重危機。該國之前曾是西非經濟的活力來源，但卻由於民族分裂陷入內戰，人均國內生產毛額減半。

再者，2010 年的總統大選雖然由瓦達哈（Alassane Ouattara）勝選，但尋求連任的巴博（Laurent Gbagbo）卻對選舉結果提出異議。即使法軍與聯合國軍隊承認瓦達哈，瓦達哈也在之後 2015 年的選舉中連任，但不同陣營仍無法完全和解，說不上已經順利整合。

在布吉納法索，2014 年人民起義阻擋了龔保雷（Blaise Compaore）總統的不當政權。龔保雷是在前任總統桑卡拉（Thomas Sankara）遭暗殺後，於 1987 年就任總統。桑卡拉在位時，將國名從上伏塔（Upper Volta）改為布吉納法索（有「高潔的人們」之意），政府標榜馬克思主義精神，將財富重新分配，解放女性，並主張歐美各國應免除非洲各國債務，所以，人民至今仍很懷念桑卡拉。

加彭的政權，以及情況更嚴重的多哥政權，都是徒有民主主義之名，但實際上足以與君主制匹敵的專制政權，名實不符的情況格外鮮明。不過，小國加彭由於擁有石油，所以能「買到」比較和平的社會。

甘比亞的獨裁者賈梅（Yahya Jammeh），在 2016 年他篤信能勝選的選舉中失敗。儘管賈梅對選舉結果有異議，但還是在西非國家經濟共同體的施壓下退出。

馬利長期以來，一直很幸運的是個「例外的民主」國家，但 2012 年國內發生政變未遂、圖瓦雷克族（Tuareg）獨立派造成局勢緊張後，2013 年 1 月首都巴馬科又發生伊斯蘭激進派攻擊未遂事件，直到法軍介入，才好不容易平息。在利比亞的格達費政權垮台後，整個薩赫爾（Sahel）地區都變得極不穩定，就如同一個沒有遮掩、任人隨意使用的武器庫一般。國內沙漠地帶很適合進行所有非法交易，要管理非常困難。

2014 年年底，推動薩赫爾地區合作的組織「G5 薩赫爾（G5 Sahel）」成立。成員國包括茅利塔尼亞、馬利、尼日、布吉納法索、查德，目標是支援法軍與聯合國軍隊的交換。奈及利亞國內有博科聖地發動的恐攻行動，喀麥隆、象牙海岸、馬利、布吉納法索也都是恐攻的受害國。

西非由於土地廣闊，加上國家的結構相對脆弱，所以很難有一定秩序，讓它成為從拉丁美洲運送古柯鹼到歐洲的中繼站。事實上，這整個地區都充斥著非法交易，奈及利亞的石油、迦納的黃金、馬利的香菸，還有特別嚴重的塞內加爾非法漁獲販售。

中非停滯不前？

中非包括蒲隆地、中非共和國、喀麥隆、加彭、赤道幾內亞、聖多美普林西比、查德、剛果共和國、盧安達、剛果民主共和國（原薩伊共和國）10 國。其中蒲隆地、盧安達、剛果民主共和國 3 國，位於人口最多的大湖地區。

變化因素很多的土地

有時候，人們會形容中非是一塊「不尋常的大地」。它除了跟奈及利亞、大西洋和薩赫爾地區相鄰外，也與南部非洲接壤，包含領土廣大的剛果民主共和國在內，是一片「變化因素很多」的土地。這個地區人口稀少，幾乎遍布森林，擁有世界第二大的「碳匯」。所謂碳匯，指的是能吸收大氣中多餘二氧化碳的生態系，有抑止地球暖化的作用。

中非的成長率在非洲大陸各區域中最低，其中一大因素，是剛果民主共和國的戰爭及其造成的嚴重傷害。從 1990 年代初期後，這個地區就經歷了最動盪、奪走最多性命的過程。冷戰結束當時人民所要求的民主，至今尚未實現。在位者長期掌權，完全沒有政權輪替的可能，反對勢力也幾乎都起不了作用。

剛果民主共和國：失敗的大國

殖民地時代，前薩伊（比屬剛果）是比利時國王的私人土地。這塊土地由於資源太豐富，彷彿承受著受詛咒的命運，幾乎可用「地質造成的腐敗」來形容。

在比利時殖民者掠奪下生存的這個國家，即使在觀念先進的領袖盧蒙巴（Patrice Lumumba, 1925-1961）主導獨立運動之際，歐美國家還是阻礙其獨立。人民在極不人道的暴力剝奪下，成為犧牲者。再加上之後的總統蒙博托（Mobutu Sese Seko）將開採礦山的利益納為己有，又利用當時冷戰的局勢中飽私囊（歐美國家為防止剛果民主共和國背叛，倒向蘇聯，不惜提供大量金援）。

1997 年蒙博托垮台時，薩伊的狀況比 1960 年以「剛果共和國」之名建國時還糟。冷戰結束，1994 年盧安達又發生大屠殺後，腐敗混亂的蒙博托政權，對歐美已完全沒有利用價值。再者，難民流入，加上鄰近各國覬覦其富裕，導致剛果戰爭爆發，從 1996 到 2003 年，有近 400 萬人喪生。這是非洲大陸歷史上，奪走最多人命的戰亂。

1997 年，洛朗 • 卡比拉（Laurent Kabila）在安哥拉、烏干達、盧安達、蒲隆地的支持下推翻蒙博托，但他也無法有效經營國家。

洛朗・卡比拉 2001 年被暗殺後，繼任的兒子約瑟夫・卡比拉（Joseph Kabila）也一樣。

約瑟夫・卡比拉不僅違憲，也無視基督教會支持的人民訴求，緊抓著權力不放。多虧聯合國派出史上規模最大的維和部隊，加上外國的介入（主要是盧安達和烏干達），才好不容易平息國內武裝組織的攻擊。

在國際社會壓力下，2013 年，幾個國家在衣索比亞首都阿迪斯阿貝巴簽署合約，同意停止介入剛果民主共和國。至於該國，之後仍是開發遲緩，政情持續不穩定。

專制政權

蒲隆地和盧安達原本是德國的殖民地，之後，比利時又成為它們的宗主國。

盧安達自 1994 年以來，就處於卡加米總統的強權統治下。他利用人民對當年大屠殺的記憶，來封住反對派之口。但由於他有效治理國家，杜絕貪汙，再加上國際提供援助，盧安達在經濟上有很大的成長。它成為非洲部分國家發展上的範本，在國際間也得到很高評價。

另一方面，蒲隆地過去雖然是倍受矚目的民主國家，但在恩庫倫齊薩（Pierre Nkurunziza）總統的高壓政權下，經濟失敗，成為世界上最貧窮的國家之一。此外，圖西族（占國內人口 12%，掌握軍方）與胡圖族的族群對立，以及無法控制的人口增加，也造成該國的困境。

除了過去是葡萄牙殖民地的聖多美普林西比外，中部非洲所有國家都隸屬法屬赤道非洲（AEF）。這些國家從法國獨立後，先組成中非共和國聯盟，然後在 1960 年再各自獨立。

剛果共和國的總統恩格索（Denis Sassou-Nguesso，

任期為 1979-1992 年，以及 1997 年迄今），靠著國家的石油收益，多少能彌補統治能力不佳的缺點。

喀麥隆的特徵是，它曾經歷過三個宗主國（德、英、法）統治，所以現在是法語和英語同為官方語言的雙語國家。過去，它也因為領土問題，頑強對抗奈及利亞的侵略野心。不過，即使人口有 2,200 萬，現在國家的發展卻很緩慢。保羅 ‧ 比亞（Paul Biya）從 1975 年起擔任總理，更自 1982 年後當上總統。比起發展國家，他更擅長穩固個人權力。喀麥隆不只在政治上保守，經濟也呈停滯狀態。

中部非洲的統合，主要是在語言上（法語）。不過，這並未成為這地區真正的優勢。中非經濟暨貨幣共同體（CEMAC）在 1994 年成立，成員國包括使用非洲法朗的 6 國（喀麥隆、剛果共和國、加彭、赤道幾內亞、中非共和國、查德）。這 6 國，除了原為西班牙殖民地的赤道幾內亞外，都使用法語，除了中非共和國，都是產油國。

不過，中非經濟暨貨幣共同體雖然是關稅同盟，採行對外共同關稅，使用單一貨幣非洲法朗，但成員國之間的貿易占比大約只有 2% 而已。因為，這個共同體的成員國鄰近奈及利亞，所以，實質上被納入西非國家經濟共同體。此外，對產油國來說，透過區域統合所得的利益其實很少。現在，此地還未有任何國家足以成為領袖級大國。

中非：受到威脅的地區

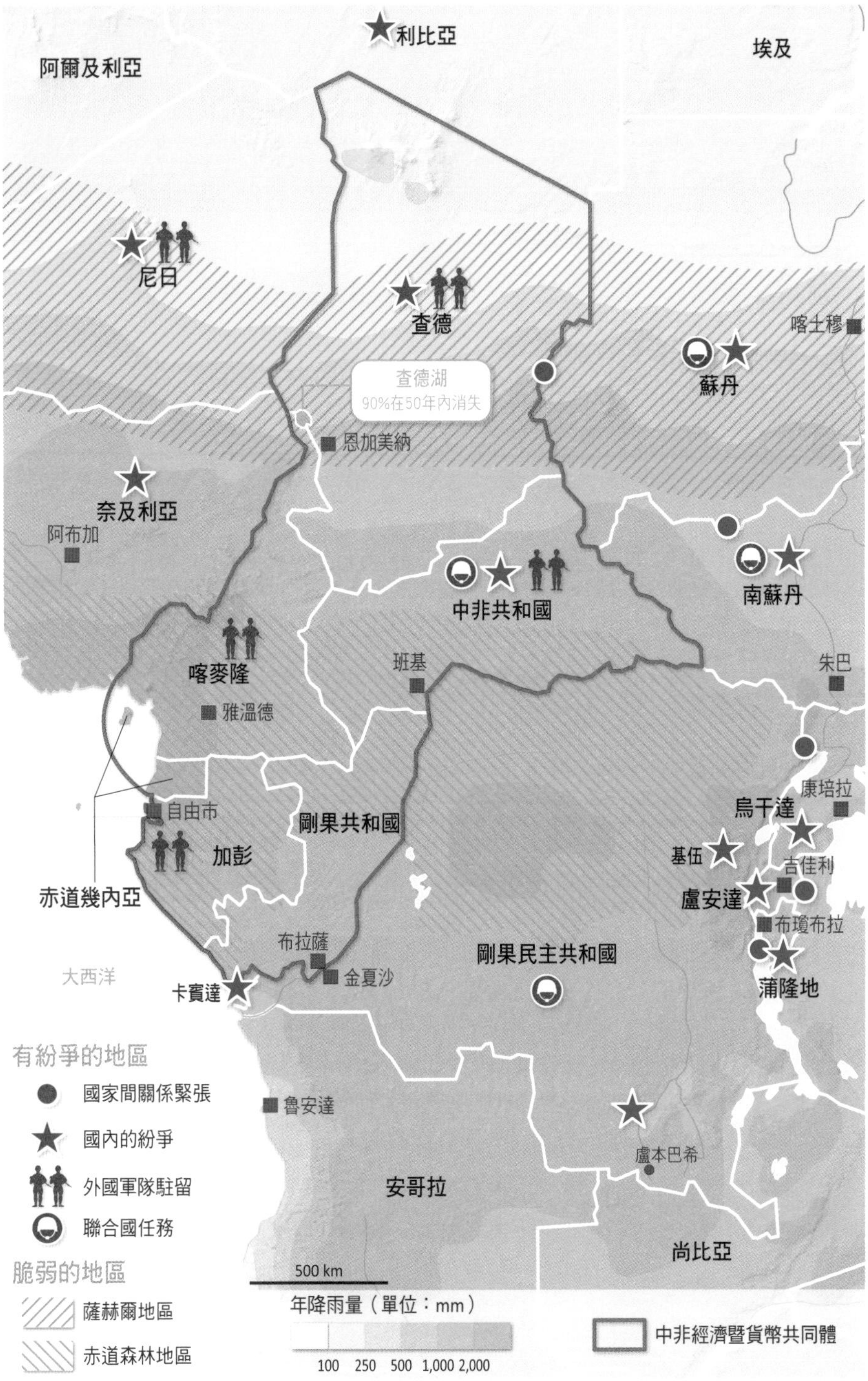
利比亞
埃及
阿爾及利亞
尼日
查德
喀土穆
蘇丹
查德湖
90%在50年內消失
恩加美納
奈及利亞
阿布加
中非共和國
南蘇丹
喀麥隆
班基
朱巴
雅溫德
自由市
加彭
剛果共和國
烏干達
康培拉
基伍
吉佳利
赤道幾內亞
盧安達
布瓊布拉
布拉薩
金夏沙
剛果民主共和國
蒲隆地
大西洋
卡賓達
有紛爭的地區
國家間關係緊張
國內的紛爭
外國軍隊駐留
聯合國任務
魯安達
盧本巴希
安哥拉
脆弱的地區
薩赫爾地區
赤道森林地區
尚比亞
500 km
年降雨量（單位：mm）
100 250 500 1,000 2,000
中非經濟暨貨幣共同體

1990 年，伊德里斯 ‧ 德比（Idriss Deby）推翻查德的總統哈布雷（Hissene Habre）政權。之後，哈布雷因為危害人類罪與戰爭罪遭非洲聯盟（AU）起訴。在他過去的專制統治下，犧牲的人命無以計數。

現在掌權的德比也還是施行專制政權，不容一絲反對勢力。儘管如此，石油帶來的利潤，以及查德軍隊的能力，還是為他加分。由於在對抗地區的恐怖主義上，查德軍隊的重要性不可或缺，所以也就沒人在意政權的本質了。

查德是受地球暖化威脅最大的國家之一，過去 50 年來，查德湖因乾旱及取用作為灌溉用水之故，面積消失了 90%。

東非與非洲之角：在開發與專制政治之間

東非包含肯亞、烏干達、坦尚尼亞、蘇丹、南蘇丹。盧安達和蒲隆地雖然也包含在這塊區域，但也有很多人將這兩國視為中非國家。另一方面，「非洲之角」指的是衣索比亞、厄利垂亞、吉布地與索馬利亞。

不安定的地區

東非各國經歷各種失敗嘗試後，在 21 世紀成立關稅同盟與共同市場，成員國包含烏干達、坦尚尼亞、肯亞、南蘇丹、蒲隆地和盧安達。

這地區的國家有個特徵：在專制政治下，擁有經濟上的成功（除了典型的失敗國家南蘇丹以外）。這些國家除了是英語圈之外，在戰略上也和美國結盟。

有 1 億人口的衣索比亞，在非洲是人口僅次於奈及利亞的國家。1974 年，冷酷又無能的共產主義政權，取代了皇帝塞拉西一世（Haile Selassie I）。此後，衣索比亞人民不僅面臨獨裁體制下的內戰，也迎來兩次大饑荒。1991 年，這個共產主義政權垮台。

衣索比亞是未來的領導者？

20 世紀初，非洲只有衣索比亞和賴比瑞亞是獨立國家（衣索比亞成為義大利殖民地的時間，僅在 1935-1941 年間）。在衣索比亞，信奉古基督教分支之一的科普特（Coptic）教信徒占多數，占人口 40% 的伊斯蘭教徒是相對少數。但國家所有權力，都集中在人口僅占 6% 的提格雷族（Tigre）。現在，在充滿活力的經濟發展下，衣索比亞再次在非洲大陸，以及在世界上扮演重要角色。事實上，中國就企圖在衣索比亞發揮影響力，比如興建非洲聯盟總部新大樓等多項基礎建設。衣索比亞也積極參與國際事務，像是接受聯合國與非洲聯盟的任務、派兵至索馬利亞和蘇丹。對美國來說，它是有很大利用價值的盟國。

厄利垂亞在 1993 年脫離衣索比亞獨立，也因此讓衣索比亞失去面海的玄關。衣索比亞視厄利垂亞為眼中釘，兩國並因邊界問題爆發戰爭。為期兩年的這場戰爭（1998-2000 年），造成超過 20 萬人死亡。本世紀初以來，雖然厄利垂亞的政權還是極度專制，但經濟表現亮眼，一直保有近

東非是危險的地區？

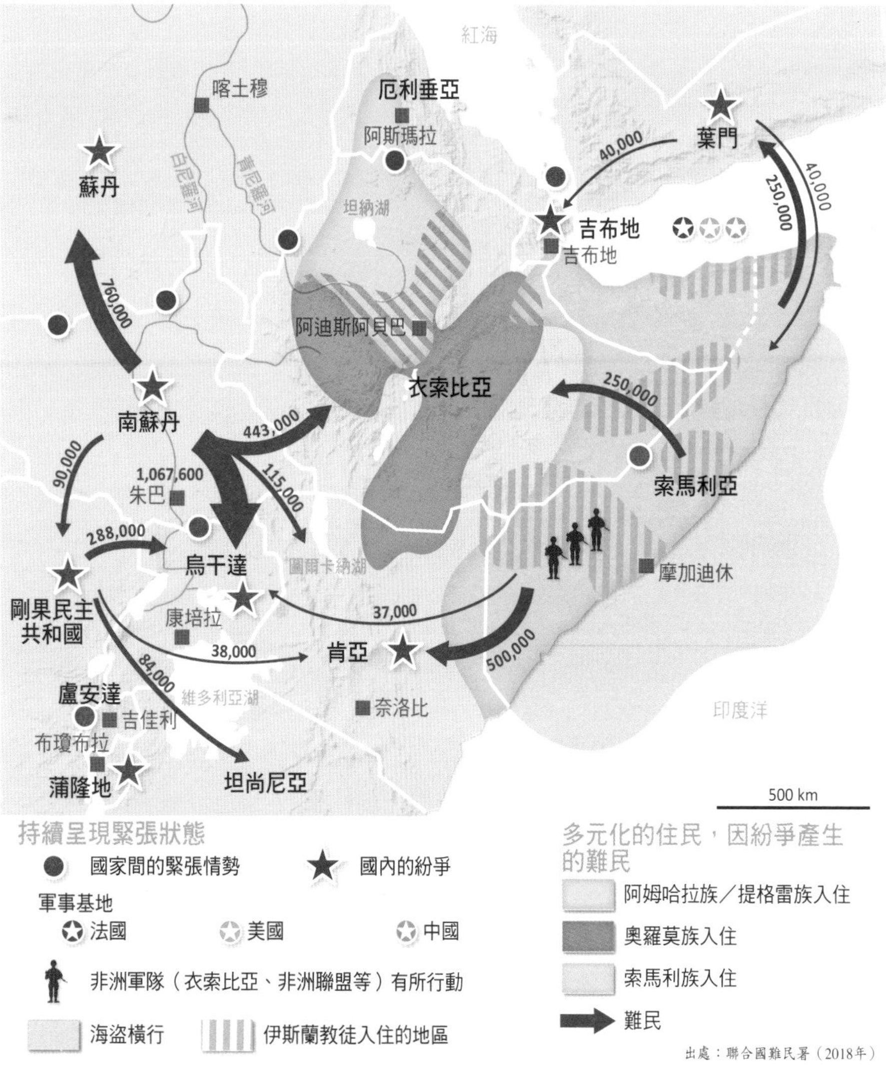

紅海
喀土穆
厄利垂亞
阿斯瑪拉
白尼羅河
青尼羅河
坦納湖
葉門
40,000
250,000
40,000
吉布地
吉布地
蘇丹
760,000
阿迪斯阿貝巴
衣索比亞
250,000
南蘇丹
443,000
115,000
1,067,600
朱巴
索馬利亞
90,000
288,000
烏干達
圖爾卡納湖
摩加迪休
剛果民主共和國
康培拉
37,000
38,000
肯亞
500,000
84,000
盧安達
維多利亞湖
吉佳利
奈洛比
印度洋
布瓊布拉
蒲隆地
坦尚尼亞
500 km
持續呈現緊張狀態
國家間的緊張情勢
國內的紛爭
軍事基地
法國
美國
中國
非洲軍隊（衣索比亞、非洲聯盟等）有所行動
海盜橫行
伊斯蘭教徒入住的地區
多元化的住民，因紛爭產生的難民
阿姆哈拉族／提格雷族入住
奧羅莫族入住
索馬利族入住
難民

出處：聯合國難民署（2018年）

10% 的平均成長率。

但另一方面，厄利垂亞是世界上最獨裁的國家之一，不容公民社會存在，民族迫害橫行。這世界上，侵害自由程度比厄利垂亞更嚴重的國家，只有北韓而已。在看不到未來的狀況下，造成大批人民逃離。

2018 年 3 月，阿邁德（Abiy Ahmed）成為衣索比亞總理，打破提格雷族獨占權力的情勢。阿邁德向厄利垂亞提出和解方案，也帶來讓厄利垂亞擺脫獨裁體制的一絲希望。

例外的民主國家

肯亞是這地區民主化最高的國家。它在 1991 年開始採行多黨政治，在經濟上也同時有很大的成長，不過，隨著經濟發展，社會不平等的現象也急速增加。肯亞有 4 分之 3 人口是基督徒，許多國際組織的總部坐落於首都奈洛比。此外，中國在奈洛比和蒙巴薩之間興建及經營鐵路。

在坦尚尼亞，尼雷爾（Julius Nyerere）任職總統期間（1964-1985 年）推行的「非洲社會主義」，在經濟失敗下落幕，1992 年開始實施多黨政治。21 世紀初期後，國家的人均國內生產毛額呈倍數成長。不過，這個貧窮國家的人口還是一樣快速增加，並有多達 90% 人口務農。此外，坦尚尼亞也接納了許多來自蒲隆地的難民。

蘇丹的悲劇

蘇丹在 1956 年獨立。國內大部分石油資源所在的南部，雖然信仰基督教和泛靈論，但蘇丹政府卻極力想將這個地區伊斯蘭化。結果是引爆長達 20 年的內戰，造成 150 萬人死亡。接著，在 21 世紀初，又發生達佛地區紛爭，造成 20 萬人喪生。

蘇丹南部在贊成其獨立的美國支持下，於 2005 年與蘇丹政府簽訂「全面和平協定」，2011 年從蘇丹獨立，成為新的國家南蘇丹。從南蘇丹輸出的石油通過蘇丹所需負擔的費用，也由兩國協調決定。之後不久，雖然敵對的激進派（努爾族〔Nuer〕與丁卡族〔Dinka〕）爆發內戰，但基礎建設幾乎沒有遭受破壞。南蘇丹雖然可能因為擁有石油而快速發展，但目前仍是世界上最貧窮的國家之一。1,200 萬國民中，有 800 萬人需要援助，國內的鐵路線也僅有 80 公里。

索馬利亞的混亂情勢

國內不同族群的暴力對立，一直是索馬利亞很大的困擾。1991-1995 年美國介入想平息紛爭，卻反而成為對立惡化的原因之一，結果是，伊斯蘭組織將首都摩加迪休作為主要根據地，掌控了國內大部分區域。由於擔心索馬利亞國內各地的傳染病會擴散開來，非洲各國（蒲隆地、烏干達、衣索比亞、吉布地、肯亞）組成的聯合軍隊，在美國暗中援助下介入。另一方面，索馬利亞外海開始出現猖獗的海盜行為。對於面對國內紛爭，漁業資源又受掠奪的索馬利亞人來說，海盜行為是他們維持生計的手段。為根絕索馬利亞海盜行為，歐盟海軍部隊（Eunavfor）展開行動。原英屬索馬利蘭在 1960 年和義屬索馬利亞合併，成為索馬利亞共和國，但索馬利蘭（原英屬索馬利蘭）在 1991 年自索馬利亞獨立。雖然國際社會並不承認索馬利蘭是正式國家，但它的情勢不像索馬利亞那麼混亂。因此，阿拉伯聯合大公國在索馬利蘭的柏培拉開發深水港，2017 年在此設立軍事基地。同年，索馬利蘭也順利進行總統選舉。

做為紅海玄關的吉布地，戰略重要性遠超過人口規模。從非洲輸出的石油，有 4 分之 1 會通過吉布地沿岸，再前往紅海或荷莫茲海峽的方向。人口百萬的吉布地從以前開始就是法國的軍事基地，2017 年，中國解放軍在此設立第一個海外軍事基地，成為吉布地的主要投資國之一。美國也將吉布地作為「反恐戰爭」的一環與對抗海盜的據點，在此成立軍事基地。對鄰國衣索比亞而言，吉布地也是它海上的玄關。

烏干達總統穆塞維尼（Yoweri Museveni）是盧安達總統卡加米的多年盟友，他在 1986 年以後即使面對阻力，還是維持住權力。穆塞維尼政權的特色是雖然專制，但經濟表現出色。他成功讓烏干達的經濟型態變得多樣化（出口收入中，咖啡豆的占比從 90% 降為 10%），讓生活於貧窮線以下的人口幾乎減少一半（從 56% 到 30%）。另一方面，他又介入剛果戰爭，助長剛果民主共和國的不穩定。烏干達和美國關係密切，所以，其專制及裙帶關係政治得以避免遭受批判。

不容忽視的南部非洲

構成南部非洲的 10 個國家，分屬多樣的文化圈。不過，儘管國家間有差異，這個地區的統合相對比非洲其他地區成功。這地區的統合，可回溯至南非的反種族歧視鬥爭。而這個地區也包括以前義大利、荷蘭、葡萄牙及德國的勢力範圍。

區域統合與反種族隔離鬥爭

構成南部非洲的國家，包括區域內的大國南非；中所得國家波札那、尚比亞；內陸的君主制迷你國家、人口密度高但貧窮的賴索托與史瓦帝尼（前史瓦濟蘭）；有豐富原料帶動經濟成長的莫三比克與安哥拉；以及失敗國家辛巴威、馬拉威與納米比亞。

這個地區的特徵是，它是非洲大陸上最後脫離殖民地戰爭的地區。結果是，1975 年葡萄牙的康乃馨革命後，安哥拉與莫三比克終於獨立。此外特別值得一提的是羅德西亞（現在的辛巴威）、納米比亞（1990 年脫離南非獨立）及南非施行過的種族隔離政策。

安哥拉和莫三比克獨立後，成為蘇聯和古巴的盟國，所以反對南非的種族隔離政策，因為南非是美國的盟國。反之。南非則支援安哥拉和莫三比克的反政府武裝運動。南非廢除種族隔離政策後，安哥拉和莫三比克的內戰也畫下句點，這兩國都受惠於豐富的地下資源。與南非接壤的其他各國，儘管都跟曼德拉的非洲民族議會政黨（ANC）立場相同，卻也拿不出對抗南非政府的方法。這幾國成立的南部非洲發展協調會議（SADCC），1992 年接受南非加入，改名為南部非洲

南部非洲與印度洋諸島

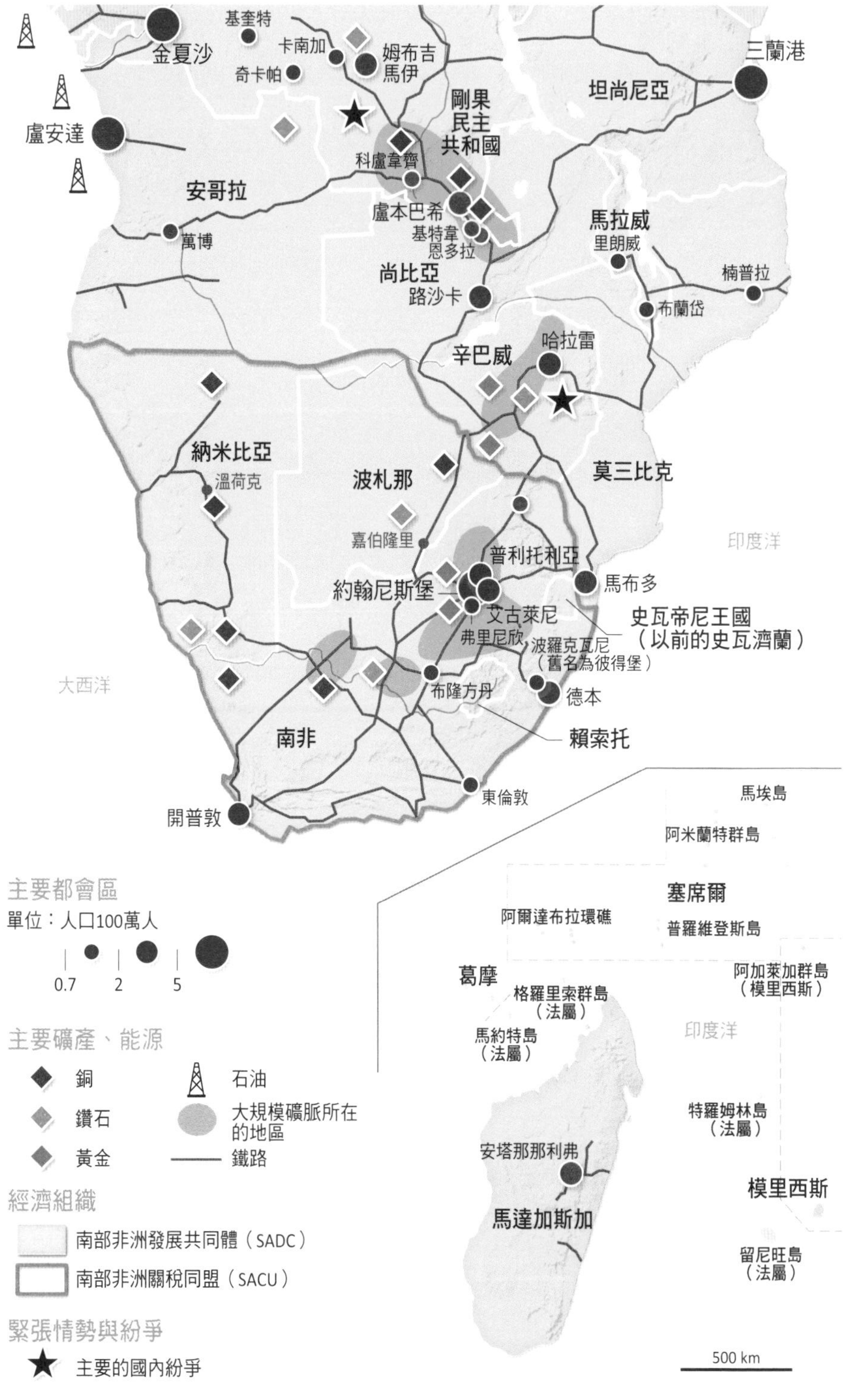

基奎特
卡南加
姆布吉馬伊
金夏沙
奇卡帕
三蘭港
剛果民主共和國
坦尚尼亞
盧安達
科盧韋齊
安哥拉
盧本巴希
基特韋
恩多拉
馬拉威
里朗威
萬博
尚比亞
路沙卡
楠普拉
布蘭岱
哈拉雷
辛巴威
納米比亞
溫荷克
波札那
莫三比克
嘉伯隆里
普利托利亞
印度洋
約翰尼斯堡
馬布多
艾古萊尼
史瓦帝尼王國（以前的史瓦濟蘭）
弗里尼欣
波羅克瓦尼（舊名為彼得堡）
大西洋
布隆方丹
德本
南非
賴索托
東倫敦
開普敦
馬埃島
阿米蘭特群島
塞席爾
阿爾達布拉環礁
普羅維登斯島
葛摩
格羅里索群島（法屬）
阿加萊加群島（模里西斯）
馬約特島（法屬）
印度洋
特羅姆林島（法屬）
安塔那那利弗
模里西斯
馬達加斯加
留尼旺島（法屬）
500 km
主要都會區
單位：人口100萬人
0.7
2
5
主要礦產、能源
銅
石油
鑽石
大規模礦脈所在的地區
黃金
鐵路
經濟組織
南部非洲發展共同體（SADC）
南部非洲關稅同盟（SACU）
緊張情勢與紛爭
主要的國內紛爭

發展共同體（SADC）。以這個組織為基礎的自由貿易區在 2008 年誕生後，南非很快發展起來，其開發速度之快，使它一直遙遙領先其他各國。

南部非洲蘊藏豐富的礦物與黃金，也有很大的經濟潛力，中產階級擴大，年輕人口也很多。

走在前頭的南非

人口有 5,500 萬的南非，不論在人口或經濟表現上，都是這個區域的大國。現在，它能成為聯合國安理會常任理事國的非洲代表候選國（奈及利亞也希望搶到這個席次），也是由於 1990 年代初期和平地廢除種族隔離政策。當初在種族隔離政策下，由南非占少數的白人控制占多數的黑人，而且幾乎不給黑人什麼權利。但由於南非具有重要的戰略地位，西方各國並未加以制裁，讓南非的種族隔離政策可以一直持續。然而，非洲各國和國際社會對這種政策的批判聲浪愈來愈大，再加上冷戰結束，南非的白人少數派也體悟到，這個政策不可能再繼續下去。於是，時任南非總統的戴克拉克（Frederik Willem de Klerk），釋放了因對抗種族隔離政策而被判刑的非洲民族議會領袖曼德拉。

1994 年，曼德拉贏得總統大選後，將和解擺在第一優先，而非復仇。多虧如此，少數派白人才能繼續留在南非，國家也不致陷入無秩序及無法運作的狀態，事情圓滿落幕。曼德拉也因為這樣的寬容與睿智，擁有難以超越的地位。

曼德拉的後繼者雖然持續和解的方向，但並沒有他的魅力。尤其是雅各布・祖馬（Jacob Zuma）在位時，政府不思改革與腐敗的情況尤其明顯。雖然有少數黑人能趁著變化得利，但社會的不平等還是根深柢固，有 42% 的人口陷入貧窮，失業率也高達 25%。

2008 年的金融危機及原料價格下滑，也重挫南非經濟。再者，辛巴威等地的難民湧入，掀起國內的反移民運動。2017 年 12 月，曾是曼德拉得力助手，也是成功企業家的拉瑪佛沙（Matamela Cyril Ramaphosa），以擴大社會公平與根絕貪腐的政見，贏得總統大選。現在，南非的國內生產毛額已經超越奈及利亞。

在辛巴威，廢除種族隔離政策後，羅伯・穆加比（Robert Mugabe）總統沒有選擇和解，導致少數派的白人逃往國外。再者，在裙帶關係、貪腐、馬虎苟且的國家治理下，曾經很有潛力的辛巴威卻淪落為失敗國家。2017 年，穆加比垮台。

至於好不容易實現和平的安哥拉及莫三比克，由於有效利用資源，經濟大幅成長。不過，這個恩澤並未遍及整個社會，國內的貧富差距還是很大。

印度洋：戰略要地

面積有 7,344 萬平方公里的印度洋，是世界第 3 大海洋，僅次於太平洋和大西洋。印度洋地區既有獨立國家、大國的海外領土，也有貧富差距很大的國家，具有混雜共處與共生的特徵，可說是個具多樣性的地區。

馬達加斯加有 2,500 萬人，是這個地區人口最多的島嶼，也是緩慢前進的開發中國家。相較之下，人口只有 140 萬的模里西斯，是較為繁榮的現代化民主國家，教育水準較高，也能適當因應全球化。

印度洋委員會（COI），是非洲唯一一個由島嶼國家組成的區域組織，成立於 1980 年代，希望能在文化、政治、經濟等領域達成區域統合。組織成員包括模里西斯、馬達加斯加、塞席爾、葛摩（都是 1975 年以後從法國獨立的最貧窮國家），還有法屬留尼旺。

多年來，列強都認為，印度洋地區是經濟和戰略上沒有利用價值的空白地帶，但現在印度洋上有好幾個位置都是它們垂涎的目標。尤其印度洋是非洲與亞洲貿易間重要的海路。由於法國過去和這個地區有很深的關係，現在在這裡也還是有兩個海外省（留尼旺及馬約特）。近年來，這片海洋名稱由來的印度也積極展現影響力，為的是牽制中國的活動、擴大與非洲的貿易關係。印度和非洲的貿易金額 1975 年為 10 億美元，但在 20 年內增加為 750 億美元。此外，印度也在馬達加斯加設立了監聽站。

中國對這個地區也很感興趣。非洲是中國調度原料的主要來源，再者，中國希望不只將「珍珠鏈」戰略用於東南亞，也想在印度洋部署海軍。

美國在這個地區設有基地（迪亞哥加西亞島），部署有第 5、第 6、第 7 艦隊。過去是為了牽制蘇聯，現在則是為了牽制中國的野心。

印度洋地區受地球暖化的影響，天災的數量與嚴重程度都愈來愈大。

印度：將來的大國？

北有喜馬拉雅山脈，南有印度洋的印度次大陸，有印度、巴基斯坦、孟加拉、尼泊爾、不丹等國，印度洋中還有斯里蘭卡、馬爾地夫。16 世紀，這裡是葡萄牙的殖民地，17 世紀是法國，18 世紀末則由英國取而代之，連辛香料與絲綢的貿易權都由英國的東印度公司獨占，英國可說是完全掌控了這塊大陸。

印度與巴基斯坦的敵對關係

英屬印度在 1947 年 8 月終於獨立，不過，繼之而來的是戰爭，期待成為伊斯蘭國家的巴基斯坦，與希望成為多宗教國家的印度聯邦分裂。現在，印度國內仍有為數龐大（1 億 8,000 萬）但占印度少數派的伊斯蘭教徒。

之後，兩國又發生兩次印巴戰爭（1965 與 1971 年）。第二次戰爭印度勝利的結果，是造成東巴基斯坦獨立（巴基斯坦一直到 1971 年都是東西對立的狀態，印度則支持東巴基斯坦獨立），成為孟加拉。

印度與巴基斯坦的緊張關係，主要是跟喀什米爾主權有關。這個地區的領土大部分是屬於印度，但多數人卻是伊斯蘭教徒。巴基斯坦一直敵視印度，尤其擔心印度想再重建印度帝國，所以，對實力堅強的印度軍方，以及印度為了國防安全（在政治上也扮演重要角色）所做的事都很反感。

反之，印度也擔心，巴基斯坦可能會有影響兩國關係的軍事行動，甚至是攻擊。因此，兩國雖然數度嘗試互相妥協，卻一直無法實現真正的和平。

再者，在兩國都有核武下，雙方有發生核戰的隱憂。雖說如此，核震懾力似乎在這兩個敵對的國家間發揮了作用，1971 年後，兩國就未再發生直接的武力衝突。事實上，巴基斯坦不論在軍事或經濟層面都不如印度，對它來說，核震懾力有調節這種力量不均衡的作用。

印度的國力

印度是由 29 州形成的聯邦國家，它的國內生產毛額和面積都占印度次大陸的 80%。不合作運動的領袖甘地的形象，以及他帶領印度獨立的非暴力反殖民地主義運動，都讓印度享有榮耀。獨立以來，印度也扮演南方主要國家的角色。儘管如此，印度過去和蘇聯有緊密的同盟關係，也藉此購得軍備中很大一部分，以作為對抗中國威脅的保證。不過，印度在 1962 年兩國因邊界問題引發的戰爭中敗給中國。印度要取得核武，最主要也是在中蘇關係決裂後為了對抗中國的緣故。此外，巴基斯坦和美國的盟友關係，也是印度保有核武的一大因素。

隨著冷戰結束，印度也不得不調整戰略，它一改嚴格的保護主義，開始採行自由經濟。1991 年，印度的貿易總額占 GDP 的 17%，到了 2016 年則已經成長為 40%。全球化趨勢出現時，印度很快因應，也透過在美國定居且有出色表現的印度人，拉近與美國的距離。過去 10 年內，有 1 億 4,000 萬人擺脫貧窮線以下的生活。印度或許有望超越英國，成為排名世界第 5 的經濟大國。在人口方面，應該也能很快超越中國。

儘管如此，印度還是被對手中國拉開很大一段距離。印度的 GDP 只占全世界的 3%（中國為 15%），地下經濟還是主流。此外，印度還面臨基礎建設不夠完備的問題，以及每年 1,500 億美元的貿易赤字，而貿易赤字有一半是來自中國。雖然印度官方已廢除種姓制度，然而實際上，歧視在這個國家還是

印度教徒與伊斯蘭教徒的緊張關係

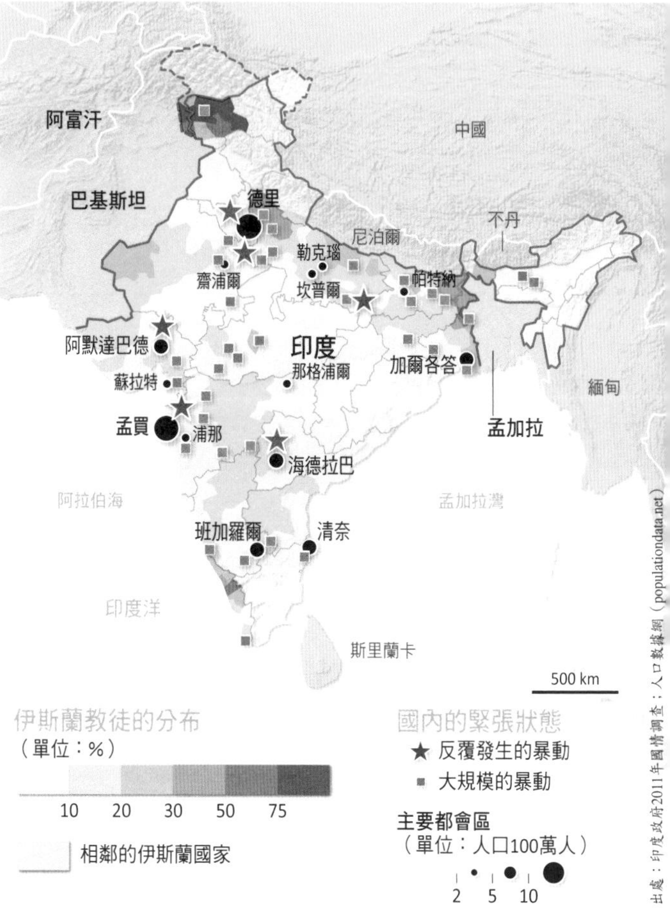
阿富汗
中國
巴基斯坦
德里
不丹
尼泊爾
勒克瑙
齋浦爾
坎普爾
帕特納
阿默達巴德
印度
那格浦爾
加爾各答
緬甸
蘇拉特
孟買
浦那
孟加拉
海德拉巴
阿拉伯海
孟加拉灣
班加羅爾
清奈
印度洋
斯里蘭卡
500 km
伊斯蘭教徒的分布
（單位：%）
10 20 30 50 75
相鄰的伊斯蘭國家
國內的緊張狀態
★ 反覆發生的暴動
■ 大規模的暴動
主要都會區
（單位：人口100萬人）
2 5 10
出處：印度政府2011年國情調查；人口數據網（populationdata.net）

根深柢固，在社會制度以及與土地相關的制度上，還是一樣極度不公平。

現在的總理莫迪（Narendra Modi），出自重視民族主義的印度人民黨（BJP），他推崇基於印度教的身分認同，對伊斯蘭教徒極不友善。

印度自認是多極世界中的一極，出於這個立場，也希望能成為聯合國安理會常任理事國之一，但擁有否決權的中國並不同意。

為對抗中國的共產體制，印度希望跟美國、日本、澳洲成立「民主主義同盟」。中國提出的基礎建設計畫「一帶一路」，正是讓印度不安的來源。2016 年後，由於印度跟美國的戰略夥伴關係更形穩固，印度得以使用美國的迪亞哥加西亞基地，而美國可以使用印度洋上多個印度軍事基地。印度把這個地區視為自己的領域（巴基斯坦、孟加拉、斯里蘭卡、緬甸、馬爾地夫的海洋據點），高度提防中國在此頻繁活動。

不穩定的巴基斯坦

有 1 億 8,500 萬人口（約 80% 為遜尼派，20% 為什葉派）的巴基斯坦，在冷戰期間曾經擔負對蘇聯攻擊作戰的主要任務。因此，美國對巴基斯坦的核計畫也就睜一隻眼閉一隻眼。2001 年 911 事件後，美國再次將巴基斯坦視為對抗塔利班組織不可或缺的盟友。

不過，巴基斯坦的安全部隊卻和塔利班維持關係。再者，巴基斯坦雖然參與反恐戰爭，卻也是這場戰爭主要的犧牲國之一。

美國指責巴基斯坦對伊斯蘭激進派的態度太軟弱，伊斯蘭激進派則譴責巴基斯坦被美國收買。最後，2011 年賓拉登死於美國特種部隊手下時，正是躲藏於巴基斯坦。

巴基斯坦對於印度拉攏阿富汗，感到非常不安。另一方面，美國為了和中國的影響力競爭，還是希望與巴基斯坦繼續有所來往。而巴基斯坦在政治和經濟上還是一樣不穩定。

印度和周邊地區

人口排名世界第 8（1 億 7,000 萬人）的孟加拉，是世界最貧窮的國家之一（人均 GDP 為世界第 160 名）。再者，它也深受地球暖化的威脅（孟加拉灣旁的土地或許將來都會被水淹沒）。孟加拉政府想營造的國家形象，是一個穩定但不結盟的民主主義體制，需要國際傾力援助。對孟加拉政府而言，維持獨立，不受印度影響很重要。

至於斯里蘭卡，多年來它在內戰下形成分裂狀態。內戰是起因於武裝組織「泰米爾之虎」要求獨立，但不論這個組織或政府對人民都一樣殘暴。2009 年內戰結束後，印度金援斯里蘭卡重建，但這是由於印度想將斯里蘭卡納入自己的勢力範圍。

印度雖然也想強勢掌控尼泊爾，但尼泊爾還是在 2017 年 5 月出席中國的「一帶一路」高峰會。這個地區拒絕參加「一帶一路」計畫的國家，除了印度外，只有不丹。主要理由，應該是由於不丹所接受的官方開發援助中，有一半是印度所提供。

印度次大陸：戰略要地

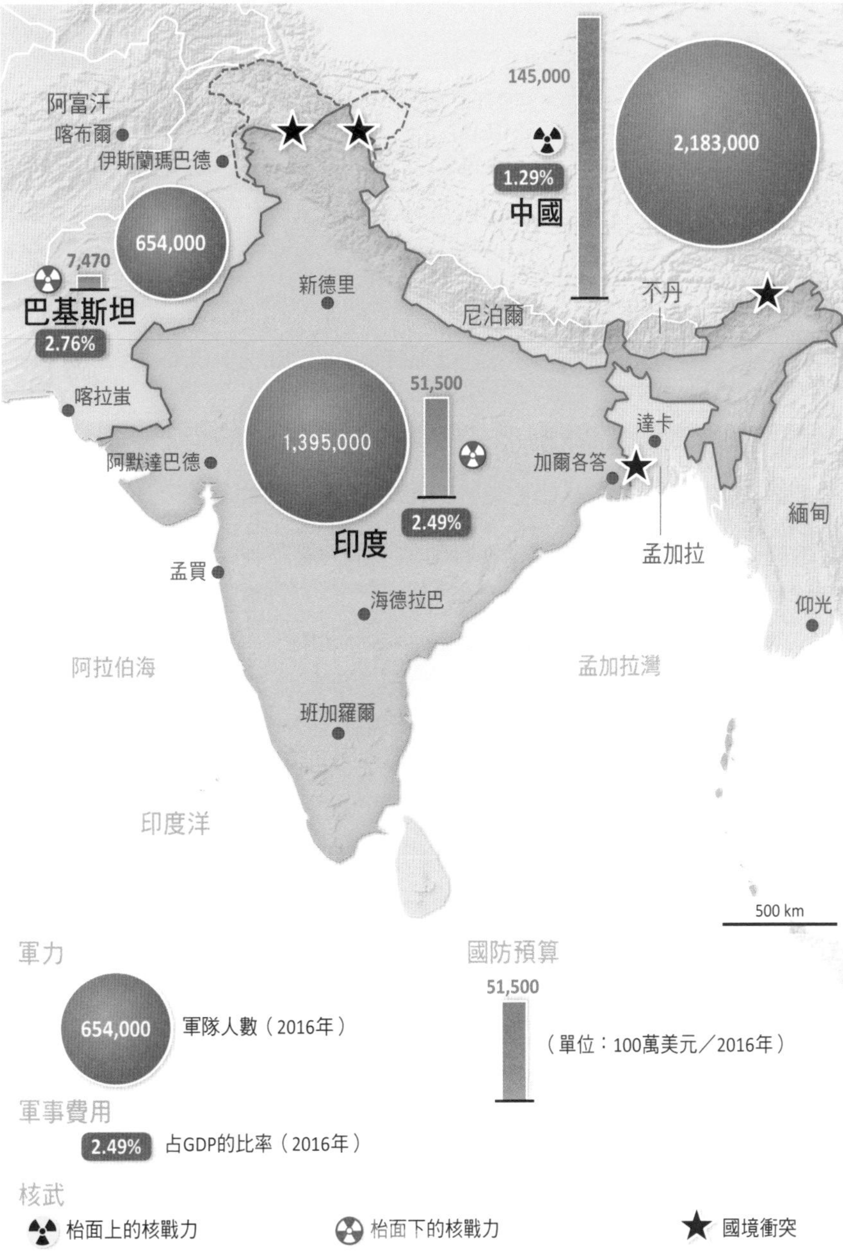
阿富汗
喀布爾
伊斯蘭瑪巴德
654,000
7,470
巴基斯坦
2.76%
喀拉蚩
阿默達巴德
新德里
尼泊爾
不丹
145,000
1.29%
中國
2,183,000
51,500
1,395,000
2.49%
印度
達卡
加爾各答
孟加拉
緬甸
仰光
孟買
海德拉巴
阿拉伯海
孟加拉灣
班加羅爾
印度洋
500 km
軍力
654,000
軍隊人數（2016年）
國防預算
51,500
（單位：100萬美元／2016年）
軍事費用
2.49%
占GDP的比率（2016年）
核武
枱面上的核戰力
枱面下的核戰力
國境衝突

出處：帕斯卡・博尼法斯《2018年的戰略》

東南亞：區域統合與經濟發展

這地區的國家很明顯分為兩類：陸地國家（緬甸、寮國、泰國、越南、柬埔寨），以及島嶼國家（印尼、馬來西亞、菲律賓、東帝汶、汶萊、新加坡），是個擁有6億3,000萬居民的人口高密度地區，不只在文化觀點上呈現多樣性，宗教上也是。雖然整個地區的經濟都很有活力，但發展程度非常不同。再者，由於很多國家的定位是商業國家，隨著中美競爭變得激烈，這地區的安定也受影響。

區域統合：東協的例子

東協是在1967年，由菲律賓、印尼、馬來西亞、新加坡與泰國所成立。冷戰時期，一般都認為該組織是這地區對抗共產主義威脅的親美組織。之後，汶萊、越南、寮國、緬甸、柬埔寨也加入。隨著中美雙方互相妥協，以及越戰結束，東協主要的目的不再。之後，東協重新定位自己是一個開放的國際合作平台，以經濟統合為目標，並希望尊重各國主權以及內政上的政治選擇（各國很可能有完全不同的選擇）。成員國中，包括君主立憲的專制國家泰國、君主專制的汶萊、軍事政權的緬甸、一黨執政的越南及寮國，以及雖然是民主主義體制，但完全沒有過政權輪替的新加坡。

成員國中當然也包含真正的民主國家。例如，馬來西亞在2018年年初實現了政權輪替。至於印尼，在1965年發生造成50萬人喪生的悲慘政變後，即使經歷了一段殘暴的軍事獨裁體制，但後來也確立了民主體制，實現政權輪替。

君主制和軍事政權以外的體制，之所以能在這個區域維持正當性，最大原因還是因為經濟效率。內需市場廣大加上受惠於天然資源，也是有利條件。另外，這個地區的年輕人有很高的教育水準，也愈來愈關心世界。

南海的對立

對中國來說，蘊含豐富能源與漁業資源的南海，在物資供給和貿易上絕不可少。進口中國的貨物有80%會通過南海，再者，南海也是中國核子潛艇的航線。中國除了跟日本有領土之爭外，跟越南（西沙群島）、菲律賓（黃岩島）、馬來西亞、印尼、汶萊（南沙群島）之間也都有。東協各國都擔心，中國會單方面設定領海線，因此它們一方面避免緊張情勢升高，一方面又傾向靠攏美國。美國的對中政策顯得過度具攻擊性，也是因為美國既放棄中國，同時也害怕中國。2016年，荷蘭海牙的常設仲裁法院接受菲律賓提出的仲裁案，駁回中國擁有大部分南海主權的主張。不過，中國並不承認這項仲裁。

馬來西亞與印尼間的麻六甲海峽，是世界上最繁忙的海域，除了來自世界各地的船隻通過外，中國與美國的艦隊也會在此擦身而過。

歐巴馬為抑制中國向外擴張，與中國以外的幾個國家簽署跨太平洋夥伴協定（TPP）。然而，繼任的川普反對自由貿易，退出此協定，正中中國下懷。美國自1898年美西戰爭後取得菲律賓以來，就開始在這個地區活動，冷戰時期也在此增加戰略上的投資。美國在此地動作頻頻，不只是要讓因中國崛起而不安的各國安心，也是想利用這個地區活絡的經濟。中國和美國在亞洲的競爭，究竟會如何發展？

此外，這個地區也因為獨立運動（緬甸、泰國、菲律賓、印尼）及種族迫害（緬甸的羅興亞人）局勢緊張。菲律賓和印尼國內伊斯蘭激進派的崛起，也是不得不處理的問題。

每個國家狀況不同

從馬來西亞獨立出來的新加坡，是國際化都市國家的代表。它的人口排名世界第112，但GDP卻是第37名。這個商業都市有一套高品質的教育制度，政府提倡不同於西方價值觀的亞洲價值觀（規律、尊重權威、勤勉、重視教育、尊敬長輩）。對於這個專制體制，人民也能順應調整。新加坡的華裔人口占多數，它的經濟發展也影響了鄧小平的改革開放政策。

之後，馬來西亞也以新加坡為範本發展，造就了很大一群中產階級。雖說如此，馬來西亞政權的貪汙情況嚴重，占多數派的馬來人掌控占少數派的華裔，招致批評。

印尼的人口高居全世界第4位（2億6,500萬人），GDP排名第16。由眾多島嶼組成的這個國家，不只文化上具多樣性，也有豐富的初級產品（農產品、礦物、能源），觀光業也很發達。印尼靠著便宜的人力發展起來，在生活水準提高下，內需也擴大，並希望在經濟成功發展下，於國際舞台建立穩固的地位。1975年脫離葡萄牙殖民的東帝汶，被印尼吞併，人民追求獨立的運動也遭受嚴厲打壓。直到2002年，東帝汶才終於獨立，印尼也才免於他國的強烈批評。

越南則還是一樣由共產黨掌握政權，即使和中國關係不佳，但也模仿中國開放經濟，2007年也加入世界貿易組織。這世紀初以來，越南的經濟有很大的成長，吸引了許多外資。

2010年，緬甸軍政府將權力移交給文人新政府。在此之前，「緬甸國父」的女兒翁山蘇姬從1990年起就被軟禁於自宅。她由於和平抵抗軍事政權，在1991年獲得諾貝爾和平獎，但一直到2010年才獲釋放。雖然，緬甸軍方在孤立無援下停止鎮壓，開始施行民主政策，但即使到現在，軍方也還是掌握相當大的國家權力（在國會中占4分之1席次，也擔任主要閣員）。另外，在緬甸政府屠殺信奉伊斯蘭的少數民族羅興亞人，進行種族清洗時，翁山蘇姬保持沉默，而遭到國際社會譴責。2016年，聯合國暗示，緬甸對羅興亞人的迫害可能涉及危害人類罪，但即使如此，緬甸還是有中國這個有力的盟友。緬甸是中國取得原料的來源，加上有戰略考量，中國對緬甸有一定的重視。

東協諸國

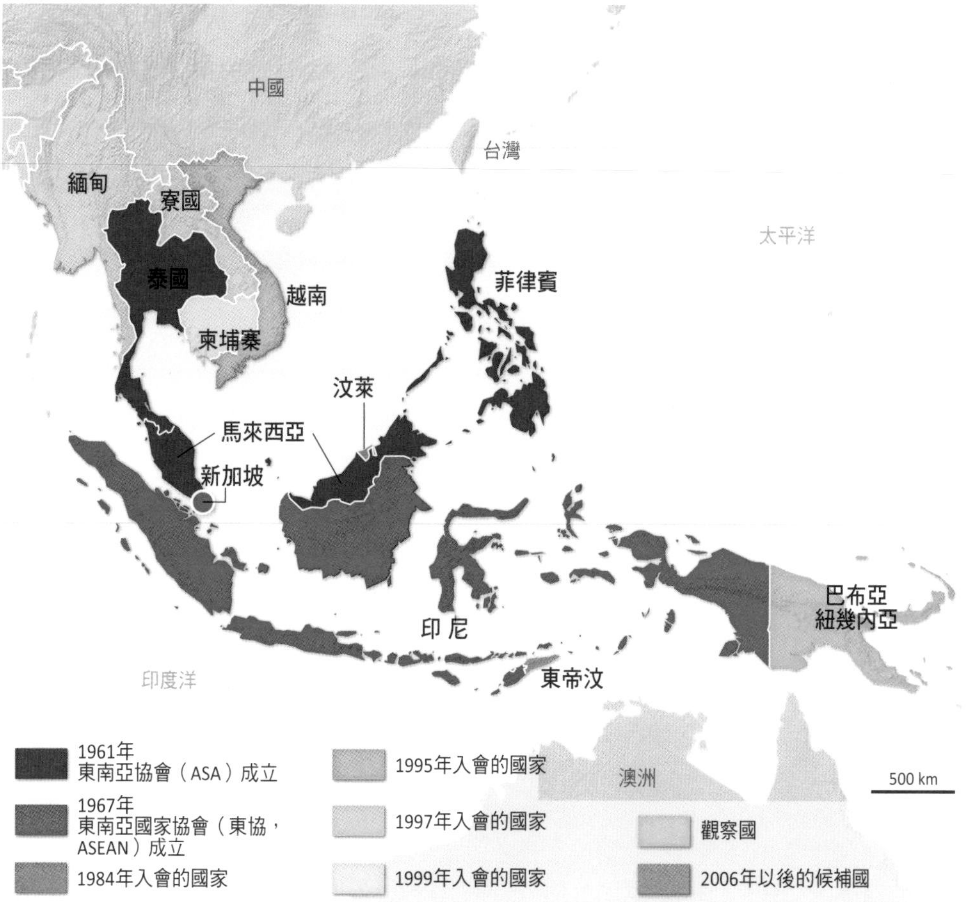
中國
台灣
緬甸
寮國
太平洋
泰國
越南
菲律賓
柬埔寨
汶萊
馬來西亞
新加坡
巴布亞
紐幾內亞
印尼
印度洋
東帝汶
澳洲
500 km
1961年
東南亞協會（ASA）成立
1967年
東南亞國家協會（東協，ASEAN）成立
1984年入會的國家
1995年入會的國家
1997年入會的國家
1999年入會的國家
觀察國
2006年以後的候補國

朝鮮半島：要維持分裂，或改變？

朝鮮雖然在16世紀末擊退日本的侵略，但1637年卻被清朝強迫承認其宗主權。日本則在1895年，讓清朝放棄對朝鮮的宗主權，1905年占領朝鮮，1910年將之併入大日本帝國。

朝鮮半島的分裂

日本占領下的朝鮮半島雖然有現代化的基礎建設，但代價是日本軍的殘暴行為、高壓控制及經濟剝奪。有20萬名（總數有很多說法）左右的朝鮮女性成為日本士兵的慰安婦。

日本在二次大戰戰敗後，蘇聯和美國解放了朝鮮半島，兩國並以北緯38度線為界，各自扶植與自己友好的政權統治該區域。

接著，在1950-1953年的韓戰後，朝鮮半島一直處於分裂狀態。

戰後，統治半島南部的南韓直到1960年，都是由李承晚掌權。1961年軍事政變後成立獨裁政權。

反之，北韓則是由金日成導入集權式的共產主義體制，與蘇聯和中國都保持相同距離。由於金日成施行自給自足的經濟體制，導致北韓陷入貧窮。

冷戰時期的朝鮮半島

相較於北韓，南韓國土較狹小，也缺乏資源。儘管如此，韓戰後在經濟競爭上獲勝的卻是南韓。美國的援助、外資開放政策、計畫經濟等，每一項都奏效，南韓成為一個工業國家，也出口至日本與歐美各國。一開始的重點是重工業，1980年代是家電產品，1990年代的重點則是新技術。

1965年，南韓與日本簽訂「日韓基本條約」，促使兩國外交關係正常化。在1980年代經濟繁榮與公民社會的發展下，南韓也階段性地確實朝民主化邁進。

1988年，南韓舉辦漢城奧運，象徵它與國際社會的統合，反之，北韓則依舊封閉。事實上，北韓是世界上最不開放的國家，金日成的後繼者金正日推動不符時宜的個人崇拜，加上經濟崩壞，導致除了政府高官與軍方人士外，大部分人民都為了餬口過得很辛苦。

北韓的威脅

1991年，南北韓都加入聯合國，簽署同意和解及半島非核化的協定。儘管如此，北韓卻拒絕國際原子能總署視察寧邊的核設施。之後，在1994年10月，北韓以接受美國經濟協助為條件，與美國簽署「朝美核框架協議（DPRK-U.S. Nuclear Agreed Framework）」。

1994年7月金日成去世，由兒子金正日繼位，這是共產主義政權中，第一次有血親繼承政治地位。

另一方面，北韓經濟狀況每況愈下，1996年甚至發生大饑荒。這個「共產主義王朝」，之後在2011年由金正恩承繼父親之位延續。

北韓將資源都集中於國防，1998年，第一次試射越過日本列島的飛彈。之後於2006年進行核試驗，2017年9月試爆氫彈。金正恩為對抗美國川普總統，強化發展核武與彈道飛彈的計畫。2017年11月底發射彈道飛彈，據說高度超過4,400公里，而這是可能直接攻擊美國本土的高度。

北韓要傳遞的訊息很清楚：就算它經濟窮困，但任何時候，都有能力對美國造成無法挽救的破壞。南韓在美國愈來愈周全的庇護下，軍事上也處於優勢，但首爾（距離南北韓邊界60公里）就在北韓的飛彈射程範圍內，也是不變的事實。一旦兩方衝突，首爾就很可能毀滅。

南北韓外交正常化的進程

1998年，過去是在野黨及政治犯的金大中，當選為南韓總統。金大中提出的「陽光政策」，與前西德總理威利・布蘭特（Willy Brandt）的東方政策相彷。金大中直接面對朝鮮半島分裂的事實，希望以更好的形式超越分裂的局面。在南韓人禁止與北韓接觸，違反者須入獄的時代，金大中採行了漸次向北韓靠近的政策。

具體來說，就是藉由經濟援助，以軟化北韓的外交姿態，或是增加兩方政治上的接觸，促使北韓變得開放。美國柯林頓總統也支持陽光政策，認為能對抑制北韓政權發揮作用。

不過，2002 年小布希總統的邪惡軸心（指伊拉克、伊朗、北韓）發言，讓北韓的態度再度變得強硬，2003 年甚至退出核武禁擴條約。

另一方面，南韓希望在與美國的互動中維持獨立，但又希望保持同盟關係。2008 年上任的總統李明博，將北韓的恫嚇視為迫使南韓給予援助的手段，因此，在跟北韓的合作關係上踩煞車。2013 年，與李明博同黨的朴槿惠總統持續同樣政策。雖說如此，朴槿惠期望的是能與北韓維持長久的平穩關係。

2017 年 3 月，朴槿惠由於涉嫌貪汙不得不下台。之後上台的前人權辯護律師文在寅，希望能跟北韓再展開對話。不過，川普總統挑釁的發言卻妨礙了文在寅推動政策。

北韓自知不可能征服南韓，它保有核武的目的只是為了維持政治體制。金正恩知道，若格達費和海珊當初擁有核武，現在應該還活著，也還擁有權力。

另一方面，中國幾乎不對北韓施壓。中國對美軍在朝鮮半島擴大影響力，以及日本增強軍備所致的緊張情勢感到不滿，但並不希望北韓政權垮台。因為南北韓若統一，美軍就會駐守於韓國及其邊界。

反之，美國和日本則擔心，若南北韓統一，美國會失去駐守這個地區的理由，日本也擔憂，南北韓會因為反日情緒而結束分裂狀態。南北韓的關係，就在北韓的挑釁與外交正常化之間擺盪。

東西德統一時德國面臨的經濟問題，南北韓也都很清楚，不可能急著開始同樣的統一過程。最主要的問題，是南北韓之間的經濟落差，比東西德的落差遠遠大得多。再者，東西德的人口比和南北韓也有很大差異。當初，西德跟東德的人口比率是 4：1，但南韓跟北韓卻只有 2：1。南韓雖然跟北韓處於致命的對立關係，但也不希望北韓政權崩壞，因為倉促統一，很可能嚴重影響兩國間的平衡關係。

北韓是世界上最後一個極權主義國家。相對之下，南韓卻是 GDP 排名全世界第 11 的民主國家。

2018 年在南韓舉辦的冬季奧運，成為兩國關係邁出一大步的機會，也為同年 4 月的南北韓領袖高峰會，及 6 月的美國—北韓領袖會議鋪路。

朝鮮半島：南北不可能統一？

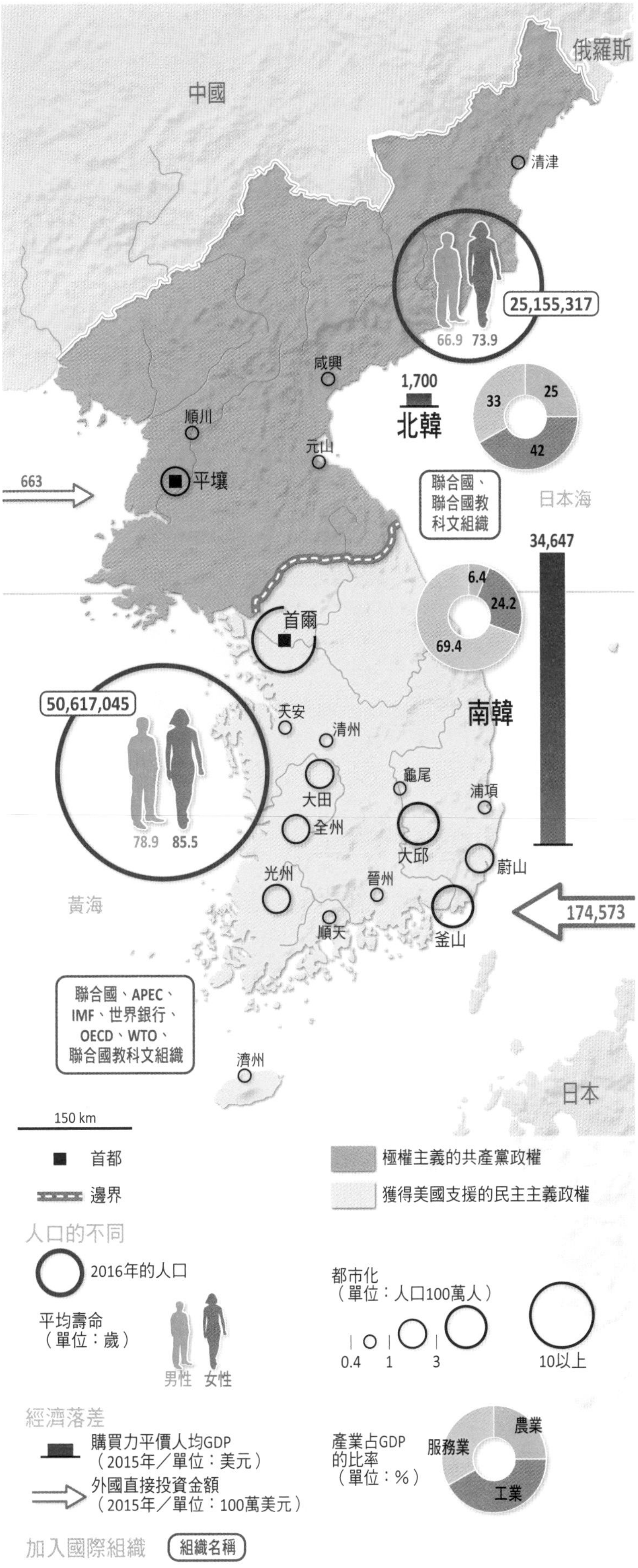

俄羅斯
中國
清津
25,155,317
66.9 73.9
咸興
1,700
北韓
33
25
42
順川
元山
663
平壤
聯合國、聯合國教科文組織
日本海
34,647
6.4
24.2
69.4
首爾
50,617,045
天安
清州
南韓
龜尾
浦項
大田
全州
大邱
蔚山
78.9 85.5
光州
晉州
黃海
順天
釜山
174,573
聯合國、APEC、IMF、世界銀行、OECD、WTO、聯合國教科文組織
濟州
日本
150 km
首都
邊界
極權主義的共產黨政權
獲得美國支援的民主主義政權
人口的不同
2016年的人口
平均壽命（單位：歲）
男性 女性
都市化（單位：人口100萬人）
0.4 1 3 10以上
經濟落差
購買力平價人均GDP（2015年／單位：美元）
外國直接投資金額（2015年／單位：100萬美元）
產業占GDP的比率（單位：%）
服務業 農業 工業
加入國際組織
組織名稱

注：跟北韓有關的數據是來自美國或南韓相關機構的估算，並非北韓政府做的統計。
出處：帕思卡・博尼法斯《2018年的戰略》；美國中情局；韓國銀行；人口數據網（populationdata.net）

日本：不安的大國

日本是由亞洲東邊相連的6,852座島所構成，直到19世紀都是鎖國狀態，一直到進入明治時代（1868-1912年）前才開國，在那之後，即採行擴張領土政策，希望減少對天然資源的依賴。之後，日本將台灣（1895年）、千島群島（日俄戰爭得來），以及朝鮮半島（1905年）都納為己有，二戰期間也占領滿州（中國東北）。日本企圖利用二次大戰建設「大東亞共榮圈」，結果演變成和美國之間的戰爭，在二次大戰結束時，日本已經筋疲力盡。儘管如此，在美國核保護傘的守護下，戰後的日本在經濟上有很大的發展。

從二次大戰戰敗到韓戰

1945年8月，美國在廣島和長崎投下原子彈，迫使日本無條件投降。這是日本建國以來，第一次被軍事占領。

韓戰期間（1950-1953年），日本列島就宛如美國的「航空母艦」。這場戰爭，也是讓日本重新認識自己戰略立場的歷史機會。美國根據其「封鎖」理論，將日本作為對抗蘇聯、共產主義中國及北韓的「自由主義世界的盾牌」，並促使日本在1954年成立「自衛隊」。雖然自衛隊名義上不是軍隊，卻有軍隊的雛型。就這樣，對美國而言，日本早已經不是敵人，不只能幫美國對抗亞洲的共產主義，還是不可或缺的援手。

日本：有風險的土地

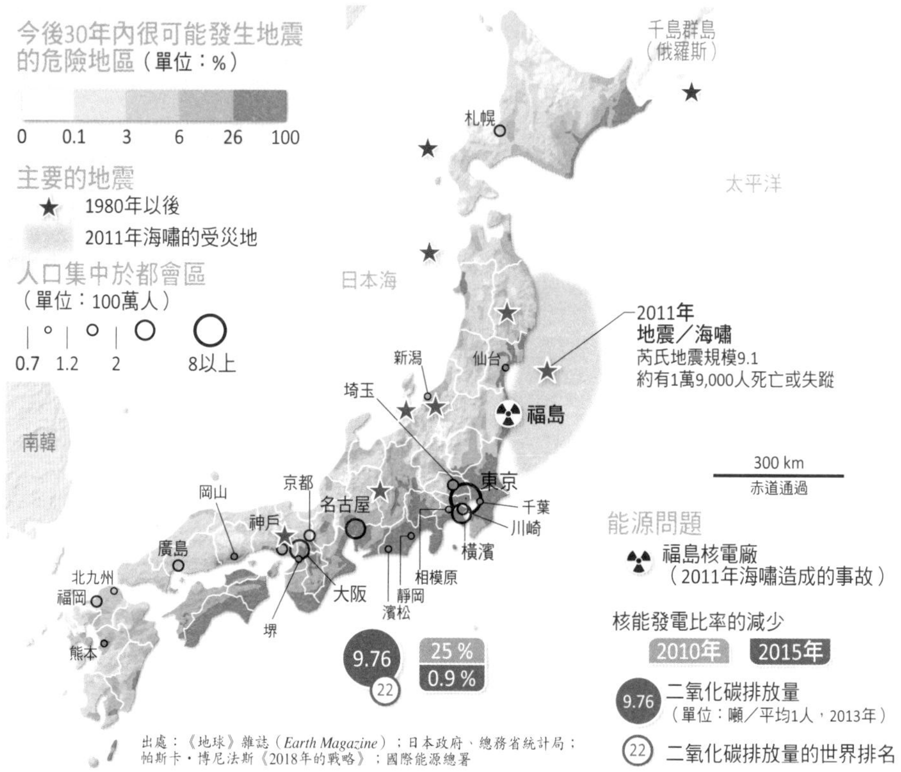

今後30年內很可能發生地震的危險地區（單位：%）
0 0.1 3 6 26 100
主要的地震
1980年以後
2011年海嘯的受災地
人口集中於都會區（單位：100萬人）
0.7 1.2 2 8以上
千島群島（俄羅斯）
札幌
太平洋
日本海
2011年 地震／海嘯
芮氏地震規模9.1
約有1萬9,000人死亡或失蹤
新潟
仙台
埼玉
福島
南韓
300 km
赤道通過
東京
千葉
川崎
橫濱
京都
岡山
名古屋
神戶
廣島
北九州
福岡
大阪
相模原
靜岡
濱松
堺
熊本
9.76
22
25 %
0.9 %
能源問題
福島核電廠（2011年海嘯造成的事故）
核能發電比率的減少
2010年
2015年
二氧化碳排放量（單位：噸／平均1人，2013年）
二氧化碳排放量的世界排名

出處：《地球》雜誌（*Earth Magazine*）；日本政府、總務省統計局；帕斯卡・博尼法斯《2018年的戰略》；國際能源總署

從亮眼的經濟發展到景氣停滯

韓戰最大的影響，就是造就了日本的經濟。這場戰爭不只讓日本接收了美國技術轉移的恩惠，最重要的是，日本得以有機會進入當時世界規模最大、富裕且充滿活力的美國市場。日本政府本來就將經濟發展視為最優先目標。在國家的唯意志論、通商產業省扮演主要角色，以及社會的團結下，日本在1975年成為七大工業國組織的創始成員國。

1951年日本的國民生產毛額（GNP）只有英國的3分之1，但到了1980年代初期，幾乎等於英國、德國、法國加總起來的數字。在全世界的GNP占比，也從3%增加為16%。

日本的原料和能源都非常倚賴外國進口，儘管內需市場很大（2016年人口約為1億2,700萬人），但經濟成長的基礎還是出口及貿易。尤其在美國及歐洲市場，由於日本的汽車及電子產品賣得太好，甚至還出現日本侵蝕歐美經濟的看法。

1980年代末期，日本是世界第一的債權國，擁有美債的金額也是世界第一。

1990年代初開始，日本進入經濟不振的時代，曾有過10年內經濟零成長的紀錄，原因是泡沫經濟破滅。

之後，日本改變策略，並致力減少貿易赤字，將生產據點移至人力成本較低廉的亞洲各國，也因此把出口及貿易的範圍擴大至新興國家。2003 年以後，日本的經濟變得健全，雖然幅度有限，但又開始再成長。

在世界扮演的角色？

在日本的經濟發展上，國際局勢也推了一把。戰後很長一段時間，在美國庇護下的日本，完全不須承擔大國必須負起的政治責任。但隨著東西陣營結束對立，日本唯恐這種有利自己的情況結束，出現各種擔憂：「冷戰結束，美國會不會為了享受和平紅利，減少軍事參與？」（但現在仍有大約 5 萬名美軍駐留日本列島，其中一半以上駐守沖繩）、「不過，由於中國和北韓的緣故，這地區的情勢不是依然危險嗎？」

於是，日本加強整頓自己的防衛體制，但並不是為了做美國後盾。

日本此舉讓鄰近各國十分擔憂。事實上，很多國家都不認為日本真的承認過去的錯誤，也覺得日本毫不掩飾其歷史修正主義的態度，但亞洲各國都還深刻記得二次大戰的事。

雖說如此，日本並沒有成為軍事大國。眾所周知，它並沒有核武，國民也幾乎全數反對重整軍備。因此，日本政府 1992 年通過「國際和平協力法」（讓自衛隊能在聯合國監督下參與維和活動）時，受到了極大的阻礙。之後，在 2016 年，日本為了能在必要時支援盟國的防衛活動，派遣自衛隊介入他國（行使集體自衛權），而重新釋憲。另一方面，在波斯灣戰爭時，日本也在美國要求下，貢獻不少資金作為後援。結果，日本仍舊依賴美國出於戰略考量的庇護。現在，日本的經濟並不像中國那麼強勢。中國的 GDP 已在 2011 年超越日本，成為世界第 2。再者，日本還得面對高齡化及人口減少的問題。

此外，它也面臨地緣政治上的危機。過去，日本完全不必承擔戰略上的義務，只接收經濟活絡的好處，但現在則夾在新興國家的各種野心之間。再加上日本雖然很想成為安理會常任理事國，但聯合國並未進行相關改革，這個問題依舊懸而不決。

日本在非洲有大量投資，目的是要得到非洲國家的支持，以對抗中國在這片大陸的影響力。日本也是世界上提供他國開發援助的主要國家，在政府開發援助金額上僅次於歐盟。

雖然冷戰已經結束，但國家之間的危機與對立並未消失。日本雖然意識到自己對美國的依賴是愈來愈沉重的包袱，但也沒有顛覆情勢的其他選項，很難改變現狀。潛在對手中國的崛起，也讓日本倍感威脅。安倍晉三首相雖然支持川普，但由於川普的政治路線是孤立主義，所以日本也擔心，美國會否重新調整一直以來日本所享受的戰略上的保護。

經濟衰退與重整軍備之間

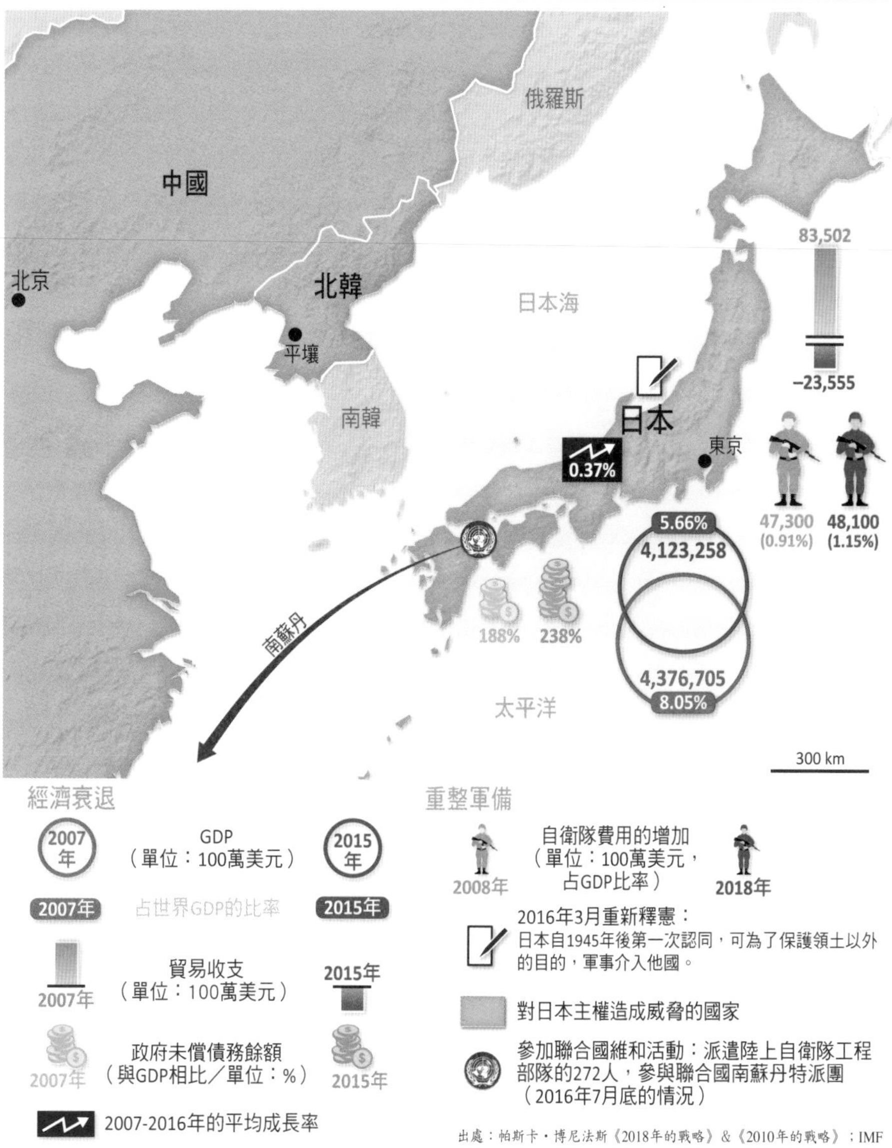
俄羅斯
中國
北京
北韓
平壤
南韓
日本海
日本
東京
0.37%
83,502
−23,555
47,300
(0.91%)
48,100
(1.15%)
5.66%
4,123,258
4,376,705
8.05%
188%
238%
南蘇丹
太平洋
300 km
經濟衰退
2007年
GDP
（單位：100萬美元）
2015年
2007年
占世界GDP的比率
2015年
2007年
貿易收支
（單位：100萬美元）
2015年
2007年
政府未償債務餘額
（與GDP相比／單位：%）
2015年
2007-2016年的平均成長率
重整軍備
2008年
自衛隊費用的增加
（單位：100萬美元，
占GDP比率）
2018年
2016年3月重新釋憲：
日本自1945年後第一次認同，可為了保護領土以外的目的，軍事介入他國。
對日本主權造成威脅的國家
參加聯合國維和活動：派遣陸上自衛隊工程部隊的272人，參與聯合國南蘇丹特派團
（2016年7月底的情況）

出處：帕斯卡・博尼法斯《2018年的戰略》&《2010年的戰略》；IMF

中國是世界第一大國嗎？

世界各國都以感嘆、驚訝及恐懼的心情，關注近40年來中國的崛起。在這之前，中國一直拒絕與外國有所關聯，連明朝鄭和最遠到達非洲海岸的航海行動，都在1430年遭皇帝中止。18世紀初，中國已經是全世界最富裕的國家，而今日的中國，則在全球化下受惠最多。

中國所處的地域環境

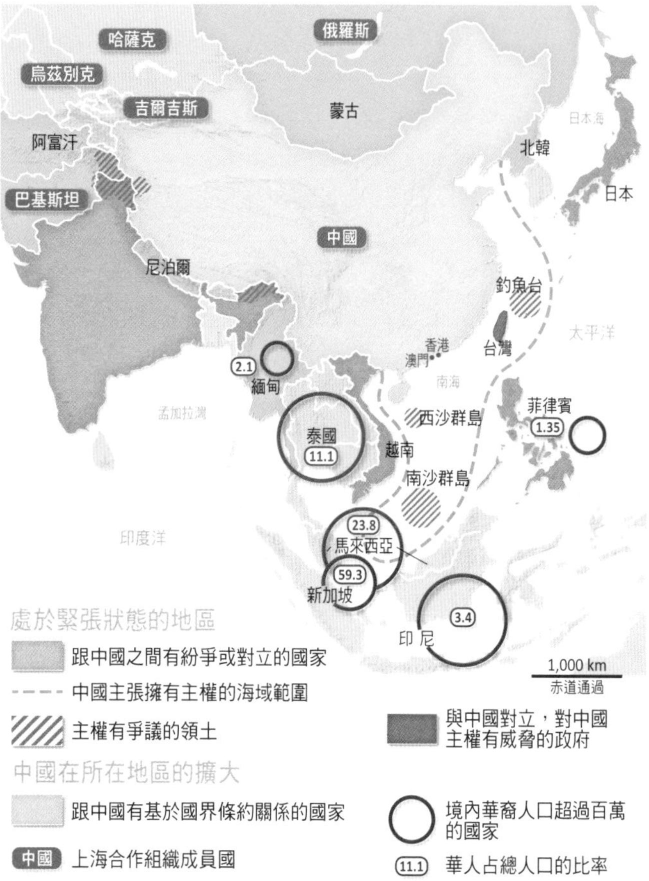

哈薩克
俄羅斯
烏茲別克
吉爾吉斯
蒙古
日本海
阿富汗
北韓
日本
巴基斯坦
中國
尼泊爾
釣魚台
太平洋
香港
澳門
台灣
2.1
緬甸
南海
孟加拉灣
菲律賓
1.35
西沙群島
泰國
11.1
越南
南沙群島
23.8
馬來西亞
印度洋
59.3
新加坡
3.4
印尼
1,000 km
赤道通過
處於緊張狀態的地區
跟中國之間有紛爭或對立的國家
中國主張擁有主權的海域範圍
主權有爭議的領土
與中國對立，對中國主權有威脅的政府
中國在所在地區的擴大
跟中國有基於國界條約關係的國家
境內華裔人口超過百萬的國家
中國 上海合作組織成員國
11.1 華人占總人口的比率

出處：OCS：聯合國教科文組織（2010年）；帕斯卡・博尼法斯《2010年的戰略》

19世紀中國的衰退

19世紀，由於中央權力減弱、皇帝平庸以及朝政腐敗，中國開始沒落。

在兩次鴉片戰爭下（1840-1842年及1856-1860年），歐洲列強迫使清朝開放市場，在租界制度下行使治外法權。清朝反倒成了屬國。

19世紀末，清朝由於中法戰爭的敗戰，失去越南的宗主權，因為中日戰爭的挫敗，而失去朝鮮的宗主權和台灣。

在民族主義復活下，1911-1912年人民革命推翻了皇帝統治。1930年代，日本占領中國的廣大領土，做出多不計數的殘暴行為。

1949年毛澤東掌權，逼得蔣介石領導的中華民國退至台灣。在這個時間點，台灣還保有聯合國安理會常任理事國的地位。中華人民共和國是蘇聯的盟國，台灣是美國的盟國。

極權主義體制

毛澤東標榜共產主義的同時，也主張民族主義。1961年中國與蘇聯分道揚鑣，與其說是意識型態上的差異所造成，不如說是國家競爭的結果。中國到底無法接受附屬於蘇聯。

在此同時，美國為對抗最主要的敵人蘇聯，也接近中國，暗地裡締結同盟。1972年，美國尼克森總統公開訪問中國，而在前一年的1971年，中國則取代台灣，拿回聯合國安理會常任理事國的地位。

中國標榜「自立自助」，建立自給自足的經濟體制，也因此妨礙了經濟發展。

經濟發展

1980年代後，在鄧小平主導下，中國採行經濟開放政策（政治上並未自由化），並為了促進經濟成長，實施一胎化政策（2015年廢除）。人口這麼多的國家，在這麼長久的時間以來，從未有過這麼大的成長。1980年，中國的GDP占全球約2.8%，到了2017年則增加為15%。人均GDP在1976年為156美元，到了2016年則成長到8,000美元左右。

儘管中國表面上還是維持共產主義體制，但社會的貧富差距卻急速擴大。擁有8,900萬名黨員的中國共產黨雖然還是獨占權力，但今天中國的經濟體制已經是資本主義。

中國共產黨政權的正當性，早已不是來自馬克思列寧主義，而是能讓經濟成功，讓更多國民參與消費活動的事實。

中國的領土問題

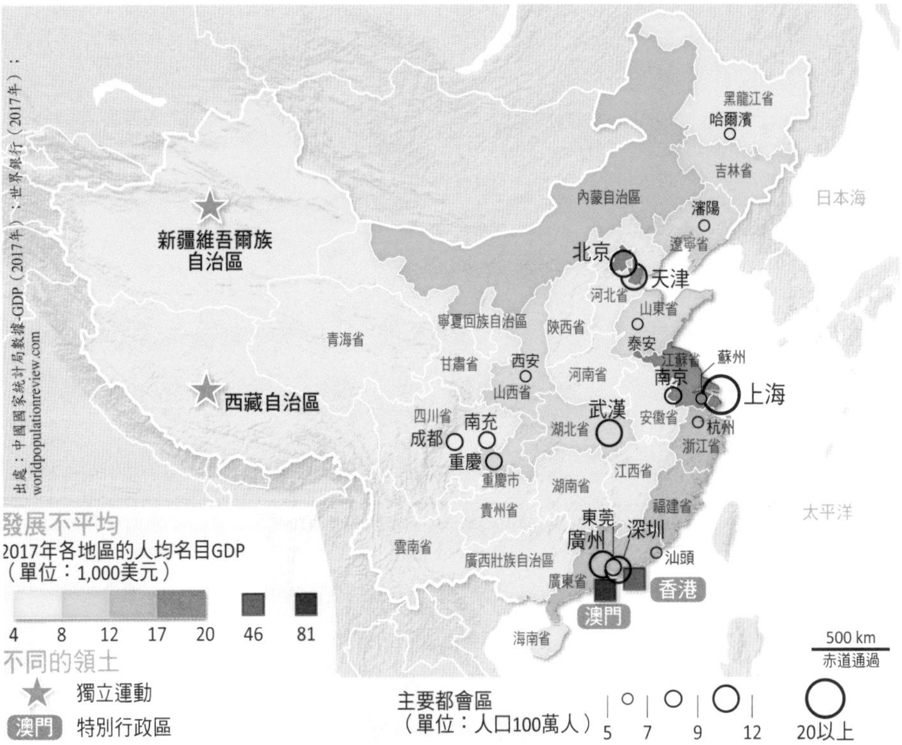
出處：中國國家統計局數據-GDP（2017年）；世界銀行（2017年）；worldpopulationreview.com
黑龍江省
哈爾濱
吉林省
日本海
內蒙古自治區
瀋陽
遼寧省
新疆維吾爾族自治區
北京
天津
河北省
山東省
寧夏回族自治區
陝西省
青海省
泰安
甘肅省
西安
河南省
江蘇省
蘇州
山西省
南京
上海
西藏自治區
四川省
南充
武漢
安徽省
杭州
湖北省
浙江省
成都
重慶
重慶市
江西省
湖南省
貴州省
福建省
太平洋
發展不平均
2017年各地區的人均名目GDP
（單位：1,000美元）
雲南省
東莞
廣州
深圳
汕頭
廣西壯族自治區
廣東省
香港
澳門
4 8 12 17 20 46 81
海南省
500 km
赤道通過
不同的領土
獨立運動
澳門 特別行政區
主要都會區
（單位：人口100萬人）
5 7 9 12 20以上

雖然政權還是獨裁體制，但也早已不像毛澤東時代那麼極權，不像過去連人民的私生活、服裝，以及僅有的一點休閒生活都要加以管理。

1989 年，學生占據北京天安門廣場要求國家民主化，但遭政府鎮壓，造成流血事件。

然而時至今日，隨著經濟發展、中產階級出現以及開創性資訊技術的發達，政府已經無法獨占資訊。現在中國的網路使用者有 7 億人，政府當局不可能檢查所有通訊。因此，輿論會形成，政府也無法再忽視不管。

生活水準提升

中國人民雖然無法享受自由，卻對於身為消費者與愛國者的現狀感到滿足。他們實際感受到生活水準的提升，更覺得孩子的未來有希望。再者，也覺得不會再因其他大國遭受屈辱。

中國的 GNP 在 2011 年超越日本，成為世界第 2，2013 年成為世界最大貿易國。人們關心的不是中國會不會超越美國，而是「何時」超越。中國和美國之間是相互依賴的關係，中國為活絡生產系統及維持社會團結，需要美國市場；反之，美國為抑制通膨，需要便宜的中國產品，而且，美國本來就很依賴中國的進口。川普在總統大選期間雖然提到，要對中國進口產品課 45% 關稅，但在擔憂此舉會影響競爭力的美國資訊科技企業施壓下，只得作罷。儘管如此，川普還是為減少美國的貿易赤字，開始對中國發動貿易戰。畢竟中國對美國的貿易順差有 3,000 億美元之多。

和平地擴大活動範圍

在外交上，中國貫徹不干涉他國的原則。作為原料消費大國，中國逐漸增加跟中東、非洲大陸以及拉丁美洲各國的接觸。1997 年香港回歸中國，1999 年澳門回歸。中國雖然主張擁有南海各島的主權，但越南、馬來西亞、菲律賓、台灣等其他亞洲各國也持同樣主張。再者，中國政府高喊「一個中國」，認為有必要統一台灣，但目前還是先維持現狀。台灣則刻意不宣言獨立，以避免刺激中國以武力作為統一手段。

中國既有的各個問題

今天，中國有大約一半的人民在都市生活，住在農村的人們直到現在還是無法脫離貧窮。因此，受到都市經濟繁榮的吸引，有 1 億 5,000 萬人民即使沒有都市的居住許可，還是離開農村來到都市，成為流動的勞動人口。預估今後會有 2 億 5,000 萬人離開農村。

中國在 2001 年加入世界貿易組織，2015 年簽署因應地球暖化的巴黎協議。

另一方面，中國又欠缺軟實力，儘管這一點讓中國少了點魅力，但中國的發展模式應該還是給予南方部分國家刺激。中國自知，必須增加國際社會對自己的好感，除了在世界各地增設孔子學院外，央視也增設國際頻道。

中國會同樣經歷 1990 年代初期日本的泡沫經濟嗎？隨著參與政治的國民增加，政治會變得開放嗎？中國會持續非帝國主義的歷史政策嗎？還是會成為世界大國，在這個全球化世界擴張自己的勢力？

中國提出「一帶一路」的壯大計畫，準備在許多國家興建整頓基礎建設（道路、港灣、鐵路等），這是中國想增加影響力，確保能維持繼續出口的手段。2017 年，在中國共產黨第 19 次全國代表大會中，決定由習近平繼續連任國家元首。

國家圖書館出版品預行編目 (CIP) 資料

最新國際關係地圖：視覺化國際關係的 100 幅關鍵地圖 / 帕斯卡 ‧ 博尼法斯（Pascal Boniface）著；李靜宜譯 . – 初版 . – 臺北市：如果出版：大雁出版基地發行 , 2020. 08

面； 公分

譯自： Atlas des relations internationales: 100 cartes pour comprendre le monde de 1945 à nos jours

ISBN 978-957-8567-66-5 (平裝)

1. 世界觀 2. 政治地理學 3. 國際政治 4. 地緣政治

578 109010674

最新國際關係地圖——
視覺化國際關係的 100 幅關鍵地圖

Atlas des relations internationales: 100 cartes pour comprendre le monde de 1945 à nos jours

作　　者——帕斯卡 ‧ 博尼法斯（Pascal Boniface）
譯　　者——李靜宜
封面設計——江孟達
內文編排——趙美惠
特約編輯——邱顯惠
責任編輯——劉文駿
行銷業務——郭其彬、王綬晨、邱紹溢
行銷企劃——陳詩婷、曾曉玲、曾志傑
副總編輯——張海靜
總 編 輯——王思迅
發 行 人——蘇拾平
出　　版——如果出版
發　　行——大雁出版基地
地　　址——台北市松山區復興北路 333 號 11 樓之 4
電　　話——02-2718-2001
傳　　真——02-2718-1258
讀者傳真服務——02-2718-1258
讀者服務信箱——andbooks@andbooks.com.tw
劃撥帳號——19983379
戶　　名——大雁文化事業股份有限公司
出版日期——2020 年 8 月 初版
定　　價——699 元
I S B N——978-957-8567-66-5

有著作權 ‧ 翻印必究

Originally published in France as:
***Atlas des relations internationales. 100 cartes pour comprendre le monde de 1945 à nos jours,* by Pascal BONIFACE**
© Armand Colin, 2018, Malakoff
Traditional Chinese language translation rights arranged through The Grayhawk Agency, Taiwan.

如果